GEORGE ORWELL
UMA VIDA EM CARTAS

Seleção e anotações da edição original
Peter Davison

Seleção da edição brasileira
Mario Sergio Conti

Tradução
Pedro Maia Soares

1ª reimpressão

COMPANHIA DAS LETRAS

Copyright © | by George Orwell
Copyright da compilação © | 2010 by The Estate of the late Sonia Brownell Orwell
Copyright da introdução e das notas © | 2010 by Peter Davison

Grafia atualizada segundo o Acordo Ortográfico da Língua Portuguesa de 1990, que entrou em vigor no Brasil em 2009.

Título original | A Life in Letters

Capa | Kiko Farkas e Roman Atamanczuk

Foto de capa | Orwell Archive, UCL Special Collections

Preparação | Ciça Caropreso

Índice remissivo | Probo Poletti

Revisão | Márcia Moura
Valquíria Della Pozza

Dados Internacionais de Catalogação na Publicação (CIP)
(Câmara Brasileira do Livro, SP, Brasil)

Orwell, George, 1903-1950.
Uma vida em cartas / George Orwell ; seleção e anotações da edição original Peter Davison ; seleção da edição brasileira Mario Sergio Conti ; tradução Pedro Maia Soares. — 1ª ed. — São Paulo : Companhia das Letras, 2013.

Título original : A Life in Letters.
ISBN 978-85-359-2299-8

1. Orwell, George, 1903-1950 2. Orwell, George, 1903-1950 — Correspondência I. Davison, Peter. II. Conti, Mario Sergio. III. Título.

13-05975   CDD-828

Índices para catálogo sistemático:
1. Cartas : Literatura inglesa 828
2. Correspondência : Literatura inglesa 828

[2021]
Todos os direitos desta edição reservados à
EDITORA SCHWARCZ S.A.
Rua Bandeira Paulista, 702, cj. 32
04532-002 — São Paulo — SP
Telefone: (11) 3707-3500
www.companhiadasletras.com.br
www.blogdacompanhia.com.br
facebook.com/companhiadasletras
instagram.com/companhiadasletras
twitter.com/cialetras

Sumário

9   Introdução

21   Sobre esta edição

27   Nota sobre a edição brasileira

31   De aluno a professor e escritor: 1911-1933

63   Publicações, Wigan e Espanha: 1934-1938

159 Do Marrocos à BBC: 1938-1941

225 A BBC e a guerra: 1941-1943

243 Jornalismo e a morte de Eileen: 1943-1945

297 Jura: 1946 e 1947

359   Hairmyres e Jura: 1948
397   Hospitais Cranham e University College e morte de Orwell: 1949
443   Cronologia da vida de George Orwell
461   Notas biográficas sobre os correspondentes e as principais pessoas citadas
483   Apêndice
501   Créditos das imagens
503   Índice remissivo

INTRODUÇÃO

George Orwell "está na posição peculiar de ter sido um slogan durante cinquenta anos". Não, não Orwell, é claro, mas Rudyard Kipling, tal como descrito por Orwell. No entanto, essa definição não está muito fora de propósito em relação ao próprio Orwell. O autor de 1984 também disse: "Antes que se possa sequer falar sobre Kipling, é preciso esclarecer uma lenda criada por dois grupos de pessoas que não leram suas obras". Trata-se talvez de um exagero, mas parece que muitos daqueles que se referem a Orwell não leram muito mais do que A revolução dos bichos e 1984, se tanto. Os milhões que já ouviram falar do "Big Brother" e do "Quarto 101" não sabem nada sobre seu progenitor. A ignorância sobre Orwell encontra-se também nos círculos acadêmicos e entre aqueles que se consideram pontífices do jornalismo. Quando o professor Raymond B. Browne, da Universidade Bowling Green, morreu, um editorial do Daily Telegraph publicado em 25 de outubro de 2009 atribuiu a ele a introdução da "cultura popular" na corrente dominante da cultura. O Journal of Popular Culture de Browne foi lançado em 1967, mas Orwell escrevera de forma inteligente sobre cultura popular mais de 25 anos antes. Será que nem a academia nem o "alto jornalismo" se deram conta disso? Em um extremo, Orwell é canonizado — daí o subtítulo, A construção e a reivindicação de "São Jorge" Orwell, do excelente estudo de John Rodden que analisa The Politics of Literary Reputation [A política da reputação literária] (1989). No outro extremo, ele é submetido a vigorosas chibatadas, algo que Lucas Scott faz "com eficiência notável" em seu Orwell (2003), segundo Terry Eagleton escreveu na London Review of Books em 19 de junho de 2003. Onde fica o pobre e velho George — ou Eric? O professor Eagleton em sua resenha das três biografias publicadas em 2003, apropriadamente intitulada "Segunda mão romântica", sugere que Orwell "combinava o anglicismo cultural com o cosmopolitismo político e detestava os cultos à personalidade política, ao mesmo tempo que cultivava diligentemente uma imagem pública de si mesmo". Apesar da aclamação mundial, o próprio Orwell se considerava perseguido pelo "fracasso, fracasso, fracasso". Como diz Eagleton, "fracasso era o seu forte".

Inclino-me a pensar que em Orwell havia um conflito não resolvido no seu eu mais profundo que o tornava um personagem tão contraditório. Ele estava sempre em armas contra a religião organizada, especialmente a Igreja Católica Romana. Achava que não havia vida após a morte. No entanto, era casado na igreja, batizou Richard e desejava ser enterrado, e não cremado, de acordo com os ritos da Igreja Anglicana. Para um homem tão racional, é estranho que tenha pedido a Rayner Heppenstall para fazer um horóscopo de seu filho, Richard (21 de julho de 1944), que acreditasse ter visto um fantasma no cemitério de Walberswick (16 de agosto de 1931) e discutisse poltergeists com Sir Sachaverell Sitwell (6 de julho de 1940), para não mencionar a conclusão quase religiosa de A filha do reverendo (mas que, afinal, é "apenas um romance"). O mais revelador talvez seja a lembrança de Sir Richard

Rees do medo de Orwell de que seu verdadeiro nome aparecesse na imprensa. Orwell lhe dissera que "lhe dava uma sensação desagradável ver seu nome verdadeiro impresso": "Como você pode ter certeza de que seu inimigo não vai recortá-lo e fazer algum tipo de magia negra com ele?". Mero capricho ou algo profundamente sentido? Não se tratava de "algum inimigo", mas de "seu inimigo". Quem era? O título do estudo de Rees resume perfeitamente seu tema: *George Orwell: Fugitive from the Camp of Victory* [George Orwell: fugitivo do acampamento da vitória] (1961). Ele fugiu do triunfo e procurou refúgio no fracasso, fracasso, fracasso.

O nome de batismo de Orwell era Eric Arthur Blair e ele nasceu em Motihari, Bengala, em 25 de junho de 1903. Seu pai, Richard Walmsley Blair, nascera em 1857, em Milborne St. Andrew, Dorset, onde seu pai era o vigário. O pai de Orwell trabalhava no Departamento de Ópio do Serviço Civil Indiano. Sua mãe, Ida Mabel Limouzin, nasceu em 1875, em Penge, Surrey, mas sua família tinha uma longa associação com a Birmânia. De fato, parece haver até hoje uma curiosa sobrevivência da família Limouzin em Moulmein, Mianmar, como Emma Larkin revelou um ou dois anos atrás. Ela descobriu que não só Orwell era bem lembrado (ainda que de forma velada) como notou uma rua chamada *Leimmaw-zin*, "a pronúncia mais próxima em birmanês de 'Limouzin'". Entretanto, quando pediu a um transeunte que explicasse o nome, ele disse sem pestanejar: "Rua da Prateleira de Laranja" (*Secret Histories*, pp. 145-6).

Os pais de Orwell se casaram numa igreja curiosamente chamada São João no Deserto, em Naini Tal, em 15 de junho de 1897. Orwell, com certeza, teria achado isso apropriado. A primeira filha deles, Marjorie, irmã mais velha de Orwell, nasceu em Gaya, Bengala, em 21 de abril de 1898. Ida Blair voltou com seus dois filhos para viver na Inglaterra, em Henley-on-Thames, em 1904. Em 1907, Richard Blair passou três meses de licença em Henley. Em 6 de abril de 1908, nasceu a irmã mais nova de Orwell, Avril. Entre 1908 e 1911, Orwell frequentou um externato católico romano dirigido por freiras ursulinas. Depois foi para o internato de St. Cyprian's, uma escola preparatória particular em Eastbourne, onde conheceria Cyril Connolly, que mais tarde teria um papel importante em sua vida. O ensaio de Orwell "Tamanhas eram as alegrias" baseia-se (às vezes de maneira vaga) em suas experiências nessa escola, mas ela o ensinou suficientemente bem para entrar em Eton como bolsista do rei em maio de 1917.

Uma carta que só muito recentemente veio à luz faz um relato de sua vida a partir de então do ponto de vista de Orwell. A carta não foi publicada anteriormente, e sou muito grato a seu proprietário (que deseja permanecer incógnito) por haver permitido sua inclusão neste livro. Orwell fora convidado por Richard Usborne, editor da *The Strand*, um periódico literário mensal publicado de janeiro 1891 a março de 1950, para colaborar com a revista contando um pouco de sua vida. Como o último parágrafo da carta indica, Orwell achava-se demasiado ocupado para colaborar — estava escrevendo *1984* —, mas, apesar disso, deu-se ao trabalho de responder a Usborne (que em 1953 publicaria uma importante obra de crítica, *Clubland Heroes: a Nostalgic Study of Some Recurrent Characters in Romantic Fiction* [Heróis da Clubland: um estudo nostálgico de alguns personagens recorrentes na ficção romântica], a qual, se ainda estivesse vivo, Orwell sem dúvida teria apreciado). Uma característica de Orwell, como mostram algumas cartas desta seleção, era que ele se esforçava para responder a correspondentes que mal conhecia — ou nem isso. A carta a Richard Usborne foi escrita em Barnhill, ilha de Jura, em 26 de agosto de 1947:

Caro sr. Usborne

Muito obrigado por sua carta do dia 22. Vou responder às suas perguntas da melhor maneira possível. Nasci em 1903 e estudei em

Eton, onde tive uma bolsa de estudos. Meu pai era um funcionário público na Índia e minha mãe também vinha de uma família anglo-indiana, com vínculos especialmente com a Birmânia. Depois de sair da escola, servi cinco anos na Polícia Imperial na Birmânia, mas, como o trabalho era totalmente inadequado para mim, pedi demissão quando vim de licença para casa, em 1927. Eu queria ser escritor e passei a maior parte dos dois anos seguintes em Paris, vivendo de minhas economias e escrevendo romances que ninguém quis publicar e que posteriormente destruí. Quando meu dinheiro acabou, trabalhei por um tempo como lavador de pratos, depois voltei para a Inglaterra e tive uma série de empregos mal remunerados, geralmente como professor, com intervalos de desemprego e pobreza extrema. (Era o período da depressão econômica.) Quase todos os incidentes descritos em *Na pior* realmente aconteceram, mas em momentos diferentes, e eu os entreteci de modo a construir uma história contínua. Trabalhei de fato numa livraria por cerca de um ano, em 1934-5, mas só incluí isso em *A flor da Inglaterra* para compor um pano de fundo. O livro não é, creio eu, autobiográfico, e nunca trabalhei em uma agência de publicidade. Em geral, meus livros são menos autobiográficos do que as pessoas supõem. Há pedaços de autobiografia em *O caminho para Wigan Pier* e, é claro, em *Homenagem à Catalunha*, que é pura reportagem. Por falar nisso, *A flor da Inglaterra* é um dos vários livros a que não dou importância e que suprimi.

Quanto à política, interessei-me pelo assunto apenas de modo intermitente até por volta de 1935, mas posso dizer que sempre fui mais ou menos de "esquerda". Em *O caminho para Wigan Pier*, tentei pela primeira vez discutir minhas ideias. Eu achava, e ainda acho, que há deficiências enormes em toda a concepção do socialismo, e ainda me perguntava se haveria outra saída. Depois de dar uma boa olhada na pior face do industrialismo britânico, ou seja, nas áreas de mineração, cheguei à conclusão de que é um dever trabalhar pelo socialismo, mesmo que não se seja emocionalmente atraído por ele, pois a continuidade da situação atual é simplesmente intolerável, e nenhuma solução, exceto algum tipo de coletivismo, é viável, porque é isso que a massa do povo quer. Mais ou menos na mesma época, fui contaminado por um horror ao totalitarismo, que na verdade eu já tinha, sob a forma de hostilidade contra a Igreja católica. Lutei por seis meses (1936-7) na Espanha, ao lado do governo, e tive a infelicidade de me envolver na luta interna do lado do governo, o que me deixou com a convicção de que não há muito que escolher entre comunismo e fascismo, embora por várias razões eu escolhesse o comunismo, se não houvesse outra opção em aberto. Estive vagamente associado aos trotskistas e anarquistas, e mais estreitamente com a ala esquerda do Partido Trabalhista (o lado Bevan-Foot dele). Fui editor literário do *Tribune*, então o jornal de Bevan, durante cerca de um ano e meio (1943-5), e escrevi para ele por um período maior do que isso. Mas nunca pertenci a um partido político, e acredito que até mesmo politicamente sou mais valioso se registrar o que acredito ser verdade e me recusar a seguir uma linha partidária.

No início do ano passado, decidi tirar umas férias, pois havia dois anos vinha escrevendo quatro artigos por semana. Passei seis meses na ilha de Jura, durante os quais não fiz nada, depois voltei para Londres e trabalhei em jornalismo como de costume durante o inverno. Depois voltei a Jura e comecei um romance que espero terminar na primavera de 1948. Estou tentando não fazer mais nada enquanto trabalho nele. Muito de vez em quando, escrevo resenhas de livros para a *New Yorker*. Espero passar o inverno em Jura este ano, em parte porque nunca consigo manter a continuidade do trabalho em Londres, em parte porque acho que será um pouco mais fácil me manter aquecido aqui. O clima não é tão frio, e alimentos e combustíveis são mais fáceis de obter. Tenho uma casa muito confortável aqui, embora seja em um lugar afastado. Minha irmã [Avril] cuida da casa para mim. Sou viúvo, com um filho de pouco mais de três anos.

Espero que estas notas ajudem. Infelizmente não posso escrever nada para a *Strand* no momento, porque, como já disse, estou tentando não me envolver em trabalho externo. O correio passa somente duas vezes por semana aqui e esta carta não sairá antes do dia 30, por isso vou enviá-la a Sussex.

Atenciosamente

George Orwell

Apesar de Orwell dizer que nunca foi membro de um partido político, ele havia esquecido, ou estava encobrindo, que por um curto período havia sido membro do Partido Trabalhista Independente. Ele escreveu sobre sua filiação em "Por que entro para o ILP" em 24 de junho de 1938. Saiu quando a guerra eclodiu, porque o partido manteve sua postura pacifista. Seu esquecimento talvez fosse um desejo de distanciamento.

Na carta, Orwell faz apenas uma referência curta e indireta à sua primeira mulher, Eileen. Como era típico de um homem de seu caráter e de sua época, ele não fala muito de sua perda nas cartas, embora não haja nenhuma dúvida de que a sentia profundamente. Eileen O'Shaughnessy nasceu em South Shields em 1905. Eles se conheceram numa festa oferecida pela sra. Rosalind Obermeyer na Parliament Hill, nº 77, em Londres, em março de 1935. Para Orwell foi amor à primeira vista. Ao sair da festa, disse a um amigo: "A menina com quem quero me casar é Eileen O'Shaughnessy", e afirmou o mesmo à sra. Obermeyer. Na época, ela fazia mestrado em psicologia no University College de Londres. Apesar da dura realidade de que Orwell estava ganhando muito pouco e que suas perspectivas eram obviamente limitadas, eles se casaram em Wallington, na igreja ao lado do chalé de Orwell, em 9 de junho de 1936. Ela morreu em consequência de uma anestesia, em Newcastle upon Tyne, em 29 de março de 1945.

Existe uma relação muito curiosa entre Orwell e Eileen que possivelmente ambos não devem ter percebido. Os dois "celebraram" o ano de 1984. O título do romance de Orwell, escolhido pouco antes de ele enviar o manuscrito datilografado a seu editor Fredric Warburg, não poderia, obviamente, ser do conhecimento de Eileen, mas ele sabia que ela escrevera um poema para celebrar o centenário de sua escola, Sunderland High, chamado "Fim do século: 1984"? O poema tem três estrofes de catorze linhas, intituladas "Morte", "Nascimento" e "A Fênix", e parece não ter nenhuma ligação óbvia com nada que Orwell viria a escrever. O poema celebra o passado; o romance de Orwell alerta para o futuro. Talvez eles tivessem mais em comum do que percebiam.

Mais de 1700 cartas de George Orwell estão incluídas nos volumes x-xx de *The Complete Works of George Orwell* e em *The Lost Orwell* [O Orwell perdido]. Este número não inclui as muitas cartas que ele escreveu em resposta aos leitores do *Tribune* nem as dezenas de memorandos internos que redigiu quando fazia a programação da Seção Indiana do Serviço Exterior da BBC, em 1941-3. *The Complete Works* e *The Lost Orwell* também contêm muitas cartas escritas para Orwell ou sobre ele e, mais particularmente, as cartas de Eileen. Esta compilação é, portanto, uma pequena porção do que há disponível.

Para fazer esta seleção, tive dois princípios em mente. Em primeiro lugar, que as cartas escolhidas ilustrassem a vida e as esperanças de Orwell e, em segundo lugar, que cada uma delas fosse interessante por si mesma. A maioria das cartas é reproduzida por inteiro, cortei os trechos mais longos que repetem o que está impresso em outras publicações. Como os horizontes de Orwell se estreitaram em seus dois últimos anos de vida, em consequência do agravamento da doença e do confinamento em hospitais e em Jura, ainda que seu círculo de amigos tenha aumentado em vez de diminuir, há mais repetições e, portanto, mais cortes.

É surpreendente a quantidade de pessoas que guardaram as cartas que Orwell lhes escreveu. Inevitavelmente, o que sobreviveu varia ao longo dos anos, e por vezes, para poder contar a história da vida de Orwell, é preciso confiar nas cartas enviadas a ele. Um exemplo notável disso é a importante correspondência com Ihor Szewczenko sobre a publicação da versão ucraniana de A *revolução dos bichos* a partir de 11 de abril de 1946. Mesmo que se quisesse incluir um número igual de cartas de cada ano da vida adulta de Orwell, a mera sobrevivência define o que pode ser escolhido para a inclusão. Assim, e de modo mais óbvio, não há cartas dos cinco anos que Orwell passou na Birmânia.

Apesar das exaustivas buscas de Ian Angus e do editor na preparação das obras completas, materiais sobre Orwell, inclusive cartas de valor, continuam vindo à luz — e deve-se isso, é claro, à existência de *The Lost Orwell*. Foi gratificante poder incluir aqui algumas cartas importantes pela primeira vez. Há muitos rumores de que um lote de cartas para Eleanor Jaques foi posto à venda pela Bonhams em 2009 e depois retirado. Sou especialmente grato aos proprietários das "novas" cartas por terem permitido sua inclusão. Também sou grato aos que adquiriram cartas já publicadas, pela permissão de incluí-las aqui; seus nomes são citados nas notas às suas cartas.

As cartas de Orwell tendem a ser de estilo comercial. Isso se aplica tanto às que endereçava ao seu agente literário como aos amigos. Ele é rápido em se desculpar, se acha que demorou para explicar alguma atitude ou se esqueceu de alguma cortesia social — como em 24 de dezembro de 1934, quando lamenta não ter escrito antes para enviar felicitações de Natal a Leonard Moore e sua mulher, e acrescenta: "Por favor, mande minhas melhores lembranças à sra. Moore". Até mesmo as cartas que vieram à luz para Eleanor Jaques, Brenda Salkeld e Lydia Jackson são escassas em expressões de carinho, embora seu desejo de um relacionamento amoroso seja evidente. Ele sentiu profundamente a morte de Eileen, de seu pai, de sua mãe e de sua irmã Marjorie, mas é reticente ao expressar sua dor. Não se trata de um sinal de frieza de caráter, mas do modo como se esperava que se comportassem as pessoas criadas na primeira metade do século xx, pelo menos em público. A dor e o sofrimento eram considerados relativos, e, tendo em vista o que milhões de pessoas viveram nas duas "grandes" guerras, a perda pessoal, especialmente a perda natural, era sentida em contexto. Sofria-se em silêncio. O observador casual pode pensar que Orwell era melancólico. Seus amigos mais próximos o comparavam com sua criação, o burro Benjamim de *A revolução dos bichos*. Mas, como David Astor disse ao editor, quando ele estava deprimido ou perturbado telefonava a Orwell e lhe pedia que fosse encontrá-lo em um pub da região, porque sabia que Orwell o faria rir, o animaria. Pode-se dizer isso quase em termos financeiros. Orwell estava frequentemente pobre — ver suas cartas em resposta a pedidos de Jack Common de pequenas quantias de dinheiro quando Orwell estava no Marrocos francês. Ele fala mesmo de ter sobrevivido grande parte de 1936 em The Stores comendo batatas. *A revolução dos bichos* lhe rendeu bons direitos autorais, mas quando morreu, antes da grande quantidade de *royalties* que veio de *1984*, deixou 9909 libras esterlinas em testamento — cerca de 250 mil libras de hoje, o valor de uma casa modesta. Mas, na época, seus amigos lhe deviam 495 libras: George Kopp, 250; Paul Potts, 120; Sonia, cem; Inez Holden, 75; e Jack Common, cinquenta.

É evidente que trabalhava duro em sua correspondência. Hoje, com o computador e sua facilidade de copiar, colar e salvar, é fácil esquecer que datilografar cartas em uma máquina mecânica podia ser um trabalho físico pesado, especialmente se, como no caso de Orwell, fosse preciso datilografar doente na cama. Havia um limite para o número de cópias que podiam ser feitas de cada vez. Assim, se ele ou Eileen quisessem transmitir a mesma informação para mais de uma pessoa, cada uma delas receberia uma carta datilografada separadamente. (Ver a conclusão da carta de Eileen para Mary Common, de 5 de dezembro de 1938.) Ainda assim, Orwell datilografava e voltava a datilografar pacientemente suas notícias em cartas para vários amigos.

Uma característica muito significativa da forma de escrever cartas de Orwell, que revela seu caráter generoso, é como ele escrevia longamente mesmo para aqueles que não conhecia, que talvez nunca tenha encontrado e a quem não devia nada. A carta acima, para Richard Usborne, e aquela para Jessica Marshall escrita no Hospital Hairmyres em 19 de maio de 1948 são duas em que ele gastou um tempo considerável, embora uma resposta breve tivesse sido suficiente para a maioria de nós.

As cartas de Eileen são de estilo e conteúdo completamente diferentes. É a ela que devemos recorrer para descobrir como era ficar com os pais do marido em Southwold, como era viver no chalé quase primitivo deles em Wallington, e é em Eileen que encontramos sagacidade e ironia. Ela tinha um belo senso de humor e, embora ambos fossem autodepreciativos, em Eileen isso é feito com um senso de humor delicioso.

Uma vez que se publicou muita coisa sobre a obra de Orwell e que tantas de suas cartas sobreviveram, sabemos (ou pensamos saber) o que esperar. Já Eileen muitas vezes provoca surpresa. Temos as adoráveis cartas escritas no final de sua vida, contando ao marido (que na época trabalhava como correspondente de guerra no continente) como o menininho deles estava crescendo e também falando de suas esperanças de um futuro longe de Londres (que Orwell concretizaria em Jura) e de suas apreensões com a cirurgia que poria fim à sua vida. Eileen também teve uma vida que não conhecíamos até que suas cartas para Norah Myles fossem publicadas em *The Lost Orwell* e reproduzidas aqui. Sabia-se que ela foi para Chapel Ridding, em Windermere, em julho de 1938, mas nunca se soube por quê — e ainda não se sabe. Um pouco desse outro lado de Eileen é revelado em suas cartas. Uma coisa que é certa depois de lê-las é que Eileen tinha um senso de humor maravilhoso e uma natureza muito carinhosa.

Incluímos aqui um punhado muito pequeno de cartas de outras pessoas que não Orwell e Eileen. Cada uma dessas cartas — como a de Jennie Lee para Miss Goalby — ilumina o caráter de Orwell ou seu estado de saúde (como aquela do dr. Bruce Dick para David Astor). Essas poucas cartas ajudam a aprofundar ainda mais a imagem que temos de Orwell — por exemplo, a imagem inesquecível de sua chegada à Espanha logo após o Natal de 1936: "Isso era George Orwell e suas botas chegando para lutar na Espanha". Como Jennie Lee explica: "Ele sabia que não podia obter botas suficientemente grandes" na Espanha e levou um par sobressalente pendurado no pescoço. Conseguir sapatos grandes o suficiente para seus pés foi algo que voltou a assombrá-lo perto do fim de sua vida.

Sem contar os cinco anos que Orwell passou na Birmânia, este livro, junto com o volume *Orwell Diaries*, ajuda a compor a autobiografia que ele não escreveu.

Peter Davison

SOBRE ESTA EDIÇÃO

A maioria das cartas foi reproduzida na íntegra, mas seu layout foi padronizado. Fiz alguns cortes para evitar a repetição do que está facilmente disponível em outras partes da seleção (por exemplo, instruções de Orwell de como fazer a viagem de Londres a Barnhill, em Jura). Os cortes feitos estão indicados entre colchetes. Um registro completo com o estilo original está disponível nas *Complete Works*. Os endereços de onde as cartas foram enviadas estão quase sempre abreviados e padronizados. As notas explicativas são fornecidas quando consideradas úteis a um livro deste tipo. Elas não são exaustivas, e, repito, mais informações podem ser obtidas nas *Complete Works*.

No final do volume, encontram-se mais de oitenta biografias resumidas de muitos daqueles para os quais as cartas foram escritas. Isso evita a repetição de informações biográficas e a necessidade de buscar tais notas onde as pessoas são mencionadas pela primeira vez. Os correspondentes com notas biográficas estão indicados com asterisco (*) depois de seu nome no corpo do livro.

"George Orwell", como tendemos a chamá-lo, nasceu Eric Blair. Ele continuou a usar o nome de batismo ao longo da vida. Alguns de seus amigos o chamavam de "Eric", outros de "George". Sua primeira mulher, Eileen, foi sempre Eileen Blair, e seu filho é Richard Blair. Assim, "os Blair" refere-se aos pais e à família de Orwell, enquanto "os Orwell" ao casal George e Eileen.

As fontes destas cartas, assim como as notas completas, encontram-se em *The Complete Works of George Orwell* e em seu volume complementar, *The Lost Orwell*. Os nove primeiros volumes das obras completas compreendem os livros de Orwell, publicados pela Secker & Warburg em 1986-7 e depois lançados em brochura pela Penguin Books. Os volumes x-xx foram publicados em 1998 e depois, em brochura (com algum material complementar), em 2000--2. O volume complementar foi publicado pela Timewell Press, em 2006. O fac-símile do manuscrito sobrevivente de 1984 foi publicado em 1984 pela Secker & Warburg em Londres e pela M & S Press, Weston, Massachusetts. Esses volumes foram editados por Peter Davison e somam 9243 páginas. É evidente que este *Uma vida em cartas* oferece apenas uma pequena parte do que se encontra na edição completa, a qual, se necessário, naturalmente pode ser consultada.

Em geral, os textos das cartas estão reproduzidos tal como Orwell os escreveu. Ligeiros descuidos foram silenciosamente corrigidos, e os títulos de livros e revistas e expressões em língua estrangeira foram passados para o itálico (algo que Orwell não tinha como fazer numa máquina de escrever). Ocasionalmente (como nas *Complete Works*), foram mantidos erros ortográficos típicos de Orwell, mas eles estão indicados com um sinal de grau superior (°). As referências às *Complete Works* são feitas da seguinte forma: número do volume em algarismos romanos + número do item + página(s) — por ex., XIX, 3386, pp. 321-2. As referências aos livros listados na "Pequena lista de leituras adicionais" são dadas pelo nome do autor e pelo número de página — por exemplo, Crick,

p. 482, exceto para *Orwell Remembered* e *Remembering Orwell*, que são indicados com seus números de página.

Siglas como ILP às vezes aparecem com ponto depois de cada letra, às vezes sem ponto, por exemplo: ILP e I. L. P. Seguimos o critério de Orwell. Muitas estão definidas quando usadas. Aquelas que não estão e que podem ser desconhecidas de alguns leitores são:

ARP: Precauções contra Ataques Aéreos
CB: Comandante da Ordem do Banho
CBE: Comendador da Ordem do Império Britânico
CH: Companheiro de Honra
CP: Partido Comunista
FDC: Comitê de Defesa da Liberdade
GPU: Gosudarstvennoye Politicheskoye Upravlenye (polícia secreta soviética)
IB: Brigada Internacional
ILP: Partido Trabalhista Independente
IRD: Departamento de Pesquisa de Informação
KG: Cavaleiro da Ordem da Jarreteira
KT: Cavaleiro
LCC: Conselho do Condado de Londres
NCCL: Conselho Nacional das Liberdades Civis
NKVD: Narodniy Kommissariat Vnutrennykh Dyel (polícia secreta soviética)
NL: novo líder
NYK: Nippon Yusen Kaisha (Companhia Japonesa de Correio a Vapor)
OBE: Oficial da Ordem do Império Britânico
OUP: Oxford University Press
PAS: ácido para-aminosalicílico
PEN: Associação Internacional de poetas, dramaturgos, ensaístas, editores e romancistas

POUM: Partido Obrero de Unificación Marxista (partido comunista revolucionário antistalinista sob cuja égide Orwell lutou na Espanha)
PR: *Partisan Review*
RAMC: Serviço de Saúde do Exército Real
TUC: Congresso dos Sindicatos
YCL: Liga da Juventude Comunista

É difícil fornecer equivalentes exatos de valor aos preços de hoje porque cada item varia consideravelmente. No entanto, uma aproximação grosseira pode ser obtida se os preços da década de 1930 forem multiplicados por quarenta, por 35 durante a guerra e por trinta entre 1945 e a morte de Orwell. Na cunhagem pré--decimal, doze pence valiam um xelim e vinte xelins, uma libra esterlina; portanto, havia 240 pence em uma libra. A moeda de six-pence = 2 ½; um xelim (doze pence) = 5p, 10 xelins (10/-) = 50p. Para o período que Orwell passou no Marrocos, talvez seja conveniente consultar as *Currency Conversion Tables* [Tabelas de conversão de moedas], de R. L. Bidwell (1970). Ele registra o franco francês como valendo 165 por libra (39,8 por dólar americano) em março de 1938. Em janeiro de 1939, seriam 176,5 francos por libra (39,8 por dólar). Assim, o aluguel do chalé de Orwell — 7s 6d [7 xelins e 6 pence] por semana — é de cerca de 1,50 libra por quatro semanas em valores da década de 1930 e, digamos, sessenta libras por mês em valores atuais. O aluguel da casa de campo no Marrocos era de 550 francos por mês, aproximadamente 3,25 libras, digamos 130 libras em valores de hoje.

Devemos agradecer a The Orwell Estate, em particular a Richard Blair e Bill Hamilton, e a Gill Furlong, arquivista da UCL Special Collections Library, por permitirem que estas cartas fossem publicadas. Em *Complete Works* e *The Lost Orwell*, The Orwell Estate e os editores já agradeceram aos titulares dos direitos autorais de cartas publicadas, e aqui renovo minha gratidão. Agradeço ainda àqueles que permitiram a reprodução de cartas não publicadas anteriormente, ou cujos originais tenham mudado de mãos. Sou imensamente grato a Myra Jones por sua cuidadosa revisão (mais uma vez) e a Briony Everroad de Harvill Secker por sua atenção e apoio esplêndido.

Peter Davison

NOTA SOBRE A EDIÇÃO BRASILEIRA

George Orwell pertence à família dos escritores para os quais viver se confunde com escrever. Nos períodos de tranquilidade, estabelecido em Londres ou na Escócia, ele redigia umas três resenhas por semana, várias cartas ao dia e mantinha um diário minucioso, no qual anotava até se tinha chovido ou feito sol, enquanto se dedicava a seus livros. Até agora, foram publicados vinte dos seus livros, se descobriram 1700 de suas cartas, e o volume com os seus diários tem 520 páginas. Mas seus biógrafos e editores dizem que ele escreveu bem mais que isso. O caderno com as anotações sobre a sua participação na Guerra Civil Espanhola, por exemplo, teria sido roubado de seu hotel por agentes da NKVD — o Comissariado Popular de Assuntos Internos, a polícia política da União Soviética que antecedeu a KGB — e provavelmente está em algum arquivo na Rússia.

Não há quase nada de íntimo tanto nos diários como nas cartas. Em nenhum momento ele diz o que sente por sua primeira mulher, a escritora Eileen O'Shaughnessy, ou por seu filho, Richard, que adotaram em 1944. Também não se detém em grandes análises de fatos históricos. Orwell foi influenciado por Trótski: na Guerra Civil Espanhola, militou numa organização de origem trotskista, o Partido Operário de Unificação Marxista; um dos personagens principais de 1984, Emanuel Goldstein, foi calcado no revolucionário russo; e a oposição do escritor ao stalinismo está embebida das suas leituras de Trótski. Pois bem: o criador do Exército Vermelho é assassinado por um agente de Stálin, em agosto de 1940, e o escritor não comenta nada. Não há nem súmula do que Trótski fez nem opinião sobre a morte dele.

Nas cartas, ele alude à lista que preparou em 1949, pouco antes de morrer, para o governo trabalhista inglês, com os nomes de intelectuais e artistas que seriam "criptocomunistas" e "companheiros de viagem" da União Soviética. Divulgada parcialmente em 2003, a lista provocou controvérsia no Reino Unido e nos Estados Unidos, onde Orwell foi acusado de ser delator. E se transcreve também o relatório enviado por Celia Kirwan ao Ministério do Exterior, em que a amiga de Orwell conta como foi o encontro com o escritor no qual discutiram a lista. Dela constam os historiadores Isaac Deutscher e E. H. Carr, os atores Michael Redgrave e Katharine Hepburn e o diretor Charlie Chaplin.

Na edição brasileira de *Uma vida em cartas*, tenta-se mostrar quem era o escritor George Orwell, as suas preocupações literárias e políticas. Dá-se ênfase às cartas relacionadas, mesmo que indiretamente, a *O caminho para Wigan Pier*, *Lutando na Espanha*, *A revolução dos bichos* e *1984*. Estes dois últimos livros teriam tudo para ter sido esquecidos, pois as formações histórico-políticas que estão na sua base, o stalinismo e o nazismo, desapareceram. No entanto, eles continuam a atrair atenção, talvez pelo seu aspecto fabular e parabólico. Perderam muito da atualidade, mas têm algo da força alegórica do *Crusoé*, de Defoe, e de *O senhor das moscas*, de William Golding.

As cartas de Orwell mostram um escritor pouco parecido com boa parte dos de hoje. As suas observações não têm nada de mesquinho. Ele não faz fofocas literárias, não imagina uma carreira nas letras, não se promove, não quer ganhar dinheiro, não sabe o que é moda. Sobrevive mais que modestamente, passa frio, anda a pé, não se queixa de nada. Faz isso para estar junto com os pobres e os trabalhadores, para entendê-los, e para viver na prática as suas ideias — e ser um escritor fiel ao seu tempo e a si mesmo.

Mario Sergio Conti

De aluno a professor e escritor

1911-1933

Orwell deixou Eton em dezembro de 1921. Ele se candidatara à Polícia Imperial Indiana e foi treinado para o competitivo exame de admissão. Os resultados foram publicados em 23 de novembro de 1922. Ele tirou o sétimo lugar entre os 29 candidatos aprovados, obtendo 8464 pontos dos 12400 possíveis, sendo que para ser aprovado era preciso fazer 6 mil. Suas matérias fortes eram latim, grego e inglês. Ele passou raspando no teste de equitação e fez 174 dos quatrocentos pontos em desenho à mão livre (havia progredido desde os pequenos desenhos com que embelezava as cartas que enviava para sua mãe de St. Cyprian).

Chegou à Birmânia em 27 de novembro de 1922. Aprendeu hindi, birmanês e shaw karen,[1] e era capaz de conversar fluentemente em "birmanês altissonante" com os sacerdotes birmaneses. Trabalhou em vários locais e de fato viu um enforcamento e matou um

---

1 Língua falada por povos das montanhas da Birmânia. (N. T.)

elefante, eventos sobre os quais escreveu ensaios importantes. Por ter matado o elefante (que havia matado um carregador), em 23 de dezembro de 1926 foi enviado por um irritado comandante a Katha, a base de Kyauktada de *Dias na Birmânia*.

Deixou a Birmânia em 12 de julho de 1927, para tirar os seis meses de licença que lhe eram devidos. Enquanto estava de licença, demitiu-se da polícia. Havia evidentemente economizado uma quantia razoável de seu salário e foi para Paris, onde tentou ganhar a vida como escritor. Conseguiu publicar seis artigos em Paris, em francês, e um deles foi publicado na Inglaterra, mas não conseguiu que aceitassem contos ou romances, e destruiu todos eles. Quando ficou sem dinheiro, trabalhou por algumas semanas como ajudante de cozinha num hotel de luxo, que teria sido o Crillon ou o Lotti. Durante um curto período, esteve internado no Hospital Cochin com "*une grippe*", experiência sobre a qual também escreveu.

Orwell voltou para a Inglaterra e, usando a casa da família em Southwold como base, levou uma vida de vagabundo e trabalhou na colheita de lúpulo. Seus artigos começaram a ser aceitos (por muito pouco dinheiro), e de abril de 1932 a julho de 1933 deu aulas para meninos entre dez e dezesseis anos em The Hawthornes, uma escola particular de Hayes, em Middlesex. No trimestre de outono, não voltou a The Hawthornes, a qual, aliás, enfrentava dificuldades financeiras, e passou a lecionar no Frays College, uma escola particular mista de Uxbridge, em Middlesex; ela está ilustrada em Thompson, p. 40. Em 9 de janeiro de 1933, Victor Gollancz publicou *Na pior em Paris e Londres*.

*

Da carta de Orwell para a mãe, 15 de outubro de 1911.

Para Ida Blair*

2 de dezembro de 1911
St. Cyprian's School
Eastbourne
[manuscrita, com os erros de ortografia do autor]

Minha querida Mãe, espero que esteja bem,
Ontem foi o aniversário da sra. Wilkes,[2] tivemos uma temenda diversão depois do chá e brincamos por toda a casa. Fomos todos dar uma caminhada até Beachy-Head.

Sou o terceiro em aritmática.

Está muito nublado hoje e não paresse que vá ficar muito quente.

Obrigado por sua carta.

No sábado à noite temos dansa e eu vou dizer uma poesia, alguns dos meninos cantam.

Mando beijos ao Pai e Avril. Togo está bem, Tivemos os jogos Oxford e Cambridge ontem. Cambridge ganhou no primeiro e no terceiro, e o segundo não teve jogo. Estou muito contente que o coronel Hall[3] me deu alguns selos, ele disse que ia fazer isso no ano pasado mas acho que esqueceu. Faz um dia abominavelmente úmido hoje com muita chuva e frio.

Lamento muito saber que aqueles abomináveis monstros dos ratos brancos fedorentos voltaram. Espero que estes não sejam dos fedorentos. Se não forem, vou gostar deles.

De seu filho amuroso
E. A. Blair

---

2 A sra. Vaughan Wilkes era a esposa do diretor e proprietário da St. Cyprian's.
3 O coronel Hall era um vizinho dos Blair em Shiplake.

Para Steven Runciman*

> Agosto de 1920
> Grove Terrace
> Polperro RSO[4]
> Cornwall
> [manuscrita]

Meu caro Runciman,

Eu tenho um pouco de tempo livre e acho que devo lhe contar sobre a minha primeira aventura como vagabundo amador. Como a maioria dos vagabundos, fui levado a ela. Quando cheguei a um pequeno lugar miserável em Devonshire — Seaton Junction —, Mynors,[5] que tinha de mudar de trem lá, veio ao meu vagão & disse que um abominável Oppidan que vinha permanentemente me assolando para viajar no mesmo compartimento que ele estava perguntando por mim. Como eu estava no meio de estranhos, saí para ir ter com ele, ao que o trem partiu. Você precisa de duas mãos para entrar num trem em movimento, & eu, que com mochila, cinto etc. tinha apenas uma. Para ser breve, fiquei para trás. Mandei um telegrama para dizer que estaria atrasado (chegou no dia seguinte), & cerca de duas horas e meia depois, peguei um trem; em Plymouth, North Rd, descobri que não havia mais trens para Looe

---

4 Railway Sorting Office, que funcionava como posta-restante. Polperro não tinha estação. A mais próxima era em Looe, distante quase cinco quilômetros. A família Blair passava a maior parte das férias de verão em Looe ou Polperro. Nessa viagem em particular, Orwell voltava de um exercício do Corpo de Treinamento de Oficiais de Eton e, portanto, estava de uniforme.

5 Roger Mynors (1903-89; elevado a cavaleiro em 1963) era colega de bolsa de estudos de Orwell. Os dois produziram o jornal da escola, Election Times. Foi um importante estudioso dos clássicos; tornou-se Fellow de Balliol em 1926 e depois professor em Cambridge e Oxford. Casou-se com Lavinia, filha de Cyril Allington, diretor de Eton em sua época. Sobre o interesse dele e de Orwell por biologia, ver a correspondência com Darlington, 19/3/47.

naquela noite. Era tarde demais para telefonar, pois os correios estavam fechados. Fiz uma consulta à minha situação financeira. Tinha o suficiente para a passagem restante & mais 7 ½ d. Poderia, portanto, dormir na A. C. M. por 6 d & morrer de fome, ou comer alguma coisa e ficar sem ter onde dormir. Eu escolhi a última, pus minha mochila no vestiário & comprei 12 pãezinhos por 6d: às nove e meia me esgueirei para o campo de algum agricultor — havia alguns campos, situados entre fileiras de casas miseráveis. Sob aquela luz é claro que eu parecia um soldado passeando — no caminho, me haviam perguntado se eu estava desmobilizado ainda, & finalmente cheguei me instalei no canto de um campo perto de alguns loteamentos. Então comecei a lembrar que as pessoas frequentemente pegavam catorze dias por dormir no campo de alguém & "sem meios visíveis de sustento", em particular porque todos os cães da vizinhança latiam se eu me mexesse um pouco. O canto tinha uma grande árvore para abrigo, & arbustos para esconder, mas estava inaceitavelmente frio; eu não tinha cobertor, o meu boné era o meu travesseiro, deitei-me "com meu manto marcial (capa enrolada) ao redor de mim".[6] Só cochilei & tremi até cerca de 1 hora, quando reajustei minhas polainas, & consegui dormir o tempo suficiente para perder o primeiro trem, às 4h20 por cerca de uma hora, & ter de esperar até 7h45 pelo outro. Meus dentes ainda batiam quando acordei. Quando cheguei a Looe, fui forçado a caminhar seis quilômetros sob o sol quente; estou muito orgulhoso desta aventura, mas eu não a repetiria.

Atenciosamente,
E. A. Blair

---

6 Da terceira estrofe de "The Burial of Sir John Moore after Corunna", de Charles Wolfe, poema parodiado por Orwell em Eton, em *College days* (*Complete Works* X, p. 69).

Trecho de carta para Cyril Connolly*

Páscoa de 1921

O original e o texto completo desta carta estão perdidos. O trecho abaixo subsiste porque Cyril Connolly citou parte da carta de Orwell ao escrever a Terence Beddard na Páscoa de 1921; Connolly copiou-a para o Arquivo Orwell em junho de 1967.

Outra versão, intercalada com comentários irônicos de Connolly, encontra-se na Universidade de Tulsa, e é a que aparece na biografia de Orwell escrita por Michael Shelden (pp. 75-6). Em uma nota acrescentada à cópia feita para o Arquivo, Connolly explicou que este trecho fazia parte de uma carta para Beddard que Connolly imprimiu em Enemies of Promise *[Inimigos da promessa] (1938), pp. 256-9. Beddard já estava morto quando Connolly fez essa cópia. É impossível ter certeza quanto à confiabilidade da cópia de Connolly. Beddard foi um bolsista do rei na turma anterior à de Orwell; ele deixou Eton exatamente um ano antes de Orwell e não estava mais lá quando Connolly lhe escreveu. Christopher Eastwood é descrito por Connolly em suas anotações como "um rapaz atraente, com uma boa voz & um tanto pedante".[7] E continua: "A importância da carta é que Eastwood, sendo da minha turma, estava destinado a ver muito mais de mim do que de Blair, da turma depois de nós". E. A. Caröe[8] era da turma de Blair, e Redcliffe-Maud[9] de duas turmas abaixo da de Connolly. Para detalhes sobre o pano de fundo desta carta, ver os capítulos 20 e 21 de* Enemies of Promise. *Michael Shelden observa que seria imprudente*

---

7 Christopher Eastwood (1905-83) tornou-se um alto funcionário público. Ver *Remembering Orwell*, 16-18, sobre suas lembranças de Orwell em Eton.

8 Einar Athelstan Caröe (1903-88) tornou-se um comerciante e corretor de grãos, associado a Liverpool. De acordo com as anotações de Connolly, ele não era benquisto em Eton.

9 O Barão Redcliffe-Maud (1906-82) tornou-se um servidor público particularmente ilustre e, mais tarde, foi alto-comissário, depois embaixador na África do Sul, 1959-63; mestre do University College, Oxford, 1963-76.

supor que "as afeições adolescentes [de Orwell] por outros meninos chegaram a atingir um estágio avançado de contato sexual. É provável que fosse tão casto em seus relacionamentos com garotos quanto o era em sua relação com Jacintha. Como a carta para Connolly revela, ele era desajeitado em assuntos românticos, e demorou a se afirmar".

Acho que estou enamorado de Eastwood. Isso pode surpreendê-lo, mas não é imaginação, eu lhe garanto. A questão é que acho que você também está; de qualquer forma, estava no final do último semestre. Não tenho inveja de você. Mas apesar de você não ser ciumento, está propenso a ser o que eu poderia chamar de "proprietário". No caso de Maud & Caroe você estava certo, mas o que eu quero que você faça é não me considerar um outro Caroe, independente dos pontos de semelhança que possa haver. Também não suspeite que tenho alguma má intenção. Se eu não tivesse escrito a você, cerca de três semanas depois do início do semestre seguinte, você iria perceber como estavam as coisas, seus instintos de proprietário teriam sido despertados & tendo muita influência sobre Eastwood você provavelmente o teria colocado contra mim de algum modo, talvez até o advertido contra mim. Por favor, não faça isso, eu imploro. É claro que eu não lhe peço para renunciar à sua parte nele, apenas não diga coisas maldosas.

A cópia de Connolly que está no Arquivo Orwell conclui: "Eis uma revelação... De qualquer forma, Eastwood percebeu isso e está cheio de suspeitas, pois odeia Blair".

Uma carta de Jacintha Buddicom*

Esta carta visa confortar uma parenta. Ela retoma a história do próprio escritor e, em particular, o relacionamento da autora em sua juven-

tude com Eric Blair, muito antes de ele se tornar George Orwell. O pano de fundo e o relacionamento dela com Jacintha encontram-se no Posfácio de Dione Venables à segunda edição de Eric & Us, de Jacintha Buddicom (2006). Omiti um ou dois nomes. Sou profundamente grato a Dione Venables, prima de Jacintha, e a parentes delas pela permissão para publicar esta carta, e grato à sra. Venables por fornecer notas explicativas.

4 de maio de 1972
"Dragons"
John Street
Bognor Regis

Acabei de ler sua triste carta e apresso-me em respondê-la. Não posso acreditar que a mesma tragédia miserável atingiu duas vezes a mesma família, mas POSSO lhe oferecer minha total compreensão e simpatia, o que talvez ajude um pouco. Estranhamente, sua carta chega em um momento em que minha mente e concentração estão centradas em eventos semelhantes que ocorreram em minha vida há algum tempo.

Após a publicação no ano passado de The World of George Orwell, para o qual escrevi o ensaio de abertura, estou escrevendo agora uma monografia sobre o assunto (na edição eles cortaram quase todas as partes importantes), na esperança de me libertar de uma vida inteira de fantasmas e arrependimentos por ter dado as costas ao único homem por quem sempre senti atração em todos os níveis.

Sua experiência tem muitas semelhanças, mas a diferença é que você carregou brevemente o filho de Xxxxx e depois recusou a proposta dele. A perda do segundo foi decisão sua (eu não tive escolha e o resultado foi a cruz que tive de carregar desde então). Mas sua integridade e coragem ao recusar a proposta de uma figura tão proeminente me fazem sentir muito orgulho [algumas palavras omitidas]. Essa união, em 1958, com toda a certeza teria terminado em lágrimas, especialmente porque ele morreu tão jovem. Como eu gostaria de estar pronta para noivar, quando Eric me pediu em casamento ao retornar da Birmânia. Ele havia arruinado o que havia sido um relacionamento tão estreito e satisfatório desde a infância, ao tentar ir às últimas consequências antes que eu estivesse perto de estar preparada para isso. Foram-me necessários literalmente anos para perceber que somos todos criaturas imperfeitas, mas que Eric era menos imperfeito do que qualquer outra pessoa que eu tivesse conhecido. Quando chegou a hora e eu estava pronta para o passo seguinte, foi com o homem errado e o resultado me assombra até hoje.

Você estava absolutamente certa ao rejeitar o casamento com um homem que sabe que será constantemente infiel porque é assim que ele é feito. Quanto mérito na sua decisão, mesmo que ainda sofra por ela. As lembranças das alegrias e da diversão que Eric e eu compartilhamos, conhecendo tanto a mente um do outro, asseguravam que eu jamais me casaria, a menos que aquela "identidade" pudesse ser encontrada outra vez.

Você ainda é uma mulher extremamente bela, mesmo que sinta que isso foi sua ruína. Os homens em sua vida não quiseram sua grande inteligência e por isso fizeram você ser levada de relacionamento em relacionamento, à procura de algo que jamais encontrará. Uma tragédia da qual você simplesmente *precisa* assumir o controle, ou a vida começará a depender da garrafa mais do que do fascínio de outras vidas e situações. Ao menos você não passou pela vergonha pública de ser destruída em um livro clássico como Eric fez comigo. Julia, em 1984, é claramente Jacintha, disso tenho certeza. Ele a descreve com cabelo escuro e grosso, muito ativa, odiando a política — e o lugar em que se encontravam era um vale cheio de campainhas. Nós sempre íamos ao nosso lugar especial quando estávamos em Ticklerton, que estava cheio de campainhas. Elas morrem tão depressa se você colhê-las, que nunca fizemos isso, mas nos deitávamos entre elas e adorávamos seu perfume muito pungente. Esse mesmo vale de campainhas é descrito no livro dele e faz parte da história central, mas no final ele absolutamente me destrói, como um homem pisando de bota numa aranha. A leitura do livro feriu tanto minha mãe que sempre pensei que ele provocou o último ataque cardíaco dias depois. Fique contente por não ter sido dilacerada em público.

Recomponha-se, minha querida. Nossa família é bem abençoada com aparência e cérebro e você tem ambos em grande quantidade. Você é uma comunicadora extremamente elegante, portanto desfrute o que tem, em vez de ficar olhando para o passado. [*frase omitida*] Você tem as melhores ideias, que superam seus atributos físicos. Faça ambos trabalharem para *você*. Olhe para a frente. O que passou, passou. É a única maneira de eu conseguir manter a razão...

O que a autora e a destinatária desta carta tinham em comum era que ambas haviam concebido filhos fora do casamento, na época, um motivo de vergonha. A correspondente interrompeu a gravidez; Jacintha deu à luz o filho que carregava, mas ele foi adotado por seus tios, o dr. e a sra. Noel Hawley-Burke. Um fotógrafo de rua captou o momento em que Jacintha e seus tios saíam do escritório do advogado, depois de ela ter lhes dado em adoção seu bebê de seis meses. O contraste entre as linguagens corporais, mesmo numa fotografia de má qualidade, capta perfeitamente a dor dela e a alegria deles.

Dione Venables, no Posfácio de Eric & Us, *de Jacintha Buddicom, faz um relato vívido do motivo que levou Jacintha a romper com Orwell antes de ele ir para a Birmânia. Ele havia "tentado levar as coisas mais longe e fazer amor SÉRIO com Jacintha. Ele a havia segurado deitada (na época, ele tinha 1,93 metro de altura e ela ainda media um metro e meio) e, embora ela tenha se debatido, gritando para ele PARAR, ele rasgou sua saia e machucou bastante um ombro e seu quadril esquerdo". O ataque não foi adiante e Orwell permaneceu com a família durante o resto das férias, mas ele e Jacintha se mantiveram separados (p. 182).*

É preciso lembrar que em A filha do reverendo o advogado de Gollancz exigiu que Orwell amenizasse a primeira linha da p. 41, e Orwell, em resposta à preocupação do advogado, disse que havia "alterado a afirmação de que o sr. Warburton 'tentou estuprar Dorothy'".

Como Dione Venables passa a explicar, quando Orwell regressou da Birmânia "não perdeu tempo em entrar em contato com a família Buddicom e foi convidado a se juntar a Prosper e Guiny [irmão e irmã de Jacintha] em Ticklerton. Jacintha não estava, e a família foi evasiva e mostrou-se constrangida sobre sua ausência, de tal modo que Eric deve ter imaginado que, mesmo depois de todo aquele tempo, ela ainda estava zangada com ele e jamais o perdoaria. O trágico é que, na verdade, em maio de 1927 Jacintha tinha acabado de dar à luz sua filha Michal Madeleine... O pai fugiu para o exterior assim que sua condição foi descoberta" (p. 183). Michal emigrou para o Canadá. Ela teve seis filhos e morreu em um acidente de carro em 1997. Como Guinever, a irmã de Jacintha, observou mais tarde, Orwell "poderia muito bem ter aceitado a menina como sua filha" (p. 186).

Orwell e Jacintha nunca mais se encontraram depois que ele partiu para a Birmânia. Na verdade, Jacintha nem sabia que Eric era Orwell até 8 de fevereiro de 1949, quando sua tia Lilian escreveu de Ticklerton para lhe contar que George Orwell era Eric Blair. Ela pediu seu endereço ao editor dele e lhe escreveu quando ele estava no Sanatório de Cranham. Ele respondeu imediatamente com duas cartas, em 14 e 15 de fevereiro de 1949. Esperava que ela fosse visitá-lo, mas ela achou que não podia. Assim, houve uma espécie de reconciliação, mas infelizmente nenhum encontro. Muito se perdeu para ambos. Embora Jacintha possa não ter sido a única inspiração de Orwell, está claro que muitos de seus personagens femininos, assim como Julia em 1984, devem muito a ela.[10]

---

10 Um trabalho de William Hunt a ser publicado, *Orwell Demon: the Lonely Rebellion of Eric Blair*, explora com muito mais detalhes do que é possível aqui as li-

Para Dennis Collings*

16 de agosto de 1931
1B Oakwood Road
Golders Green NW[11]

Caro Dennis,
Eu disse que iria escrever para você. Não tenho nada de grande interesse para relatar ainda sobre as classes mais baixas, & realmente estou escrevendo para lhe contar sobre um fantasma que vi no cemitério de Walberswick. Quero pôr isso no papel antes que eu esqueça os detalhes. Ver o desenho abaixo.

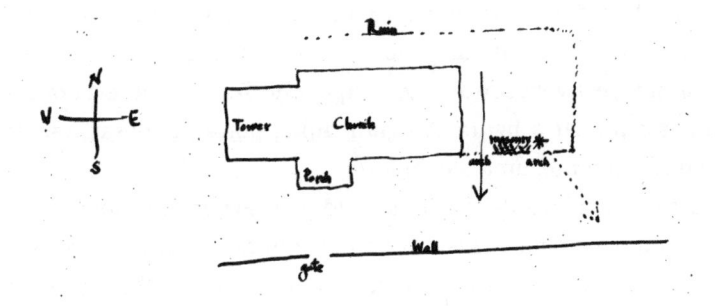

Acima está a igreja W'wick tanto quanto consigo me lembrar dela. Por volta das 5h20 da tarde de 27/7/31, eu estava sentado no local marcado com um asterisco, olhando na direção da seta pontilhada. Aconteceu de eu olhar sobre meu ombro e vi um vulto

---

gações entre Orwell e muitos daqueles que ele conheceu e os lugares onde se conheceram. (O título inspira-se em "Por que eu escrevo", xviii, 3007, p. 320.)
11 Em 1930-1, Orwell morou com os pais em Southwold, mas fez incursões vagabundeando e escrevendo o que viria a ser *Na pior em Paris e Londres*. Quando visitava Londres, ficava com Francis e Mabel Sinclair Fierz em Golders Green. A sra. Fierz fazia resenhas para *The Adelphi* e seu marido era um entusiasta de Dickens. Ela foi fundamental para que *Na pior* fosse publicado e Leonard Moore aceitasse ser agente literário de Orwell. Morreu em 1990, aos cem anos.

passar ao longo da linha da outra seta, desaparecer por trás do muro e, presumivelmente, emergir no adro. Eu não estava olhando *diretamente* para ele, então só consegui perceber que era uma figura masculina, pequena e curvada, vestida de marrom-claro; eu diria que era um operário. Tive a impressão de que ele olhou para mim de passagem, mas não distingui nada de seus traços. No momento da sua passagem, não pensei nada, mas alguns segundos depois ocorreu-me que a figura não havia feito ruído algum, e fui atrás dela até o adro. Não havia ninguém no adro da igreja, e ninguém a uma distância possível ao longo da estrada — isso foi cerca de vinte segundos depois que eu a vira; de qualquer modo, havia apenas duas pessoas na estrada, e nenhuma delas se parecia com a figura. Olhei dentro da igreja. As únicas pessoas que estavam lá eram o vigário, vestido de *preto*, e um operário que, tanto quanto me lembro, estivera serrando o tempo todo. Além disso, ele era alto demais para ser a figura. A figura tinha, portanto, desaparecido. Presumivelmente, uma alucinação.

Estou na cidade desde o início do mês. Fiz arranjos para ir colher lúpulo, mas não devemos começar antes do início de setembro. Enquanto isso, estive ocupado trabalhando. Conheci recentemente um dos editores de uma publicação nova[12] que começa a sair em outubro & espero ser capaz de conseguir algum trabalho com eles — não o suficiente para viver, é claro, mas o suficiente para ajudar. Andei fazendo algumas perguntas aos vagabundos. Dos três amigos que eu tinha, acredita-se que um foi atropelado e morto, um se entregou à bebida e desapareceu, um está cumprindo sentença em Wandsworth. Hoje conheci um homem que até seis semanas atrás era ourives. Ele envenenou o dedo indicador

---

12 *Modern Youth*. Orwell entregou duas histórias, mas a publicação, evidentemente, foi à falência e os impressores apreenderam as histórias de Orwell junto com os ativos da revista. Eles não foram identificados.

direito e precisou amputar a ponta do dedo, o que significa que vai estar na estrada pelo resto da vida. É espantoso como pequenos acidentes podem arruinar a vida de um homem que trabalha com as mãos. Por falar em mãos, dizem que colher lúpulo deixa as mãos inúteis por várias semanas — mas vou descrever isso para você depois que fizer isso.

Você já olhou a vitrine de uma dessas lojas da Sociedade Bíblica? Fiz isso hoje e vi cartazes enormes "A Bíblia Católica Romana mais barata 5/6d. A Bíblia protestante mais barata 1/-", "Não temos a versão Douayo" etc. etc. Que eles possam lutar por muito tempo, digo eu; enquanto esse espírito estiver na terra estamos a salvo dos católicos romanos — essa loja, por sinal, ficava ao lado da igreja de St. Paul. Se algum dia você estiver perto de St. Paul e se sentir deprimido, entre e dê uma olhada na estátua do primeiro bispo protestante da Índia, o que vai lhe provocar boas risadas. Escreverei de novo quando tiver notícias. Estou enviando esta para S'wold.

Seu
Eric A. Blair

Para Leonard Moore*

26 abril de 1932
The Hawthorns [Escola]
Station Rd
Hayes, Middlesex

Caro sr. Moore,

Obrigado por sua carta. A história do manuscrito "Dias em Londres e Paris" é esta. Há cerca de um ano e meio, terminei um livro que corresponde a essa descrição, mas mais curto (cerca de 35 mil palavras), e, depois de me aconselhar, mandei-o para a Jonathan Cape. Eles disseram que gostariam de publicá-lo, mas que era curto demais e fragmentário (estava escrito em forma de diário) e que talvez estivessem dispostos a ficar com ele se eu o tornasse mais longo. Acrescentei então algumas coisas que tinha deixado de fora, criando o manuscrito que o senhor recebeu, e mandei-o de volta à Capes, que o rejeitou de novo. Isso foi em setembro passado. Entrementes, um amigo que era editor de uma revista e que havia visto o primeiro manuscrito disse que valia a pena publicar e falou sobre o assunto com T.S. Eliot, que é leitor da Faber and Faber. Eliot disse o mesmo que a Cape, ou seja, que o livro era interessante, mas demasiado curto. Deixei o manuscrito que o senhor tem com a sra. Sinclair Fierz e lhe pedi que jogasse fora, pois não achava que fosse um bom trabalho, mas suponho que, em vez disso, ela o enviou ao senhor. Eu ficaria obviamente muito satisfeito se o senhor pudesse vendê-lo, e é muito gentil da sua parte se dar ao trabalho de tentar. Nenhum editor o viu, exceto Faber and Cape. Se por acaso conseguir a sua aceitação, por favor cuide para que seja publicado sob pseudônimo, pois não me orgulho dele. Preenchi o formulário que me enviou, mas acrescentei uma cláusula dizendo que só quero um agente para tratar com editores. A razão é esta. Estou muito ocupado agora dando aulas numa escola e temo que por alguns meses não serei capaz de dar andamento a trabalho algum, exceto resenhas ou artigos ocasionais, pelos quais recebo pessoalmente as comissões. Mas há um romance[13] que comecei há alguns meses, que devo retomar nas próximas férias e que ouso dizer estará concluído dentro de um ano: vou enviar-lhe então. Se pudesse me conseguir qualquer livro francês ou espanhol para traduzir para o inglês, eu estaria disposto a lhe pagar a comissão que julgue correta, pois gosto desse tipo de trabalho. Há também um longo poema que descreve um dia em Londres, que estou fa-

---

13 *Dias na Birmânia.*

zendo, e que *talvez* esteja concluído antes do final desse prazo. Vou enviar-lhe também, se quiser, mas não acho que alguém possa ganhar dinheiro com esse tipo de coisa. Quanto àquelas histórias[14] que estão com o senhor, vou descartá-las, pois realmente não vale a pena incomodar-se com elas.
Atenciosamente
Eric A. Blair

P. S.: Tentei fazer com que a Chatto & Windus me desse alguns romances de Zola para traduzir, mas eles não quiseram. Penso que alguém poderia estar disposto a traduzir Zola — isso foi feito, mas terrivelmente mal.[15] Ou o que dizer de Huysmans? Não posso acreditar que *Sainte Lydwine de Schiedam* foi traduzido para o inglês. Também tentei fazer a Faber traduzir um romance chamado *La belle de nuit*, de Jacques Roberti. É muito bom, mas estarrecedoramente indecente, e eles o recusaram por esse motivo. Penso que alguém poderia aceitá-lo — o senhor conhece alguém que não tenha medo desse tipo de coisa? (O livro não é pornográfico, só um pouco sórdido.) Eu poderia reaver meu exemplar e enviá-lo, se necessário. Eu poderia também traduzir do francês antigo, pelo menos qualquer coisa desde 1400 d.C.

---

14 Essas histórias parecem não ter sobrevivido.
15 Os romances de Zola haviam sido publicados na Inglaterra por Henry Vizetelly (1820-94), que também criou a Série Sereia de Dramaturgos e publicou traduções de Dostoiévski, Flaubert e Tolstói. A publicação em inglês de *La Terre* de Zola (embora "corrigido") levou Vizetelly a ser multado e, em 1889, ser preso sob a acusação de obscenidade. Editores britânicos, e Gollancz em particular, temiam as onerosas custas judiciais se fossem acusados de difamação, calúnia ou obscenidade. (Ver 23 nº 2.)

Para Eleanor Jaques*

Terça-feira [14 junho de 1932]
The Hawthorns
[manuscrito; publicado com permissão de Richard Young]

Querida Eleanor,
Como vão as coisas com você? Espero que seu pai esteja melhor e que você tenha conseguido arrumar seu jardim. Estou lecionando no imundo local acima há quase dois meses. Não acho o trabalho desinteressante, mas é muito cansativo & além de algumas resenhas etc., mal escrevi uma linha. Meu pobre poema, que prometia não ser muito ruim, está naturalmente parado. A coisa mais desagradável aqui não é o trabalho em si (é um externato, graças a Deus, então não tenho nada a ver com a criançada fora do horário escolar), mas a própria Hayes, que é um dos lugares mais desolados que já conheci. A população parece ser inteiramente composta de funcionários que frequentam capelas com telhado de zinco aos domingos & o resto do tempo se tranca dentro de casa. Meu único amigo é o vigário — anglicano conservador, mas não um Jesus rasteiro & um sujeito muito bom. Evidentemente, isso significa que tenho de ir à igreja, o que é um trabalho árduo aqui, pois o serviço é tão papista que não sei o que fazer & me sinto um terrível B. F.[16] quando vejo todo mundo se curvar e fazer o sinal da cruz à minha volta & não posso seguir o exemplo. O pobre vigário, que suspeito odeia todo esse papismo, veste capa & barrete e conduz a procissão com velas etc., parecendo um boi enfeitado para o sacrifício. Prometi pintar um dos ídolos da igreja (uma B. V. M.[17] de aparência tímida, metade do tamanho natural, vou tentar e fazê-la parecer o mais possível com uma das ilustrações de *La Vie Parisienne*) &

---

16 B. F.: Bloody Fool [maldito idiota].
17 B. V. M.: Blessed Virgin Mary [Virgem Maria Santíssima].

plantar uma abóbora para o festival da colheita. Eu também iria "comungar", mas temo que o pão possa me sufocar. Você leu alguma coisa interessante ultimamente? Eu li pela primeira vez o *Fausto* de Marlowe e achei-o podre, também um pequeno livro sórdido sobre Shakespeare tentando provar que Hamlet = Conde de Essex,[18] também uma publicação chamada *The Enemy* [O inimigo], de Wyndham Lewis (não o R. C.[19] profissional), que parece ser de algum interesse, também algo de Osbert Sitwell, também algumas odes de Horácio, que eu gostaria de não ter negligenciado até agora — afora isso, nada, sem muito tempo ou energia. A sra. Carr[20] enviou-me dois livros de apologética católica, e tive muito prazer em resenhar um deles[21] para uma nova publicação chamada *New English Weekly*. Foi a primeira vez que pude baixar o cacete em um R. C. profissional. Tenho uns poucos metros quadrados de jardim, mas obtive péssimos resultados devido a chuva, lesmas e ratos. Dificilmente tenho encontrado ninhos de pássaros — este lugar fica nos arredores de Londres, é claro. Também tenho mantido um aquário de pote de picles, principalmente para a instrução dos meninos, e temos tritões, girinos, friganas etc. Se quando passar, se alguma vez fizer isso, pela estação de bombeamento, no início do caminho da balsa, você vir alguns ovos de *puss-moths* nos álamos dali, eu ficaria tremendamente agradecido se pegasse as folhas e as mandasse para mim pelo correio. Eu quero alguns, e só consegui encontrar um ou dois aqui. É claro que não estou pedindo uma expedição até lá, é só se você estiver mesmo passando por lá. O

---

18 Provavelmente *The Essential Shakespeare*, de Wilson J. Dover (1932).
19 D. B. Wyndham Lewis (1891-1969), um católico romano e *bête noire* de Orwell. Era um dos colaboradores de uma coluna de piadas no *Daily Express*, sob o pseudônimo de "Beachcomber". [R. C.: Católico Romano. (N. T.)]
20 Uma amiga de Orwell e de Eleanor Jaques em Southwold.
21 *The Spirit of Catholicism*, de Karl Adam. A resenha de Orwell apareceu na *New English Weekly* de 9 de junho de 1932 (X, 127, pp. 246-8).

que Dennis[22] anda fazendo esses dias? Quero consultá-lo sobre um fungo extraordinário que foi desenterrado aqui, mas é claro que ele nunca responde cartas. Não sei se voltarei ou não para S'wold nas férias de verão. Quero dar andamento ao meu romance[23] e, se possível, terminar o poema que comecei; acho que talvez fosse melhor para mim ir para algum lugar tranquilo na França, onde eu viva barato e tenha menos tentações do Mundo, da Carne e do Diabo do que em S'wold. (Você pode decidir a qual dessas categorias pertence.) Por falar nisso, se alguma vez você for a Londres, por favor, me avise, pois poderíamos nos encontrar, isto é, se você quiser. Mande lembranças a seus pais, também para o sr. e a sra. Pullein,[24] se os encontrar.

Seu
Eric A. Blair

P. S.: Se por acaso você vir Dennis, diga a ele que o fungo era assim (abaixo.) Foi tirado do subsolo.

---

22 Dennis Collings.
23 *Dias na Birmânia*.
24 Collett Cresswell Pulleyne, um advogado de Yorkshire, e sua mãe. Ele era amigo de Orwell e Collings. Orwell tinha alguma dificuldade para soletrar seu nome.

A but this size & very like an apple in shape, but dead white, & flabby to the touch.

cross-section

*stiff
odourless
jelly, abt
the consist-
ency of — hard
quince jelly. white core
like nougat.   ditto.*

	transversal		
Mais ou menos deste tamanho & muito parecido com uma maçã na forma, mas totalmente branco & flácido ao toque.	gelatina incolor rígida, consistência parecida com geleia de marmelo	centro branco duro como nugá	idem

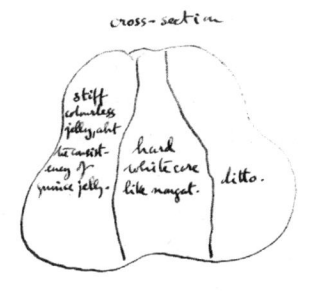

P. S.: Espero que este endreço° esteja certo.

Além das cartas de Orwell para Brenda Salkeld que foram publicadas nas Complete Works, ele escreveu pelo menos outras dezenove cartas para ela, dezessete das quais entre 13 de maio de 1931 e 25 de junho de 1940. Essas cartas permanecem nas mãos de particulares. Gordon Bowker teve permissão de lê-las quando escreveu a biografia George Orwell (2003) e resumos autorizados dessas cartas constam em The Lost Orwell, pp. 92-8. Muitas delas descreviam acontecimentos da vida de Orwell, mas em todas pode-se ver um fio condutor indicando o desejo dele de ter um caso com Brenda. Ela recusou tais atenções e os dois continuaram amigos ao longo de toda a vida do escritor. Na penúltima carta, de 15 de fevereiro de 1946, ele a convidava para tomar chá na Canonbury

Square, 27B, para ver Richard. Ela aceitou, assim como aceitou um convite de Avril, irmã de Orwell, para ficar em Barnhill, Jura. Na última dessas cartas, de 30 de junho de 1946, Orwell enviava instruções para a viagem da srta. Salkeld.

Para Brenda Salkeld*

Domingo [setembro de 1932]
The Hawthorns

Querida Brenda

Escrevo como prometi, mas não posso garantir uma carta coerente, pois uma mulher no andar de baixo está tornando a casa inabitável tocando canções religiosas no piano, o que, em combinação com a chuva lá fora e um cachorro latindo em algum lugar na rua, está me qualificando rapidamente para um hospício. Espero que você tenha chegado em casa em segurança e não tenha encontrado a porta trancada.

Eu cheguei em casa exatamente à meia-noite. Foi tão bom vê-la de novo e descobrir que você estava contente em me ver, apesar do meu preconceito hediondo contra seu sexo, minha obsessão em relação aos católicos romanos etc.

Passei um dia muito desolador, primeiro indo à igreja, depois lendo o *Sunday Times*, que está ficando cada vez mais maçante, depois escrevendo um poema que ainda não foi além da primeira estrofe, depois lendo o rascunho bruto de meu romance,[25] que me deprime horrivelmente. Na verdade não sei o que cheira mais mal, se o *Sunday Times* ou o *The Observer*. Vou de um para o outro como um inválido se virando de um lado para outro na cama, sem

---

25 *Dias na Birmânia*.

conseguir conforto em qualquer posição. Eu achava que o *Observer* seria um pouco menos aborrecido quando Squire[26] deixou de infestá-lo, mas eles parecem buscar deliberadamente as pessoas mais obtusas para resenhar os livros mais maçantes. Por falar nisso, se por acaso você estiver querendo impor uma penitência a si mesma, acho que pode tentar o romance recente de Hugh Walpole de 800 páginas.[27]

Espero que leia um ou dois daqueles livros que mencionei a você.[28] Por falar nisso, esqueci de mencionar, aquele que acho que você já tinha me dito que não tinha lido, *The Twilight of the Gods* [O crepúsculo dos deuses], do dr. Garnett (não Richard ou Edward Garnett).[29] Se você ainda não o leu, é uma obrigação fazê-lo. A história que dá título ao livro está longe de ser a melhor, mas algumas outras, como "A cabeça púrpura", são excelentes. Você já leu *Life on the Mississippi* [Vida no Mississípi], de Mark Twain, não? E *Possible Worlds* [Mundos possíveis], de J. S. Haldane? E *Dr. Nikola*, de Guy Boothby? E *The Fairchild Family* [A família Fairchild], da sra. Sherwood? Todos eles são, de maneiras diferentes, um pouco fora dos trilhos (*Dr. Nikola* é um romance policial juvenil, mas de primeira) & recomendo todos. O livro de H. L. Mencken *In Defence of Women* [Em defesa das mulheres] deve ser divertido, mas não li. Vi que Wyndham Lewis (não D. B. Wyndham Lewis, um fedorento RC) acaba de publicar um livro chamado *Snooty Baronet* [Baronete arro-

---

26 John C. Squire (1884-1958; cavaleiro, 1933), jornalista, ensaísta, poeta e editor literário de *The New Statesman and Nation*, 1913-9, fundou o *London Mercury* e foi seu editor, 1919-34. Editou também a série Homens de Letras Ingleses.
27 *The Fortress* [A fortaleza].
28 Sobre os livros que Orwell recomendou a Brenda Salkeld na década de 1930, conforme relatado a Howard Fink, ver X, pp. 308-9. *The Twilight of the Gods* e *Dr. Nikola* estão em sua lista.
29 O dr. Richard Garnett (1835-1906) foi bibliotecário e escritor. *The Twilight of the Gods and Other tales* foi publicado em 1888 e ampliado em 1903; as histórias foram descritas como "apólogos cínicos".

gante], uma espécie de romance. Pode ser interessante. Tudo que já li dele foi um periódico bizarro chamado *The Enemy* e artigos esparsos, mas ele evidentemente leva jeito — se é um bom pensador ou não, ainda não tenho certeza sem conhecê-lo melhor. O exemplar de *The Enemy* que li era todo um ataque feroz ao tamanho de um romance mediano sobre Gertrude Stein — um desperdício de energia, se poderia dizer. Bem, *au revoir*, pois eu realmente não tenho novidades. Escreverei de novo daqui a mais ou menos uma semana e espero que esteja então num estado de ânimo mais alegre. Espero que não tenha um trimestre insuportável...

Com muito amor
Eric

Para Eleanor Jaques*

Quarta à noite [19 de outubro de 1932]
The Hawthorns

Querida Eleanor,
Estou contente em saber que você se divertiu nos broads, ainda que a lancha não tenha sido muito dócil. Eu andei indizivelmente ocupado e já estou meio esgotado. Vou à cidade para uma ou duas noites, no dia 28, com a intenção de ir ao Dique uma noite ver como os sem-teto se viram nessa época do ano. Existe alguma chance de você estar na cidade nessa ocasião? E, quando você for, qual será o seu endreço°? Nós precisamos nos encontrar, se isso puder ser arranjado.

Os jornais desta manhã noticiam distúrbios bastante graves em Lambeth, em torno da prefeitura [City Hall].[30] Foi evidentemen-

---

30 Deveria ser County Hall. Os vastos tumultos na área de Lambeth, em Londres, na terça-feira, 18 de outubro de 1932, foram descritos no *Brixton Free Press* de 21 de outubro

te um distúrbio da fome, pois as padarias foram saqueadas. Isso aponta para condições muito graves e pode ser o diabo no inverno, se as coisas já estão tão ruins agora. Espero, no entanto, que façam o suficiente para evitar que aconteça alguma coisa violenta. Eu conheço muito bem o bairro onde a coisa aconteceu e ouso dizer que alguns de meus amigos participaram dela.

Fiquei triste ao saber que o pobre e velho Crick[31] foi preso por causa do imposto sobre diversões — outro sinal dos tempos ruins, é claro. Espero que as pessoas da cidade não estejam sendo brutais com ele por causa disso. Tive notícias de Denis Collings outro dia, ele me pediu para ir & ficar com ele em Cambridge no meio do trimestre. Eu gostaria, mas é difícil para mim sair, & há, embora eu não tenha dito isto a ele, duas ou três pessoas em Cambridge que não estou ansioso por encontrar. Por falar nisso, se você vir os Pulleyne (é *assim* que se escreve o nome deles?, nunca tenho certeza) em algum momento, eu ficaria muito grato se pedisse a eles um manuscrito meu que está com eles que descreve algumas aventuras do Natal passado. Não é muito interessante, mas Brenda Salkeld está ansiosa para vê-lo & seria muito amável se você o enviasse para ela — espero que isso não seja muito incômodo. Não deixe que seus pais leiam o manuscrito,[32] pois contém palavrões. Meu ro-

---

sob a manchete "Polícia ataca desempregados turbulentos". (Ver Thompson, p. 34.) Lojas foram saqueadas, a polícia foi atacada e dezenas de manifestantes foram presos. Também houve protestos perto do Hospital St. Thomas, no St. George's Circus e na Murphy Street, uma marcha de Brixton até a Comissão de Assistência Pública, na Brook Street, na quinta-feira 20 de outubro, e de 27 a 30 de outubro houve confrontos graves no centro de Londres para protestar contra o desemprego.

31 Crick era o proprietário do cinema de Southwold, aonde o pai de Orwell ia ver todos os filmes novos (ver a carta para Brenda Salkeld, final de agosto de 1934). O imposto sobre diversões foi aplicado pela primeira vez em 1º de agosto de 1918, como medida de guerra, mas continuou posteriormente.

32 "Clink" [Cana], X, 135, pp. 254-60. O texto descreve a tentativa deliberada e bem-sucedida de Orwell de ser mandado para a prisão, a fim de ampliar sua experiência. Não foi publicado em vida.

mance³³ faz poucos progressos. Vejo agora mais ou menos o que terá de ser feito nele quando o rascunho estiver terminado, mas o cumprimento° & complicação são terríveis. Não escrevi mais nada, exceto parte de uma peça suja que os meninos vão montar mais tarde.³⁴ Disseram-me que havia uma carta no *New Statesman* algumas semanas trás atacando-me por causa de um artigo que escrevi para eles.³⁵ Me aborrece isso — nunca o vi, & não responder a um ataque é como se a gente admitisse estar errado, coisa que tenho certeza eu não estava em relação a qualquer fato importante. Eu compro o *Church Times* regularmente agora & gosto mais dele a cada semana. Gosto de ver que ainda há vida no velho cão — quer dizer, no coitado do velho C. de E. Terei de ir à Sagrada Comunhão em breve, por mais hipócrita que isso seja, porque meu amigo cura deve achar engraçado que eu vá sempre à igreja, mas nunca comungue. Qual é o procedimento? Eu quase esqueci. Tanto quanto me lembro, vai-se até o altar & ajoelha-se, mas não lembro se há respostas a dar. Precisa ir em jejum, não é? E se a gente está em pecado mortal? Gostaria que você me ajudasse a lembrar. Parece um tanto desprezível ir à Sagrada Comunhão quando não se acredita, mas eu me fiz passar por crente & não há nada a fazer senão manter a fraude.

Querida Eleanor, foi muito simpático de sua parte dizer que via seus dias comigo com prazer. Espero que você me deixe fazer amor com você novamente em algum momento, mas se não deixar, não

---

33 *Dias na Birmânia*.
34 *King Charles II*, interpretada pelos meninos de The Hawthorns no Natal de 1932. O texto encontra-se em X, 154, pp. 277-94. É tudo menos "sujo": trata-se do comportamento típico de Orwell de denegrir sua obra. Uma edição ricamente ilustrada da peça, com quarenta páginas, foi publicada pela Bellona Press, Varsóvia, em 2000, traduzida pelo dr. Bartek Zborski.
35 O artigo era "Common Lodging Houses" [Hospedarias comuns], X, 141, pp. 265-7. A carta era de Theodore Fyfe, que se definia como um arquiteto que havia trabalhado para o Conselho do Condado de Londres na construção de hospedarias. Ele achava que o L. C. C. era "digno de todo louvor".

importa, serei sempre grato a você por sua bondade para comigo. Escreva em breve & conte-me suas novidades, & acima de tudo, se & quando vier à cidade. Por falar nisso, outro dia eu vi um homem — comunista, suponho — vendendo o Daily Worker,[36] fui até ele e disse: "Você tem o D.W.? — Ele: "Sim, senhor". A velha e querida Inglaterra!
Com amor
Eric

Para Leonard Moore*

Sáb.[37] [19 de novembro de 1932]
The Hawthorns

Caro sr. Moore,
Muito obrigado por sua carta. Mandei a prova com as dúvidas da gráfica ontem. Fiz algumas alterações & adicionei uma ou duas notas de rodapé, mas acho que fiz de modo que não haja necessidade de recorrer o texto.[38] Enviarei a outra prova o mais rapidamente possível.
Quanto a um pseudônimo, o nome que sempre uso quando vagabundeio etc. é P. S. Burton,[39] mas se o senhor achar que não parece um tipo de nome provável, que tal

---

36 O Daily Worker representou as opiniões e posições políticas do Partido Comunista de 1º de janeiro de 1930 a 23 de abril de 1966; foi incorporado ao Morning Star a partir de 25 de abril de 1966. Por ordem do governo, ficou proibido de 22 de janeiro de 1941 a 6 de setembro de 1942.
37 Esta carta não datada, como várias outras, pode ser localizada a partir do carimbo de recepção utilizado no escritório de Moore. O uso desta prova não será mencionado novamente.
38 Antes da composição eletrônica com repaginação automática, usavam-se tipos de chumbo, e as alterações que provocavam mudanças de linhas eram incômodas e consumiam muito tempo — portanto, caras.
39 Em "Cana", Orwell escreve que havia usado o nome de Edward Burton no registro de entrada na polícia. Também usou o nome Burton em um personagem de sua peça King Charles II.

Kenneth Miles,
George Orwell,
H. Lewis Allways.
Acho que prefiro George Orwell.[40]
Preferiria não prometer que terei o outro livro[41] pronto até o verão. Eu certamente poderia fazê-lo se não estivesse lecionando, mas nesta vida não posso me dedicar a uma obra sequer, & neste momento em particular não tenho tempo para pensar. Preciso produzir uma peça da escola, & não só tenho de escrevê-la como me ocupar de todos os ensaios &, o pior de tudo, fazer a maioria dos figurinos.[42]
O resultado é que não tenho praticamente nenhum lazer. Gostaria muito de sair e ver o sr. & a sra. Moore em algum momento. Posso ir a Gerrard's Cross facilmente daqui, mas infelizmente esqueci seu endereço. Poderia informá-lo para mim? Eu poderia ir num domingo à tarde — 4 de dezembro,[43] por exemplo, se o senhor estiver em casa?
Cordialmente
Eric A. Blair

P. S.: [*no alto da carta*] Quanto ao título do livro, "As confissões de

---

40 No programa de rádio da BBC sobre a revista *The Adelphi*, 6 de julho de 1958, produzido por Rayner Heppenstall, Sir Richard Rees relembrou o temor de Orwell de que seu verdadeiro nome aparecesse impresso. Em *George Orwell: Fugitive From the Camp of Victory* [George Orwell: fugitivo do acampamento da vitória], Rees aprofundou o tema: Orwell lhe havia dito que "lhe dava uma sensação desagradável ver seu nome real impresso porque 'como você pode ter certeza de que seu inimigo não vai recortá-lo e fazer algum tipo de magia negra com ele?'. Esquisitice, sem dúvida; mas até mesmo o traço genuíno de convencionalismo antiquado de Orwell às vezes beirava a esquisitice e não se pode ter sempre certeza de que estava falando sério ou não" (p. 44).
41 *Dias na Birmânia*.
42 Comparar com Dorothy em *A filha do reverendo*.
43 Em uma carta de 30 de novembro a Eleanor Jaques, ele disse que ia "ver algumas pessoas em Gerrard's Cross".

um lavador de pratos" seria igualmente bom? Eu preferiria "lavador de pratos" a "Na pior", mas se o senhor e o sr. G[ollancz] acham que o título atual é melhor para efeitos de venda, então é melhor ficar com ele.

Para Eleanor Jaques*

> Quinta-feira [20 de julho de 1933]
> The Hawthorns

Querida Eleanor,
Escreva-me & me diga se você vai estar em S'wold nas férias de verão. Estarei lá acho que de 29 do corrente a 18 de agosto, & quero muito ver você. Se estiver lá, tente reservar alguns dias livres para mim, & seria tão bom se pudéssemos ir tomar banho & preparar nosso chá como costumávamos fazer no ano passado ao longo da praia de W'wick.[44] Me informe.

O calor aqui está terrível, mas é bom para minhas abobrinhas & abóboras, que estão inchando de forma quase visível. Tivemos abundância de ervilhas, o feijão está no começo, batatas bastante ruins, devido à seca, suponho. Terminei meu romance,[45] mas há pedaços dele que simplesmente odeio e vou mudar. Eles dizem que dará tempo se isso for feito até o final do ano. Espero ter um pouco de tempo livre no meu próximo emprego. Fui até lá para ver a premiação na escola & pareceu bem ruim — as meninas da escola (com as quais não tenho nada a ver, o que talvez seja melhor) cantaram a versão feminina de "Se", de Kipling. Disseram-me que há também uma versão feminina de "Forty years on", que eu daria

---

[44] Walberswick fica a cerca de três quilômetros ao sul de Southwold.
[45] *Dias na Birmânia*.

alguma coisa para ter em mãos.[46] Andei lendo *nas* cartas coligidas de D. H. Lawrence. Algumas muito interessantes — há uma qualidade em L. que não consigo definir, mas em toda a sua obra há trechos de uma extraordinária frescura, vivacidade, de modo que, embora eu jamais teria feito do mesmo modo, mesmo que tivesse capacidade, acho que ele captou um lado das coisas que ninguém mais teria notado. Sob outro aspecto, que posso explicar ainda menos, ele me lembra alguém da Idade do Bronze. Acho que existem alguns fragmentos meus na *Adelphi*[47] de agosto — um poema, mas não tenho certeza de que não seja um que você já viu. *Au revoir* & escreva em breve.

Muito amor de
Eric[48]

---

46 "Forty Years On" [Quarenta anos para frente], o hino da escola Harrow, escrito em 1872 por John Farmer, também era cantada por muitas escolas femininas; em *Great Days and Jolly Days* [Grandes dias e dias alegres] (1977), Celia Haddon faz uma lista de uma ampla gama desse tipo de escola (p. 21). Também era cantada por escolas públicas mistas como a Eccles Grammar School. (Ele voltou a esse tema em uma carta a Brenda Salkeld, 7 de maio de 1935.)
47 Não saiu nenhum poema de Orwell na edição de agosto de *The Adelphi*, mas sua resenha sobre *Baudelaire*, de Enid Starkie, foi publicada.
48 Publicada por uma gentil permissão de Anthony Loudon.

Publicações, Wigan e Espanha

1934-1938

Este foi um período produtivo para Orwell. *Dias na Birmânia, A filha do reverendo, A flor da Inglaterra* e *O caminho para Wigan Pier* foram publicados e, embora Orwell considerasse o segundo e o terceiro caça-níqueis que não queria ver reimpressos a menos que pudessem trazer alguns trocados para seus herdeiros, eles não são totalmente desprezíveis. Suas experiências nas "Áreas Necessitadas" — ele evidentemente viajou muito mais do que apenas para Wigan — e na Espanha foram formadoras de seu caráter e de sua visão social e política. Ele também contribuiu com resenhas e ensaios para revistas literárias, com destaque para "O abate de um elefante", que diz muito tanto do colapso de um elefante quanto do declínio do Raj.

Após ter entregue a Victor Gollancz o texto datilografado de *O caminho para Wigan Pier*, pouco antes do Natal de 1936, ele fez seu próprio caminho para a Espanha a fim de lutar ao lado do governo contra Franco. Sua intenção era juntar-se à Brigada Internacional, mas, como contou a Gollancz, acabou entrando, um pouco por acidente, no POUM — Partido Obrero de Unificación Marxista. Descreveu esse partido como "um desses partidos comunistas dissidentes que têm surgido em muitos países nos últimos anos em consequência da oposição ao 'stalinismo', isto é, à mudança, real ou aparente, da política comunista. Parte dele se compunha de ex-comunistas, a outra de um partido anterior, o Bloco dos Trabalhadores e Camponeses. Numericamente, era pequeno, com pouca influência fora da Catalunha, [... onde] seu reduto era Lérida" (*Homenagem à Catalunha*, pp. 202-3). Orwell provavelmente não teria feito isso se soubesse, muito antes de deixar a Inglaterra, que os comunistas soviéticos estavam decididos a eliminar o POUM. Em outubro de 1936, Victor Orlov, chefe da NKVD na Espanha, assegurou a seu quartel-general que "a organização trotskista POUM pode ser facilmente liquidada" (Christopher Andrew e Vassili Mitrokhin, *The Mitrokhin Archive* [1996], p. 95). Assim, a descrição de Orwell e Eileen como "trotskistas pronunciados" (trotskistas confirmados) no Relatório sobre eles para o Tribunal para a Espionagem e Alta Traição de Valência (documento que Orwell ignorava) era para condená-los totalmente. Se estivessem na Espanha na época do julgamento de colegas como Jordi Arquer,* poderiam ter sido presos ou mesmo executados.

Ele estava de licença em Barcelona durante "os acontecimentos de maio", quando os comunistas tentaram eliminar os partidos revolucionários (inclusive o POUM). Voltou para o front em Huesca e, em 20 de maio de 1937, foi baleado na garganta. Ele e Eileen fugiram da Espanha e retornaram à sua Wallington Cottage, onde Orwell escreveu *Homenagem à Catalunha*. Em março de 1938, ficou gravemente doente com uma lesão tuberculosa e passou mais de cinco meses no Sanatório Preston Hall, em Kent. Em 2 de setembro, ele e Eileen partiram para o Marrocos francês, acreditando que isso iria restaurar a saúde dele.

Da carta de Orwell para a mãe, 2 de dezembro de 1911.

Para Brenda Salkeld*

                    Terça-feira à noite [final de agosto? de 1934]
                                            36 High St.
                                      Southwold, Suffolk

Querida Brenda

Muito obrigado por sua carta. Espero que vocês estejam se divertindo mais na Irlanda do que eu na Inglaterra. Quando você volta? Irei até a cidade assim que terminar o livro que estou fazendo,[1] que deve ficar pronto no fim de outubro. Ainda não resolvi onde vou ficar, mas em algum lugar dos cortiços, de preferência. Um amigo me escreveu propondo que eu alugasse parte de um apartamento em Bayswater, mas seria asfixiante para mim viver em Bayswater. Não, nunca vi uma tartaruga bebendo. Darwin menciona que, quando estava nas ilhas Galápagos, as grandes tartarugas de lá que se alimentavam de cactos e de outras coisas no terreno mais elevado costumavam descer ao vale uma ou duas vezes por ano para beber, & sua jornada demorava um ou dois dias. Elas armazenavam água em uma espécie de saco na barriga.[2] Andei lendo alguns livros de Lafcadio Hearn — coisas cansativas, ele idolatra os japoneses, que sempre me pareceram um povo entediante.[3] Também tentei ler o diário de Lorde Riddell da Conferência de Paz & Depois.[4] Que droga! É incrível como algumas pessoas podem ter

---

1 A filha do reverendo.
2 Orwell havia recomendado que Brenda lesse A viagem do Beagle cerca de dezoito meses antes. Seu relato dramatizado da viagem foi transmitido pela BBC em 29 de março de 1946 (XVIII, 2953, pp. 179-201).
3 Lafcadio Hearn (1850-1904), escritor e tradutor. Nascido em Levkás, nas ilhas Jônicas, Grécia. Morou nos EUA, 1869-90, depois no Japão, do qual se tornou cidadão. Foi professor de inglês na Universidade Imperial de Tóquio. Escreveu vários livros sobre a vida e a cultura japonesa. Três de suas histórias de fantasmas serviram de base para o filme japonês Kwaidon, de 1965.
4 George Riddell (1865-1934; barão em 1920), Intimate Diary of the Peace Conference and After, 1918-23 (1934). Era dono, entre outros jornais, do News of the World.

as experiências mais interessantes & depois não ter absolutamente nada para dizer sobre elas. Fui ao cinema na semana passada e vi Jack Hulbert em *Jack Ahoy*, que achei muito divertido, & uma ou duas semanas antes passou um bom filme policial, mas que meu pai destruiu ao insistir em me contar a trama de antemão. Esta semana, está passando *De amor também se morre* [The constant nymph]. Ainda não fui vê-lo, é claro, mas só de ver os cartazes fico todo envergonhado ao pensar que, em minha juventude — acho que eu devia ter uns 23 anos quando foi publicado em forma de livro —, fui tão afetado por ele que quase cheguei às lágrimas *O mihi praeteritos* etc.[5] Imagino que qualquer crítico que viva muito deve ter muitas passagens de sua juventude que queira manter no escuro. Deve haver, por exemplo, muitos críticos que na década de 1890 ficaram todos comovidos por causa de Hall Caine ou até mesmo de Marie Corelli — embora M. C. não seja tão ruim, a julgar pelo único livro dela que li. Chamava-se *Thelma* & tinha um clérigo muito licencioso que não era de todo ruim. Por falar nisso, você me devolveu os livros do Swift? Não faz mal, só não quero perdê-los. Sim, *Roughing it*[6] [Vida dura] é um pouco "datado", mas não o suficiente, porque tudo o que vale a pena ler é sempre "datado". Volte logo. Estou muito infeliz sozinho. Aqui praticamente não tenho amigos agora, porque Dennis & Eleanor se casaram & Dennis foi para Cingapura[7] e me privou de dois amigos de um só golpe. Tudo vai mal. Meu romance sobre a Birmânia me fez vomitar quando

---

5 *O mihi praeteritos referat si Iuppiter o annos*: "Ó se Júpiter me restituísse os anos que se passaram!", Virgílio, *Eneida*, Livro 8, 560.
6 De Mark Twain (1872): descreve as experiências do autor com mineiros de prata em Nevada uma década antes. Uma resenha não assinada no *Overland Monthly* de junho de 1872 dizia que seu humor era de tal ordem que "deveria ter lugar em cada quarto de doente e ser o companheiro escolhido do inválido".
7 Dennis Collings e Eleanor Jaques casaram-se em 1934; ele fora nomeado curador assistente do Museu Raffles, em Cingapura.

vi impresso, & eu teria reescrito grandes pedaços dele, só que isso custa dinheiro e significa também atraso. Quanto ao romance que estou terminando agora, ele me faz vomitar ainda mais, mas *há* alguns trechos decentes nele. Não sei o que acontece, sou capaz de escrever trechos decentes, mas não consigo juntá-los. Eu estava me gabando por ter um poema[8] em *Os melhores poemas de 1934*, mas fiquei sabendo que existem várias dezenas dessas antologias dos assim chamados melhores poemas do ano, & Ruth Pitter[9] me escreve para dizer que ela está em quatro da fornada deste ano, inclusive uma chamada *Vinte poemas imortais*. Estamos colhendo deliciosos feijões na horta, mas estou preocupado com a abóbora, que dá sinais de amadurecimento, embora não esteja muito maior do que uma laranja. Todas as minhas frutas foram roubadas pelas crianças do vizinho, como previ que ia acontecer. Os pequenos animais estavam com tanta pressa de arrancá-las que nem sequer esperaram que ficassem mais maduras e pegaram as peras quando eram meros pedaços de madeira. Na próxima vez, devo tentar um truque que o dr. Collings me ensinou, que é pintar as frutas mais prováveis de ser arrancadas em primeiro lugar com uma mistura de vaselina & algum corante indelével, esqueci qual, & depois você pode descobrir quem as pegou pelas manchas nas mãos. A cidade está muito cheia & acampamentos de bandeirantes etc. infestando todos os terrenos comuns. Outro dia, quase morri de frio quando estava me banhando, porque eu havia saído para Easton Broad

---

[8] "On a Ruined Farm Near the His Master's Voice Gramophone Factory" [Em uma fazenda em ruínas perto da fábrica de gramofones His Master's Voice, (X, 196, pp. 338-9).
[9] Ruth Pitter, CBE (1897-1992), conhecia Orwell desde a Primeira Guerra Mundial, e ele havia ficado na casa dela algumas vezes em 1930. Mais tarde ele resenhou dois livros dela de poesia. Em 1937, Ruth ganhou o prêmio de literatura Hawthornden e, em 1955, foi-lhe concedida a Medalha da Rainha para a Poesia. Seus Collected poems foram publicados em 1991. Ela dirigiu a Walberswick Peasant Pottery Co. Ltd na década de 1930, ilustrada em Thompson, p. 23.

sem intenção de tomar banho, & a água parecia tão agradável que tirei a roupa & entrei na água, & então cerca de cinquenta pessoas surgiram & ficaram plantadas no lugar. Eu não teria me importado se entre elas não estivesse um guarda-costeiro que poderia me prender por tomar banho nu, então tive que ficar nadando para cima e para baixo durante quase meia hora, fingindo que estava gostando. Volte logo, minha querida. Você não pode vir & ficar com alguém antes do início do trimestre? É revoltante eu ter que ir embora justamente depois que você chegar. Escreva logo.

Com muito amor
Eric

Para Brenda Salkeld*

Terça-feira, noite [11? de setembro 1934]
36 High St.
Southwold

Querida Brenda,
Muito obrigado por sua carta. Estou muito contente de saber que você está se divertindo, e bem que gostaria de poder dizer a mesma coisa, mas as coisas mais emocionantes que tenho feito são plantar repolhos e fazer viagens apressadas a Lowestoft e Norwich em busca de bulbos. Na última vez que estivemos em Lowestoft, vimos alguns judeus vendendo despertadores a seis pence cada um! Mesmo que durassem apenas um mês, a gente teria feito um bom negócio. Meu romance deve sair em Nova York amanhã — não sei se vai realmente, mas é a data que está marcada.[10] Por favor, reze pelo seu sucesso, ou seja, nada menos que

---

10 *Dias da Birmânia* só foi publicado em 25 de outubro de 1934.

quatro mil exemplares. Suponho que as orações de filhas de clérigos ganham uma atenção especial no céu, pelo menos no lado protestante. Imagino que receberei alguns exemplares dentro de dez dias e algumas resenhas em aproximadamente dez dias depois disso. Espero que não tenham posto uma capa tão ruim como da última vez. Espero terminar o outro[11] por volta do fim do mês, e depois preciso me sentar e planejar o próximo antes de ir para Londres. Estou satisfeito com partes deste que estou fazendo, e outras partes me fazem vomitar. Não acredito que alguém vá publicá-lo ou, se o fizerem, que vá vender, porque é muito fragmentado e não tem nenhum interesse amoroso. Quando exatamente você volta para Southwold? Certifique-se e me diga para que eu possa deixar o domingo livre para você e, *por favor*, não se amarre a compromissos na primeira quinzena de modo que eu fique sem chance de vê-la. Acabo de ler *Travels in Tartary and Thibet* [Viagens na Tartária e no Tibet],[12] de Huc, que recomendo. A horta está agora com aparência muito nua, pois arrancamos quase tudo, mas estamos plantando bulbos etc. Comecei a cheirar rapé, que é muito agradável e útil em lugares onde não se pode fumar. Por favor, escreva em breve e me diga quando virá. Não esqueça o que você tem para me contar quando vier.

Com muito amor

Eric

P. S.: Não se esqueça de trazer o meu *Roughing it*,[13] certo? Eu quero o livro para verificar algumas citações.

---

11 *A flor da Inglaterra*.
12 Publicado em francês em 1850 e em inglês em 1851, pelo missionário francês Abbé Évariste Régis Huc (1813-60).
13 Ver carta para Brenda Salkeld do final de agosto de 1934.

Esta é uma das vinte cartas e postais trocados entre Orwell e René-Noël Raimbault a respeito da tradução para o francês de Na pior em Paris e Londres. Outras três datam de 29/11/34, 3/1/35 e 22/12/35. Todas as cartas, com exceção de duas, estão em francês.[14] A sequência revela como Orwell via seus escritos e as preocupações e reações ao texto de Orwell de seu tradutor (por exemplo, seu contraste entre um romance que acabou de traduzir e Dias na Birmânia, de Orwell). As cartas não reproduzidas aqui e os originais franceses podem ser encontrados em The Lost Orwell.

Para R. N. Raimbault*

9 de outubro de 1934
36 High Street
Southwold, Suffolk
Inglaterra

Prezado sr. Rimbault,°

Vou responder-lhe em francês, esperando que perdoe meus erros gramaticais.

Já faz alguns anos que morei na França e embora eu tenda a ler livros franceses, não sou capaz de escrever em sua língua com muita precisão. Quando eu estava em Paris, as pessoas sempre me diziam: "Você não fala muito mal para um inglês, mas tem um sotaque fantástico". Infelizmente mantive apenas o sotaque. Mas farei o melhor que puder.

Dou a seguir respostas às perguntas que me fez,[15] e sobre os traços da página 239, que representam palavras cuja impressão é proibida na Inglaterra, mas que não causarão, podemos esperar, nenhum escândalo na França. Quanto ao prefácio, ficarei muito fe-

---

14 A edição original deste livro apresenta essas cartas em tradução para o inglês. (N. T.)
15 Respostas omitidas nesta edição. (N. T.)

liz em escrevê-lo — em inglês, é claro — e o enviarei dentro de dez ou quinze dias. Não posso terminar antes porque estou prestes a ir a Londres e estarei muito ocupado na próxima semana.

Envio-lhe, ao mesmo tempo que esta carta, um exemplar de *Na pior*, que assinei com meu pseudônimo literário, George Orwell. Trata-se de um exemplar da edição americana. Não tenho um exemplar da edição inglesa e uma vez que o livro foi publicado há dezoito meses, seria provavelmente impossível obter um sem algum atraso. Quando a versão francesa for publicada, é claro que lhe mandarei um exemplar.

O senhor deve ter encontrado muitas dificuldades para traduzir um livro como *Na pior*, e é muito gentil de sua parte propor uma tradução do meu próximo romance. Chama-se *Dias na Birmânia* e está prestes a ser publicado pela Harper's, em Nova York. É um romance que trata da vida dos ingleses na Birmânia (na Índia) e está sendo publicado em Nova York porque meu editor (Gollancz) não se atreveu a publicá-lo na Inglaterra por causa das observações que fiz sobre o imperialismo inglês. Espero, no entanto, encontrar em breve uma editora inglesa com mais coragem. Não parece muito provável que esse livro interesse ao público francês, mas em todo caso pedirei ao meu agente literário que lhe envie um exemplar assim que receber alguns de Nova York. O senhor poderá julgar por si mesmo se uma tradução poderia ter algum sucesso na França.[16] A propósito, o senhor me disse que o sr. André Malraux escreveu o prefácio de um livro de William Faulkner que o senhor traduziu. Se não me engano, o sr. Malraux escreveu romances que têm a ver com China, Índia etc. Nesse caso, é possível que *Dias na Birmânia* possa

---

16 *Dias na Birmânia* foi publicado na França por Nagel, Paris, com o título de *Tragédie birmane* em 31 de agosto de 1946. A tradução foi feita por Guillor de Saix. Orwell recebeu direitos autorais no valor de cinco libras, dezessete xelins e nove pence em 29 de setembro de 1945.

interessá-lo e se ele também fizesse a gentileza de escrever um prefácio para mim, isso sem dúvida garantiria o sucesso de um livro que traria o nome de um escritor tão ilustre.[17] Mas o senhor poderá julgar melhor depois de ver um exemplar de Dias na Birmânia.

Por fim, resta-me apenas agradecer-lhe pelo grande trabalho que me fez ao traduzir meu livro para o francês e ter esperança de que, quando o livro for publicado, o senhor receba uma remuneração compatível com seus esforços. Espero também que, ao escrever em francês, eu não lhe tenha imposto uma tarefa de tradução ainda pior que a outra!

Receba, caro senhor, a expressão de meus melhores sentimentos.
Eric Blair ("George Orwell")

Para Leonard Moore*

14 de novembro de 1934
3 Warwick Mansions
Pond St.
Hampstead NW 3

Prezado senhor Moore,
Muito obrigado por sua carta. Espero que possa ler minha letra — deixei minha máquina de escrever lá embaixo na loja.

---

17 André Malraux (1901-76). Romancista e intelectual de esquerda. Trocou Paris pela Indochina e China quando tinha 21 anos e se envolveu com os movimentos revolucionários então efervescentes. Fundou a Liga do Novo Annam, depois viajou ao Afeganistão e ao Irã e retornou à Indochina em 1926. Suas experiências resultaram nos romances Os conquistadores (1928), A via real (1930) e em seu grande sucesso, A condição humana (1933). Ele não escreveu uma introdução para Na pior ou Dias na Birmânia. Mais tarde, sugeriram que escrevesse um prefácio para Homenagem à Catalunha, mas não o fez, apesar de ter lutado na Espanha, talvez porque tenha se aproximado da direita, tornando-se mais tarde ministro da Informação e, depois, da Cultura do governo do general De Gaulle. A partir de 1928, fez parte da Comissão de Leitura da Gallimard e, a partir de 1929, foi seu diretor artístico.

Eu sabia que haveria problemas com aquele romance.[18] No entanto, estou ansioso para publicá-lo, porque há partes dele com que eu estava contente, & ouso dizer que se tivessem me indicado o tipo de mudanças que o sr. Gollancz quer, eu poderia fazê-las. Estou disposto a admitir que a parte sobre a escola, que é o que parece ter provocado a incredulidade das pessoas, está exagerada, mas não tanto quanto as pessoas pensam. Na verdade, achei engraçado ver que eles dizem que "tudo isso acabou há trinta ou quarenta anos" etc., como sempre se escuta que qualquer abuso particularmente gritante "acabou há trinta ou quarenta anos". Quanto a essa parte, é possível que, se o sr. Gollancz concordar, um pouco de "abrandamento" pode dar conta do recado. Porém, não quero incomodá-lo com detalhes sobre isso. Quanto aos problemas com difamação, palavrões etc., são questões muito pequenas que poderiam ser corrigidas com alguns golpes de caneta. O livro, no entanto, contém um defeito inerente de estrutura[19] que discutirei com o sr. Gollancz & que, tanto quanto eu posso ver, não poderia ser corrigido. Eu estava ciente disso quando escrevi o livro

---

18 Orwell havia enviado o manuscrito de *A filha do reverendo* para Moore em 3 de outubro. Victor Gollancz deve ter lido o livro rapidamente, pois em 9 de novembro escreveu a Moore falando de suas ressalvas. Em 13 de novembro, Moore escreveu a Gollancz para lhe dizer que "em vista do que você diz, acho que talvez goste de saber que, ao me enviar o manuscrito, o autor advertiu que 'caso a questão seja levantada, a escola descrita no capítulo IV é totalmente imaginária, embora, é claro, eu tenha me baseado no meu conhecimento geral do que se passa em escolas desse tipo'". Moore deve ter enviado a Orwell detalhes dessa e de outras objeções ao romance; esta carta é a resposta de Orwell. Para os problemas levantados por *A filha do reverendo*, ver III, Textual note, e Crick, pp. 256-8.

19 Isso talvez se refira à perda súbita de memória de Dorothy, que implicitamente é um resultado atrasado do ataque de Warburton a ela (p. 41), o que a leva se ver perdida na New Kent Road, Londres (capítulo 2). Estupro era um assunto tabu na década de 1930. A longa parte sobre a escola onde Dorothy lecionava teria causado ansiedade em Gollancz, porque ele tinha publicado um relato ficcional sobre uma escola de Kensington em *Children Be Happy*, de Rosalind Wade, que levou a um processo de difamação. Ver 26/4/32, nº 4.

& imaginei que não tinha importância, porque não pretendia que o livro fosse tão realista quanto as pessoas parecem pensar que é.

Seria possível o senhor fazer a gentileza de marcar uma entrevista para mim com o sr. Gollancz?[20] Penso que demoraria uma boa hora para discutir os diversos pontos, se ele puder me conceder tanto tempo. Para mim, não faz diferença o dia ou a hora do encontro, desde que eu saiba com um dia de antecedência, para que possa avisar na loja.

Vi uma resenha de *Dias na Birmânia* no *Herald Tribune*. Uma meio ruim, lamento dizer — mas grandes manchetes, o que suponho ser o que conta.

Atenciosamente
Eric A. Blair

P. S.: [*no alto da carta*] Se o senhor tiver a oportunidade de me telefonar sobre a entrevista, meu número é Hampstead 2153.[21]

Para Leonard Moore*

20 de novembro de 1934
Booklovers' Corner
1, South End Road,
Hampstead, NW 3[22]

Prezado sr. Moore,

Obrigado por sua carta. Eu tive uma conversa com Gollancz on-

---

20 Anotado no escritório de Moore: "3.30 Geo Orwell", presumivelmente em 19 de novembro de 1934.
21 Número do telefone da livraria Booklovers' Corner.
22 Esta carta está escrita em papel timbrado. Traz o número do telefone (Hampstead 2153) e "Francis G. Westrope, Bookseller, &c.", com um desenho emoldurado por uma linha e a legenda "South End Green em 1833, agora o terminal de bonde".

tem & decidimos que a coisa fica entre cortar ou "abrandar" a parte contestada. Cortar seria mais fácil, mas acho que deixaria o final do livro abrupto demais, então vou reescrever aquele capítulo, o que demorará cerca de um mês. Disse a Gollancz que mandaria direto para ele.

Estou contente que M. Raimbault goste de Dias na Birmânia. Não, não acho que adiantaria muito tentar em outro lugar. No entanto, ouvi dizer que Wishart (uma editora da qual eu nunca tinha ouvido falar)[23] publica livros que outras pessoas têm medo de editar. Nenhum recorte ainda da imprensa de Nova York, suponho?[24]

Atenciosamente
Eric A. Blair

Para R. N. Raimbault*

29 de novembro de 1934
3 Warwick Mansions
Hampstead NW [3]

Prezado senhor Raimbault,

Eu teria respondido mais cedo a sua carta muito amável, mas tive um resfriado terrível por alguns dias, por causa do mau tempo que tivemos recentemente. O nevoeiro era às vezes tão denso que

---

23 Lawrence & Wishart ainda está em atividade. Ernest Edward Wishart (1902-87) fundou a editora Wishart & Co pouco depois de se formar em história e direito em Cambridge. Ele publicou Negro, de Nancy Cunard, e livros de Geoffrey Gorer, Roy Campbell, E. M. Forster, Aldous Huxley e Bertrand Russell; de 1925 a 1927, Wishart publicou The Calendar of Modern Letters [O calendário das letras modernas], editado por Edgell Rickword. Apesar de suas simpatias marxistas, Wishart recusou-se a aderir ao Partido Comunista. Em 1935, fundiu-se com Martin Lawrence. Eles publicaram as obras completas de Marx, Lênin e Stálin.
24 Anotada no escritório de Moore: "Alguns interceptaram esta carta".

não dava para ver o outro lado da rua. A princesa Marina,[25] que acabou de chegar para se casar com o príncipe George, deve ter uma impressão muito ruim do tempo que faz em seu país de adoção. Mas agora, felizmente, está um pouco melhor e me sinto bem o suficiente para escrever cartas.

Fiquei, como o senhor pode imaginar, muito lisonjeado com sua opinião sobre Dias na Birmânia. Esperemos que o sr. Malraux seja da mesma opinião. Quanto a La Vache Enragée,[26] se o sr. Francis Carco concorda em escrever uma introdução, ficarei, naturalmente, muitíssimo grato. Quando o senhor me disse que havia traduzido livros de William Faulkner, pensei que o senhor deve ser "o incomparável", entre os tradutores, como disse Shakespeare.[27] Não consigo imaginar um autor mais difícil para um estrangeiro traduzir, mas é claro que seu estilo, por mais complicado que seja, é verdadeiramente notável. Parece-me provável que dentro de um século, ou mesmo de cinquenta anos, o inglês e o americano não serão mais a mesma língua[28] — o que será uma pena, porque os australianos e os canadenses etc. provavelmente vão preferir seguir os americanos.

Tendo agradecido sua carta, o que eu gostaria de fazer é perguntar se o senhor estaria interessado em ver um artigo sobre o sr. Malraux que foi publicado há dois meses na Adelphi (uma revista mensal para a qual escrevo de vez em quando). Posso enviar-lhe

---

25 A princesa Marina da Grécia casou-se com o príncipe George, Duque de Kent, em 29 de novembro de 1934. Tornou-se para o povo um membro muito gracioso e popular da família real.
26 Título da tradução francesa de Na pior. Ver 22/12/35, nº 2.
27 Shakespeare usa a palavra "nonpareil" [incomparável] em cinco peças: Noite de reis, 1.5.254, Macbeth, 3.4.18; Antônio e Cleópatra, 3.2.11; Cymbeline, 2.5.8; e A tempestade, 3.2.100. Não está clara a peça a que Orwell se refere. Em três peças, a referência é a uma mulher que é, como em Noite de reis, "de uma beleza incomparável". Macbeth se refere a um dos assassinos como incomparável e Enobarbus assim descreve César.
28 Sobre a adoção de práticas americanas pelos ingleses, ver a queixa de Orwell do uso em inglês do "hábito americano de amarrar uma preposição desnecessária a cada verbo" (XVII, 2609, p. 31).

uma cópia sem nenhuma dificuldade. Além disso, outro dia, quando estava dando uma olhada em meus livros, encontrei por acaso uma coletânea, *Nursery rhymes* [Versos infantis], e me veio a ideia de que poderia interessá-lo, supondo-se que ainda não possua essa obra. Os versos infantis são em geral totalmente absurdos, mas são tão conhecidos na Inglaterra que são citados de forma quase inconsciente quando se escreve, e exerceram uma grande influência sobre alguns poetas modernos, como Robert Graves e T.S. Eliot.[29]

Se o senhor achar que o livro lhe interessa, ficarei contente em lhe enviá-lo.

Se o senhor tiver a oportunidade de me escrever, meu endereço será o mencionado acima. No momento, trabalho em uma livraria. É um trabalho muito mais apropriado para mim do que lecionar.[30]

Receba, senhor, a expressão de meus melhores sentimentos.
Eric A. Blair

Para R. N. Raimbault*

3 de janeiro de 1935
3 Warwick Mansions
Hampstead NW 3

Prezado sr. Raimbault,

Pergunto-me se o senhor me perdoará por eu escrever em inglês desta vez, pois quero ter certeza de não cometer nenhum erro.

---

[29] Orwell continuava interessado em versos infantis e contos de fadas. Sua dramatização de *Chapeuzinho Vermelho* foi transmitida pelo programa infantil da BBC A Hora das Crianças em 9 de julho de 1946. Escrevendo para Rayner Heppenstall* em 25 de janeiro de 1947, ele descreve *Cinderela* como "o máximo em matéria de contos de fadas" (XIX, 3163, p. 32). E, não esqueçamos, Orwell deu a A *revolução dos bichos* o subtítulo "Um conto de fadas".

[30] Orwell lecionara no Frays College, Uxbridge, Middlesex, até dezembro de 1933, quando teve pneumonia. Então, desistiu de lecionar.

Antes de mais nada, quero agradecer-lhe muito por ter feito um trabalho extraordinariamente bom de tradução de *Na pior*. Sem adulação, posso dizer sinceramente que não estou apenas encantado mas também muito espantado de ver como o livro parece bom quando traduzido. Quanto à parte de Paris, acho sinceramente que está melhor em francês do que em inglês, e estou encantado com a maneira como o senhor fez as conversas. Levando em conta o fato de que existem, naturalmente, muitas gírias que não conheço, essa é exatamente a maneira como eu imaginava os personagens falando. Esperemos que o livro tenha um êxito proporcional aos seus esforços e que não tenhamos problemas em demasia com a irmandade dos hotéis — pois de qualquer forma devemos esperar algum problema com eles, é o que temo. Se eu for desafiado para um duelo por um dono de hotel, talvez o senhor precise ser meu padrinho.[31]

Já examinei as provas com grande cuidado e fiz minhas correções a lápis, como pediu. Fiz alterações ou sugestões [*referências omitidas aqui*]. Quanto à disputa entre o estivador e o pensionista idoso, segue em anexo uma cópia com as lacunas preenchidas e as palavras explicadas.[32] O senhor poderá usar seu bom senso se quiser reescrever aquele discurso. Em um ou dois casos em que escrevi na margem "Seria melhor escrever assim e assim", quero dizer, evidentemente, "algo nesse sentido", pois sei que o que sugiro não está provavelmente em francês perfeito. A propósito, fiz a correção de provas em francês. Espero que o senhor possa ler e compreender.

---

[31] Orwell foi repreendido por M. Umberto Possenti, do Hotel Splendide, 105 Piccadilly, Londres, em uma carta ao *The Times* (X, 159, pp. 301-2).
[32] Isso não parece ter subsistido. No entanto, a edição francesa tem um número de interpretações abusivas que podem ser encontradas em I, p. 226 em 138/11-16.

Falei com meu agente, o sr. Moore, sobre a cessão dos direitos para o italiano de *Na pior* e de *Dias na Birmânia*. Ele diz que o sr. Amato pode certamente ter os direitos italianos, somente que, caso descobrir qualquer editora disposta a encomendar a tradução para o italiano, ele deverá se comunicar, por favor, com os srs. Christy e Moore Agentes Literários, 222 de Strand London W. C. Pelos termos de meu contrato com ele, tenho de fazer todas as negociações por intermédio do sr. Moore.

Agradecendo mais uma vez e desejando todo o sucesso ao livro quando sair,

muito atenciosamente
Eric A. Blair

P. S.: Enviarei as provas com uma capa separada.

Para Victor Gollancz [Ltd?]*

10 de janeiro de 1935
3 Warwick Mansions
Hampstead NW 3

Prezado senhor,

Estou devolvendo em anexo o manuscrito de *A filha do reverendo*. Acho que não há nada agora que possa ser objeto de uma ação por difamação. Nenhum dos personagens pretende ser o retrato de um indivíduo vivo, nem os nomes são de pessoas reais que conheço. Quanto às localidades descritas, são imaginárias. "Knype Hill" é um nome imaginário, e tanto quanto eu saiba não existe um lugar com esse nome; na história, é mencionado como sendo em Suffolk, mas isso é tudo. Na parte sobre colheita de lúpulo (capítulo 2), não há nada que indique uma localidade exata. No capítulo 4, Southbridge é descrito como um subúrbio a quinze ou vinte quilômetros de Londres, mas agora não há nada que mostre de que lado de Londres se trata. Quanto à referência a uma loja chamada "Knockout Trousers Ltd." no capítulo 2, tanto quanto sei não existe nenhuma loja com esse nome, e a casa mencionada na mesma parte como sendo um refúgio de prostitutas é também totalmente imaginária. É dito que fica em algum lugar nas proximidades de Lambeth Cut. Lambeth Cut é uma rua longa, mas se isso ainda for considerado perigoso, posso facilmente mudar Lambeth Cut nas provas para uma rua fictícia. Mando em anexo um bilhete sobre as alterações, junto com a carta do sr. Rubinstein.

Atenciosamente

Eric A. Blair[33]

Para Brenda Salkeld*

7 de maio [1935]
77 Parliament Hill
Hampstead NW 3

Querida Brenda,

Temo que esta não chegue a St. Felix[34] antes que você, pois só recebi sua carta esta noite — suponho que o correio tenha atrasado devido ao jubileu.[35] Fui a Brighton, pela primeira vez em mi-

---

33 A lista de mudanças exigidas é omitida aqui. Entre elas estava "Barclay's Bank", que passou a ser "o banco local"; uma referência ao *The Church Times* foi cortada; "biblioteca pública de Lambeth" foi alterada para "a biblioteca pública mais próxima". O advogado de Gollancz, Harold Rubinstein (1891-1975), crítico literário perspicaz, dramaturgo e autor, além de advogado ilustre, riscou a afirmação de que *The High Churchman Gazette* tinha uma circulação "notável"° pequena. Orwell disse que não sabia que existia uma publicação com esse nome, mas mudou o trecho ofensivo para "uma circulação pequena e seleta". (Ver II, pp. 299-302 para as revisões pré-publicação, 1934-5).
34 St. Felix School for Girls, Southwold, onde Salkeld era professora de ginástica.
35 O Jubileu de Prata do Rei George V.

nha vida, no domingo e segunda-feira. Fui lá com apreensões desagradáveis, mas consolando-me com a ideia de que, mais cedo ou mais tarde, certamente mencionarei uma viagem a Brighton em um romance. No entanto, fiquei agradavelmente surpreso e, de qualquer modo, não passei muito tempo à beira-mar, mas fui ao interior e colhi campainhas etc. Encontrei vários ninhos, inclusive um de dom-fafe com quatro ovos, e por falar nisso cerca de uma semana atrás encontrei um ninho de chapim, mas não consegui chegar até ele, embora tenha visto o pássaro sair do ninho, pois estava no meio de um arbusto espinhento. A quantidade de gente em Brighton não era tão grande, mas é claro que foi terrível voltar no domingo,[36] o trem estava tão lotado que as pessoas ficavam penduradas para fora das janelas. Na noite de sábado, eu estava em Chelsea e demorei duas horas para voltar a Hampstead, todo o centro de Londres estava bloqueado com táxis, cheio de pessoas bêbadas andando para todos os lados, cantando e gritando "Viva o Rei!" O que me surpreendeu foi que a maioria era muito jovem — as últimas pessoas que se esperaria encontrar cheias de sentimento patriótico; mas suponho que só aproveitaram a desculpa para fazer barulho. Naquela noite eu tinha ido ver Rees,* na verdade para lhe pedir algum dinheiro emprestado,[37] pois havia esquecido que segunda-feira era feriado bancário, e eu não tinha tirado nenhum dinheiro do banco, mas ele estava em algum tipo de reunião socialista e eles me convidaram a entrar, e passei três horas com sete ou oito socialistas me hostilizando, inclusive um mineiro do sul do País de Gales que me disse — mas bastante bem-humorado — que se ele fosse ditador teria mandado me fuzilar

---

36 Orwell deve ter querido dizer segunda-feira.
37 Embora não seja um contraste autobiográfico direto, comparar com Gordon, em A flor da Inglaterra, recusando-se a tomar emprestadas dez libras esterlinas de Ravelston, mas vivendo às custas dele e aceitando seu dinheiro.

imediatamente. Tenho trabalhado muito, mas ah! quantas montanhas ainda tenho pela frente. Não sei se vou conseguir mostrar a você aquele texto[38] até junho, mas farei isso em algum momento, quando ele estiver pronto para ser visto. Estou chegando ao ponto em que a gente se sente como se estivesse engatinhando em um labirinto pavoroso. Não sei se tenho lido muito. Li *Mulheres apaixonadas*, de D. H. Lawrence, que não é certamente um dos seus melhores. Lembro de tê-lo lido em 1924 — a versão não expurgada — e de como me pareceu muito estranho naquela ocasião. Agora percebo que o que ele estava tentando fazer era criar personagens que fossem ao mesmo tempo figuras simbólicas e seres humanos reconhecíveis, o que foi certamente um erro. A coisa esquisita é que quando ele se concentra na criação de personagens humanos comuns, como em *Filhos e amantes* e na maioria dos contos, ele se expressa de forma muito melhor, além de ser muito mais legível. Dei também uma olhada em alguns números da *The Enemy*, a publicação ocasional que Wyndham Lewis dirigia e que temos na livraria. O sujeito é certamente insano. Topei com uma receita maravilhosa de ensopado que é a seguinte: 250 gramas de rim de boi picado pequeno, 250 gramas de cogumelos em fatias, uma cebola picada muito fina, dois dentes de alho, quatro tomates sem pele, uma fatia de bacon magro picado e sal, tudo cozido em fogo muito brando por cerca de duas horas e meia em muito pouco caldo de carne. Come-se com sphagetti ou coquillettes. É um bom prato para fazer, pois cozinha enquanto você trabalha. Tenho extraído muito prazer de alguns números do *Girls' Own Paper* de 1884 e 1885. Nas respostas às cartas, duas questões aparecem repetidas vezes.

---

[38] Presumivelmente uma parte de *A flor da Inglaterra*. Em sua carta a Moore de 14 de maio de 1935, Orwell diz que pretendia escrever um livro de ensaios que se transformou num romance; o "texto" talvez se referisse a um desses ensaios em processo de transformação em um gênero diferente.

Um delas é se é apropriado para uma dama andar de triciclo. A outra é se os decendentes° imediatos de Adão não tiveram que cometer incesto para continuar a espécie humana. A questão sobre se Adão tinha umbigo, no entanto, não parece ter sido levantada.

Tenho de terminar agora, pois acho que não tenho mais nenhuma notícia. Quanto ao seu pressentimento, ou "sensação estranha" sobre mim, você não diz quando o teve exatamente. Mas não sei se tenho estado particularmente infeliz nos últimos tempos — ao menos, não mais do que o habitual.

Com muito amor e muitos beijos
Eric

P. S.: [no alto da primeira página] Perto de Brighton, passei pela Roedean School. Pareceu-me que, mesmo no período de férias, se podia sentir ondas de esnobismo jorrando dela, e também o som de música ambiente com a versão feminina de "Forty Years On" & da "Boating Song" de Eton.[39] Você as toca no hóquei ou eles escreveram para você "St. Felix, quem é você?".

Para R. N. Raimbault*

22 de dezembro de 1935
50 Lawford Road
Kentish Town NW 5

Prezado Raimbault,
Lamento não ter escrito por tanto tempo. É principalmente porque tenho estado muito ocupado, primeiro lutando para terminar meu romance, depois com o trabalho extra de Natal na loja, que tive muito pouco tempo para as cartas.

---

39 Ver 20/7/33, nº 3.

Escrevo em inglês desta vez porque não estou seguro de me expressar adequadamente em francês. Quero apenas dizer como lamentei terrivelmente ao receber a triste notícia da morte de sua filha. Não há muito que se possa dizer nessas ocasiões, e mais ainda porque eu não conhecia sua filha pessoalmente, mas posso imaginar um pouco do que devem ser seus sentimentos, e gostaria que o senhor soubesse que tem toda a minha solidariedade, se ela vale de alguma coisa.

Lamento ter sido bastante indelicado com M. Jean Pons por nada ter feito em relação à carta dele.[40] Escrevo, no entanto, para explicar a ele que se deve à pressão do trabalho o fato de eu tê-lo esquecido. Lamento saber que *La Vache Enragée*[41] não vendeu. De minha parte, eu não esperava uma grande venda, uma vez que o interesse é bastante especializado, mas é decepcionante para o senhor depois de todos os problemas que teve. O senhor me pergunta se tenho contos que poderiam ser traduzidos. Fiz várias tentativas de escrever contos, sempre fracassadas. Por alguma razão, é uma forma que não consigo dominar. Ocorre-me, no entanto, que talvez valha a pena olhar um esboço descritivo que escrevi há alguns anos. É a descrição de uma execução numa prisão da Birmânia, e no momento em que a escrevi fiquei bastante satisfeito

---

40 Jean Pons, chefe das cozinhas do Strand Palace Hotel, The Strand, Londres, WC 2, escrevera aos editores franceses para dizer que se Orwell quisesse "informações de apoio" para seu relato da vida na cozinha de um grande hotel, ele teria o prazer de fornecê-las. (Ver *LO*, p. 56). Nenhuma carta para o senhor Pons ou dele restou.

41 *La Vache Enragée* foi o título francês de *Na pior em Paris e Londres*. Raimbault explicou a Orwell, em 15 de outubro de 1934, que "'manger de la vache enragée...' corresponde quase exatamente à sua expressão 'to go to the dogs'". Diz respeito a passar por grandes dificuldades. Embora Orwell certamente não soubesse, tratava-se do título de uma revista satírica publicada em Paris em 1896, para a qual Toulouse-Lautrec desenhou um belo cartaz. A tradução francesa contemporânea mudou o título para *Dans la dèche*, expressão que Arnold Bennett usa para descrever a miséria nas cenas parisienses de *The old wives' tale* [A história da carochinha] (1908): "Ele também está no buraco?" (III, 6, iii).

com ela. Vou procurar o exemplar da revista em que foi publicada e enviá-lo ao senhor. Meu romance está quase terminado. Eu havia prometido terminá-lo até o final do ano, mas estou atrasado, como de costume. Imagino que vá sair em algum momento da primavera.[42] Infelizmente não é o tipo de coisa que seria de alguma utilidade para fins de tradução, mas mandarei um exemplar, se quiser. Não me lembro se lhe contei que um francês escreveu-me perguntando se eu gostaria que *La Vache Enragée* fosse traduzido para o inglês! Ele ouviu trechos do livro pelo rádio, mas não sabia que já era uma tradução.

Mais uma vez, meus pêsames por sua triste perda. E os meus melhores votos para o Natal e o Ano-Novo.

Atenciosamente

Eric A. Blair

P. S.: Se tiver a oportunidade de escrever em algum momento, poderia escrever para 36 High Street, Southwold, Suffolk? Vou mudar de endereço em breve, mas meus pais sempre encaminham as cartas.

Para Jack Common*

17 de março de 1936
4 Agnes Terrace
Barnsley, Yorks

Caro Common,

Você gostaria de uma breve resenha do livro de Alec Browne *The Fate of the Middle Classes* [O destino das classes médias]? Ou

---

[42] *A flor da Inglaterra* foi publicado por Gollancz em 20 de abril de 1936. Não houve tradução para o francês até 1960, quando a Gallimard publicou uma tradução de Yvonne Davet* com o título de *Et Vive l'Aspidistra!*.

outra pessoa está fazendo isso para você? Arranjei um exemplar gratuito e não parece ser um livro desinteressante, de qualquer forma é sobre um assunto importante e pensei que eu poderia, por exemplo, escrever algumas linhas para o Adelphi Forum[43] sobre ele.

Estou nestas regiões bárbaras há cerca de dois meses, tem sido muito interessante e tive um monte de ideias para o meu próximo livro,[44] mas admito que começo a ansiar por voltar ao Sul langoroso e também começar a fazer algum trabalho de novo, o que naturalmente é impossível no arredores em que estou. Meu próximo romance[45] deve sair em breve. Era para ter saído há um mês, mas houve um daqueles medos de última hora sobre ações de calúnia e me fizeram alterá-lo a ponto de estragá-lo totalmente. O que mais ficou entalado na minha garganta foi que a pessoa que ditou as alterações para mim foi aquele mequetrefe do Norman Collins.[46] Você quer que mandem um exemplar para a Adelphi? Se você acha que poderia publicar uma resenha, farei com que enviem um exemplar, mas não se você não tiver espaço de sobra. Fui ao escritório da Adelphi[47] em Manchester e vi

---

43 O Fórum Adelphi foi descrito por seu editor como sendo "aberto a comentários curtos e atuais para a expressão de uma opinião que pode ser completamente diferente da nossa".
44 O caminho para Wigan Pier.
45 A flor da Inglaterra.
46 Norman Collins (1907-82), escritor, jornalista e radialista. Foi vice-presidente da Victor Gollancz Ltd. (1934-41), depois entrou para o Serviço de Ultramar da BBC. Orwell cruzaria espadas com ele em cada uma de suas manifestações. Orwell fez a resenha de seu romance mais conhecido, London Belongs to Me [Londres me pertence], em 29 de novembro de 1945 (XVII, 2805, pp. 399-41). Ele se tornou diretor do Programa Leve da BBC em 1946 e mais tarde foi figura de destaque na televisão comercial.
47 Por iniciativa de alguns admiradores do norte de Middleton Murry, a impressão e a organização de publicação de The Adelphi foi assumida pela Sociedade Editora dos Trabalhadores do Norte, em Manchester. No início da década de 1930, Murry* viu-se à frente de um segmento dissidente do Partido Trabalhista Independente, conhecido como Partido Socialista Independente, fenômeno de curta duração. Foi o contato desses patrocinadores da Adelphi que Richard Rees deu a Orwell no norte.

Higginbottom⁰⁴⁸ várias vezes, também Meade,⁴⁹ com quem fiquei vários dias. Posso lhe dizer, caso você não saiba, que existem rixas e intrigas terríveis entre os seguidores da *Adelphi*, e falarei sobre isso quando encontrá-lo. Não disse nada disso para Rees* quando escrevi, porque achei que poderia ferir os sentimentos dele.

E sobre a situação internacional? É a guerra? Acho que não, porque se o governo tiver algum juízo, deve perceber que não tem o apoio do país. Acho que as coisas continuarão inquietamente *in statu quo* e a guerra vai rebentar mais tarde, possivelmente no próximo outono. Se você observar, as guerras tendem a se iniciar no outono, talvez porque os governos continentais não queiram se mobilizar até completar a colheita.

Ouvi Mosley⁵⁰ falar aqui no domingo. Dá vontade de vomitar ver com que facilidade um homem desse tipo pode conquistar e enganar a classe trabalhadora. Houve alguma violência dos camisas-pretas, como sempre, e vou escrever ao *Times* sobre isso, mas como esperar que eles publiquem minha carta?⁵¹

Estarei no endereço acima até por volta do dia 25, depois disso retorno a Londres, por mar, se conseguir. Na esperança de vê-lo em algum momento depois disso,

---

48 Sam Higenbottam (1872-?) Foi um colaborador de *The Adelphi*, socialista e autor de *Our Society's History* [História de nossa sociedade] (1939), uma história da Amalgamated Society of Woodworkers [Sociedade Unida dos Trabalhadores em Madeira].

49 Frank Meade era um dirigente da Amalgamated Society of Woodworkers e dirigia o escritório de Manchester de *The Adelphi*; também foi gerente comercial do Labour's Northern Voice, órgão do Partido Socialista Independente.

50 Sir Oswald Mosley, Bt. (1896-1980), foi sucessivamente conservador, independente e deputado pelo Partido Trabalhista. Em 1931, rompeu com o Partido Trabalhista para formar o Partido Novo. Mais tarde, tornou-se um fanático pró-Hitler e transformou seu partido na União Britânica de Fascistas. Seus seguidores eram conhecidos como os camisas-pretas. Foi internado no início da guerra.

51 Ele também escreveu para o *Manchester Guardian*. Em 20/3/36, conclui em seu diário: "Eu não esperava que o *Times* publicasse, mas acho que o M. G. poderia, considerando sua reputação". Nenhum dos dois publicou.

Seu
Eric A. Blair

Escrevendo de Wigan para Sir Richard Rees em 22 de fevereiro de 1936, Orwell disse: "Estou tomando providências para alugar um chalé em Wallington, perto de Baldock, em Hertfordshire, meio no escuro, porque nunca vi o chalé, mas confiei nos amigos que o escolheram para mim, e é muito barato, apenas 7s 6d por semana" (CW, X, 288, p. 442). O amigo (apenas um) era sua tia Nellie Limouzin, que, havia pouco tempo, morara no The Stores, como o chalé era chamado. As razões para Orwell escolher esse chalé eram o aluguel baixo, o fato de ser um lugar agradável para escrever, a loja que fazia parte da casa lhe faria ganhar o suficiente dos cerca de cem habitantes das aldeias para cobrir o aluguel, sem muitas diversões, e por ter terra suficiente para ele plantar legumes e verduras e criar galinhas e cabras. No entanto, também vinha com desvantagens que poderiam ter desanimado alguém menos temerário que Orwell. Datava do século XVI e passara por poucas modernizações. Era apertado; tinha quatro cômodos pequenos, dois em cima e dois embaixo, sendo que um deles era ocupado também pela área da loja, roubando um espaço valioso; os tetos eram muito baixos e Orwell era muito alto; e não havia banheiro dentro; tinha uma pia, mas de drenagem ruim; não havia cozinha adequada e nada de eletricidade — a iluminação era feita com lamparinas (ver carta de Eileen para Norah, Ano-Novo de 1938); e um telhado de ferro ondulado. Pode-se dizer, sem ser jocoso, que convinha perfeitamente a Orwell.

Para Jack Common*

Quinta-feira [16? de abril de 1936]
The Stores,
Wallington, Nr. Baldock
[Herts.]

Caro Common,
Obrigado por sua carta. Estive agora com meu senhorio, e está tudo certo sobre o aluguel, então decidi definitivamente abrir a loja e espalhar a notícia entre os aldeões, até certo ponto. Eu certamente seria muito grato se você descobrisse a respeito dos atacadistas. Eu não sabia que você ainda tinha uma loja. Creio que há alguns atacadistas do tipo em Watford, Kingford ou Kingston, ou outro nome parecido. Não sei se, ao ver que só vou querer quantidades minúsculas de cada vez (além da pequenez da aldeia, não tenho muito espaço de armazenagem), eles vão criar problemas para a entrega. De início, não pretendo estocar nada perecível, exceto doces para crianças. Mais tarde, posso começar com manteiga e margarina, mas isso significaria ter um refrigerador. Não vou estocar tabaco, porque os pubs daqui (dois para cerca de 75 habitantes!) o estocam e não quero fazer inimigos, especialmente porque um dos pubs fica ao lado da minha casa. Estou começando a fazer as listas, mas não estou certo de que um único atacadista cobrirá tudo. Suponho que devo começar com cerca de vinte libras esterlinas de coisas. Essas pessoas são boas para dar crédito? O que eu gostaria de fazer seria dar um depósito de cerca de cinco libras e depois pagar trimestralmente. Suponho que meu banco me forneceria uma referência. Em vista disso, é uma pena que eu tenha acabado de mudar de agência, porque a agência de Hampstead estava ficando bem confiante e me disse que eu poderia sacar a descoberto, embora eu nunca tenha pedido a eles. Além de mercadorias, vou querer um ou dois itens de equipamento de loja,

como balanças, um sino etc. Há alguns que pertencem ao lugar, mas estão com meu senhorio e ele é o tipo de pessoa que leva um ano para entregar alguma coisa. Tenho de arrumar as instalações da loja e repintá-la, mas se eu conseguir me entender com os atacadistas, devo estar pronto para abrir em cerca de três semanas.

Sim, esse negócio de rompimento de classe é uma merda. O problema é que a burguesia socialista, cuja maioria me dá arrepios, não será realista para admitir que há uma série de hábitos da classe trabalhadora de que eles não gostam e que não querem adotar. Por exemplo, o socialista típico de classe média não só não come com faca, como fica levemente horrorizado ao ver um trabalhador fazendo isso. E, depois, muitos deles são do tipo eunuco, com cheiro de vegetariano que anda espalhando doçura e luz e tem no fundo da cabeça uma visão da classe trabalhadora toda T. T.[52], bem lavados atrás das orelhas, leitores de Edward Carpenter[53] ou de algum outro sodomita piedoso que fala com sotaque da BBC. As classes trabalhadoras são muito pacientes com tudo isso. Nos dois meses que estive no Norte, quando passei o tempo todo perguntando às pessoas sobre quanto ganhavam de pensão, o que tinham para comer etc., nunca levei um soco no queixo, e só uma vez me disseram para ir para o inferno, e depois por uma mulher que era surda e achou que eu era um coletor de impostos. Essa questão me preocupa há muito tempo e parte do meu próximo livro será sobre ela.

Eu aparecerei quando tiver uma bicicleta ou algo assim. Se você vier aqui, me avise para que haja comida, ou se arrisque, mas sempre haverá *alguma coisa*, é claro. A horta ainda está suja

---

[52] T. T.: *teetotal* [abstêmio].
[53] Edward Carpenter (1844-1929) foi um escritor socialista e reformador social, autor, entre outras obras, de *Towards Democracy* [A caminho da democracia] (1883) e *The Intermediate Sex: a Study of Some Transitional Types of Men and Women* [O sexo intermediário: um estudo de alguns tipos transicionais de homens e mulheres] (1908).

(cavei doze buracos em dois dias), mas estou pondo as coisas um pouco no lugar. É terrível pensar que em quase três meses não trabalhei nada. Ganhando e gastando força, desperdiçamos.[54] No entanto, tenho maços de notas que me dão a ilusão de não ter desperdiçado meu tempo.

Seu

Eric A. Blair

Para Henry Miller*

26-27 de agosto de 1936
The Stores

Caro Miller,

Muito obrigado por sua carta. Mesmo assim, ela me fez sentir meio mal, porque faz semanas que pretendo escrever a você e fui adiando. Bem, *Primavera negra* chegou sem problemas e gostei muito de parte do livro, em especial dos capítulos iniciais, mas acho, e direi ao resenhá-lo,[55] que um livro como *Trópico de Câncer*, que lida com eventos que aconteceram ou poderiam ter acontecido no mundo comum das três dimensões, está mais dentro de sua linha. Gostei de *Trópico de Câncer* especialmente por três coisas, em primeiro lugar uma qualidade rítmica peculiar em seu inglês, em segundo lugar o fato de que você lidou com fatos bem conhecidos de todos, mas nunca mencionados em letra de forma (por exemplo, quando o sujeito deve fazer amor com a mulher, mas está morrendo de vontade de mijar ao mesmo tempo), em terceiro lu-

---

54 Segunda linha do soneto de Wordsworth que começa com "The world is too much with us; late and soon" (1807).
55 A resenha feita por Orwell de *Primavera negra*, de Miller, saiu no *New English Weekly* em setembro de 1936 (X, 325, pp. 499-501). Miller escreveu a Orwell para lhe agradecer pela resenha "incrivelmente generosa".

gar o modo como você se entrega a uma espécie de devaneio onde as leis da realidade comum haviam escorregado um pouco, mas não muito. Você faz isso também em *Primavera negra*. Por exemplo, gosto muito de sua meditação que começa num mictório público nas páginas 60-64, mas acho que no conjunto você se afastou demais do mundo comum e entrou numa espécie de universo de Mickey Mouse, onde as coisas e as pessoas não têm de obedecer às regras de espaço e tempo. Ouso dizer que estou errado e talvez não tenha entendido de forma alguma sua intenção, mas tenho uma espécie de atitude terra a terra e sempre me sinto desconfortável quando me afasto do mundo comum onde a grama é verde, as pedras são duras etc. Também sei que é uma merda, depois de ter escrito um livro invulgar, ser acusado de não escrever outro exatamente como ele. Mas não quero que pense que não gostei de muita coisa em *Primavera negra*. A qualidade da prosa também é excelente, especialmente o trecho a que me referi antes sobre o estrume e os anjos. Quando eu leio um texto como esse, me sinto como quando se galopa um cavalo muito bom sobre um terreno onde você não tem de ficar de olho em buracos de coelho. Farei o que puder no que tange a resenhas. A *The Adelphi* me disse que eu poderia escrever algo curto sobre o livro, mas em breve ela vai se tornar trimestral, e eu também o farei para a *New English*, mas eles ficaram fechados em agosto, como sempre fazem, portanto as resenhas sairão um pouco atrasadas, espero, mas suponho que no seu caso isso não importa tanto quanto para o romance popular barato, que é um sucesso por uma semana e depois é vendido como saldo. Preciso ordenhar a cabra agora, mas continuarei esta carta quando voltar.

27/8/36. Fico contente que você tenha conseguido um exemplar de *Na pior*. Não tenho mais nenhum, e o livro está esgotado, e eu ia lhe mandar um exemplar da tradução francesa (suponho que você viu a versão em inglês), quando recebi sua carta. Sim, também foi publicado nos Estados Unidos, mas não vendeu muito. Não sei que tipo de resenhas recebeu na França — só vi duas, ou porque as pessoas que fazem os *clippings* de imprensa não as obtiveram, ou porque não tomei providências para enviar exemplares com cartas lisonjeiras aos principais críticos, coisa que me disseram que se deve fazer na França. Alguns outros livros meus também foram publicados nos Estados Unidos. Meu segundo livro, *Dias na Birmânia*, foi publicado lá antes de sair na Inglaterra, porque meu editor inglês temia que o Ministério da Índia pudesse tomar medidas para proibi-lo. Um ano depois, ele publicou uma versão com vários nomes alterados etc.; portanto, a edição americana é a correta. Esse é o único dos meus livros com que estou contente — não que seja bom como romance, mas as descrições do cenário não são ruins, só que, naturalmente, são o que o leitor médio salta por cima. Meu terceiro livro, *A filha do reverendo*, que saiu na Inglaterra há um ano, foi publicado nos Estados Unidos na semana passada. Esse livro é uma porcaria, mas fiz algumas experiências nele que me foram úteis. Imagino que meu último livro, *A flor da Inglaterra*, não será publicado nos Estados Unidos, porque é uma espécie de história doméstica com um tema inteiramente inglês, e o público americano está ficando inquieto com o que eu acho que chamam de "coisa de maricas britânico". Notei também, quando trabalhava na livraria, que é cada vez mais difícil vender livros americanos na Inglaterra. As duas línguas estão se distanciando cada vez mais.

Sim, concordo sobre a pobreza inglesa. É horrível. Recentemente, andei viajando pelas piores partes das zonas carvoeiras em Lancashire e Yorkshire — estou escrevendo um livro[56] sobre isso agora —, e é espantoso ver como nos últimos dez anos as pessoas

---

56 *O caminho para Wigan Pier*.

entraram em colapso e perderam toda a coragem. Resenhei o romance de Connolly para o N[ew] E[nglish] W[eekly], mas, embora tenha me divertido, não acho grande coisa. Surpreendeu-me que ele ficasse tão aflito quanto ao livro ficar "datado", como se isso não acontecesse com todos os livros que valem a pena ler! Vejo pela sobrecapa de *Primavera negra* que você conseguiu bons elogios de Eliot & Cia, e que também sou mencionado entre eles. Esse é um passo acima para mim — a primeira vez que estou na sobrecapa de alguém. Portanto, não duvide que ainda serei Sir Eric Blair.[57] Escreva se ou quando se sentir inclinado a fazê-lo.
Atenciosamente
Eric A. Blair

Eileen escreveu seis cartas para uma amiga que fizera na Universidade de Oxford, Norah Symes. Em Oxford, Norah também conheceu seu futuro marido, Quartus St. Leger Myles. Eles ficaram noivos quando ele voltou a Clifton como clínico geral. Não tiveram filhos. Ela morreu em 1994 e estas cartas passaram para a sra. Margaret Durant, que permitiu sua inclusão em The Lost Orwell. *Recentemente, elas foram compradas por Richard Young, que muito gentilmente permitiu sua publicação. As cartas não dão nenhuma indicação sobre para quem foram escritas e, com exceção da inicial "E" no final da última, estão sempre assinadas pelo nome carinhoso "Porco". É possível que o nome de solteira de Norah tenha sugerido o nome de um personagem de 1984.*

Somente uma das cartas está datada (Ano-Novo, 1938) e, assim, a datação é conjectural. As notas de Fuller estão em The Lost Orwell.

---

[57] Ver a concessão zombeteira (incorreta) feita por Gordon Comstock do título de cavaleiro a John Drinkwater em *A flor da Inglaterra*.

Eileen Blair* para Norah Myles*

3 ou 10 de novembro de 1936
36 High Street
Southwold[58]

[sem saudação]

Escrevi o endereço há um bom tempo & desde então brinquei com três gatos, fiz um cigarro (eu os faço agora, mas não com as mãos nuas),[59] cutuquei o fogo & deixei Eric (isto é, George) quase louco — tudo porque eu realmente não sabia o que dizer. Perdi meu hábito de correspondência pontual nas primeiras semanas de casamento porque brigávamos tanto & de forma tão encarniçada, que pensei em poupar tempo & simplesmente escrever uma carta a todos quando o assassinato ou a separação tivesse acontecido. Então, a tia de Eric[60] veio para ficar & foi tão horrível (ela ficou *dois meses*) que paramos de brigar & apenas resmungamos. Depois, ela foi embora & agora todos os nossos problemas acabaram. Eles surgiram em parte porque mamãe exigiu tanto de mim na primeira semana de junho[61] que chorei o tempo todo de pura exaustão & em parte porque Eric tinha decidido que não devia deixar seu trabalho ser interrompido & queixou-se amargamente que estávamos casados havia uma semana que ele tivera apenas dois dias

---

58 Casa dos pais de Orwell.
59 Orwell conseguia enrolar seus cigarros à mão. Evidentemente Eileen precisava de enrolador manual.
60 Nellie Limouzin morava em Paris com seu marido, Eugène Adam, um fervoroso esperantista, quando Orwell morou lá (1928-1929). Adam deixou Nellie e foi para o México, onde se suicidou em 1947.
61 A mãe de Eileen, Marie O'Shaughnessy*, evidentemente passou a semana anterior ao casamento com a filha e Orwell preparando o evento. Tendo em vista o desconforto na casa cheia e sem mobília, a falta de eletricidade, banheiro ou WC em seu interior, junto com as tensões pré-casamento, é óbvio por que Eileen estava tão aflita — e também por que achou tão incômoda a longa permanência de tia Nellie.

de trabalho bom em sete.[62] Eu também não conseguia fazer o forno assar nada, & ovos quentes (o que Eric comia quase exclusivamente) me deixavam enjoada. Agora consigo fazer o forno assar uma quantidade razoável de coisas e ele está trabalhando com muita rapidez.[63] Esqueci de mencionar que ele teve sua "bronquite" durante três semanas em julho & que choveu todos os dias por seis semanas, durante todo esse tempo a cozinha esteve inundada & todos os alimentos ficavam mofados em poucas horas. Agora parece que isso foi há muito tempo, mas naquele momento parecia definitivo.

Achei que poderia visitar você & duas vezes decidi que iria, mas Eric sempre arranja alguma coisa se estou indo embora, se ele tem conhecimento do fato, & se ele não fica sabendo antes (quando o meu irmão Eric chega[64] & me leva, como fez duas vezes) ele pega alguma coisa quando estou longe, e assim tenho que voltar para casa. Nas últimas semanas, estivemos completamente quebrados e assim ficaremos até o Natal, porque o dinheiro esperado em outubro de *A flor da Inglaterra* não será pago até abril e o adiantamento do próximo livro não virá antes de dezembro e possivelmente janeiro. Mas este mês devo estar em Londres por alguns dias. Existe alguma chance numa quarta-feira dessas? Se houver & se você me disser, farei minha visita coincidir. Devo ver Eric (irmão) um

---

62 Em 12 de junho, Orwell apresentou "O abate de um elefante" a John Lehmann, editor da *New Writing*. O texto foi publicado em *New Writing*, 2, outono, 1936 (X, 326, pp. 501-6).

63 Além de entregar "O abate de um elefante", Orwell, entre seu casamento e a partida para a Espanha, estava muito ocupado ganhando dinheiro com resenhas de livros e escrevia *O caminho para Wigan Pier*, que terminou pouco antes de ir para a Espanha, por volta de 23 de dezembro de 1936. Nesse período, escreveu doze resenhas de 32 livros.

64 É motivo de confusão, sobretudo nas cartas que Eileen escreveria da Espanha, que seu irmão, o dr. Laurence O'Shaughnessy,* também fosse conhecido na família como Eric. As provas a que ela se refere são as de *Thoracic Surgery*, de seu irmão e Sauerbruch.

pouco para o livro dele, cujas provas estou corrigindo, & também fazer alguns testes de inteligência com Lydia.[65] Você poderia vir no dia 18 ou 25? Acho que caem em uma quarta-feira — de qualquer modo, me refiro a uma quarta-feira. Quero muitíssimo vê-la. Lydia deve ter algumas notícias e, na verdade, a qualquer momento vai cair em cima de mim irada (contra Eric, por motivos sociais, não contra mim, porque aos seus olhos, sou a perfeição), e me força a ir a Londres exatamente quando eu não quero. Então, se você enviar um cartão-postal------[66]

Este é o nosso endereço no resto desta semana. Estamos com os Blair & eu gosto disso. Nada me surpreendeu mais, principalmente depois que vi a casa, que é muito pequena & quase totalmente decorada com pinturas de ancestrais. Os Blair são de origem escocesa das terras baixas, mas um deles ganhou muito dinheiro com escravos, & seu filho Thomas, que era inconcebivelmente parecido com uma ovelha se casou com a filha do Duque de Westmorland (de cuja existência nunca ouvi falar) & ficou tão nobre que gastou todo o dinheiro & não podia ganhar mais porque os escravos acabaram. Então, seu filho foi para o Exército & saiu de lá para a igreja & casou com uma menina de quinze anos que o detestava & teve dez filhos, dos quais o pai de Eric, agora com 80 anos, é o único sobrevivente & eles são todos bem pobres, mas ainda à beira trêmula da nobreza como Eric diz em seu novo livro, que não creio que vá ser popular na família.[67] Apesar de tudo isso, a família como um

---

65 Lydia Jackson.*
66 O texto está como foi escrito por Eileen: nada foi cortado.
67 O passado familiar está bem resumido por Sir Bernard Crick em *A Life*, pp. 46-7 e na Bíblia da família. A mãe de Orwell, embora nascida em Penge, sul de Londres, viveu a maior parte de seus primeiros anos em Moulmein, Birmânia. Como Emma Larkin relata em *Finding George Orwell in a Burmese Teashop* (2004), existe uma placa de rua, "Leimmawzin", que significa Rua da Prateleira Laranja, mas que é uma corruptela de Limouzin Street (pp. 145-6). A expressão "à beira trêmula da nobreza" não parece ser de Orwell; ela não aparece no seu "novo livro", presumivelmente *A flor da Inglaterra*,

todo é divertida & imagino que incomum na atitude em relação a mim, porque todos adoram Eric & consideram completamente impossível viver com ele; de fato, no dia do casamento a sra. Blair balançou a cabeça & disse que eu seria uma menina corajosa se soubesse em que estava me metendo, e Avril, a irmã, disse que obviamente eu não sabia em que estava me metendo ou não estaria lá. Acho que eles não entenderam que sou muito parecida com Eric no temperamento, o que é uma vantagem, uma vez aceito o fato.

Se eu tivesse escrito isso em Wallington, teria sido sobre as coisas verdadeiras da vida — cabras, galinhas, brócolis (comido por um coelho). Mas seria melhor talvez lhe contar, porque isso saiu do controle. Coitada, esqueça tudo exceto a parte sobre a quarta-feira e diga se você pode vir no dia 18 ou 25 para encontrar

Porco[68]

Jennie Lee* na chegada de Orwell a Barcelona

Orwell conversou com Gollancz sobre a publicação de O caminho para Wigan Pier em 21 de dezembro de 1936. Ele chegou a Barcelona por volta do dia 26 (Crick, p. 315). Depois da morte de Orwell, Jennie Lee escreveu em 23 de junho de 1950 para uma Miss Margaret M. Goalby de Presteigne, Radnorshire, que lhe havia perguntado sobre Orwell. O que segue é uma parte da carta.

---

publicado por Victor Gollancz em 20 de abril de 1936, nem no que ele estava escrevendo, O caminho para Wigan Pier. Isso pode sugerir que ela estava em um rascunho lido por Eileen. Se assim for, aponta para um maior envolvimento de Eileen na obra de Orwell (além de A revolução dos bichos, onde está bem estabelecido) do que se suspeitava.
68 É irônico que o apelido adotado por Eileen viesse a ser um dos animais que Orwell ridicularizou em A revolução dos bichos.

No primeiro ano da Guerra Civil Espanhola, eu estava com amigos em um hotel de Barcelona quando um homem alto e magro, com um aspecto encantador veio até a nossa mesa. Ele me perguntou se eu era Jennie Lee e, caso fosse, se eu poderia lhe dizer onde se alistar. Disse-me que era escritor: tinha conseguido um adiantamento de Gollancz[69] sobre um livro e havia chegado pronto para dirigir um carro ou fazer qualquer outra coisa, de preferência lutar na linha de frente. Fiquei desconfiada e perguntei que credenciais ele trazia da Inglaterra. Não tinha nenhuma. Não havia conversado com ninguém, simplesmente viera por conta própria. Ele me conquistou ao apontar para as botas penduradas no ombro. Sabia que não conseguiria botas grandes o suficiente, pois tinha mais de um metro e oitenta de altura. Eram George Orwell e suas botas chegando para lutar na Espanha.

Vim a conhecê-lo como um homem profundamente amável e escritor criativo. [...] Era um satírico que não se ajustava a nenhum padrão de ortodoxia política ou social. [...] A única coisa de que posso ter muita certeza é que, até o seu último dia, George foi um homem de integridade absoluta; profundamente gentil e pronto a sacrificar suas últimas posses mundanas — que nunca teve muitas — pela causa do socialismo democrático. Parte de seu mal-estar advinha do fato de que ele era não somente socialista, mas profundamente liberal. Odiava a arregimentação onde quer que a encontrasse, mesmo nas fileiras socialistas.

---

[69] Este adiantamento foi por *O caminho para Wigan Pier*.

Eileen Blair* para Norah Myles*

[16 de fevereiro de 1937?]
24, Croom's, Hill
Greenwich[70]

[sem saudação]

Um bilhete para dizer que estou indo para a Espanha, às nove horas da manhã de amanhã (ou assim penso, mas com pessoas de grandeza inconcebível telefonando de Paris sobre isso, e eu talvez não possa ir antes de quinta-feira). Parto com pressa, não por algum problema, mas porque quando disse que ia no dia 23, que era minha intenção havia muito tempo, eu de repente me tornei uma espécie de secretária, talvez do I. L. P. em Barcelona. Eles não parecem estar muito contentes com isso. Se Franco tivesse me contratado como manicure, eu teria concordado com isso também, em troca de um salvo-conduto, então estão todos satisfeitos. O I. L. P. em Barcelona consiste de um certo John McNair,*[71] que certamente foi gentil a longa distância, mas que tem uma desafortunada voz ao telefone e um estilo de prosa bastante calamitoso no qual escreve artigos que eu talvez tenha de datilografar. Mas teoricamente George tem uma licença no final deste mês,[72] então terei uns dias de férias, quer John queira ou não. Por falar nisso, suponho que lhe contei que George está na milícia espanhola? Não consigo lembrar. De qualquer forma, ele está, e com minha total aprovação até que se engajou fundo. Ele está no front de Aragão, onde não posso evitar de saber que o governo deveria estar atacando ou de ter esperança que isso é salvaguarda sufi-

---

70 A casa da família O'Shaughnessy em Londres, SE 10.
71 John McNair* era de Tynesider, por isso sua "desafortunada voz ao telefone" poderia ser seu sotaque *geordie*, com o qual Eileen, que vinha de South Shields, estaria familiarizada. É provável que ela estivesse sendo comicamente irônica.
72 A licença não foi concedida.

ciente contra eles fazerem isso. Supondo que a Força Aérea fascista continue errando seus alvos e a linha férrea para Barcelona ainda funcione, você provavelmente terá notícias de lá algum dia. Mas as cartas demoram em regra 10-15 dias, e se a ferrovia for interrompida, não faço ideia de quanto tempo vão levar. Enquanto isso, seria um gesto simpático você escrever uma bela carta, endereçando-a a/c John McNair, Hotel Continental, Boulevard de las Ramblas, Barcelona.[73] Para começar, também estou no Continental, mas como gastamos praticamente todo o dinheiro que teremos até novembro, quando a riqueza do Left Book Club estará disponível,[74] acho que posso ter de fazer o que os esperantistas chamam de dormir na palha — e como eles são esperantistas, isso *significa* dormir na palha. Evidentemente, o I. L. P. não está contribuindo para o meu sustento, mas o governo espanhol alimenta George com pão sem manteiga e "comida um tanto *grosseira*", e tomou providências para que ele não durma de forma alguma, então ele não tem ansiedades.

Isto está mais longo do que eu pretendia — (deveria ser um traço longo, mas é preciso fazer a carruagem andar). Escreva a carta, porque é provável que eu deteste Barcelona, embora eu adoraria ver algumas agitações que não vão acontecer.[75] Não sei, é claro, quanto tempo ficaremos lá. A não ser que George seja ferido, suponho que ele ficará até que a guerra *qua* guerra tenha acabado — e eu ficarei também, a não ser que seja retirada à força ou tenha de

---

73 Esta carta não sobreviveu.
74 É um erro comum acreditar que o Left Book Club encomendou *O caminho para Wigan Pier* a George Orwell, mandando-o a Wigan para escrevê-lo. Na verdade, o clube ainda não fora criado quando ele partiu para Wigan e a entidade só decidiu adotar o livro em janeiro de 1937, bem depois de Orwell ter entregado o manuscrito.
75 Ela diz a sua mãe, em 22 de março, após o regresso do front, "Estou gostando de Barcelona de novo", então seus piores medos não se concretizaram, embora ela viesse a experimentar com toda a sua dor os "Eventos de Maio" na cidade, quando os "aliados" comunistas reprimiram violentamente o POUM.

vir atrás de algum dinheiro. Mas as notícias de hoje sugerem que a guerra talvez não dure muito tempo — duvido que Mussolini ou até mesmo Hitler se sintam entusiasmados em tentar empurrar Franco através da Catalunha, e, certamente, eles precisariam de muito mais homens para fazer isso.[76]

O gongo do jantar está tocando. Não é comovente pensar que este pode ser o último jantar não racionado disponível para

Porco.

Beijos para todos — até mesmo a você. Eric vai lecionar em Bristol,[77] mas acho que não antes de maio. Hey Groves[78] veio para a palestra sobre coração no Colégio de Cirurgiões e, em seguida, convidou-o a falar com vocês, mas a data ainda não está marcada. Ele tem algumas fotos bonitas. Eu poderia ter ido com ele — talvez, depois de tudo, eu vá. Se você encontrar Hey Groves, diga-lhe para marcar a data para depois do fim da guerra.

Você poderia dizer a Mary[79] (não é urgente) que eu simplesmente não tive tempo de escrever cartas separadas para os dois velhos amigos de Oxford — o que simplesmente é verdade.

---

76 Orwell levou um tiro que lhe atravessou a garganta: veja nota anterior a 2/7/37. Os ataques comunistas ao POUM fizeram com que eles tivessem de sair sorrateiramente em 23 de junho de 1937 (com John McNair e o jovem Stafford Cottman).

77 Eric, aqui, é seu irmão Laurence, chamado assim (apelido extraído de seu nome do meio, Frederick) por sua família.

78 Ernest William Hey Groves (1872-1944) foi um ilustre cirurgião especializado em cirurgia reconstrutora do quadril que desenvolveu o uso de enxertos ósseos.

79 Bertha Mary Wardell formou-se com Eileen. Ela se casou com Teddy (A. E. F.) Lovett, tenente da Marinha Real. Ele estava servindo no HMS *Glorious*, que, com seus dois destróieres de escolta, *Ardent* e *Acasta*, foi afundado ao largo da Noruega em 8 de junho de 1940; houve apenas quarenta sobreviventes do *Glorious*, dois do *Ardent* e um do *Acasta*.

Eileen Blair* para sua mãe, Marie O'Shaughnessy

>22 de março de 1937
>Seccion Inglesa
>10 Rambla de los Estudios
>Barcelona[80]

Querida mamãe,

Incluo uma "carta" que comecei a lhe escrever nas trincheiras! Ela termina abruptamente — acho que perdi uma folha — & é praticamente ilegível, mas você pode ter desse modo uma carta escrita em uma linha de combate real, & vai ler o suficiente para ter as notícias essenciais. Eu gostei *demais* de estar no front. Se o médico fosse um bom médico, eu teria movido céus & terra para ficar (na verdade, antes de ver o médico, eu já havia mexido céus & terra um pouco) como enfermeira — a linha ainda está tão tranquila que ele poderia muito bem ter me treinado, preparando-me para a atividade que deve vir. Mas o médico é muito ignorante & incrivelmente sujo. Eles têm um pequeno hospital em Monflorite em que ele trata dos dedos cortados dos moradores etc. & faz serviços de emergência em qualquer ferida de guerra que ocorra. Os curativos usados são jogados pela janela, a menos que a janela esteja fechada, quando eles rebatem e caem no chão — & não consta que as mãos do médico tenham sido lavadas alguma vez. Então decidi que ele deve ter um assistente previamente treinado (tenho um em vista — um homem). Eric o consultou, mas ele diz que não há nada, exceto "frio, excesso de fadiga etc.". É óbvio que isso é bem verdade. Porém, o clima está melhor agora &, evidentemente, a licença está vencida, mas outra seção no front de Huesca realizou um ataque no outro dia que teve consequências bastante graves

---

[80] Sede da revista do poum, *The Spanish Revolution*.

& o deixou parado lá por enquanto. Bob Edwards,[81] que comanda o contingente do I. L. P., tem de se afastar por algumas semanas & Eric está comandando em sua ausência, o que será muito divertido de certo modo. Minha visita ao front terminou de uma forma adequada porque Kopp* decidiu que devo ter "mais algumas horas" & arranjou um carro para sair de Monflorite às 3h15 da manhã. Fomos para a cama às dez, ou algo assim, & às três Kopp veio & gritou & eu me levantei & George[82] (não me lembro para qual metade da família escrevo) voltou a dormir, espero. Desse modo, ele teve duas noites de descanso adequado & parece muito melhor. A irrealidade de toda a visita foi acentuada pelo fato de não haver *nenhuma* luz, nem uma vela ou archote; a gente se levantava & ia para a cama no escuro total, na última noite eu saí na escuridão total & andei com lama até o joelho fora de edifícios estranhos até que vi o fraco brilho do Comité Militar, onde Kopp estava esperando com seu carro.

Na terça-feira tivemos o único bombardeio de Barcelona desde que cheguei. Foi bem interessante. Os espanhóis costumam ser extremamente barulhentos & enérgicos, mas numa emergência parecem ficar *tranquilos*. Não que houvesse uma emergência de verdade, mas as bombas caíram mais perto do centro da cidade do que de costume & fizeram barulho suficiente para agitar razoavelmente as pessoas. Houve poucas baixas.

---

81 Robert Edwards (1905-90), candidato do Partido Trabalhista Independente ao Parlamento derrotado em 1935, foi Membro do Parlamento Trabalhista e Cooperativo de 1955 a 1987. Em janeiro de 1937, foi o capitão do contingente do ILP na Espanha, ligada ao POUM. Deixou a Espanha no final de março para participar da conferência do ILP em Glasgow. Em 1926 e 1934, liderou delegações à União Soviética, encontrando-se com Trótski, Stálin e Mólotov. Foi secretário-geral do Sindicato dos Trabalhadores Químicos, 1947-71; diretor nacional do Sindicato dos Trabalhadores Gerais e dos Transportes, 1971-6; e membro do Parlamento Europeu, 1977-9. Ver *Orwell Remembered*, pp. 146-8, e especialmente Shelden, pp. 264-5, que destrói a acusação de Edwards de que Orwell foi para a Espanha apenas em busca de material para um livro.
82 Eileen começou a escrever "Eric", mas por cima escreveu "George".

Estou gostando de Barcelona de novo — eu queria uma mudança. Você pode enviar esta carta para Eric & Gwen, a quem agradeço pelo *chá*. Acabam de chegar três libras que serão muito apreciadas. A cota está acabando, me diz Bob Edwards. A outra mensagem para Eric é que, como de costume, estou escrevendo nos últimos momentos antes que alguém parta para a França & também, como de costume meu talão de cheques não está aqui, mas ele terá o cheque de dez libras esterlinas no prazo de duas semanas de qualquer maneira, & enquanto isso eu ficaria muito grata se ele desse a Fenner Brockway[83] as pesetas. (Caso alguma coisa engraçada tenha acontecido com a última carta, pedi-lhe que comprasse o equivalente a dez libras esterlinas de pesetas & as desse a Fenner Brockway, para que ele as trouxesse pessoalmente. Viver aqui é muito barato, mas eu gasto muito com o contingente do I. L. P., pois nenhum deles recebe nada & todos eles precisam de coisas. Também emprestei 500 ps. a John [McNair],* porque ele ficou sem. Guardo minhas cinco libras inglesas, que poderia trocar a uma taxa bastante decente,[84] porque preciso ter algo para usar quando nós — quem quer que sejamos — cruzarmos a fronteira novamente.)

Espero que todos estejam bem & espero por uma carta em breve que diga isso. Gwen escreveu uma longa carta que foi emocionante — até mesmo eu caio no hábito universal de sentir saudade da Inglaterra. Talvez a mesma coisa aconteça nas colônias. Outro dia, quando um garçom acendeu meu cigarro, eu disse que ele ti-

---

83 Fenner Brockway (1888-1988; Lorde Brockway, 1964) foi secretário-geral do ILP, 1928, 1933-9, e seu representante na Espanha por algum tempo. Trabalhador dedicado a muitas causas, em particular à paz, renunciou ao ILP em 1946 e voltou ao Partido Trabalhista, que representou no Parlamento, 1950-64.
84 Em uma nota de rodapé de *Homenagem à Catalunha* (p. 151), Orwell dá o valor de compra da peseta como sendo de "cerca de quatro pence" em moeda pré-métrica; quinhentas pesetas seriam cerca de £8 6s 8d — digamos, 320 libras esterlinas em valores de hoje.

nha um belo isqueiro & ele disse: "*Si, si, es bien, es* inglês!". Então me passou o isqueiro, obviamente pensando que eu gostaria de acariciá-lo um pouco. Era um Dunhill — comprado em Barcelona, creio eu, porque há uma abundância de Dunhills & outros isqueiros, mas uma escassez de espírito para eles. Kopp, o comandante de Eric, ansiava por molho Worcester Lea & Perrins. Descobri isso por acidente & encontrei alguns em Barcelona — eles também têm picles Crosse & Blackwell, mas a boa marmelada inglesa acabou, embora os preços dessas coisas sejam fantásticos.

Depois de ver George, estou bastante confiante de que estaremos em casa antes do inverno — possivelmente muito mais cedo, é claro. Você pode escrever outra carta para a tia[85] em algum momento. Eu *nunca* tive notícias dela, nem Eric,[86] o que me preocupa bastante. Acho que ela pode estar muito triste por viver em Wallington. A propósito, George está sendo positivamente insistente sobre o fogão a gás — ele queria que eu escrevesse & o encomendasse de imediato, mas ainda acho que será melhor esperar até um pouco antes do nosso regresso, principalmente porque eu ainda não tive notícias de Moore sobre o adiantamento do livro.[87] O que me lembra que as resenhas são melhores do que eu esperava, e que as interessantes ainda não saíram.

Tomei um banho ontem à noite — uma grande emoção. E tive três jantares soberbos seguidos. Não sei se vou sentir falta dessa vida de cafés. Tomo café cerca de três vezes por dia & bebidas com mais frequência, embora teoricamente coma numa pensão um tanto sombria pelo menos seis vezes por semana, sou levada a um de cerca de quatro lugares onde a comida é realmente muito

---

[85] A tia de Orwell Nellie Limouzin, então morando em The Stores, Wallington, o chalé dos Orwell.
[86] Eileen deve estar se referindo ao marido aqui.
[87] *O caminho para Wigan Pier*.

boa por qualquer padrão, embora limitado, é claro. Toda noite quero ir para casa cedo & escrever cartas ou algo assim & toda noite chego em casa na manhã seguinte. Os cafés ficam abertos até uma e meia da manhã & se começa num café pós-jantar, por volta das dez. Mas o xerez é imbebível — & eu pretendia trazer para casa alguns pequenos barris dele!

Dê um beijo em Maud[88] & lhe diga que vou escrever em algum momento. E a todos os outros mando abraços, mas não vou escrever para eles. (Esta carta é para os três O'Shaughnessey,[89] que são "vocês", não "eles".) É uma carta sem graça de novo, creio eu. Farei justiça a esta vida em conversa — ou assim espero.

Muito amor
Eileen

Para Eileen Blair*

[5? de abril de 1937]
[Hospital, Monflorite]

Querida,

Você é realmente uma mulher maravilhosa. Quando eu vi os charutos, meu coração se derreteu. Eles vão resolver todos os problemas de fumo por um longo tempo. McNair* me diz que está tudo bem com o dinheiro, que você pode pedir emprestado & depois pagar quando B[ob] E[dwards] trouxer algumas pesetas, mas não vá cair na miséria e, acima de tudo, não deixe faltar comida, fumo etc. Odeio saber que você está resfriada & se sente abatida. Também não deixe que façam você trabalhar demais, & não se preocupe comigo, pois estou muito melhor & espero voltar para as

---

88 Possivelmente, uma tia de Eileen cujo segundo nome era Maud.
89 A mãe de Eileen, seu irmão "Eric" e sua mulher, Gwen.

linhas amanhã ou no dia seguinte. Felizmente o envenenamento em minha mão não se espalhou & agora ela está quase boa, embora, naturalmente, a ferida ainda esteja aberta. Posso usá-la muito bem & pretendo fazer a barba hoje, pela primeira vez em cerca de cinco dias. O clima está muito melhor, uma verdadeira primavera na maior parte do tempo, a aparência da terra me faz pensar em nosso jardim & me perguntar se os goiveiros estão florindo & se o velho Hatchett[90] está semeando as batatas. Sim, a resenha de Pollitt[91] foi muito ruim, embora evidentemente boa como publicidade. Suponho que ele deve ter ouvido falar que estou servindo na milícia do POUM. Não presto muita atenção nas resenhas[92] do *Sunday Times*, pois como G[ollancz] anuncia muito lá, eles não se atrevem a falar mal dos livros dele, mas o *Observer* foi uma melhoria em relação à última vez. Eu disse a McNair que quando estiver de licença farei um artigo para o *New Leader*, como eles queriam, mas vai ser uma tal queda depois do artigo de B. E que não espero que o publiquem. Receio que não adianta muito esperar sair antes de mais ou menos 20 de abril. Isso é muito chato no meu caso, pois está acontecendo porque troquei de unidade — muitos homens que vieram para o front comigo estão saindo agora de licença. Se eles sugerissem que eu deveria sair de licença mais cedo, não

---

90 O velho Hatchett era um vizinho de Wallington que muitas vezes ajudava Orwell em seu jardim.
91 Harry Pollitt (1890-1960), um caldeireiro de Lancashire e membro fundador do Partido Comunista da Grã-Bretanha em 1920, tornou-se seu secretário-geral em 1929. Com Rajani Palme Dutt (1896-1974, expulso de Oxford em 1917 por disseminar propaganda marxista; membro do Comitê Executivo do Partido Comunista e entre 1936-8 editor do *Daily Worker*), liderou o partido até sua morte. Foi, no entanto, retirado da liderança no outono de 1939, até a invasão alemã da Rússia em julho de 1941, por sua defesa temporária de uma guerra da democracia contra o fascismo. Sua resenha de *O caminho para Wigan Pier* foi publicada no *Daily Worker* de 17 de março de 1937.
92 *O caminho para Wigan Pier* foi resenhado por Edward Shanks no *Sunday Times* e por Hugh Massingham no *The Observer*, 14 de março de 1937.

acho que eu diria não, mas não é provável que façam isso & não vou pressioná-los. Existem também algumas indicações — não sei quanto se pode confiar nelas — de que eles esperam uma ação por aqui, e não sairei de licença justamente antes que isso aconteça, se puder ajudá-los. Todos foram muito bons comigo enquanto estive no hospital, visitando-me todos os dias etc. Acho que agora que o tempo está melhorando, posso ficar um mês fora sem ficar doente, & então que descanso teremos, & iremos pescar também, se for possível.

Enquanto escrevo esta, Michael, Parker e Buttonshaw[93] acabaram de chegar, você deveria ter visto a cara deles quando viram a margarina. Quanto às fotos, é claro que existem muitas pessoas que querem cópias & escrevi os números desejados no verso, talvez você possa obter reproduções. Suponho que não custam muito caro — eu não gostaria de desapontar os metralhadores espanhóis etc. É claro que algumas fotos foram uma bagunça. A que tem Buttonshaw olhando muito desfocado no primeiro plano é a foto de uma explosão de granada, que você pode ver um pouco fraca, à esquerda, logo depois da casa.

Terei de parar daqui a pouco, já que não estou certo de quando McNair vai voltar & quero estar com esta carta pronta para ele. Muitíssimo obrigado por ter enviado as coisas, querida, mantenha-se bem e feliz.[94] Eu disse a McNair que teria uma conversa com ele sobre a situação quando eu sair de folga, & você pode, em

---

93 Michael Wilton (inglês), também chamado de Milton, Buck Parker (sul-africano) e Buttonshaw (americano) eram membros da unidade de Orwell. Douglas Moyle, outro membro, contou a Ian Angus, em 18 de fevereiro de 1970, que Buttonshaw tinha muita simpatia pela esquerda europeia e considerava Orwell "o inglês típico — alto, bem-comportado, bem-educado e bem falante".
94 Orwell não teria percebido a ironia em seu uso de "feliz". Sir Richard Rees escreveu em *For Love or Money* [Por amor ou por dinheiro] (1960), p. 153, sobre a tensão da experiência de Eileen em Barcelona: "Em Eileen Blair eu havia visto pela primeira vez os sintomas de um ser humano vivendo sob um terror político".

algum momento oportuno, dizer algo a ele sobre a minha vontade de ir para Madri etc. Adeus, amor. Escreverei novamente em breve.

    Com todo o meu amor
Eric

Eileen Blair* para o dr. Laurence ("Eric") O'Shaughnessy*

1º de maio de 1937
10 Rambla de los Estudios,
Barcelona

Caro Eric,

Você tem uma vida difícil. Pretendo escrever à mamãe contando as notícias, mas há algumas questões de negócios. Agora que penso nelas, estão indissoluvelmente ligadas às notícias, então mamãe deve compartilhar esta carta.

George está aqui de licença. Ele chegou completamente esfarrapado, quase descalço, um pouco piolhento, marrom-escuro, com uma aparência realmente muito boa. Doze horas antes, estivera em trens consumindo anis, moscatel em garrafas de anis, sardinha e chocolate. Em Barcelona, a comida é abundante no momento, mas não há nada simples. Portanto, não é surpreendente que ele tenha deixado de estar bem. Agora, depois de dois dias na cama, está realmente curado, mas ainda é preciso persuadi-lo a ter um "dia quieto". Este é o dia para ter em 1º de maio. Pediram que eles se apresentassem no quartel, mas ele não está suficientemente bem & já pediu seus papéis de dispensa, então não tinha de ir. O restante do contingente nunca pensou em ir. Quando a dispensa sair, ele provavelmente irá se juntar à Brigada

Internacional.[95] É claro que nós — talvez eu em particular — somos politicamente suspeitos, mas contamos toda a verdade ao homem da B. I. aqui & ele ficou tão abalado que praticamente me ofereceu empregos executivos ao final de meia hora, & imagino que vão aceitar George. É claro que deverei deixar Barcelona, mas eu teria que fazer isso de qualquer modo, pois ficar seria inútil. Madri está provavelmente fechada para mim, isso significa Valência no momento, com Madrid & Albacete em vista, mas à longa distância. Entrar para a B. I. com a história de George é estranho, mas é o que ele achava que estava fazendo & é a única maneira de chegar a Madri. Então é assim. Disso surge mais uma crise de dinheiro, porque quando eu deixar Barcelona deixarei todos os meus vínculos — meu endereço & até mesmo meu crédito no banco, & talvez demore um pouco para ficar conectada de novo. Enquanto isso, gastamos imensas somas de dinheiro pela Espanha em novos equipamentos etc. Escrevi para você sobre envio de dinheiro através de bancos — isto é, seu banco compra pesetas com suas libras & instruí um banco em Barcelona para me pagar a quantidade de pesetas que você comprou. Se isso puder ser feito, faça (eu pensaria em cerca de mais duas mil pesetas), & peça ao banco para telegrafar. Ficarei aqui provavelmente por duas semanas, mas não tenho *certeza* para onde irei depois & quero, se possível, ter algum dinheiro na mão antes de sair. Se o negócio do banco não puder ser feito, francamente não sei o que fazer — isto

---

[95] A Brigada Internacional era composta de voluntários estrangeiros, principalmente comunistas, e desempenhou um papel importante na defesa de Madri. Seu quartel-general era em Albacete, onde ficava a prisão da Brigada. George Woodcock comentou que Orwell, "não teria sobrevivido por muito tempo à atenção dos comissários políticos de Marty se tivesse entrado para a Brigada Internacional. André Marty (1886-1956), um dos principais membros do Partido Comunista Francês, era conhecido como Le Boucher [Açougueiro] d'Albacete. Ele afirmava ter executado cerca de quinhentos brigadistas — e havia pouco menos de 60 mil estrangeiros na Brigada Internacional.

é, devo usar o crédito a 60 por libra esterlina antes de sair daqui & encontrar algum jeito de ganhar dinheiro através de meus novos amigos, quem quer que eles sejam (conheci o correspondente do *Times* em Valência).

O outro negócio é o chalé. Fiquei sabendo pela sra. Blair que a tia não está apenas cansando, mas cansada, & escrevi a ela sugerindo retirada, com todos os arranjos dispostos em tópicos. Você assume, por assim dizer. Se ela lhe mostrar a carta, isso pode alarmá-lo, mas vinte minutos serão suficientes para resolver a maioria dos problemas. Há várias coisas a pagar, mas são todas questões de xelins & a loja deve ter — deveria ter — algumas libras à mão. A loja será fechada. Eu disse que você pode comprar quaisquer perecíveis. É claro que não sugiro que você deve *pagar* por eles, exceto aos olhos da tia, mas ela nunca dará nada, então você pode despejar coisas duvidosas no carro & fazer o que bem entender com elas. Se mamãe estiver em Greenwich, ela talvez possa ir até lá *depois* que a tia sair & ver que não há nada que atraia *ratos*. Há uma chance de que Arthur Clinton,[96] que foi ferido, possa ir se recuperar no chalé. Ele é talvez o homem mais simpático do mundo & espero que possa usá-lo. Ele vai voltar para a Inglaterra incapacitado, inelegível para pensão & sem um tostão. Se ele quiser a casa, é claro que vai lhe perguntar sobre isso.

Vamos ficar lhe devendo dinheiro. Nós *temos* dinheiro no sentido da palavra, mas não me agrada muito enviar cheques se eles se perdem no correio.

Devo levar esta para o escritório agora — um dos contingentes está indo para casa amanhã & vai levá-la. Tenho em andamento uma carta imensa para a mãe, iniciada há duas ou três semanas, que chegará no devido tempo. Estou muito bem.

---

[96] Membro do contingente do ILP. Ele estava com Orwell no Sanatório Maurín. (Ver *Homenagem à Catalunha*, VI, p. 153.)

Sobre o pagamento do L. C. C., concordo plenamente que não deve haver pagamento por sessão — é um sistema corrompido.[97]

Beijos para Gwen. Por falar nisso, deduzo da correspondência que ela não virá. Se isso está errado & ela está vindo, é claro que vou esperar em Barcelona.

Da sua

Eileen.

Para informação do banco, meu nome é Eileen Maud Blair & o número de meu passaporte é 174234.

Eu realmente sinto muito por você, mas o que posso fazer?

Para Victor Gollancz*

9 de maio de 1937
Hotel Continental
Barcelona

Caro sr. Gollancz,

Não tive a oportunidade de escrever antes e lhe agradecer pela introdução que escreveu para *O caminho para Wigan Pier*, na verdade eu nem vi o livro, ou melhor, a edição do L[eft] B[ook] C[lub], até cerca de dez dias atrás, quando vim de licença, & desde então andei bastante ocupado. Passei minha primeira semana de licença um pouco doente, depois houveram° três ou quatro dias de combates de rua em que estivemos todos mais ou menos envolvidos, na verdade, era praticamente impossível ficar de fora deles. Gostei muito da introdução, embora, é claro, eu pudesse ter respondido a

---

[97] Eileen se opunha que o Conselho do Condado de Londres pagasse uma remuneração por sessão de trabalho em vez de uma remuneração anual. Se alguém era reservado para uma sessão, mas não era chamado, tinha reservado tempo sem nenhuma recompensa financeira.

algumas das críticas que você fez. Era o tipo de discussão sobre o que a gente está realmente falando que a gente sempre quer e parece nunca obter dos resenhistas profissionais. Mandaram-me um monte de resenhas, algumas muito hostis, mas eu deveria pensar que são na maior parte boas do ponto de vista da publicidade. Também um grande número de cartas de leitores.

Voltarei para o front provavelmente daqui a poucos dias e, sem contar acidentes, espero estar lá até por volta de agosto. Depois, acho que voltarei para casa, pois estará na hora de começar outro livro. Espero muito sair desta com vida, nem que seja apenas para escrever um livro sobre isso. Não é fácil aqui descobrir os fatos fora do círculo de sua própria experiência, mas com essa limitação tenho visto muita coisa que é de enorme interesse para mim. Devido em parte a um acidente, entrei para a milícia do P. O. U. M., em vez de na Brigada Internacional, o que de certo modo foi uma pena, porque isso significou que nunca vi o front de Madri; por outro lado, colocou-me em contato com espanhóis, em vez de ingleses, e em especial com revolucionários genuínos. Espero ter a chance de escrever a verdade sobre o que vi. O que sai nos jornais ingleses é em grande medida a mais estarrecedora das mentiras — mais não posso dizer devido à censura. Se eu puder voltar em agosto, espero ter um livro pronto para você por volta do início do próximo ano.

Atenciosamente,
Eric A. Blair

Orwell levou um tiro no pescoço de um atirador de tocaia às cinco da manhã de 20 de maio de 1937. Ele trata do incidente em Homenagem à Catalunha, *VI, pp. 137-9. Eileen enviou um telegrama de Barcelona na tarde de 24 de maio de 1937 aos pais de Orwell em Southwold. Dizia: "Eric levemente ferido excelente progresso manda amor nenhuma necessidade de ansiedade Eileen". O telegrama chegou a Southwold logo após* as duas da tarde. O comandante de Orwell, George Kopp,* escreveu um relatório sobre a situação dele em 31 de maio e 1º de junho de 1937. Quando esse relatório se perdeu, Kopp escreveu outro, para o dr. Laurence O'Shaughnessy, cunhado de Orwell, datado de "Barcelona, 10 de junho de 1937". Ele difere ligeiramente da versão dada em Orwell Remembered, pp. 158-61. Kopp ilustrou seu relato com um desenho da trajetória da bala através da garganta de Orwell:

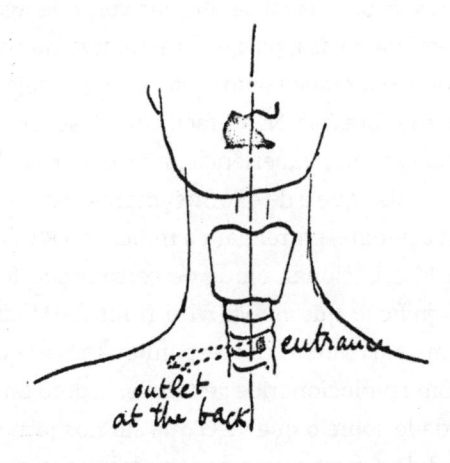

Bert Govaerts, que revelou detalhes da vida de Kopp, sugere que isso mostra sua formação em desenho de engenharia. (Ver XI, 369, pp. 23-6.)

Para Serguei Dinamov*, editor, International Literature, Moscou

O professor Arlen Blyum, da Academia da Cultura de São Petersburgo, em "An English Writer in the Land of the Bolshevik" [Um escritor inglês na terra dos bolcheviques] (The Library, dezembro de 2003), registra a fascinante troca de cartas entre Dinamov e Orwell. International Literature tinha uma margem de manobra considerável e apresentou escritores como John Steinbeck, Ernest Hemingway, Thomas Mann e John Dos Passos aos seus leitores, criando assim "uma imagem favorável da

Terra dos Sovietes". O editor escreveu a Orwell em 31 de maio de 1937 dizendo que havia lido resenhas de O caminho para Wigan Pier e pedia um exemplar para que pudesse ser apresentado aos leitores da revista. Esta é a resposta de Orwell, encontrada no Arquivo do Estado Russo de Literatura e Arte.

2 de julho de 1937
The Stores
Wallington

Caro camarada,

Lamento não ter respondido antes a sua carta datada de 31 de maio, mas acabei de voltar da Espanha e minhas cartas foram guardadas para mim aqui, por muita sorte, pois caso contrário algumas delas poderiam ter se perdido. Estou enviando em separado um exemplar de *O caminho para Wigan Pier*. Espero que partes dele possam interessá-lo. Devo lhe dizer que trechos da segunda metade tratam de temas que podem parecer triviais fora da Inglaterra. Eu estava preocupado com eles no momento da escrita, mas minhas experiências na Espanha me fizeram reconsiderar muitas de minhas opiniões.

Ainda não me recuperei completamente do ferimento que sofri na Espanha, mas quando estiver disposto a escrever de novo vou tentar escrever algo para você, como sugeriu em sua carta anterior. Porém, gostaria de ser franco com você e, portanto, devo dizer-lhe que na Espanha servi na milícia do POUM, que, como você sem dúvida sabe, foi duramente denunciado pelo Partido Comunista e foi recentemente proibido pelo governo; também que, após o que vi, estou mais de acordo com a política do POUM do que com o Partido Comunista. Digo-lhe isso porque pode ser que sua revista não queira ter contribuições de um membro do POUM,[98] e eu não quero me apresentar a você sob falsos pretextos.

O endereço indicado acima é o meu permanente.

Fraternalmente,

George Orwell

Para Rayner Heppenstall*

31 de julho de 1937
The Stores
Wallington

Caro Rayner,

Muito obrigado por sua carta. Fiquei contente por ter notícias suas. Espero que Margaret[99] esteja melhor. Parece terrível, mas pelo que você diz deduzo que ela de qualquer maneira está de pé.

Passamos um período interessante, mas totalmente sangrento na Espanha. Claro que eu nunca teria permitido que Eileen fosse, nem, provavelmente, eu mesmo não teria ido se tivesse previsto os acontecimentos políticos, em especial a supressão do POUM, partido em cuja milícia eu estava servindo. Era um negócio esquisito. Começamos por ser defensores heroicos da democracia e acabamos fugindo pela fronteira, com a polícia ofegante em nossos calcanhares.[100] Eileen foi maravilhosa, na verdade, parecia gostar da coi-

---

[98] A revista respondeu que a associação de Orwell com o POUM garantia que *International Literature* não poderia "ter nenhuma relação" com ele (XI, 362, p. 12).

[99] A sra. Rayner Heppenstall.

[100] Em *Homenagem à Catalunha*, Orwell narra como seu quarto de hotel foi revistado por seis policiais à paisana, que levaram "cada pedaço de papel que tínhamos", exceto, felizmente, seus passaportes e o talão de cheques. Ele ficou sabendo mais tarde que a polícia tinha apreendido alguns de seus pertences, inclusive uma trouxa de lençóis sujos, do Sanatório Maurín (ver VI, p. 164). Mais de cinquenta anos depois, Karen Hatherley descobriu um documento no Arquivo Histórico Nacional, em Madri, que confirmou exatamente isso (XI, 374A, pp. 30-7).

sa. Mas, embora nos tenhamos saído bem, quase todos os nossos amigos e conhecidos estão na prisão e é provável que fiquem por lá indefinidamente, sem nenhuma acusação real, exceto a suspeita de "trotskismo". As coisas mais terríveis estavam acontecendo quando parti, prisões por atacado, homens feridos arrastados para fora de hospitais e jogados na prisão, pessoas amontoadas em tocas imundas onde não tinham espaço para se deitar, presos espancados e meio famintos etc. etc. Entretanto, é impossível ter uma palavra sobre isso mencionada na imprensa inglesa, com exceção de publicações do ILP, que é afiliado ao POUM. Tive uma experiência muito divertida no *New Statesman* sobre isso. Logo que saí da Espanha, telefonei da França perguntando se eles gostariam de um artigo e, é claro, eles disseram que sim, mas quando viram que meu artigo era sobre a proibição do POUM disseram que não poderiam publicá-lo. Para dourar a pílula, me pediram que resenhasse um livro muito bom que saíra recentemente, *The Spanish Cockpit*,[101] que abre o jogo muito bem sobre o que vem acontecendo. Mas mais uma vez, quando viram minha resenha, não puderam publicá-la porque era "contra a política editorial", mas se ofereceram para pagar a resenha mesmo assim — praticamente um suborno. Também estou tendo que mudar de editora, ao menos para este livro.[102] Gollancz faz evidentemente parte da rede comunista, e tão logo soube que estive associado com o POUM e os anarquistas e vi por dentro os tumultos de maio em Barcelona, ele disse que não

---

[101] A resenha de Orwell de *The Spanish Cockpit* [A arena espanhola], de Franz Borkenau, está em XI, 379, pp. 51-2. Ao resenhar *The Communist International*, do mesmo autor, em 1938, ele escreveu que ainda achava que o anterior era "o melhor livro sobre o assunto". O dr. Borkenau (1900-57) era um sociólogo e escritor político austríaco. De 1921 a 1929, foi membro do Partido Comunista Alemão. Emigrou para a Grã-Bretanha em 1933, quando os nazistas chegaram ao poder. Orwell admirava muito o autor e sua obra.
[102] *Homenagem à Catalunha.*

achava que poderia publicar meu livro, embora nenhuma palavra dele tenha sido escrita até agora. Acho que ele deve ter muito astutamente previsto que algo do tipo aconteceria, pois quando fui para a Espanha ele elaborou um contrato em que se comprometia a publicar minha ficção, mas não outros livros. No entanto, tenho duas outras editoras no meu rastro e acho que meu agente está sendo inteligente e os fez dar lances um contra o outro. Comecei meu livro, mas evidentemente estou sem ritmo no momento.

Meu ferimento não foi grande, mas foi um milagre que não tenha me matado. A bala atravessou meu pescoço, mas não acertou em nada, exceto uma corda vocal, ou melhor, o nervo que a governa, que está paralisado. No começo fiquei totalmente sem voz, mas agora a outra corda vocal está compensando, e a danificada pode ou não se recuperar. Minha voz está praticamente normal, mas não consigo gritar nem um pouco. Também não posso cantar, mas as pessoas me dizem que isso não importa. Estou de certa forma contente de ter sido atingido por uma bala, porque acho que isso vai acontecer com todos nós num futuro próximo e estou contente por saber que não dói falar disso. O que vi na Espanha não me tornou cínico, mas me faz pensar que o futuro é bastante sombrio. É evidente que as pessoas podem ser enganadas pelo material antifascista exatamente como foram enganadas pela pequena coisa galante da Bélgica, e quando a guerra chegar elas irão direto para ela. No entanto, não concordo com a atitude pacifista, como creio que você acredita. Ainda acho que é preciso lutar pelo socialismo e contra o fascismo, quer dizer, lutar fisicamente com armas, só que é preciso descobrir quem é quem. Quero encontrar Holdaway[103] e ver o que ele pensa sobre a coisa espanhola. Ele é o único comunista mais ou menos ortodoxo que conheço que eu po-

---

103 N. A. Holdaway era mestre-escola e teórico marxista, membro do Partido Socialista Independente, colaborador de *The Adelphi* e diretor do Centro Adelphi.

deria respeitar. Ficarei enojado se descobrir que ele repete a mesma defesa da democracia e da coisa trotskifascista como os outros.

Gostaria muito de vê-lo, mas sinceramente não acho que irei a Londres por algum tempo, a menos que seja absolutamente obrigado a ir para tratar de negócios. Estou apenas engatinhando com meu livro, que quero terminar até o Natal, e também estou muito ocupado tentando deixar o jardim etc. em forma depois de ter estado longe por tanto tempo. De qualquer maneira, mantenha-se em contato e me diga o seu endereço. Não posso entrar em contato com Rees*. Ele estava no front de Madri e não havia praticamente nenhuma comunicação. Fiquei sabendo de Murry,* que parecia deprimido com alguma coisa. *Au revoir.*

Do seu
Eric

Para Charles Doran*

2 de agosto de 1937
The Stores
Wallington

Caro Doran,

Não sei seu endereço, mas espero que o saibam na escola de verão do ILP, para onde estou indo na quinta-feira. Estive lá também ontem, para ouvir John McNair* falar.

Fiquei muito aliviado quando vi o jovem Jock Branthwaite,[104]

---

[104] Jock Branthwaite (morto em 1997) era filho de um mineiro. Serviu com Orwell na Espanha. Ele se lembrava da chegada ao front de exemplares de *O caminho para Wigan Pier* e declarou que o livro não ofendia sua sensibilidade de trabalhador. Disse a Stephen Wadhams que Orwell não era um esnobe: "Eu o achava um homem maravilhoso". Saiu da Espanha no último barco de refugiados de Barcelona para Marselha. Ver *Remembering Orwell*, pp. 83-4, 93, 99.

que andou ficando conosco, e soube que todos os que assim desejaram tinham saído a salvo da Espanha. Fui para o front em 15 de junho a fim de obter minha alta médica, mas não consegui chegar até a linha para vê-lo porque eles ficaram me mandando de hospital em hospital. Voltei a Barcelona para descobrir que o POUM havia sido suprimido em minha ausência, e esconderam essa notícia tão bem das tropas que em 20 de junho até a linha de Lérida não havia uma alma que tivesse ouvido falar disso, embora a repressão tivesse acontecido nos dias 16 e 17. O primeiro indício para mim foi ao entrar no Hotel Continental e ver Eileen e um francês chamado Pivert,[105] que foi um amigo muito bom para todos durante a confusão, correrem para mim, me pegarem pelos braços e me dizerem para cair fora. Kopp* havia sido preso recentemente no Continental porque o pessoal telefonou para a polícia e o entregou. MacNair, Cottman* e eu tivemos que passar vários dias em fuga, dormindo em igrejas em ruínas etc., mas Eileen ficou no hotel e, afora ter seu quarto revistado e todos os meus documentos apreendidos, não foi molestada, possivelmente porque a polícia a estava usando como chamariz para MacNair e eu. Escapamos rapidamente na manhã do dia 23 e cruzamos a fronteira sem muita dificuldade. Felizmente, havia uma primeira classe e um vagão-restaurante no trem, e fizemos o máximo para parecer turistas ingleses comuns, que era a coisa mais segura a fazer. Em Barcelona, estava-se razoavelmente seguro durante o dia, e Eileen e eu visitamos Kopp várias vezes no antro imundo, onde ele e dezenas de outros, inclusive Milton,[106] estavam presos. A polícia chegou mesmo a prender os homens fe-

---

105 Marceau Pivert era um colaborador de *Controversy*.
106 Harry Milton era o único americano da unidade de Orwell. Ele e Orwell estavam conversando quando Orwell levou o tiro na garganta (*Homenagem à Catalunha*, p. 138). Era trotskista e considerava Orwell "politicamente virginal" quando chegou à Espanha. Os dois passavam horas discutindo política. Orwell era "tão frio quanto um pepino" e "um indivíduo muito disciplinado" (ver *Remembering Orwell*, pp. 81, 85, 90).

ridos do POUM que estavam no Maurín [hospital], e vi dois homens na cadeia com pernas amputadas, além de um menino de uns dez anos. Há alguns dias, recebemos algumas cartas, datadas de 7 de julho, que Kopp havia conseguido enviar para fora da Espanha. Entre elas, estava uma carta de protesto ao chefe de polícia. Dizia que ele e todos os outros não só tinham estado presos por dezoito dias (muito mais agora, é claro), sem nenhum julgamento ou acusação, como estavam sendo confinados em locais onde mal havia espaço para se deitar, estavam meio mortos de fome e, em muitos casos, tinham sido espancados e insultados. Nós encaminhamos a carta para McNair, e acredito que, depois de discutir a questão, Maxton[107] conseguiu ver o embaixador espanhol e dizer-lhe que, se algo não fosse feito pelos prisioneiros estrangeiros, ele iria entornar o caldo no Parlamento. McNair também me diz que jornais franceses publicaram a notícia crível de que o corpo de Nin,[108] e acho que de outros líderes do POUM, foi encontrado com um tiro, em Madri. Suponho que será "suicídio", ou talvez apendicite de novo.[109]

Nesse meio-tempo, parece quase impossível conseguir publicar qualquer coisa sobre tudo isso... [*reações do* New Statesman *e de Gollancz*].

Fui até Bristol com alguns outros para participar de uma reunião de protesto sobre a expulsão de Stafford Cottman* da YCL[110] COM AS PALAVRAS "Nós o marcamos como inimigo da classe trabalhadora" e expressões similares. Desde então, ouvi dizer que a casa dos Cot-

---

[107] James Maxton (1885-1946), membro do Parlamento pelo Partido Trabalhista Independente, 1922-46; presidente do ILP, 1926-31, 1934-9.
[108] Andrés Nin (1892-1937), líder do POUM, havia sido secretário particular de Trótski em Moscou, mas rompeu com ele quando Trótski criticou o POUM. Foi assassinado pelos comunistas após o costumeiro interrogatório soviético em maio de 1937. Ver Thomas, p. 523.
[109] Referência a Bob Smillie, jogado na prisão em Valência, onde, de acordo com seus captores, morreu de apendicite. Ver *Homenagem à Catalunha*, p. 149.
[110] Liga da Juventude Comunista.

tman foi cercada por membros da YCL que tentam questionar todos que entram e saem. Que espetáculo! E pensar que começamos como heroicos defensores da democracia e apenas seis meses depois éramos trotskifascistas se esgueirando ao longo da fronteira, com a polícia em nossos calcanhares. Entretanto, ser um trotskifascista não parece nos ajudar com os pró-fascistas deste país. Esta tarde, Eileen e eu recebemos a visita do vigário, que não aprova de forma alguma termos estado do lado do governo. É claro que tivemos de admitir que era verdade o incêndio de igrejas, mas ele se animou muito ao saber que eram apenas igrejas católicas romanas.

Conte-me como você vai. Eileen manda lembranças.

Do seu

Eric Blair

P. S.: [manuscrito] Esqueci de dizer que quando eu estava em Barcelona eu queria muito escrever para todos vocês e avisá-los, mas não ousei, porque achei que uma carta desse tipo iria atrair uma atenção indesejável para o homem ao qual ela se destinava.

Orwell e O caminho para Wigan Pier *sofreram ataques maldosos de comunistas e da imprensa de extrema esquerda. Ruth Dudley Edwards diz que Orwell foi "ridicularizado" por Harry Pollitt, líder do Partido Comunista da Grã-Bretanha, no* Daily Worker *de 17 de março de 1937 (Victor Gollancz, 1987, p. 248). Pollitt escreveu: "Eis George Orwell, um rapaz de classe média desiludido que, olhando através do imperialismo, decidiu descobrir o que o socialismo tinha a oferecer [...] um policial imperialista tardio. [...] Se esnobismo já teve um selo de autenticidade, foi o sr. Orwell que lhe deu. [...] Concluo que as principais coisas que preocupam o sr. Orwell é o 'cheiro' da classe operária, pois cheiros parecem ocupar a maior parte do livro. [...] De uma coisa estou certo, e é disto: se o sr. Orwell pudesse ouvir o que os círculos do Left Book Club* vão dizer sobre este livro, então ele tomaria a resolução de nunca mais voltar a escrever sobre qualquer assunto de que não entende". Os ataques a Orwell continuaram durante o verão e, por fim, Orwell procurou a ajuda de Gollancz.

Para Victor Gollancz*

20 de agosto de 1937
The Stores
Wallington

Prezado sr. Gollancz,

Não espero que o senhor tenha visto o recorte anexo, pois não se refere a nada meu que tenha publicado.

Esta (ver palavras sublinhadas) é — creio eu — a terceira referência no *Daily Worker* à minha suposta afirmação de que as classes trabalhadoras "cheiram mal". Como o senhor sabe, eu nunca disse nada desse tipo e, na verdade, disse especificamente o contrário. O que eu disse no Capítulo VIII de *Wigan Pier*, como talvez se lembre, é que as pessoas de classe média são levadas a *acreditar* que as classes operárias "cheiram mal", o que é simplesmente uma questão de fato observável. Várias das cartas que recebi de leitores do livro se referiram ao fato e me felicitaram por apontá-lo. A declaração ou insinuação de que acho que os trabalhadores "fedem" é uma mentira deliberada destinada a pessoas que não leram este ou qualquer outro dos meus livros, a fim de lhes dar a ideia de que sou um esnobe vulgar e, assim, atingir indiretamente os partidos políticos aos quais estive associado. Estes ataques no *Worker* só começaram depois que o Partido Comunista ficou sabendo que eu estava servindo na milícia do POUM.

Não tenho nenhuma ligação com essas pessoas (a equipe do *Worker*) e nada que eu diga terá algum peso para eles, mas o senhor, naturalmente, está numa posição diferente. Sinto muito incomodá-lo sobre o que é mais ou menos uma questão pessoal minha, mas acho que talvez valha a pena o senhor intervir e parar com ataques desse tipo, que não vão, está claro, fazer bem para os meus livros que o senhor publicou ou que possa publicar no futuro. Se, portanto, a qualquer momento acontecer de o senhor estar em contato com alguém em posição de autoridade sobre o pessoal do *Worker*, eu ficaria muitíssimo grato se pudesse lhes dizer duas coisas:

1. Que se eles repetirem essa mentira de que eu disse que a classe operária "cheira mal", publicarei uma resposta com as citações necessárias, e nela vou incluir o que John Strachey[111] me disse sobre o assunto pouco antes de partir para a Espanha (por volta de 20 de dezembro). Strachey, sem dúvida, se lembrará das palavras, e não creio que o PC gostaria de vê-las impressas.

2. Este é um assunto mais sério. Está em andamento uma campanha de difamação organizada contra pessoas que serviram no POUM, na Espanha. Um camarada meu, um garoto de dezoito anos que conheci na linha de fogo,[112] foi recentemente não só expulso de sua seção da Juventude Comunista devido à sua associação com o POUM, o que talvez fosse justificável, na medida em que as posições políticas do POUM e do PC são bastante incompatíveis, mas também foi descrito em uma carta como "a soldo de Franco". Esta última declaração é uma questão completamente diferente. Eu não sei se é difamatório dentro do contexto, mas estou obtendo parecer de advogados, pois, evidentemente, a mesma coisa (isto é, que estou a serviço dos fascistas) poderá ser dita a meu res-

---

111 John Strachey (1901-63), teórico político, membro do Parlamento pelo Partido Trabalhista, 1929-31, depois concorreu sem sucesso ao Parlamento pelo Partido Novo de Oswald Mosley (de inclinação fascista), a seguir apoiou o comunismo. Foi ministro dos Alimentos, 1945-50, e secretário de Estado da Guerra, 1950-1.
112 Stafford Cottman.*

peito. Mais uma vez, o senhor talvez possa, se falar com alguém em posição de autoridade, dizer-lhes que, caso alguma coisa processável seja dita contra mim, não hesitarei em entrar com uma ação por difamação imediatamente. Odeio assumir essa atitude ameaçadora, e odiarei ainda mais me envolver em um litígio, especialmente contra membros de outro partido da classe operária, mas acho que temos o direito de nos defender contra esses ataques pessoais malignos que, mesmo que o pc tenha toda a razão e o poum e o I. L. P. estejam totalmente errados, não podem, a longo prazo, fazer nenhum bem para a causa da classe trabalhadora. O senhor vê aqui (segundo trecho sublinhado) a sugestão implícita de que eu não "fiz a minha parte" na luta contra os fascistas. Daí, é apenas um pequeno passo para me chamar de covarde, negligente etc., e não duvido que essa gente faria isso se achasse que é seguro.

Lamento muitíssimo jogar esse tipo de coisa sobre o senhor, e compreenderei e não ficarei de modo algum ofendido se achar que não pode fazer nada a respeito.[113] Mas me aventurei a abordá-lo porque o senhor é meu editor e pode, talvez, achar que o seu bom nome está, em certa medida, envolvido com o meu.

Atenciosamente
Eric Blair

---

[113] Gollancz disse a Orwell que estava encaminhando sua carta "para as esferas apropriadas". Tratava-se da sede do Partido Comunista em King Street, Londres. Para Pollitt, ele escreveu: "Meu caro Harry, você deve ver esta carta de Orwell. Eu a li para John [Strachey] pelo telefone e ele me garante que tem certeza de que não disse nada indiscreto". Não se sabe o que Strachey disse. Porém, os ataques realmente cessaram naquele momento.

Para Geoffrey Gorer*

15 de setembro de 1937
The Stores
Wallington

Caro Geoffrey,
Muito obrigado por sua carta. Estou contente por você estar se divertindo na Dinamarca, embora, devo admitir, seja um dos poucos países que eu nunca quis visitar. Telefonei-lhe quando estive na cidade, mas é claro que você não estava lá. Vi que você vai chegar por volta do dia 24. Estaremos aqui até 10 de outubro, depois iremos a Suffolk para ficar na casa dos meus pais por algumas semanas. Mas, se você puder, a qualquer momento entre os dias 24 e 10, apenas nos mande um bilhete e depois venha ficar conosco. Sempre podemos acomodá-lo sem dificuldade.

O que você diz sobre não deixar os fascistas entrarem por causa de dissensões entre nós é uma grande verdade, desde que se tenha clareza sobre o que se entende por fascismo, também quem ou o que é que está tornando a unidade impossível. É claro que toda a coisa da Frente Popular que agora está sendo defendida pelo partido e pela imprensa comunista, Gollancz e seus escrevinhadores pagos etc. etc., apenas se resume a dizer que eles são a favor do fascismo britânico (potencial), em contraposição ao fascismo alemão. O objetivo deles é fazer uma aliança do imperialismo capitalista britânico com a URSS e daí para uma guerra com a Alemanha. Claro, eles fingem piamente que não querem a guerra por vir e que uma aliança franco-anglo-russa pode evitá-la dentro do antigo sistema de equilíbrio das potências. Mas sabemos a que o negócio do equilíbrio das potências levou da última vez, e de qualquer maneira está claro que as nações estão se armando com a intenção de lutar. A conversa fiada da Frente Popular se resume a isto: que quando a guerra chegar, os comunistas, trabalhistas etc., em vez de trabalharem para impedir a guerra e derrubar o governo, estarão do lado do governo, desde que o governo esteja do lado "certo", isto é, contra a Alemanha. Mas qualquer um com um pouco de imaginação pode prever que o fascismo, claro que não chamado de fascismo, nos será imposto tão logo a guerra começar. Assim, você terá fascismo com os comunistas participando dele e, se estivermos aliados com a URSS, tendo um papel de liderança nele. Foi isso que aconteceu na Espanha. Depois do que vi na Espanha, cheguei à conclusão de que é inútil ser "antifascista" ao mesmo tempo que se tenta preservar o capitalismo. O fascismo, afinal, é apenas um desenvolvimento do capitalismo, e a mais branda da assim chamada democracia é suscetível de se transformar em fascismo quando o aperto vem. Gostamos de pensar que a Inglaterra é um país democrático, mas nosso domínio na Índia, por exemplo, é tão ruim quanto o fascismo alemão, embora exteriormente possa ser menos irritante. Não vejo como alguém pode se opor ao fascismo, exceto trabalhando para derrubar o capitalismo, a começar, é claro, em seu próprio país. Se colaboramos com um governo capitalista-imperialista na luta "contra o fascismo", ou seja, contra um imperialismo rival, estamos simplesmente deixando o fascismo entrar pela porta dos fundos. Toda a luta na Espanha, do lado do governo, girou em torno disso. Os partidos revolucionários, os anarquistas, o POUM etc. queriam completar a revolução, os outros queriam combater os fascistas, em nome da "democracia", e, é óbvio, quando se sentiram suficientemente seguros de sua posição e enganaram os trabalhadores a entregar as armas, reintroduziram o capitalismo. O traço grotesco, que pouquíssimas pessoas fora da Espanha já compreenderam, foi que os comunistas estavam mais à direita de todos, e estavam ainda mais ansiosos do que os liberais para caçar os revolucionários e esmagar todas as ideias revolucionárias. Por exemplo, eles conseguiram desmantelar as milícias dos trabalhadores, que tinham por base os sindicatos e em que todos os postos recebiam o mesmo salário e estavam em base de igualdade, e substituir por um exército burguês, onde um coronel recebe oito vezes mais do que um soldado etc. Todas essas mudanças, evidentemente, são feitas em nome da necessidade militar e apoiadas pela rede "trotskista", que consiste em dizer que quem professa princípios revolucionários é trotskista e está a soldo dos fascistas. A imprensa espanhola comunista declarou, por exemplo, que Maxton está a soldo da Gestapo. A razão pela qual tão poucas pessoas entendem o que aconteceu na Espanha é o domínio comunista da imprensa. Além da própria imprensa, eles têm toda a imprensa capitalista antifascista (jornais como o *News Chronicle*) do lado deles, porque ela percebeu que o comunismo oficial é agora antirrevolucionário. O resultado é que eles conseguiram impingir uma quantidade sem precedentes de mentiras e é quase impossível fazer com que alguém publique alguma coisa em contrário. Os relatos dos tumultos de maio em Barcelona, em que tive a infelicidade de estar envolvido, batem tudo o que já vi em termos de mentira. Aliás, o *Daily Worker* vem me perseguindo pessoalmente com as calúnias mais imundas, chamando-me de pró-fascista etc., mas pedi a Gollancz para silenciá-los, o que ele fez, sem muito boa vontade, imagino. Estranhamente, ainda estou contratado para escrever uma série de livros para ele, mas ele se recusou a publicar o livro que estou fazendo sobre a Espanha, antes mesmo de que uma única palavra dele fosse escrita.

    Gostaria muito de conhecer Edith Sitwell,[114] em algum momento em que eu esteja na cidade. Surpreendeu-me muito saber que

---

114 Edith Sitwell (1887-1964; DBE, 1954), poeta e personalidade literária. Seu primeiro livro de poemas foi publicado às próprias custas, em 1915, e ela continuou escrevendo durante toda a vida. Obteve reconhecimento duradouro e generalizado com *Façade*, que foi lido numa versão para concerto, com música de William Walton, em janeiro de 1922. Ela incentivou muitos jovens artistas e se interessou bastante pela obra de Orwell. Seu *Alexander Pope* foi publicado em 1930.

ela ouviu falar de mim e gostou de meus livros. Não sei por que nunca liguei muito para os poemas dela, mas gostei muito da sua biografia de Alexander Pope.

Tente vir aqui em algum momento. Espero que seus sapinhos[115] tenham desaparecido.

Do seu
Eric

Para H. N. Brailsford*

10 de dezembro de 1937
The Stores
Wallington

Prezado sr. Brailsford,

Não posso alegar exatamente que o conheço, embora acredite que o encontrei por um momento em Barcelona, e sei que conheceu minha esposa lá.

Venho tentando obter a verdade sobre certos aspectos da luta de maio em Barcelona. Vejo que no *New Statesman* de 22 de maio, o senhor afirma que os partidários do POUM atacaram o governo com tanques e canhões "roubados de arsenais do governo". Eu estava obviamente em Barcelona durante toda a luta e, embora não possa responder por tanques, sei tanto quanto alguém pode ter certeza sobre uma coisa assim que não havia canhões atirando em lugar nenhum. Em vários jornais aparece uma versão do que é, evidentemente, a mesma história, dizendo que o POUM estava usando sobre a Plaza de España uma bateria de canhões de 75 milímetros roubados. Sei que essa história é falsa por uma série de razões.

---

[115] Aqui, uma infecção na garganta.

Para começar, sei por testemunhas oculares que estavam no local que não havia canhões lá; em segundo lugar, examinei os edifícios que circundam a praça depois e não havia sinais de fogo de artilharia; em terceiro lugar, durante toda a luta não ouvi som de artilharia, que é inconfundível se alguém está acostumado com ele. Parece, portanto, que houve um erro. Gostaria de saber se o senhor poderia fazer a gentileza de me dizer qual foi a fonte da história sobre os canhões e tanques. Lamento incomodá-lo, mas quero esclarecer essa história, se puder.

Talvez eu deva lhe dizer que escrevo sob o pseudônimo de George Orwell.

Atenciosamente
Eric Blair

Para H. N. Brailsford*

18 de dezembro de 1937
The Stores
Wallington

Prezado sr. Brailsford,

Muito obrigado por sua carta.[116] Eu estava muito interessado em saber a fonte da história sobre os tanques e canhões. Não tenho nenhuma dúvida de que o embaixador russo falou de boa-fé e, pelo pouco que conheço, imagino muito provavelmente que era verdade, na forma em que ele lhe contou. Mas devido a circuns-

---

116 Brailsford respondeu em 17 de dezembro de 1937 (xi, 424, p. 119). Ele disse que obtivera as informações do cônsul-geral soviético, Vladímir Antónov-Ovsêienko (1884--1937), em Barcelona. Ele "desde então foi expurgado". Ele e sua esposa, Sofia, foram convocados de volta à URSS após os "eventos de maio" e presos em outubro de 1937 com a filha, Valentina (15 anos). Os pais foram fuzilados em 8 de fevereiro de 1938. Sobre a vida futura da filha, ver Orlando Figes, *The Whisperers* (2007; Penguin 2008), pp. 336-8.

tâncias especiais, incidentes desse tipo tendem a ser um pouco enganadores. Espero não aborrecê-lo se eu acrescentar mais uma ou duas observações sobre essa questão.

Como eu disse, é bem concebível que em um momento ou outro os canhões tenham sido roubados, pois, pelo que sei, embora nunca tenha testemunhado pessoalmente, havia uma grande quantidade de roubos de armas entre as milícias. Mas parece que as pessoas que não estavam efetivamente nas milícias não entenderam a situação das armas. Tanto quanto possível, evitavam que as armas chegassem ao POUM e às milícias anarquistas, e elas ficavam apenas com o mínimo que lhes permitia manter a linha, mas não efetuar nenhuma ação ofensiva. Na verdade, houve momentos em que os homens nas trincheiras não tinham rifles suficientes para fazer a ronda, e em nenhum momento, até que as milícias foram dispersadas, a artilharia teve permissão para chegar ao front de Aragão em qualquer quantidade. Quando os anarquistas fizeram seus ataques na estrada de Jaca em março-abril, tiveram de fazê-los com muito pouco apoio de artilharia e sofreram baixas terríveis. Naquela ocasião (março-abril), havia apenas doze de nossos aviões em operação em Huesca. Quando o Exército Popular atacou em junho, um homem que participou do ataque me disse que havia 160. Em particular, as armas russas foram mantidas longe do front de Aragão no momento em que eram entregues às forças policiais na retaguarda. Até abril, vi apenas uma arma russa, uma submetralhadora, que possivelmente havia sido roubada. Em abril, chegaram duas baterias de canhões russos de 75 mm — de novo, possivelmente roubados e possivelmente os canhões aos quais o embaixador russo se referiu. Quanto a pistolas e revólveres, muito necessários em uma guerra de trincheiras, o governo não emitiu licenças para que milicianos comuns e oficiais da milícia pudessem comprá-los, e só se podia comprá-los ilegalmente dos anarquistas. Nessas circunstâncias, a perspectiva que todos tinham era de que era preciso se apossar de armas por bem ou por mal, e todas as milícias as furtavam constantemente umas das outras. Lembro-me de um oficial me contando como ele e alguns outros tinham roubado um canhão de campanha de um parque de artilharia pertencente ao PSUC,[117] e naquelas circunstâncias, eu teria feito o mesmo, sem hesitação. Esse tipo de coisa sempre acontece em tempos de guerra, mas, juntando com as histórias de jornal no sentido de que o POUM era uma organização fascista disfarçada, foi fácil sugerir que eles roubaram as armas não para usá-las contra os fascistas, mas contra o governo. Devido ao controle comunista da imprensa, o comportamento semelhante de outras unidades foi mantido no escuro. Por exemplo, não há muita dúvida de que em março alguns partidários do PSUC roubaram doze tanques de um arsenal do governo por meio de uma ordem falsificada. *La Battalia*, o jornal do POUM, foi multado em cinco mil pesetas e proibido de circular por quatro dias por noticiar esse fato, mas o jornal anarquista *Solidaridad Obrera* pôde relatá-lo com impunidade. Quanto aos canhões, se roubados, tê-los mantidos em Barcelona parece-me imensamente improvável. Alguns homens do front certamente já teriam ouvido falar disso e teriam feito um barulho infernal se soubessem que as armas estavam guardadas, e duvido que fosse possível manter duas baterias de canhões escondidas mesmo numa cidade do tamanho de Barcelona. De qualquer modo, eles teriam vindo à luz depois, quando o POUM foi reprimido. Evidentemente, não sei o que havia em todas as fortalezas do POUM, mas estive nas três principais durante a luta em Barcelona e sei que tinham armas suficientes apenas para os guardas armados habituais que ficavam nos prédios. Eles não tinham metralhadoras, por exemplo. E acho que é certo que não houve fogo de artilharia durante a luta.

---

117 Partido Socialista Unificado da Catalunha (comunista).

Vejo que o senhor diz que os Amigos de Durruti[118] estavam mais ou menos sob controle do POUM, e John Langdon-Davies[119] diz algo parecido em sua reportagem no *News Chronicle*. Essa história só foi espalhada para rotular o POUM de "trotskista". Na realidade, os Amigos de Durruti, que era uma organização extremista, era fortemente hostil ao POUM (do ponto de vista deles, uma organização mais ou menos de direita) e, tanto quanto sei, ninguém era membro de ambos. A única conexão entre os dois é que, no momento da luta de maio, consta que o POUM divulgou sua aprovação de um cartaz incendiário afixado pelos Amigos de Durruti. Mais uma vez, há dúvidas a respeito — é certo que não houve nenhum cartaz, como descrito no *News Chronicle* e em outros lugares, mas pode ter havido um panfleto de algum tipo. É impossível descobrir, pois todos os registros foram destruídos e as autoridades espanholas não me permitiram mandar para fora da Espanha pastas até mesmo dos jornais do PSUC, muito menos dos outros. A única coisa certa é que os relatórios comunistas sobre a luta de maio, e mais ainda sobre a suposta conspiração fascista do POUM, são completamente inverídicos. O que me preocupa não é o fato de essas mentiras serem contadas, que é o que se espera em tempos de guerra, mas que a imprensa inglesa de esquerda se recuse a dar ouvidos ao

---

118 Os Amigos de Durruti era um grupo anarquista extremista dentro da Federación Anarquista Ibérica. (Ver *Homenagem à Catalunha*, pp. 219, 220 e 237, e Thomas, p. 656, nº 1.) Seu nome homenageava Buenaventura Durruti (1896-1936), que foi mortalmente ferido lutando em Madri e, depois, tornou-se um "guerreiro anarquista lendário" (ver Thomas, p. 36).

119 John Langdon-Davies (1897-1971), jornalista e escritor. Escreveu para o *News Chronicle* na Espanha e foi secretário-adjunto com o advogado comunista Geoffrey Bing da Comissão Internacional de Inquérito sobre Supostas Violações do Acordo de Não Intervenção na Espanha patrocinada pelo Comintern (ver Thomas, pp. 397-8). A recusa de Orwell de "aceitar a política de liquidação e eliminação" levou ao escárnio de "comunistas mais duros", entre eles Langdon-Davies (ver Valentine Cunningham, *British Writers of the Thirties*, 1988, p. 4). Depois de sua experiência em Barcelona, ele escreveu *Air Raid* (1938), defendendo a evacuação em larga escala e rodovias subterrâneas.

outro lado. Por exemplo, os jornais fizeram um tremendo barulho sobre o fato de Nin e outros estarem a soldo dos fascistas, mas não mencionaram que o governo espanhol, com exceção dos membros comunistas, negou que houvesse alguma verdade nessa história. Suponho que a ideia subjacente é que eles estão de alguma forma ajudando o governo espanhol ao dar carta branca aos comunistas. Lamento sobrecarregá-lo com todas essas coisas, mas tentei fazer tudo o que podia, que não é muito, para tornar a verdade sobre o que aconteceu na Espanha mais amplamente conhecida. A mim não importa quando eles dizem que estou a serviço dos fascistas, mas isso é diferente para os milhares que estão nas prisões espanholas e podem ser assassinados pela polícia secreta como tantos já o foram. Duvido que seria possível fazer muito pelos espanhóis antifascistas presos, mas algum tipo de protesto organizado provavelmente faria com que muitos estrangeiros fossem libertados.

Minha esposa manda-lhe lembranças. Nenhum de nós sofreu nenhuma consequência ruim por ter estado na Espanha, embora, naturalmente, a coisa toda tenha sido terrivelmente angustiante e decepcionante. Os efeitos da minha ferida passaram mais rápido do que se esperava. Se for de seu interesse, lhe enviarei um exemplar de meu livro sobre a Espanha, quando ele sair.

Atenciosamente
Eric Blair

Eileen* para Norah Myles*

The Stores não tinha eletricidade. Esta carta, escrita provavelmente à luz de uma vela que se derreteu aos poucos, continha um pequeno número de erros de datilografia que foram corrigidos.

Ano-Novo de 1938
The Stores, Wallington

[*sem saudação*]

Sabe, não tenho caneta, nem tinta, nem óculos, e a perspectiva de ficar sem luz, porque as canetas, as tintas, os óculos e as velas estão todos no quarto onde George está trabalhando, e se eu perturbá-lo novamente será pela décima quinta vez esta noite. Mas, cheia de engenhosidade determinada, achei uma máquina de escrever, e dizem que os cegos datilografam no escuro.

Também tenho de escrever para uma mulher que, de repente, me enviou um presente de Natal (acho que pode ter a intenção de presente de casamento depois de um afastamento de cinco ou dez anos), e procurando ver se eu tinha alguma pista do endereço dela, encontrei um pedaço de uma carta para você, uma cartinha muito estranha e histérica, muito mais parecida com a Espanha do que qualquer outra que eu tenha escrito naquele país. Então, ei-la aqui. A dificuldade em relação à guerra espanhola é que ela ainda domina nossas vidas de uma forma excessiva, porque ~~Eric~~ George (ou você o chama de Eric?) está justamente terminando o livro sobre ela e eu lhe dou páginas datilografadas cujos reversos estão cobertos com emendas manuscritas que ele não consegue ler, e ele está tendo sempre que falar sobre isso e eu voltei para o pacifismo total e entrei para a P. P. U.,[120] em parte por causa disso. (Aliás, você também deve aderir à P. P. U. A guerra é divertida no que diz respeito ao tiroteio e muito menos alarmante do que um avião em uma vitrine de loja, mas ela faz coisas terríveis com

---

[120] Peace Pledge Union (União de Compromisso pela Paz). Foi dito que Orwell teria sido membro dessa organização, mas quase com certeza não o foi. Ele comprou alguns de seus panfletos e há um recibo, de nº 20194, no Arquivo de Orwell, no valor de dois xelins e quatro pence, datado de 12 de dezembro de 1937, da sra. E. Blair (Eileen). Pensou-se que era um recibo pelos panfletos, mas parece ter sido dela a assinatura.

pessoas normalmente sensatas e inteligentes — algumas fazem esforços desesperados para manter algum tipo de integridade e outras, como Langdon-Davies, não fazem nenhum esforço, mas dificilmente alguém consegue manter-se razoável, muito menos honesto.) A situação de Georges Kopp*[121] é agora mais delíaca[122] do que nunca. Ele ainda está na cadeia, mas conseguiu de algum modo mandar várias cartas para mim, uma das quais George abriu e leu porque eu estava fora. Ele gosta muito de Georges, que de fato o tratou com carinho e ternura verdadeira na Espanha e além disso é admirável como soldado, por causa de sua notável coragem, e George é extraordinariamente magnânimo em relação à coisa toda — assim como Georges foi extraordinariamente magnânimo. Com efeito, eles trataram de salvar a vida um do outro ou tentaram fazer isso de uma maneira que era quase horrível para mim, embora George não tivesse então percebido que Georges estava mais do que "um pouco caído" por mim. Às vezes, acho que ninguém jamais teve um tal sentimento de culpa antes. Sempre ficou subentendido que eu não estava o que chamam de apaixonada por Georges — nossa associação avançou aos pequenos saltos, cada salto imediatamente anterior a algum ataque ou operação em que ele iria quase inevitavelmente ser morto,[123] mas na última vez que o vi, ele estava na prisão à espera, como nós acreditávamos, de ser fuzilado, e eu simplesmente não podia explicar-lhe novamente, como uma espécie de despedida, que ele nunca poderia ser um

---

121 George(s) Kopp* foi comandante de Orwell na Espanha. Foram, então, amigos muito próximos, mas a amizade esfriou no final da década de 1940. Kopp fez muito para cuidar de Orwell depois que foi ferido na garganta. Ao abrir seu coração para Norah nesta carta, Eileen nos diz muito mais do que foi conjecturado antes sobre o suposto relacionamento entre eles.
122 Delíaco, relativo à ilha grega de Delos, onde um oráculo dava respostas obscuras e complicadas para as perguntas que lhe eram feitas.
123 Essas operações dão a impressão de uma maior atividade no front de Huesca do que o próprio Orwell modestamente sugeria.

rival de George. Então, ele apodreceu em uma prisão imunda por mais de seis meses sem nada para fazer senão lembrar de mim em meus momentos mais facilmente influenciáveis. Se ele não sair nunca mais, o que, aliás, é o mais provável, é bom que possa ter alguns pensamentos de certo modo agradáveis, mas se ele sair não sei como se lembra um homem assim que ele é um homem livre outra vez que alguém somente perdeu uma vez a deixa para dizer que nada na terra a induziria a se casar com ele. Estar na prisão na Espanha significa viver em uma cela com vários outros (cerca de quinze a vinte em uma cela do tamanho da sua sala de estar) e nunca sair dela; se a janela tem persianas de aço, como muitas têm, nunca mais ver a luz do dia, nunca receber uma carta; nunca ser acusado, muito menos processado; nunca saber se você será fuzilado amanhã ou solto, em ambos os casos sem explicação; quando o seu dinheiro acaba, nunca comer outra coisa senão uma tigela de sopa do pior tipo imaginável e um pedaço de pão às três da tarde e às onze da noite.

 De modo geral, é uma pena eu ter achado aquela carta, porque a Espanha realmente não nos domina tanto quanto tudo isso. Temos dezenove galinhas agora — dezoito deliberadamente e outra por acidente, porque compramos alguns patinhos e uma galinha os conduziu. Pensamos em cozinhá-la neste outono, então nos revezamos para observar as caixas de nidificação e ver se ela punha um ovo para justificar uma vida mais longa, e ela pôs. E ela é uma boa mãe, então deverá ter filhos na primavera. Esta tarde, construímos um galinheiro novo — isto é, juntamos as partes —, e esse é o núcleo da granja de criação. É provável que não exista pergunta sobre avicultura que eu não seja capaz e esteja muito pronta para responder. Talvez você gostasse de ter um conjunto (digamos três unidades) no banheiro para que possa se beneficiar de meus conselhos. Seria uma coisa tocante colher um ovo antes de escovar os dentes e comê-lo logo depois. O que me lembra que desde que voltamos de Southwold, onde passamos um Natal incrivelmente familiar com os Blair, comemos ovos quentes quase o tempo todo. Antes tínhamos apenas uma taça para ovo quente da Woolworths' — não duas da Woolworths' e uma que dei a George com um ovo de Páscoa antes de nos casarmos (que custou três pence com o ovo). Então foi uma Ideia Feliz querida, e eles têm uma forma bonita e combinam com o prato de manteiga e a tábua de pão de sua mãe, dando caráter à mesa.

Também temos um filhote de poodle. Nós o chamamos de Marx para não esquecer que nunca lemos Marx,[124] e agora lemos um pouco e ficamos com uma antipatia tão forte do homem que não podemos olhar o cão no focinho quando falamos com ele. Ele, o cão, é um poodle francês, supostamente miniatura e do tipo ganhador de prêmio, com pelos cor de prata. Até agora, ele tem pelos preto e branco, grisalhos nas têmporas, e aos quatro meses e meio é maior do que a mãe. Pensamos, no entanto, que ele pode ganhar um prêmio de maior miniatura. Ele é muito simpático e tem uma digestão notável. Tenho orgulho disso. Nunca ficou doente, embora quase todos os dias encontre no jardim ossos que nenhum olho pode ter visto nesses vinte anos e tenha comido vários tapetes e algumas cadeiras e bancos. Não íamos aparar seu pelo, mas ele tem muitos pelos que literalmente pingam lama nos dias mais secos — ele rola sobre cada almofada de cada vez e depois pinga no meu colo — então achamos que deveríamos cortá-lo um pouco. Mas agora jamais o deixaremos simétrico se não o tosarmos. Laurence (é uma coisa terrível que você nunca tenha visto Laurence) é paciente com ele de uma forma notável e nunca foi arranhado, nem mesmo no nariz.

---

[124] Houve divergências quanto ao momento em que Orwell teria lido Marx pela primeira vez (ver XI, pp. 65-6, nº 1). Richard Rees registra em *George Orwell: Fugitive from the Camp of Victory* [George Orwell: fugitivo do acampamento da vitória] (1961) que na Escola de Verão da Adelphi, em 1936, todos ficaram surpresos com seu conhecimento de Marx (p. 147). (Ver Crick, p. 629, nº 49.)

Estive com Mary.[125] Você deve ter sabido das mudanças domésticas. Ela ficou com aquela prima grávida e leu um livro sobre alimentação infantil, a partir do qual descobriu que tudo que Nanny fez estava errado. Então, é claro que teve de voltar em casa e lhe dizer isso, porque senão ela teria matado as crianças. Agora eles têm uma enfermeira norueguesa. Acho que ela é melhor, mas o azar é de David, que foi irremediavelmente mimado pela gorda Nanny e não é aprovado pela norueguesa — que nunca ergue a voz, mas o põe de castigo no canto. A própria Maria tornou-se uma boa mãe — quando crianças estão lá, bem entendido. Ela é perfeitamente razoável com elas. Não sei o que aconteceu. David é muito inteligente e me deixa um pouco ciumenta, porque eu gostaria de ter um filho e não temos. Mary e eu resumimos a história humana de uma maneira terrível quando estive lá — eu estava no meio das dores pré-praga, que aconteceram tão tarde que me perguntava se poderia persuadir a mim mesma de que me sentia como se não fosse tê-las, e Maria não estava tendo nenhuma dor pré-praga e estava com febre e ia à farmácia tentar comprar alguma ergotina ou outro corretivo. Tivemos duas festas — fomos ver Phyl Guimaraens e a MAMMETT VEIO TOMAR CHÁ.[126] Ela poderia muito bem estar de uniforme de bandeirante, mas agora organiza leituras de peças, quando todas as antigas meninas de St. Hugh's vão à casa dela e leem *Júlio César*. Mary foi uma vez, mas achou que ofereceriam algo para comer e não ofereceram, nem mesmo um pãozinho ou uma xícara de chá, então ela ficou ressentida e não é mais a boa

---

125 Presumivelmente, Bertha Mary Wardell, que se formou com Eileen. Ver 16/2/37, nº 11.
126 Phyllis Guimaraens lecionava línguas modernas em St. Hugh's. Seu pai era um comerciante de vinho do Porto; eles moravam em Petridge Wood, Redhill, Surrey. Ela se casou com Harold Gabell em 5 de junho de 1926 na igreja de St. Peter, Eaton Square, em Londres. Jenny Joseph sugeriu privadamente que a Mammett foi tutora por algum tempo na St. Hugh's ou que esteve ligada à Associação dos Membros Seniores.

menina dos velhos tempos. David e a Mammett tiveram uma conversa agradável. David tinha me dito antes que ela viria para o chá e ele a conhecia muito bem, então repeti isso a ela, que ficou encantada. Quando o trouxeram para a sala, aconteceu isto:

"Então, pequeno David (estendendo a mão), você acha que sabe quem eu sou?"

"Sim, você é a vovó" (com total confiança, permitindo que sua mão fosse segurada e acariciada).

"Não (muito suavemente), eu não sou a vovó."

"Ah? Então o que você é?"

Phyl é exatamente a mesma que costumava ser nos seus momentos mais encantadores. Foi divertido vê-la outra vez. Acho que talvez possamos ter uma reunião adequada algum dia. Você não poderia vir e ficar com ela e enquanto ela está no escritório comer batatas fritas no Criterion (Mary e eu fizemos isso tanto em nome dos velhos tempos porque estava frio)? Parece-me superlativamente inteligente para qualquer um manter-se na Bolsa de Valores, como ela diz que faz. Penso sobre isso o tempo todo em que estou com ela.

A última vela está acabando, e não há nenhuma boa maneira de acabar esta carta. Mas talvez ela tenha quebrado um encanto. Será que o seu significa que June está em Oxford? Eu simplesmente não sabia. De qualquer forma, ela não pode ter mais de quinze anos. Norman? John? Elisabeth? Jean? Ruth? Sua mãe? Seu pai?[127] Acho que não quero nenhuma notícia de você e Quartus, porque tenho certeza que sei tudo sobre você, e seria terrível ouvir algo muito diferente. A única coisa que posso fazer é ir e ver. Devo ter umas férias, quando o livro terminar, o que será neste mês, só que

---

[127] Norah tinha duas irmãs, Jean e Ruth. Jean casou-se com Maurice Durant e era mãe de John, marido de Margaret Durant.

não temos nenhum dinheiro, e éramos tão ricos.[128] Quando você virá para The Stores? Ou você não vem? Não sei se posso ficar longe por um dia sequer, porque o livro está atrasado e a datilografia da versão final ainda não começou e Eric está escrevendo um livro em colaboração com várias pessoas, inclusive um alemão, e eu fico recebendo o seu manuscrito para revisar e não consigo entender absolutamente nada dele[129] — mas se você vier para The Stores, essas coisas seriam todas menos importantes para

Porco.

Eu lhe desejei um feliz Ano-Novo?

Por favor, transmita a toda a sua família meus votos de um feliz Ano-Novo. Eric (quer dizer, George) acaba de entrar para dizer que a luz acabou (ele tinha a lâmpada de Aladim porque estava trabalhando) e não há óleo algum (que pergunta) e não consigo datilografar nesta luz (que pode ser verdade, mas não consigo ler) e ele está com fome e quer um pouco de cacau e alguns biscoitos e já passou da meia-noite e Marx está comendo um osso, e deixou pedaços em cada cadeira e em qual delas ele vai sentar agora.

Em 5 de fevereiro de 1938, Orwell escreveu ao editor do Time and Tide, *que havia publicado sua resenha de* The Spanish Cockpit *de Franz Borkenau, sobre sua rejeição por motivos políticos por "outro jornal se-*

---

128 Orwell levou uma segunda cópia, feita com carbono, de Homenagem à Catalunha ao seu agente, Leonard Moore, em 10 de fevereiro de 1938. A referência de Eileen a serem ricos pode ser irônica, mas talvez se referisse aos royalties recebidos pela edição do Left Book Club de O caminho para Wigan Pier — cerca de seiscentas libras esterlinas, embora boa parte disso deva ter sido gasta na Espanha. As "férias" a que se refere Eileen talvez tenham sido adiadas por causa da doença de Orwell e depois passadas em Chapel Ridding, Windermere, em meados de julho. Não se sabe com quem ela ia ficar.
129 Aqui, há uma confusão possível entre Eric/marido e Eric/irmão. Eileen pode estar se referindo a este último e a um livro de medicina em que ele estava colaborando.

manal bem conhecido". Raymond Mortimer, crítico e editor literário de The New Statesman and Nation, escreveu em protesto a Orwell, em 8 fevereiro de 1938, dizendo: "É possível naturalmente que o 'jornal semanal bem conhecido' que você menciona não seja o New Statesman, mas tomo isso como referência a nós, e o mesmo fará, sem dúvida, a maioria dos que lerem sua carta. A sede do New Statesman foi bombardeada durante a guerra e perdeu-se toda a correspondência da época, mas entre seus papéis Orwell guardou os originais de cartas de Kingsley Martin, editor de The New Statesman, e de Raymond Mortimer, bem como de uma cópia em carbono, reproduzida aqui, de sua resposta a Mortimer.

Para Raymond Mortimer*

9 de fevereiro de 1938
The Stores
Wallington

Prezado Mortimer,

Com referência à sua carta de 8 de fevereiro, lamento muitíssimo se feri seus sentimentos ou de qualquer outra pessoa, mas, antes de falar das questões gerais envolvidas, devo salientar que o que você diz não está totalmente correto. Você diz: "Sua resenha de *The Spanish Cockpit* foi recusada porque fazia uma descrição do livro muito inadequada e enganosa. Você usou a resenha apenas para expressar suas próprias opiniões e apresentar fatos que achava que deveriam ser conhecidos. Além disso, na última vez que nos vimos, você reconheceu isso. Por que então agora sugere, muito equivocadamente, que a resenha foi recusada porque "contradizia a política editorial"? Você está confundindo a resenha com a recusa anterior de um artigo que você enviou e que o editor recusou porque tínhamos acabado de publicar três artigos sobre o mesmo assunto?".

Anexo uma cópia da carta de Kingsley Martin.[130] Você verá nela que a resenha *foi recusada* porque "contradiz a diretriz política do jornal" (eu deveria ter dito "diretriz política" e não "política editorial"). Em segundo lugar, você diz que o meu artigo anterior havia sido recusado "porque tínhamos acabado de publicar três artigos sobre o mesmo assunto". Ora, o artigo que enviei era sobre a repressão ao POUM, o alegado complô "trotskifascista", o assassinato de Nin etc. Até onde sei, o *New Statesman* nunca publicou um artigo sobre esse assunto. Eu certamente admiti e admito que a resenha que escrevi era tendenciosa e talvez injusta, mas não me foi devolvida por esse motivo, como pode ver pela carta anexa.

Nada é mais odioso para mim do que me envolver nessas controvérsias e escrever, por assim dizer, contra pessoas e jornais que sempre respeitei, mas a gente precisa perceber que tipos de questões estão envolvidas e a grande dificuldade de conseguir que a verdade seja ventilada na imprensa inglesa. Até onde se pode obter números, não menos de três mil presos políticos (isto é, antifascistas) estão nas prisões espanholas no momento, e a maioria está lá há seis ou sete meses sem nenhum tipo de julgamento ou acusação, nas condições físicas mais imundas, como vi com meus próprios olhos. Alguns foram liquidados, e não há muita dúvida de que teria havido um massacre indiscriminado se o governo espanhol não tivesse tido a sensatez de ignorar o clamor da imprensa comunista. Vários membros do governo espanhol disseram repetidas vezes a Maxton, McGovern, Félicien Challaye[131] e outros que

---

130 Basil Kingsley Martin (1897-1969), escritor e jornalista de esquerda, foi editor de *The New Statesman and Nation*, 1931-60.
131 John McGovern (1887-1968), membro do Parlamento pelo ILP, 1930-47; pelo Partido Trabalhista, 1947-59, liderou uma marcha da fome de Glasgow a Londres em 1934. Félicien Challaye, político francês de esquerda, membro do comitê da Ligue des Droits des Hommes, um movimento liberal antifascista para proteger a liberdade civil em todo o mundo. Demitiu-se em novembro de 1937, com outros sete membros, em pro-

querem libertar essas pessoas, mas não conseguem por causa da pressão comunista. O que acontece na Espanha legalista é fortemente governado pela opinião de fora, e não há dúvida de que se tivesse [havido] um protesto geral dos socialistas estrangeiros, os presos antifascistas teriam sido libertados. Até mesmo os protestos de uma organização pequena como o ILP tiveram algum efeito. Mas há alguns meses, quando foi feita uma petição pela libertação dos prisioneiros antifascistas, quase todos os principais socialistas ingleses se recusaram a assiná-la. Não tenho dúvidas de que isso aconteceu porque, embora não acreditassem na história de um complô "trotskifascista", eles ficaram com uma impressão geral de que os anarquistas e o POUM estavam trabalhando contra o governo e, em particular, acreditaram nas mentiras publicadas na imprensa inglesa sobre a luta em Barcelona, em maio de 1937. Para citar um exemplo individual, Brailsford, em um de seus artigos no *New Statesman* afirmou que o POUM havia atacado o governo com baterias roubadas de artilharia, tanques etc. Eu estava em Barcelona durante os combates e, tanto quanto alguém poderá provar uma negativa, posso provar por testemunhas oculares etc. que essa história é absolutamente falsa. Por ocasião da correspondência sobre minha resenha, escrevi a Kingsley Martin para lhe dizer que não era verdade e, mais recentemente, escrevi a Brailsford para lhe perguntar qual era a fonte da história. Ele foi obrigado a admitir que não vinha de nada que equivalesse a alguma. (Stephen Spender* está com a carta dele no momento, mas poderia obtê-la para você, se quiser vê-la). Não obstante, nem o *New Statesman* e tampouco Brailsford publicaram alguma retratação dessa declaração, o que equivale a uma acusação de roubo e traição contra muitas pessoas inocentes. Não acho que você possa me culpar se eu achar

---

testo contra o que interpretavam como subserviência covarde do movimento à tirania stalinista.

que o *New Statesman* tem sua parcela de culpa pela visão unilateral que foi apresentada. Mais uma vez, deixe-me dizer quanto estou triste com esse negócio todo, mas tenho de fazer o pouco que posso a fim de obter justiça para as pessoas que estão presas sem julgamento e são difamadas na imprensa, e uma maneira de fazê-lo é chamar a atenção para a censura pró-comunista que indubitavelmente existe. Eu manteria silêncio sobre toda a história se achasse que isso ajudaria o governo espanhol (de fato, antes de sairmos da Espanha, algumas pessoas detidas nos pediram para *não* tentar fazer nenhuma divulgação no exterior porque isso poderia desacreditar o governo), mas duvido que encobrir coisas, como foi feito na Inglaterra, ajude no longo prazo. Se as acusações de espionagem etc. que foram feitas contra nós pelos jornais comunistas tivessem recebido na ocasião um bom exame da imprensa estrangeira, teriam visto que eram um absurdo e a coisa toda poderia ter sido esquecida. Da forma como aconteceu, o lixo sobre uma conspiração trotskifascista circulou amplamente e nenhuma contestação foi publicada, exceto em jornais muito obscuros e, sem nenhum entusiasmo, no [*Daily*] *Herald* e no *Manchester Guardian*. Em consequência, não houve nenhum protesto do exterior e todos esses milhares de pessoas permaneceram na prisão, e vários foram assassinados, e o resultado disso foi a disseminação do ódio e da discórdia em todo o movimento socialista.

Estou enviando de volta os livros que você me deu para resenhar. Acho que seria melhor eu não escrever para você novamente, lamento muitíssimo todo esse caso, mas tenho de ficar ao lado de meus amigos, o que pode implicar atacar o *New Statesman* quando eu achar que ele está encobrindo questões importantes.

Atenciosamente

Manuscrita em folha separada, há uma nota de Orwell que, uma vez que não contém nenhuma saudação, foi quase certamente enviada a Raymond Mortimer com a carta datilografada reproduzida acima. Orwell anexou a carta de H. N. Brailsford que ele disse estar com Spender. (Ver XI, p. 118.)

Raymond Mortimer enviou rapidamente a Orwell uma nota manuscrita em que dizia: "Caro George Orwell, por favor, aceite minhas humildes desculpas. Eu não sabia que Kingsley Martin havia escrito para você naqueles termos. Minhas próprias razões para a recusa da resenha foram as que dei. Lamento que você não escreva mais para nós, e gostaria de convencê-lo, a partir de resenhas anteriores, que não estimulamos aqui a ortodoxia stalinista". Em 10 de fevereiro, Kingsley Martin escreveu a Orwell: "Raymond Mortimer mostrou-me sua carta. Nós certamente lhe devemos um pedido de desculpas em relação à carta sobre The Spanish Cockpit. Há muita coisa em sua carta que sugere alguns mal-entendidos e que, penso eu, seria melhor discutir pessoalmente em vez de escrever. Seria conveniente para você me visitar em algum momento da próxima semana? Estarei disponível na segunda-feira à tarde, ou quase o tempo todo na terça-feira". Não sabemos se Orwell aceitou o convite de Martin, mas é provável que sim. Sua resenha de Glimpses and Reflections [Lampejos e reflexões] de Galsworthy foi publicada em The New Statesman em 12 de março de 1938, e ele escreveu resenhas para essa publicação de julho de 1940 a agosto de 1943. No entanto, como ficou registrado em conversa com amigos, nunca perdoou Martin por sua "linha" em relação à Guerra Civil Espanhola.

Eileen Blair* para Jack Common*

>Segunda-feira [e terça-feira, 14-15 de março de 1938]
>24, Croom's Hill
>Greenwich

Caro Jack,

Você provavelmente já soube do drama de ontem. Só espero que não tenha ficado encharcado para descobri-lo.[132] O sangramento parecia disposto a continuar para sempre e no domingo todos concordaram que Eric deveria ser levado a algum lugar onde realmente fosse possível tomar medidas ativas, se necessário — pneumotórax artificial para estancar o sangue ou transfusão para substituí-lo. Eles foram a um especialista que visita um pequeno hospital voluntário perto daqui e que é muito bom nesse tipo de coisa; ele também aconselhou a remoção, então ela aconteceu em uma ambulância, como um quarto sobre rodas muito luxuoso. A viagem não teve efeitos ruins, eles viram que sua pressão arterial estava mais ou menos normal e estancaram o sangramento sem o pneumotórax artificial. Então, valeu a pena. Todo mundo estava nervoso por ser responsável pelos riscos imediatos da viagem, mas demos apoio uns aos outros. Eric está um pouco deprimido por estar numa instituição concebida para o assassinato, mas afora isso, está incrivelmente bem. Não precisa ficar muito tempo, dizem eles,[133] mas o especialista tem uma espécie de esperança de que possa identificar o local exato de hemorragia e controlá-lo para o futuro.

Esta carta foi realmente para agradecer a você por ser tão vizinho a essa distância e com esse tempo. A gente fica histérica, sem

---

132 Embora Common morasse a menos de dez quilômetros de Wallington, a jornada era desagradável e ele não tinha carro.
133 Ele só deixou o sanatório em 1º de setembro de 1938.

ninguém para conversar, exceto o pessoal da aldeia, que não são o que se poderia chamar de tranquilizadores.

Contarei a você o que acontecer a seguir. Tenho cartas terríveis a escrever para os parentes.

Beijos para Maria e Pedro,[134]

Eileen

Orwell escreveu a Spender em 2 de abril. Em uma resposta não datada, Spender disse que tinha arranjado uma resenha de Homenagem à Catalunha *para o* London Mercury. *Depois abordava a questão da atitude de Orwell para com ele. Sem saber nada a respeito dele, Orwell o havia atacado, disse Spender, mas ele estava "igualmente intrigado com fato de, mesmo sem saber ainda nada a meu respeito, mas tendo me encontrado uma ou duas vezes, você ter retirado aqueles ataques", e queria discutir isso. Nesse meio-tempo, dizendo que lamentava saber que Orwell estava doente, mandou-lhe sua peça,* Julgamento de um juiz, *que pensava que Orwell talvez se interessasse em ler, se tivesse pouca coisa para fazer: "Se você não puder suportar a ideia disso, não olhe para a peça: não vou ficar ofendido".*

Para Stephen Spender*

Sexta-feira [15? de abril 1938]
Jellicoe Pavilion
Preston Hall
Aylesford, Kent

Caro Spender,

---

134 A esposa e o filho de Jack Common.

Muito obrigado por sua carta e pelo exemplar de sua peça. Esperei para lê-la antes de responder. Interessou-me, mas não tenho certeza do que penso sobre ela. Acho que, com uma coisa desse tipo, a gente quer vê-la montada, porque ao escrevê-la você tinha obviamente na cabeça diferentes efeitos cênicos, ruídos complementares etc. que determinariam o ritmo do verso. Mas há muita coisa na peça que eu gostaria de discutir com você na próxima vez que nos encontrarmos.

Você pergunta como é que o ataquei sem conhecê-lo &, por outro lado, mudei de ideia depois de conhecê-lo. Não sei se alguma vez o ataquei exatamente, mas eu devo ter feito comentários ofensivos de passagem sobre "bolcheviques de salão, como Auden & Spender", ou palavras nesse sentido. Eu quis usá-lo como um símbolo do bolchevique de salão porque: *a*) seus versos, o que eu havia lido deles, não significavam muito para mim; *b*) eu via em você uma espécie de pessoa bem-sucedida da moda, e também um comunista ou simpatizante comunista, & tenho sido muito hostil ao PC desde 1935; & *c*) por não o conhecer, eu podia considerá-lo um tipo & uma abstração. Mesmo quando o conheci, se não tivesse acontecido de gostar de você, eu ainda estaria inclinado a mudar minha atitude, porque quando a gente conhece alguém em pessoa, percebe imediatamente que se trata de um ser humano e não de uma espécie da caricatura que encarna certas ideias. É em parte por essa razão que não frequento muito os círculos literários, porque sei por experiência que, depois de conhecer e falar com alguém, nunca mais serei capaz de mostrar nenhuma brutalidade intelectual contra ele, mesmo quando achar que devo, como os membros trabalhistas do Parlamento que recebem um tapinha nas costas de duques & estão perdidos para sempre.

É muito gentil de sua parte resenhar meu livro espanhol. Mas não arranje problemas com o seu partido — não vale a pena. No entanto, é claro que você pode discordar de todas as minhas conclusões, como acho que provavelmente vai de fato me chamar de mentiroso. Se pudesse vir me ver em algum momento, eu gostaria bastante, se não for muito inconveniente.[135] Não sou infeccioso. Não acho que seja difícil chegar a este lugar, porque os ônibus da Linha Verde[136] param no portão. Estou muito feliz aqui & eles são muito simpáticos comigo, mas é claro que é um tédio não poder trabalhar e passo a maior parte do tempo fazendo palavras cruzadas.

Abraço
Eric Blair

Homenagem à Catalunha foi publicado em 25 de abril de 1938, mas, como de hábito, exemplares para resenha haviam sido enviados com antecedência. Em um sábado antes da carta de Orwell para Gorer, provavelmente em 16 de abril, Gorer lhe enviou um bilhete curto para dizer que achava Homenagem à Catalunha "absolutamente de primeira linha", bem como uma cópia em papel carbono de sua resenha de Time and Tide, "caso eles façam objeção ao seu comprimento incomum", e para que Orwell pudesse lhe dizer antes da chegada da prova se havia algum erro. A resenha foi publicada em 30 de abril.

---

135 Spender de fato visitou Orwell em Aylesford. Outras pessoas que fizeram o que era muitas vezes uma viagem longa e difícil foram antigos companheiros do contingente espanhol, que pegaram carona até lá: Jack Common, Rayner Heppenstall e Max e Dorothy Plowman, que levaram o escritor L. H. Myers.
136 Os ônibus da Linha Verde eram de longa distância, com paradas limitadas, que iam de um distrito suburbano ou rural para outro nos limites exteriores da Londres propriamente dita.

Ao editor, *The Listener*

16 de junho de 1938
Aylesford

Resenha de *Homenagem à Catalunha*

O tratamento dos fatos de seu resenhista[137] é um pouco curioso. Em sua resenha de meu livro *Homenagem à Catalunha* publicada na *The Listener* de 25 de maio, ele usa cerca de quatro quintos do espaço para ressuscitar da imprensa comunista a acusação de que o partido político espanhol conhecido como POUM é a organização de "quinta coluna" a soldo do general Franco. Ele afirma primeiro que essa acusação era "hiperbólica", mas acrescenta depois que era "crível", e que os líderes do POUM eram "pouco melhor do que traidores da causa do governo". Ora, deixo de lado a questão de como pode ser crível que a "quinta coluna" de Franco fosse composta dos mais pobres da classe trabalhadora, liderados por homens cuja maioria esteve presa sob o regime que Franco tentava restaurar, e que pelo menos um deles estava na lista especial de Franco, de "pessoas a serem fuziladas". Se seu resenhista quer acreditar em histórias desse tipo, ele tem o direito de fazê-lo. O que ele não tem é o direito é repetir essa acusação, que, aliás, é uma acusação contra mim, sem indicação de quem veio, ou que eu nada tivera a dizer sobre isso. Ele deixa para ser inferido que as acusações absurdas de traição e espionagem vieram do governo espanhol. Mas, como salientei detalhadamente (capítulo XI de meu livro), essas acusações nunca tiveram nenhum fundamento fora da imprensa

---

137 Philip Furneaux Jordan (1902-51), jornalista, romancista e crítico. Fez parte da equipe da edição parisiense do *Daily Mail* e dirigiu a edição da Riviera do *Chicago Tribune*. Em 1936, entrou para o *News Chronicle* e foi seu correspondente na Espanha, 1936-7. Mais tarde, tornou-se seu editor de reportagens e, depois, correspondente estrangeiro. Em 1946-7 foi primeiro-secretário na embaixada britânica em Washington e, posteriormente, assessor de relações públicas do primeiro-ministro Clement Attlee.

comunista, nem foi apresentada nenhuma prova em apoio a elas. O governo espanhol repudiou várias vezes toda a crença nelas, e se recusou com firmeza a processar os homens denunciados pelos jornais comunistas. Citei textualmente as declarações do governo espanhol, que desde então foram repetidas várias vezes. Seu resenhista simplesmente ignora tudo isso, sem dúvida na esperança de que tenha sido tão eficaz em fazer as pessoas desistirem de ler o livro que suas deturpações passarão despercebidas.

Não espero nem desejo resenhas "boas", e se seu resenhista prefere usar a maior parte do espaço para expressar opiniões políticas próprias, isso é uma questão entre ele e você. Mas acho que tenho o direito de pedir que quando um livro meu for discutido em uma coluna, deve haver pelo menos alguma menção ao que eu realmente disse.

George Orwell

[*Enviamos a carta acima ao nosso resenhista, que responde*:

"A carta do sr. Orwell ignora o fato fundamental de que, em certo momento, as condições em Barcelona ficaram tão ruins que o governo espanhol foi forçado a enviar a polícia armada para debelar o que equivalia a uma insurreição. Os líderes dessa insurreição eram os elementos anarquistas extremados aliados ao POUM. Não se trata de 'ressuscitar' as acusações da imprensa comunista, mas de fato histórico. Passei parte considerável da guerra na Espanha e não me baseei em notícias de jornal para me informar.

"Como deixei claro em minha resenha, não era a intenção da base do POUM fazer outra coisa senão lutar contra Franco. Sendo homens pobres e ignorantes, as complexidades da situação revolucionária estavam além da compreensão deles; seus líderes eram os culpados. Quanto a fazer parte da quinta coluna de Franco, não há dúvida de que quem se recusava a cooperar com o governo central e respeitar a lei estava, de fato, enfraquecendo a autoridade do governo e, desse modo, ajudando o inimigo. Eu diria que em tempos de guerra a ignorância é tão condenável quanto a sabotagem maldosa. É o efeito que importa, não as razões para a ação.

"Lamento que o sr. Orwell pense que eu queria afastar leitores de uma obra magnificamente escrita: eu não queria; quero que as pessoas o leiam, mesmo que, na minha opinião, sua análise esteja errada. É da essência de uma democracia em tempos de paz que todas as opiniões estejam disponíveis a todos."

Somos obrigados a dizer, ao publicar a resposta de nosso resenhista, que ele pouco responde às questões levantadas pelo sr. Orwell, a quem expressamos nossas desculpas. — Editor, THE LISTENER[138]]

---

138 J. R. Ackerley (1896-1967) foi editor literário, 1935-59. Seu apoio a Orwell, apesar da explicação do resenhista, é revelador. (Ver *Ackerley*, de Peter Parker [1989].)

Do Marrocos à BBC

1938-1941

Julgou-se que o clima do norte da África seria benéfico à saúde de Orwell. Isso, no entanto, foi bastante ilusório, embora o relativo repouso provavelmente o tenha ajudado. Ele ainda conseguiu plantar algumas verduras e criar duas galinhas e cabras. Seu período no Marrocos foi atormentado pela ansiedade de ter tomado emprestado mais do que poderia facilmente reembolsar, embora, sem que ele soubesse, o romancista L. H. Myers tivesse adiantado, como um presente, o custo de trezentas libras esterlinas. Orwell falou sobre essa "dívida" em muitas ocasiões e, por fim, restituiu o que achava que devia a uma intermediária, Dorothy Plowman.

Enquanto esteve no Marrocos, Orwell passou alguns dias nas montanhas Atlas e escreveu *Coming Up for Air* [*Um pouco de ar, por favor!*], cujo texto datilografado entregou a seu agente, Leonard Moore, para que ele o levasse a Gollancz, imediatamente após seu retorno à Inglaterra, em 30 de março de 1939. Em 28 de junho de 1939, o pai de Orwell morreu de câncer e ele escreveu de forma comovente sobre vagar pela beira-mar em Southwold ponderando sobre o que fazer com as moedas que fecharam os olhos de seu pai na morte. Por fim, jogou-as no mar.

A eclosão da guerra em 3 de setembro de 1939 deu início a um período de grande frustração para ele. Não conseguia obter nenhum trabalho para defender a causa dos Aliados e estava muito incapacitado para o Exército. Eileen foi engajada de início (ironicamente) no Departamento de Censura do governo. É ainda mais irônico que, mais tarde, um de seus cadernos usados para registrar correspondência censurada tenha sido usado por Orwell para registrar seus ganhos para que pudesse declará-los à Receita. Ele resenhou livros, peças e filmes e, em maio de 1940, depois de Dunquerque, entrou para o que se tornaria a Guarda Interna, servindo ativamente como sargento. Um dos membros de sua unidade era seu editor Fredric Warburg, que em 1917 havia lutado em Passchendaele. Seu *The Lion and the Unicorn* foi publicado em 19 de fevereiro de 1941. Ele fez alguns programas de rádio para a BBC, inclusive quatro para seu Serviço do Exterior. Então, em 18 de agosto de 1941, foi nomeado assistente de palestras no Serviço do Exterior da BBC, com o salário de 640 libras esterlinas por ano. Depois de frequentar um curso de treinamento de curta duração (injustamente chamado de "Escola de Mentirosos" — na verdade, era muito honesto e prático), começou um período de dois anos de trabalho duro e intenso. Embora viesse a considerá-los "dois anos perdidos", eles foram, na verdade, mais valiosos do que ele percebeu. Àquela altura, Eileen já havia se transferido do mortificante Departamento de Censura para uma atividade mais agradável no Ministério da Alimentação, trabalhando com programas do tipo "O Front da Cozinha", que aconselhava a população sobre como obter o melhor dos alimentos disponíveis numa época de racionamento severo.

Da carta de Orwell para a mãe, em 25 de fevereiro de 1912.

Eileen* para a mãe de Orwell, Ida*

15 de setembro de 1938
Hotel Majestic
Marrakech

Querida sra. Blair,

Acho que Eric enviou postais hoje explicando que estive "indisposta", como ele diz. Poderíamos dizer que ambos estivemos indispostos, em parte, espero, pelo clima & em parte pelo horror que concebemos deste país. Minha façanha adicional foi uma espécie de febre, possivelmente causada por uma intoxicação alimentar, mas mais provavelmente por mosquitos — Eric comeu as mesmas coisas, mas não foi picado, enquanto eu pareço feita de brioches.

A viagem até deixarmos Tânger foi tão agradável que ficamos mimados. É verdade que fomos a Gibraltar por engano & depois ficamos retidos em Tânger porque os barcos para Casablanca estavam lotados, mas Gibraltar foi bastante interessante & Tânger, encantadora. As coisas para enjoo de Eric funcionaram até mesmo na travessia de Gibraltar para Tânger, que foi dura (ele andava pelo barco com um sorriso seráfico observando as pessoas enjoadas & insistiu que eu fosse à Cabine das Senhoras para lhe informar sobre os desastres de lá); o hotel Continental em Tânger era realmente muito bom. Se pudéssemos ter vindo para cá por mar, como pretendíamos, teríamos provavelmente gostado mais do Marrocos, mas tivemos que vir de trem, o que significou tomar café às cinco da manhã, passar pela agonia sem fim de satisfazer polícia & as autoridades aduaneiras de todas as nações antes de finalmente entrar no trem, & depois passar por mais interrogatórios policiais e aduaneiras a) antes de o trem sair da Zona Internacional, b) antes de entrar na zona espanhola & c) antes de entrar na zona francesa. Os espanhóis foram muito agradáveis & descuidados, o que deu na mesma, porque na última hora veio um homem que recolheu os jornais franceses que a maioria das pessoas tinha & que não eram autorizados em território espanhol. Nós tínhamos em nossas malas uma coleção de cerca de vinte jornais, fascistas & antifascistas. Os franceses eram típicos & se recusavam a acreditar que não estávamos indo ao Marrocos para violar a lei. No entanto, concordaram em deixar que a polícia marroquina fizesse as prisões; chegamos até o entroncamento onde deveríamos nos transferir para um trem com um vagão-restaurante. Isso deveria acontecer às onze horas & já eram 11h45. Todos fugiram através da estação cercados por hordas de carregadores árabes, com idades entre 10-70, & o trem partiu antes que estivéssemos bem instalados nele. Nosso carregador júnior, que tinha pouco mais de um metro de altura, havia de forma não anormal deixado as duas malas que estava carregando na plataforma para que pudesse nos alcançar e pegar sua gorjeta (ele disse que elas estavam no carro-restaurante), mas levamos horas para descobrir isso & demorou dois dias para que as malas chegassem a Casablanca. Depois viemos para Marrakech, partindo novamente às sete da manhã, & fomos para o hotel Continental, que nos havia sido recomendado & que deve ter sido muito bom algum dia. Ultimamente, mudou de dono & é, obviamente, um bordel. Não tenho muito conhecimento direto de bordéis, mas como eles oferecem um serviço especial podem todos, provavelmente, se dar ao luxo de ser sujos, sem nenhuma outra conveniência. No entanto ficamos um dia, em parte porque Eric não notou nada de estranho e até que tentou viver nele &, em parte, porque minha temperatura estava subindo cerca de um grau por hora & eu só queria ficar deitada, o que era bastante fácil, & obter bebidas, que me foram trazidas por uma variedade ilimitada de árabes da rua que pareciam assassinos, mas foram muito gentis. Eric, é claro, comeu fora & isso é muito caro no Marrocos, então nos mudamos para cá o mais rapidamente possível. Este é o segundo hotel mais caro de Marrakech, mas é muito mais barato ter pensão completa aqui (95 francos por dia para duas pessoas)[1] do que ir a restaurantes.

Domingo.

Eric me fez ir para a cama naquele momento, & desde então estivemos ocupados. Ele lhe escreveu esta manhã, enquanto eu desfazia as malas, então você sabe sobre Mme. Vellat & a vivenda em perspectiva. Acho que a casa de campo vai ser divertida do nosso ponto de vista. É totalmente isolada, exceto por alguns árabes que vivem nas dependências para cuidar do laranjal que a rodeia. Vamos comprar mobiliário suficiente para acampar aqui. Como será a mobília francesa mais barata que encontrarmos, o efeito estético pode ser lamentável, mas temos esperança de conseguir alguns tapetes decentes, pois queremos levá-los para casa. Tem uma grande sala de estar, dois quartos, um banheiro & uma cozinha. Nenhum equipamento para cozinhar, mas teremos algumas panelas pequenas com carvão nelas & um fogareiro Primus. O país é praticamente um deserto, mas pode ser diferente depois das chuvas. De qualquer forma, podemos ter uma cabra & Eric vai realmente se beneficiar do clima. Em Marrakech, não poderia. O bairro europeu é intolerável, com uma respeitabilidade de segunda categoria, & muito caro. O bairro nativo é "pitoresco", mas os cheiros só são comparáveis aos ruídos. Eric estava tão deprimido que achei que deveríamos voltar para casa, mas agora ele está muito animado com a casa & acho que ficará feliz lá. De acordo com o dr. Diot (que foi recomendado por um amigo de meu irmão em Paris), o clima é ideal para ele, ou será em algumas semanas, quando ficará mais fresco. E a casa tem uma espécie de observatório no teto que será bom para trabalhar.

---

1 A uma taxa de câmbio de 170 francos por libra, cerca de onze xelins e dois pence (em torno de 22 libras esterlinas em valores atuais).

O segundo quarto é naturalmente de Avril, quando ela quiser. Se ela for a Tânger por mar, a tarifa será de cerca de doze libras ida & volta. Em Tânger pode-se ficar no Continental por dez xelins por dia, tudo incluído. A passagem de trem de Tânger a Marrakech custa 155 francos na segunda classe. Infelizmente, o trem chega a Casablanca por volta das três da tarde & o próximo para Marrakech sai às oito & leva toda a noite. Seria melhor ficar uma noite em Casablanca, que suponho custaria mais dez xelins ao todo, & pegar o trem da manhã. Demora apenas quatro horas & se vê o país tal como ele é. Nós o detestamos, mas em grande parte porque estávamos condenados a viver nele por seis meses. À medida que se aproxima de Marrakech, os camelos tornam-se cada vez mais comuns até ficarem tão comuns quanto burros; as aldeias nativas são coleções extraordinárias de pequenas palhoças de três metros quadrados (em geral redondas), às vezes rodeadas por uma espécie de cerca de madeira morta ou, eventualmente, um muro de barro. Não sabemos de que são feitas as paredes; não são fortes o suficiente ou altas o suficiente para manter qualquer coisa fora. Marrakech em si foi construída em grande parte de barro & tem defesas de barro enormes. A terra seca tem uma cor avermelhada que é muito bonita *na terra*, mas infeliz quando reproduzida aproximadamente pelos franceses em pinturas, que gostam de chamar Marrakech de "la rouge". Alguns dos produtos nativos são lindos, especialmente as panelas & jarros de barro que usam.

O dr. Diot ainda não examinou Eric, mas pretende. Ele não é particularmente simpático, mas deve ser um bom médico & por intermédio dele poderemos saber se o peito está reagindo adequadamente.

Por favor, mande beijos ao sr. Blair & Avril. Espero que o sr. Blair esteja saindo & que Avril saia até o Marrocos. Dizem que a luz daqui é maravilhosa para a fotografia. Do ponto de vista dela, talvez seja mais interessante ficar em Marrakech, mas pode-se caminhar

na ida (perto de cinco quilômetros) em tempo mais fresco & um táxi irá custar cerca de dois xelins & seis pence, acho. Ela talvez possa alugar um carro se quiser fazer seu teste de direção internacional antes de vir. De qualquer modo, há ônibus de Marrakech para todos os outros lugares.
Com amor
Eileen.

Para John Sceats*

> 26 de outubro de 1938
> Boite[2] Postale
> 48 Guéliz
> Marrakech
> Marrocos Francês

Caro Sceats,[3]

Espero que tudo esteja correndo bem com você. Eu pretendia procurá-lo antes de sair da Inglaterra, mas acontece que fui quase em linha reta do sanatório para o barco e tive somente um dia

---

[2] A máquina de escrever de Orwell não tinha acentos e ele sempre escrevia "Boite" em vez de "Boîte". Seu francês era muito bom e ele estaria bem ciente da ortografia correta. Daqui em diante, isso será corrigido sem alarde.

[3] John Sceats só encontrou Orwell uma única vez, no Sanatório de Preston Hall, provavelmente em maio ou junho de 1938: "Conversamos principalmente sobre política e filosofia. Lembro que ele disse que achava *Dias na Birmânia* seu melhor livro (excluindo, *sans dire*, o mais recente). Na época, estava lendo Kafka. Apesar de sua recente associação com o POUM, já havia decidido que não era marxista e estava mais que interessado na filosofia do anarquismo. [...] Ele era, naturalmente, antinazista, mas não conseguia (na época) engolir a ideia de uma guerra contra a Alemanha: com efeito, falando com Max Plowman* (que chegou à tarde), ele insinuou que o acompanharia na oposição a uma guerra, assim como em todas as medidas clandestinas que pudessem ser apropriadas". Sceats marcou a última frase com um asterisco e acrescentou uma nota ao pé da página: "Na verdade, foi Max quem apresentou os pontos de vista do senso comum".

em Londres que, evidentemente, foi bem cheio. Escrevo-lhe agora para pedir alguns conselhos de especialista. O sujeito no romance que estou escrevendo[4] deve ser um agente de seguros. Seu trabalho não tem a menor importância para a história, eu apenas queria que ele fosse um cara típico de meia-idade com cerca de cinco libras esterlinas por semana e uma casa nos subúrbios, e ele é também bastante cortês e razoavelmente bem instruído, até levemente livresco, o que é mais plausível para um agente de seguros do que, digamos, um caixeiro-viajante. Mas quero que qualquer menção a seu trabalho seja correta. E sobre isso, tenho apenas ideias muito vagas do que faz um agente de seguros. Quero que ele seja um sujeito que viaja muito e que parte de seus rendimentos venha de comissões, que não seja somente um empregado de escritório. Um cara assim tem um "bairro" e uma ronda habitual como um caixeiro-viajante? Ele tem de andar à caça de clientes ou simplesmente fazer a ronda e inscrever as pessoas quando elas desejam ser seguradas? Passa todo o tempo em viagens ou parte dele no escritório? Ele teria um escritório próprio? As grandes companhias de seguros têm filiais em todos os lugares (este sujeito mora em um subúrbio que poderia ser Hayes ou Southall) ou têm somente a sede e enviam todos os agentes de lá? E um homem desse tipo faria avaliações de imóveis, e também seguros de vida e propriedade? Eu ficaria muito feliz com algum esclarecimento sobre esses pontos. Minha imagem desse sujeito é esta. Ele passa cerca de dois dias por semana na filial de seu subúrbio e o resto do tempo viaja de carro por um distrito de cerca de metade do tamanho de um condado, entrevistando pessoas que escreveram para dizer que desejam ser seguradas, fazendo avaliações de casas, posses e assim por diante, e também caçando pedidos, so-

---

4 *Coming Up for Air* [Um pouco de ar, por favor!].

bre os quais recebe uma comissão extra, por isso ele está ganhando cerca de cinco libras por semana depois de estar na empresa há dezoito anos (tendo iniciado muito por baixo). Quero saber se isso é plausível.

Bem "A lua seu eclipse superou, os agourentos de si podem rir",[5] e alguns deles estão realmente muito tristes, a julgar pelo *New Statesman*. Porém, suponho que eles terão a guerra que desejam em cerca de dois anos. A atitude real da classe governante sobre esse assunto está resumida na observação que entreouvi de um membro da guarnição de Gibraltar no momento em que pus os pés lá: "Está bastante claro que Hitler terá a Tchecoslováquia. É melhor deixá-lo tê-la. Estaremos prontos em 1941". Enquanto isso, o resultado líquido será uma vitória arrebatadora para os conservadores na eleição geral. Julgo a partir de cartas de familiares mais ou menos conservadores em casa que, agora que está tudo acabado, as pessoas estão um pouco fartas e andam dizendo: "Que pena que não esperamos um pouco mais e Hitler teria recuado". E disso os malditos idiotas do P[artido] T[rabalhista] inferirem que no fim das contas o povo inglês quer uma nova guerra para tornar o mundo seguro para a democracia e que a sua melhor linha é explorar a coisa antifascista. Eles não parecem perceber que a eleição vai reviver o espírito da crise, a palavra de ordem será Chamberlain e Paz, e se o PT sair dizendo "Queremos guerra", que é como as pessoas comuns, muito justamente, interpretam a linha firme com a coisa de Hitler, eles serão simplesmente engolidos. Acho que nos últimos dois anos muitas pessoas foram enganadas por fenômenos como o Left Book Club. Aqui você tem cerca de cinquenta mil pessoas dispostas a fazer barulho sobre a Espanha, a China etc., e porque a maioria das pessoas é normalmente silenciosa, isso dá a

---

[5] Shakespeare, Soneto 107, citado em parte em carta de Orwell para Jack Common, 12/10/38; ver sua nº 1.

impressão de que os pregadores de esquerda são a voz da nação em vez de serem uma pequena minoria. Ninguém parece refletir que o que importa não é o que umas poucas pessoas dizem quando tudo está calmo, mas o que a maioria faz em momentos de crise. A única esperança é que se o PT levar uma surra na eleição, e isso é quase certo que vai acontecer, ele será forçado aos poucos a voltar à sua política apropriada. Mas receio que isso aconteça somente daqui um ou dois anos.

Preciso descer para uma refeição que está esfriando, então *au revoir*. Eu ficaria imensamente grato se você me escrever sobre essas questões em algum momento, mas não há pressa imediata.

Do seu
Eric Blair

Para John Sceats*

24 de novembro de 1938
Boîte Postale 48
Marrakech

Caro Sceats,

Muito obrigado por sua carta com as informações muito úteis sobre escritórios de seguros. Percebo que meu camarada terá de ser um representante e que subestimei um pouco sua renda. Fiz um monte de trabalho, mas infelizmente, depois de desperdiçar nada menos que uma quinzena escrevendo artigos para vários jornais, fiquei um pouco doente, de tal modo que, propriamente falando, não trabalhei nada durante três semanas. É terrível como o tempo voa. Com toda essa doença, decidi contar 1938 como um ano em branco e riscá-lo do calendário. Mas, enquanto isso, o campo de concentração avulta à frente e há muita coisa que se quer fazer. Cheguei ao ponto agora, sinto que poderia escrever um bom romance se eu tivesse cinco anos de paz e tranquilidade, mas neste momento dá na mesma alguém pedir por cinco anos na lua.

Este é, de modo geral, um país sem graça. Em algum momento depois do Natal, queremos passar uma semana nas montanhas Atlas, que ficam a oitenta ou 160 quilômetros daqui e parecem bem interessantes. Aqui embaixo a terra é seca e plana, um pouco como um enorme loteamento que deixaram "dar para trás", e praticamente nenhuma árvore, exceto oliveiras e palmeiras. A pobreza é algo terrível, embora seja naturalmente um pouco mais suportável para as pessoas em um clima quente. As pessoas têm pedaços minúsculos de terra que cultivam com instrumentos que já seriam ultrapassados no tempo de Moisés. Pode-se obter uma espécie de ideia da fome prevalecente pelo fato de que em todo o país não existe praticamente nenhum animal selvagem, tudo que é comestível é consumido pelos seres humanos. Não sei como o Marrocos seria, se comparado a partes mais pobres da Índia, mas a Birmânia parece um paraíso comparada a isto, no que diz respeito ao padrão de vida. Os franceses estão evidentemente espremendo o país de forma muito cruel. Eles absorvem a maior parte das terras férteis, bem como os minerais, e os impostos parecem bastante pesados, considerando-se a pobreza do povo. Na superfície, a administração deles parece melhor do que a nossa e certamente desperta menos animosidade na raça submetida, porque eles têm muito pouco preconceito de cor. Mas acho que por baixo é praticamente a mesma coisa. Tanto quanto posso saber, não há movimento antifrancês de qualquer tamanho entre os árabes, e, se houvesse um, seria quase certamente nacionalista, em vez de socialista, pois a grande maioria do povo está na fase feudal e os franceses, imagino, pretendem que assim permaneça. Não posso dizer nada sobre a dimensão do movimento socialista local, porque [ele] só existiu de forma ilegal durante algum tempo. Pedi ao ILP que fizesse o Partido Socialista francês me pôr em contato com qualquer movimento socialista daqui, pelo menos para que eu pudesse aprender mais sobre as condições locais, mas eles não o fizeram, talvez porque seja muito perigoso. Os franceses aqui, apesar de serem bastante diferentes da população britânica na Índia — em sua maioria, pequenos comerciantes e até trabalhadores manuais —, são conservadores tacanhos e levemente pró-fascistas. Escrevi dois artigos sobre as condições daqui para a Quarterly que espero que publiquem,[6] pois penso que eles não são muito incorretos e sutilmente trotskistas. Por falar nisso, espero que Controversy não tenha sucumbido.[7] Seria um desastre se isso acontecesse, e mais ainda se o N. L.[8] virasse mensal. Quanto à Controversy, tenho certeza de que a venda poderia ser resolvida com um pouco de energia e uma certa disponibilidade para distribuir números antigos, e farei o que puder em minha cidade mais próxima quando voltar.

Você já ouviu algum rumor sobre as eleições gerais? A única pessoa com quem posso fazer contato aqui que poderia saber alguma coisa é o cônsul britânico, que acha que o governo vai adiar as eleições pelo maior tempo possível e que também pode haver tentativas de ressuscitar o velho Partido Liberal. Não acho que alguma coisa possa impedir Chamberlain de ganhar, a menos que surja algum escândalo imprevisto. Os trabalhistas podem ganhar algumas eleições suplementares, mas as eleições gerais serão disputadas em uma atmosfera emocional completamente diferente. O melhor que se pode esperar é que elas deem uma lição aos trabalhistas. Só recebo jornais ingleses uma vez ou outra e não vi os resultados de algumas eleições suplementares. Sei que o Partido

---

6 Apesar de uma pesquisa minuciosa, esses artigos não foram localizados.
7 Ela sobreviveu, mas passou a se chamar *Left Forum* em junho de 1939.
8 *The New Leader*. A publicação dependia de contribuições voluntárias para sobreviver. Em novembro de 1938, ela registrou os resultados de dois apelos, em que 63 libras esterlinas e 51 libras seis xelins e sete pence foram levantadas, numa média de seis xelins e onze pence por contribuição. A de Orwell foi de cinco xelins e sete pence.

Trabalhista ganhou em Dartford, mas entendo que os conservadores ganharam em Oxford.[9]

Em algum momento, me escreva para eu saber como as coisas estão indo.

Do seu

Eric Blair

Para Charles Doran*

26 de novembro de 1938
Boîte Postale 48
Marrakech

Caro Charlie,

Muito obrigado pela sua carta com o exemplar de *Solidarity* e a resenha tão gentil de meu livro. Vejo, pela primeira página do *Solidarity*, que os malditos mentirosos do *News Chronicle* noticiaram o resultado do julgamento do POUM sob o título de "espiões condenados", dando assim a impressão de que os presos do POUM foram condenados por espionagem. *The Observer* também fez algo desse tipo, embora mais discretamente, e a imprensa francesa deste país, que em sua maioria é pró-Franco, noticiou o ato de acusação

---

[9] Em sua edição de 9 de dezembro de 1938, *The New Leader* publicou o que chamou de "Histórias espantosas" sobre como os candidatos trabalhistas haviam sido "expulsos" em reuniões de seleção do eleitorado de Bridgwater e Oxford por "progressistas independentes". Em Bridgwater, o "suposto candidato independente" foi apresentado aos eleitores por Sir Richard Acland (1906-90; Bt.), um deputado liberal de 1935 e muito ativo na campanha da frente popular de 1936. Orwell escreveu um perfil dele para *The Observer*, 23 de maio de 1943 (xv, 2095, pp. 103-6). Houve também uma intervenção pelo "novo partido político, o Left Book Club". Em Oxford, os professores foram acusados de manipular a seleção de um progressista independente. A notícia concluía: "Essa 'intelligentsia' e seus clubes do livro de esquerda são o novo instrumento do Partido Comunista". Essa manobra teve pouco efeito, pois o conservador Quintin Hogg ficou com o assento.

contra o POUM, afirmou que tinha sido "tudo provado" e depois não noticiou a sentença! Admito que esse tipo de coisa me assusta. Significa que o respeito mais elementar pela verdade está acabando, não somente na imprensa fascista e comunista, mas também na imprensa burguesa liberal que ainda proclama da boca para fora as velhas tradições do jornalismo. Isso dá a sensação de que nossa civilização está caindo numa espécie de névoa de mentiras, onde será impossível descobrir a verdade sobre qualquer coisa. Enquanto isso, escrevi ao ILP pedindo-lhes que me enviem um exemplar do número do *Solidaridad Obrera*[10] que relatou o caso, de modo que, se necessário, eu possa escrever para a imprensa, ou seja, para jornais que publicariam minha carta, mostrando claramente o motivo da condenação dos presos do POUM. Espero, no entanto, que alguém já o tenha feito. É difícil para mim ter acesso a jornais estrangeiros aqui, em especial a um jornal como o *Solidaridad Obrera*, que não consegui mais perto do que Gibraltar, e lá somente com dificuldade.

Como você talvez saiba, me mandaram passar o inverno aqui em prol de meus pulmões. Já estamos aqui há quase três meses e acho que isso me fez bastante bem. É um país cansativo sob alguns aspectos, mas é interessante ter uma ideia dos métodos coloniais franceses e compará-los com os nossos. Tanto quanto posso perceber, acho que os franceses são tão ruins como nós, mas um pouco melhor na superfície, em parte devido ao fato de que aqui há uma grande população branca nativa, parte da qual é proletária ou quase proletária. Por esse motivo, não é muito possível manter uma atmosfera do tipo "fardo do homem branco" que temos na Índia, e há menos preconceito de cor. Mas, economicamente, é a falcatrua costumeira, para a qual existem os impérios. A pobreza

---

[10] Jornal diário espanhol anarquista da época.

da maioria da população árabe é medonha. Tanto quanto se pode saber, a família média parece viver com cerca de um xelim por dia e, evidentemente, a maioria da população é composta de camponeses ou pequenos artesãos que têm de trabalhar muito duro com métodos antiquados. Ao mesmo tempo, até onde se pode julgar, não há nenhum movimento antifrancês de qualquer escala. Se aparecesse algum, acho que seria meramente nacionalista no início, pois a grande maioria do povo ainda está no estágio feudal e é maometana bem rígida. Em algumas grandes cidades, como Casablanca, há um proletariado, tanto branco como de cor, e aí o movimento socialista mal existe. Mas quanto aos partidos socialistas árabes, todos foram reprimidos há algum tempo. Tenho uma razoável certeza de que, a menos que a classe operária (isso realmente depende dela) nas democracias mude suas táticas dentro de um ou dois anos, os árabes serão presa fácil para os fascistas. A opinião pública francesa é predominantemente pró-Franco, e eu não ficaria muito surpreso se o Marrocos se tornasse o local de partida para uma versão francesa de Franco em anos vindouros. Não sei o que pensar sobre a crise, Maxton etc. Acho que Maxton enfiou o pé nela ao ser muito cordial com Chamberlain, e também acho que seria absurdo considerar Chamberlain realmente um pacificador. Também concordo com o que qualquer um escolhe para dizer sobre a maneira como os tchecos foram abandonados. Mas acho que poderemos enfrentar um ou dois fatos. Um deles é que quase tudo é melhor do que uma guerra europeia, que levará não apenas ao massacre de dezenas de milhões como a uma extensão do fascismo. Com certeza Chamberlain e companhia estão se preparando para a guerra, e qualquer outro governo suscetível de assumir o poder também se preparará, mas enquanto isso temos talvez dois anos de espaço para respirar em que *talvez* seja possível provocar um movimento verdadeiramente popular contra a guerra na Inglaterra, na França e, sobretudo, nos países fascistas. Se pudermos fazer isso, a ponto de deixar claro que nenhum governo irá à guerra porque seu povo não vai segui-lo, acho que Hitler está liquidado. O outro fato é que o Partido Trabalhista está causando um terrível mal a si mesmo ao ficar marcado na mente do público como o partido da guerra. Na minha opinião, eles não podem agora ganhar as eleições gerais,[11] exceto se algo muito imprevisível acontecer. Estarão, portanto, na posição de uma oposição que pressiona o governo na direção em que ele já está indo. Desse modo, podem muito bem deixar de existir e, de fato, não me surpreenderia se nos próximos um ou dois anos Attlee e companhia cedam a pressões e assumam o cargo numa nova versão de um governo nacional.[12] Admito que ser contra a guerra provavelmente faz o jogo de Chamberlain para os próximos meses, mas em breve chegará o momento em que os antiguerras de todas as cores terão de resistir aos processos fascistizantes que a preparação para a guerra acarreta.

Espero que as coisas estejam prosperando para você. Depois de toda a terrível perda de tempo por causa da doença, comecei meu romance, que, suponho, estará pronto para sair por volta de abril. Eileen manda beijos.

Do seu
Eric Blair

P. S.: [*no alto da carta*] Muito obrigado por seus bons ofícios para o

---

11 Um governo em grande medida conservador — com adesões de liberais nacionais e trabalhistas nacionais — se formara em 16 de novembro de 1935, com uma maioria de 247, para um mandato de cinco anos no máximo. Orwell espera uma eleição geral em 1939 ou 1940, mas por causa da eclosão da guerra nenhuma eleição geral foi realizada até 1945.
12 Com a queda de Neville Chamberlain e a nomeação de Winston Churchill para primeiro-ministro em maio de 1940, o Partido Trabalhista entrou para um governo genuinamente nacional, e Clement Attlee se tornou vice-primeiro-ministro. O Partido Trabalhista ganharia a eleição de 1945 com uma maioria de 146.

meu livro espanhol. Isso é o que vende livro — ele ser pedido em bibliotecas.

Para seu pai*

> 2 de dezembro de 1938
> Boîte Postale 48
> Marrakech

Querido pai,

Fico contente em saber pela mãe que você tem estado um pouco melhor e que se levanta de vez em quando. Se seu apetite está muito ruim, já pensou em tentar Haliborange? Tomei-o algumas vezes, e não é de todo desagradável, nutritivo por si mesmo e parece melhorar nosso apetite depois de um tempo. Acredito que o dr. Collings o aprovaria. É apenas o óleo de fígado de halibute aromatizado com laranja e algumas outras coisas.

O tempo aqui ficou muito mais fresco e é um pouco como o frio na Alta Birmânia, geralmente bom e ensolarado, mas não quente. Acendemos a lareira na maioria dos dias, o que na verdade não é preciso até a noite, mas é gostoso. Não há carvão neste país, todas as lareiras usam madeira e para cozinhar eles usam carvão. Tentamos fazer um pouco de jardinagem, mas não tivemos muito sucesso, porque é difícil as sementes germinarem, imagino que por causa do tempo geralmente muito seco. A maioria das flores inglesas se dá muito bem aqui, depois que estão estabelecidas, e ao mesmo tempo há plantas tropicais como a buganvília. Os camponeses estão apenas começando suas lavouras de chilis,° como as que costumavam cultivar na Birmânia. As pessoas aqui vivem em aldeias cercadas por muros de barro de cerca de três metros de altura, suponho que como proteção contra ladrões, e por trás deles vivem em cabanas miseráveis de palha de cerca de três metros de largura. É um país muito descoberto, partes dele quase desertas, embora não seja o que se considera um verdadeiro deserto. As pessoas levam seus rebanhos de ovelhas, cabras, camelos e assim por diante para pastar em locais onde não parece haver nada para comer, e os pobres animais fuçam até achar pequenas ervas secas sob as pedras. Parece que as crianças começam a trabalhar com cinco ou seis anos de idade. São extraordinariamente obedientes e ficam fora o dia todo pastoreando as cabras e afastando os pássaros das oliveiras.

Acho que o clima está me fazendo bem. Estive um pouco indisposto na semana passada, mas em geral me sinto muito melhor e estou ganhando um pouco de peso. Tenho trabalhado muito. Vamos tirar mais fotografias, inclusive algumas da casa, e as enviaremos quando forem reveladas.[13] Cuide-se e fique bom logo.

Com amor
Eric

Eileen Blair* para Mary Common*

> 5 de dezembro de 1938
> Boîte Postale 48
> Marrakech-Guéliz

Querida Mary,

Acabamos de voltar das compras de Natal. Começou com um pneu furado da minha bicicleta. A etapa seguinte foi minha chegada a Marrakech, inteiramente sem dinheiro, dois minutos depois que o banco tinha fechado. Quando Eric chegou para o almoço, eu já havia esquadrinhado a cidade (na qual não conhecemos nin-

---

[13] Ver *The Lost Orwell*, ilustrações 9-16, para fotografias tiradas no Marrocos.

guém) em busca de socorro e conseguira descontar um cheque e reunir um séquito de guias, carregadores etc., todos os quais esperavam da forma mais encantadora por dinheiro desde que pudessem dizer que o haviam ganho. Após o almoço, começamos as compras e continuamos por duas horas e meia, rodeados por cerca de vinte homens e meninos, todos gritando e muitos deles chorando. Se um de nós tentasse falar, muito antes de mencionarmos o que estávamos dizendo, todos gritavam: "Sim, sim. *Eu* entendo. Os outros não entendem". Compramos muitas coisas em uma loja porque vão enviar pelo correio para a Inglaterra — ao menos é o que dizem. As coisas estão sendo enviadas em três lotes, para três receptores-chave que deverão distribuí-las. Você é uma receptora-chave e deverá dar um prato para a sra. Hatchett, uma bandeja de latão para a sra. Anderson e fique com um cobertor para você (e Jack). Você pode, naturalmente, receber algo muitíssimo diferente, ou nada. Um carregador considera-se contratado se consegue pôr as mãos em qualquer objeto seu, e à medida que eu colocava cada coisa na pilha apropriada, ela era imediatamente tomada por um a quatro ajudantes e posta em outro lugar, ou as peças em vários lugares diferentes. Supondo que você receba alguma coisa, pode haver imposto a pagar. Não acho que possa ser mais do que três ou quatro xelins e espero que não venha a ser nada. Já enviamos algumas coisas para casa sem problemas (refiro-me a pagar dinheiro) e eles devem ser gentis no Natal, mas é perfeitamente possível que ponham uma equipe especial no Natal para agir de maneira pouco amável. De qualquer modo, se houver tarifas, nós as reembolsaremos quando voltarmos, ou antes por procuração, mas por enquanto não conseguimos pensar em nada melhor do que Peter[14] pagá-las. Peter, como todos os nossos amigos mais jovens, ganha-

---

14 Filho de Mary e Jack Common.

rá dinheiro de Natal, porque não podemos comprar nada aqui para as crianças, a não ser que paguemos uns trinta francos por algo que a Woolworth faz melhor. Dinheiro significa cinco xelins. Espero que chegue, mas naturalmente estamos fazendo tudo isso muito tarde. De qualquer modo, faríamos tudo muito tarde, mas a verdade é que Eric ficou de cama por mais de uma semana, e assim que ele melhorou tive uma doença que, na verdade, começou antes da dele, mas que havia necessariamente sido adiada. Gostei da doença: como sempre eu tinha que fazer toda a comida, mas vestida com um roupão, e levava firmemente minha bandeja para a cama. Agora estamos ambos muito bem, ou lembro de estarmos muito bem na noite passada. Esta noite estamos literalmente cambaleando, e o cardápio do jantar, em que antes havia coisas como molho de cogumelos e um suflê, foi revisto para anunciar: ovos quentes, manteiga, pão, queijo; pão, geleia, creme; frutas cruas. O criado vai para casa depois do almoço. Ele deveria dormir aqui em uma espécie de estábulo, mas prefere percorrer de bicicleta os oito ou nove quilômetros até Marrakech de manhã e à noite. Acho isso bem melhor. Não há nada para ele fazer à noite, exceto lavar a louça da ceia, e até que ela estivesse suja ele ficava sentado no degrau da cozinha, muitas vezes em lágrimas, levantando-se a cada dez minutos para arrumar a cozinha e guardar (geralmente no porão) as coisas que eu estava prestes a usar para cozinhar. É costume dos franceses, bem como dos árabes, levantar às cinco da manhã, o mais tardar, e ele chega aqui por volta das sete com pão fresco e leite para o café da manhã. É cedo demais para nós. Chegamos a nos entender bastante bem, embora eu raramente saiba se ele está falando francês ou árabe, e muitas vezes eu mesma falo com ele em inglês. O tempo ficou bem frio, o que é delicioso. De fato, o clima está bom agora e acho que não morreremos por causa dele, o que até recentemente parecia provável no meu caso e líquido e certo no de Eric. A doença dele era uma espécie de etapa necessária para ficar melhor; ele andou pior aqui como eu nunca vi. O país é, ou era, em todo caso, quase insuportavelmente deprimente, não apenas deserto. Agora está melhor, porque algumas coisas estão crescendo e, de acordo com os guias turísticos, em fevereiro, ou algo assim, o país inteiro estará coberto com um tapete de flores silvestres. Outro dia, encontramos com grande excitação uma flor silvestre, e como era uma coisa liliácea sem talo deduzimos que era o primeiro fragmento do tapete. Em nosso jardim, tivemos experiências angustiantes. Acho que semeamos cerca de vinte pacotes de sementes e o resultado são algumas capuchinhas, pouquíssmos cravos-de-defunto e algumas ervilhas. Elas demoram cerca de três ou quatro semanas para germinar e ou crescem no mesmo ritmo, ou não crescem muito mais do que um centímetro. Mas em geral, é claro que não germinam. As duas cabras são mais satisfatórias agora porque ficaram sem leite e isso dá menos trabalho. Até recentemente, eram ordenhadas duas vezes ao dia, com Mahjroub[15] segurando a cabeça e a pata traseira, Eric ordenhando e eu reagindo a gritos de agonia enquanto um pouco de bom leite de vaca fervia e transbordava e a produção total das duas por dia era muito menos que meio litro. As galinhas, no entanto, tornaram-se muito produtivas — puseram dez ovos em quatro dias. Começamos com doze galinhas, mas quatro morreram imediatamente, então, se você quiser faça a soma que eu estava pensando em fazer, mas acho difícil demais. Espero que todas aquelas grandes galinhas de Wallington fiquem envergonhadas. Elas realmente deveriam estar pondo muito bem agora (ou seja, cerca de quatro por semana cada uma). No último Natal, tivemos um grande número de ovos e mandamos muitos pelo correio, com o resultado de que

---

15 O criado dos Orwell, Mahdjoub Mahommed. Orwell e Mahdjoub podem ser vistos ordenhando uma cabra em *The Lost Orwell*, ilustração 11.

todos os afortunados destinatários receberam cartas do PMG[16] em que lamentava que uma encomenda endereçada a eles precisou ser destruída por ser repugnante. Preciso escrever algumas cartas de Natal, motivo pelo qual continuo datilografando esta. Fico insuportavelmente melancólica se tenho de dizer exatamente a mesma coisa duas vezes, por isso até mais ou menos a décima ou décima quinta carta de Natal mando para as pessoas as saudações mais surpreendentes, mas lá pela vigésima me rendo à insuportável melancolia e desejo ao resto um feliz Natal. É o que lhe desejo, e um Ano-Novo brilhante, evidentemente. E Eric, tenho certeza, faz o mesmo. E ambos mandamos nosso amor.
Da sua,
Eileen.

Para Cyril Connolly*

14 de dezembro de 1938
Boîte Postale 48
Marrakech

Caro Cyril,
Fiquei sabendo que seu livro[17] saiu. Você vai me mandar um exemplar, não é? Não consigo livros em inglês aqui. O *New English* [*Weekly*] ia me mandá-lo para resenhar, mas não o fizeram, talvez não tenham recebido um exemplar. Estou neste lugar há

---

16 Diretor-geral dos Correios.
17 *Enemies of Promise* [Inimigos da promessa]. Embora preocupado principalmente com os aspectos da vida que trabalham contra o escritor criativo, o livro também descreve a vida na escola de St. Cyprian's (chamado de St. Wulfric's) e, em Eton. Connolly esteve em ambas as escolas com Orwell, que é frequentemente mencionado. Orwell e Christopher Isherwood são descritos como "os expoentes mais capazes do estilo coloquial entre os jovens escritores". A sra. Wilkes era a esposa do diretor.

cerca de três meses, já que deve fazer bem para meus pulmões passar o inverno aqui. Tenho menos do que nenhuma crença em teorias sobre certos climas serem "bons para" que, sob investigação, sempre se revelam ser geridos por um esquema de agências de turismo e médicos da região, mas agora que estou aqui imagino que ficarei até por volta de abril. O Marrocos me parece um país estupidamente chato, sem florestas e literalmente sem animais selvagens, e as pessoas próximas de uma grande cidade estão totalmente corrompidas por uma combinação de turismo e pobreza que as transforma em mendigos e vendedores de curiosidades disputando uma corrida. Em algum momento do próximo mês, faremos uma visita rápida ao Atlas, que pode ser mais interessante. Estou avançando em meu romance, que foi programado para sair no outono, mas que, devido a esta maldita doença, só comecei há dois ou três meses. Evidentemente, terei de correr se quiser terminá-lo a tempo para a primavera. É uma pena, realmente, pois é uma boa ideia, embora não ache que você vá gostar, se o vir. Tudo o que se escreve hoje é ofuscado por esse sentimento medonho de que estamos correndo em direção a um precipício e, embora realmente não devamos impedir a nós ou qualquer outra pessoa de saltar, precisamos oferecer algum tipo de luta. De fato, acho que temos uns dois anos antes de os canhões começarem a atirar. Estou ansioso para ver seu livro, deduzo pelas resenhas que boa parte dele é sobre Eton, e vai me interessar muito ver se as impressões que você retém são parecidas com as minhas. Evidentemente, você fez, em todos os sentidos, muito mais sucesso na escola do que eu, e minha posição era complicada e, com efeito, dominada pelo fato de que eu tinha muito menos dinheiro do que a maioria das pessoas a minha volta, mas no que diz respeito aos alunos externos tivemos mais ou menos as mesmas experiências de 1912 a 1921. E o nosso desenvolvimento literário colidiu em certos pontos também. Você se lembra que por volta de 1914, em

St. Cyprian, um de nós pôs as mãos em *Country of the Blind*, de H. G. Wells, e ficamos tão encantados com o livro que o surrupiávamos constantemente um do outro? É uma lembrança muito viva minha andar sub-repticiamente por todo o corredor mais ou menos às quatro horas de uma manhã de verão e entrar no dormitório onde você dormia e surrupiar o livro ao lado da sua cama. E você lembra, mais ou menos na mesma época, que eu levei para a escola um exemplar de *Sinister Street*, de Compton Mackenzie, que você começou a ler, e então aquela velha porca imunda da sra. Wilkes descobriu e houve um banzé tremendo por levar para a escola "um livro daquele tipo" (embora na época eu não soubesse nem mesmo o que "sinistra" significava)? Sempre penso em escrever um livro sobre St. Cyprian um dia desses. Sempre considerei que as escolas públicas não são tão ruins, mas as pessoas são destruídas pelas escolas privadas imundas muito antes de chegar à idade das escolas públicas.

Por favor, mande meus melhores votos para sua esposa. Espero vê-lo quando voltar.

Do seu

Eric Blair

P. S.: [*manuscrito*] Suponho que o Quintin Hogg,[18] que venceu a eleição em Oxford, seja a figurinha que era bicha quando saí da escola.

---

18 Quintin Hogg (1907-2001; Segundo Visconde de Hailsham; renúncia a título de nobreza hereditário, 1963; membro vitalício da Câmara dos Lordes, Barão Hailsham de St. Marylebone, 1970; PC, 1956; KG, 1988; CH, 1974), advogado, político do Partido Conservador e escritor, entrou em Eton logo depois de Orwell. Foi eleito para a Câmara dos Comuns por Oxford City em 1938. *Picture Post,* de Edward Hulton, registrou que a plataforma de Hogg era "Unidade: sólido atrás de Chamberlain".

Eileen* para Norah Myles*

14-17 de dezembro de 1938
Boîte Postale 48
Marrakech-Guéliz

[sem saudação]

Eu sei que minha querida menina vai receber um presente de Ano-Novo e ficar tão contente quanto teria ficado com um presente de Natal. Se ela vai adivinhar o que fazer com ele depois, eu não sei. Dizem que é para pôr dinheiro &, de fato, se a gente faz isso, ele fica ereto de uma maneira atraente. Mas faça como quiser, querida. Apenas gostaria de ter a esperança de que ele vai estar cheio de dinheiro durante todo 1939 & que você terá outras riquezas também, do melhor tipo.

A novidade é que eu me sinto muito feliz agora. Tanto quanto posso julgar, a felicidade é resultado direto das notícias de ontem, que eram: a) o sr. Blair está morrendo de câncer; b) o bebê de Gwen, Laurence,[19] teve de ser levado à Great Ormond Street (ele está com 4 ½ semanas de idade, ou 5); c) que George Kopp* se propõe a vir ficar conosco em Marrocos (ele não tem dinheiro e ficamos sabendo no dia anterior por telegrama que ele saiu da cadeia & da Espanha;[20] a reação de Eric ao telegrama foi que George deve ficar conosco, & sua reação à carta de George anunciando sua chegada é que ele não deve ficar conosco, mas acho que a solução tal-

---

19 Laurence O'Shaughnessy Jr. nasceu em 13 de novembro de 1938; quatro semanas e meia depois seria por volta de 14 de dezembro e cinco semanas depois por volta de 17 de dezembro.
20 Escrevendo para Frank Jellinek em 20 de dezembro de 1938 (CW, XI, 513, p. 257), Orwell diz: "Tive notícias hoje de George Kopp,* que foi meu comandante no front, e que acaba de sair da Espanha..."; mas Orwell datilografou inicialmente "prisão" antes de "Espanha" e, em seguida, riscou a palavra. Pode ter havido uma ligeira confusão entre Orwell e Eileen sobre quando Kopp saiu exatamente da cadeia e da Espanha.

vez seja que George não vai encontrar ninguém para lhe emprestar o dinheiro necessário). Eric, no entanto, está melhor. Protestei muito quanto a vir para cá no início de setembro & gosto de estar certa, mas me senti certa demais. O tempo estava praticamente intolerável. Tive uma febre de 38,8 antes de completar 24 horas neste lugar & Eric, sem nenhuma crise real, perdeu quatro quilos no primeiro mês & tossiu todos os dias & principalmente todas as noites, de tal modo que não conseguimos trinta minutos seguidos de repouso até novembro. Ele recuperou pouco mais de dois quilos agora & não tosse muito (mas ainda tosse mais do que na Inglaterra), então acho que ele pode não estar muito pior no final do inverno no exterior do que estava no início. Imagino que sua vida tenha sido encurtada em mais um ou dois anos, mas todos os totalitários tornam isso irrelevante. Uma das razões da minha falta de vontade de vir quando o fizemos era que eu tinha feito todos os arranjos para ir a Bristol, levando Marx, o poodle (que está lá passando o inverno com a irmã de Eric), mas ficando com você. Claro que você não ficou sabendo disso, mas sabe como eu ficaria contente. Fomos arremessados para fora do país em grande parte porque Eric desafiou o irmão Eric a ponto de ir ver seu pai, que já estava doente, embora ainda não tivessem pensado em câncer. O irmão Eric foi incapaz de pensar em mais mentiras sobre a doença (eles o mantiveram em Preston Hall com um diagnostico firme & constantemente repetido de tísica por dois meses depois que sabiam que ele não tinha isso; no fim, descobri que no primeiro raio X as melhores opiniões eram contra até mesmo um diagnóstico provisório de tísica), então voltou sua atenção para o Marrocos. Evidentemente, fomos tolos de vir, mas achei impossível recusar & Eric achava que tinha uma obrigação, embora se queixe constante & justamente que, por uma campanha bastante deliberada de mentiras, ele está endividado pela primeira vez em sua vida[21] & desperdiçou praticamente um ano dos muito poucos nos quais ele pode esperar funcionar. No entanto, agora que estamos endurecido diante do horror geral do país, estamos gostando bastante & Eric está escrevendo um livro que agrada muito a nós dois.[22] E de certo modo perdoei o irmão Eric, que não pode deixar de ser um fascista da natureza & de fato está perturbado por esse fato que ele percebe.[23]

Se você quiser alguma notícia sobre o Marrocos, enviarei a você um cartão-postal. Os mercados são fascinantes se a gente fuma (de preferência charuto) o tempo todo e nunca olha para baixo. No início, moramos na própria Marrakech, *en pension* (depois da primeira noite que passamos em um bordel, porque as listas de Cook estão um pouco desatualizadas). Marrakech rasteja com doenças de todo tipo, o grupo da micose, o grupo da tuberculose, o grupo da disenteria; & se você almoça num restaurante as moscas só se mostram como moscas distintas de massas pretas quando saem por um momento para provar um cadáver a caminho do cemitério.[24] Agora moramos numa casa de campo distante vários quilômetros da cidade. Está mobiliada com cadeiras de jardim & salgueiro encomendadas por seis francos (são poltronas, bastante

---

[21] Orwell achava que estava endividado porque considerava que tinha financiado a estadia no Marrocos francês com as trezentas libras esterlinas emprestadas do romancista L. H. Myers. Na verdade, era um presente de Myers que foi mantido escondido de Orwell; na realidade, ele não sabia nem o nome de seu benfeitor, porque o dinheiro foi transferido por intermédio de Max Plowman, a quem ele havia conhecido na época em que escrevia para *The Adelphi*. Quando teve dinheiro suficiente (das vendas de *A revolução dos bichos*), Orwell retribuiu o presente por intermédio da viúva de Max Plowman, Dorothy; ver 19/2/46.
[22] *Coming Up for Air*, publicado por Gollancz em 12 de junho de 1939.
[23] A descrição que Eileen faz de seu querido irmão como "fascista da natureza" sugere que, sem dúvida pelo melhor dos motivos, Laurence tentou enganar Orwell sobre sua doença.
[24] Comparar com o início do ensaio de Orwell, "Marrakech", e ver 4/10/38, nº 2.

confortáveis), dois tapetes & uma esteira de oração, várias bandejas de cobre, uma cama & vários "couvertures" [cobertores] de pelo de camelo, três mesas de madeira clara, dois braseiros de carvão para cozinhar, cerca de um terço da louça absolutamente essencial e algumas peças de xadrez. Tem uma aparência bem atraente. A casa fica em um laranjal e tudo pertence a um açougueiro que cultiva laranjas, mas prefere viver com sua carne. Os únicos vizinhos são os árabes que cuidam das laranjas. Temos um árabe também, chamado Mahjroub.[25] Sua história de vida é "Moy dix ans et dooje ans avec Français — soldat". Ele diz uma porção de coisas boas, meio bíblicas. "Dire gaz" significa "se você colocar óleo no copo de álcool desnaturado de um Primus faz fumaça" — o que mal se poderia distinguir de Mizpah.[26] Ele anda preocupado porque nunca se lembra da palavra francesa para peixe, mas esta semana ele realmente aprendeu — é *oiseau*.[27] Nós nos entendemos muito bem agora (ele me chama com frequência de mon vieux Madame), embora eu raramente saiba se ele está falando francês ou árabe e muitas vezes fale inglês. Ele faz as compras, bombeia a água e lava o chão (Moy porty sack chitton) & eu cozinho & curiosamente lavo a roupa. As lavanderias são muito caras (dez francos por um lençol, onze francos por uma camisa, catorze francos por um vestido) & costumam demorar duas ou três semanas. Acho que provavelmente ninguém as usa, exceto eu, então precisam contratar uma equipe cada vez que mando alguma coisa. Temos duas cabras que

---

25 Também conhecido como Mahdjoub Mahommed. Em seu Diário de Marrocos, Orwell diz no dia 22 de novembro 1938 que Mahdjoub serviu em um regimento de linha árabe por cerca de quinze anos e recebia uma pensão em torno de cinco francos por dia — cerca de três pence em moedas de hoje, mas talvez £ 1,20 em valores de hoje.
26 Mizpah: um nome de lugar palestino mencionado no Gênesis 31.49 e usado como uma palavra ou símbolo que expressa associação estreita: "A sentinela do Senhor entre mim e ti", muitas vezes inscrita em broches ou anéis trocados entre amantes.
27 Mahdjoub confundia *oiseau* (pássaro) com *poisson* (peixe).

costumavam dar metade de meio litro por dia, em duas ordenhas (a ordenha é feita por Eric enquanto Mahjroub segura a cabeça & a perna traseira), mas agora o rendimento caiu. Nossas galinhas, no entanto põem muito bem. Compramos doze, quatro morreram imediatamente e as restantes puseram dez ovos em três dias; a produção é recorde para uma galinha marroquina. Pessoas ficam na nossa porta de trás querendo comprá-las. Também temos duas pombas. Elas não põem ovos, mas se pensarem nisso sem dúvida farão o ninho em nossos travesseiros, pois passam a maior parte do dia <u>andando</u> pela casa — uma atrás da outra.

Uma coisa que preciso me lembrar é da irmã de Eric. Eu ia pôr vocês em contato naquele fim de semana. Eles só foram a Bristol por volta de julho. O nome deles é Dacombe: Marjorie *aetat* 40, Humphrey é um pouco mais velho, suponho.[28] Jane tem 15, Henry 10, Lucy 7. Eles moram em St. Michael's Hill — 166, acho. No fundo de meu coração eu não gosto de Marjorie, que não é honesta, mas sempre é um prazer vê-la. Nós todos passamos o Natal juntos & Humphrey queria me contar uma história que não era adequada para as crianças. Era uma história muito longa, que demorava em todas as passagens & sempre convergia para a despensa, que estava mais fria do que qualquer outro lugar que eu lembre. Eu nunca soube sobre o quê era a história, embora as crianças tenham explicado alguns pedaços para mim, mas era uma boa história. As crianças são simpáticas. Seria gentil se você fizesse contato com eles & talvez você goste deles. Humph me lembra Frank Gardner,[29] mas é uma calúnia, pois ele não tem os mesmos hábitos. Eu realmente gosto dele. Se você não fizer contato, a reunião deverá acontecer

---

28 Na realidade, o sobrenome era Dakin. Jenny Joseph sugere que Eileen deu equivocadamente o sobrenome de uma contemporânea de St. Hugh's, Ursula Dacombe. Os Dakin*, embora não estivessem ricos com um salário de funcionário público, não estavam "em um estado de absoluta penúria".

29 Não identificado.

quando eu for buscar Marx na primavera, mas o contato seria melhor para minha reputação. A propósito, toda a família está geralmente em um estado de absoluta penúria. Evidentemente o Blair mais agradável é o sr. Blair, que está morrendo, mas o pobre velho tem 82 anos & não sente nenhuma dor, o que já é alguma coisa.

Escolher o cartão de Natal de sua mãe é sempre um dos meus deleites, mas este ano perdi isso. Em parte por causa dos cartões de Natal. Em parte porque quinze dias atrás, eu tive de repente uma violenta nevralgia e febre. Normalmente, vou a Marrakech numa bicicleta vermelha fabricada no Japão por alguém com pernas muito curtas & as maiores mãos do mundo, mas para esta ocasião peguei um táxi para ir tirar um raio X. Parecia óbvio que eu estava com outro cisto — com efeito, cheguei mesmo a preparar uma sacola, caso tivesse de ir para o hospital outra vez. Não havia nada de errado com meu queixo & a febre só foi embora há dois ou três dias & hoje eu saí pela primeira vez com um lenço na cabeça. Mandei duas encomendas & preenchi doze formulários & paguei mais de selo do que havia pago pelo conteúdo. Mas é tarde demais para cartões de Natal, então dê à sua mãe beijos por enquanto & a seu pai & Ruth, Jean, Billy, Maurice, June, Norman, John, Elizabeth. Até mesmo a Quartus, & contudo Norah é amada incomparavelmente por
    Porco.

Para Jack Common*

26 de dezembro de 1938
Boîte Postale 48
Guéliz Marrakech

Caro Jack,

Muito obrigado por sua carta. Estou terrivelmente arrependido em relação a essas malditas galinhas. Parece que o sobrecarregamos com uma manada de elefantes brancos. Não consigo imaginar o que possa ser. Parece-me que, se fosse alguma doença definitiva, elas morreriam e não simplesmente deixariam de pôr. Quanto a ser o terreno, não acho que possa ter alguma coisa a ver. Para começar, onde quer que estejam no campo, devem estar em terreno que percorreram antes, com bons resultados. As galinhas do velho Desborough, que tiveram o campo até ao final de 1935, ou algo assim, morreram de coccidiose, mas duvido, em primeiro lugar, que os germes da doença permaneceriam no solo por tanto tempo; em segundo lugar, por que não tiveram a doença antes?; em terceiro, você provavelmente não se enganaria com a coccidiose, que deixa as aves fracas e caídas mesmo quando elas não morrem, como acontece com a maioria delas. A coisa que eu realmente não entendo é por que as aves velhas (há algumas, não há?) não põem. Quanto às frangas, às vezes acontece de elas não porem em agosto-setembro, e depois, com a muda e o tempo frio, só começam na primavera. Mas enquanto isso você está sobrecarregado com as contas da comida. Dentro de alguns dias, tentarei lhe enviar algumas libras (receio que na melhor das hipóteses terá de ser umas poucas) para as despesas. Escrevi recentemente ao meu banco para saber se está me sobrando algum dinheiro e receberei a resposta em poucos dias. Evidentemente, esta viagem, que foi feita com dinheiro emprestado, foi muito cara, e não creio que receberei algum dinheiro para valer em três ou quatro meses. O romance deve estar terminado no começo de abril. Está realmente uma bagunça, mas gosto de algumas partes, e ele de repente me revelou um grande assunto em que eu nunca havia tocado antes e não tive tempo para trabalhar devidamente agora. Não posso lhe dizer quanto desejo me manter vivo, fora da cadeia e sem preocupações de dinheiro nos próximos anos. Acho que depois deste livro vou escrever uma espécie de romance popular, mas tenho muito vagamente na cabeça a ideia para um romance enorme em vários volumes e quero vários anos para planejá-lo em paz. É claro que quando digo paz não significa ausência de guerra, porque na verdade você pode estar em paz quando está lutando, mas não acho que aquilo que chamo de paz seja compatível com a guerra totalitária moderna. Enquanto isso, o pessoal da Penguin está tomando medidas para reeditar um ou outro livro meu, e espero que façam isso, porque, embora eu acredite que não haja muita grana nisso, é a melhor propaganda possível. Além disso, é irritante ver seus livros fora de catálogo. Um dos meus, *Na pior*, está tão esgotado que nem eu nem ninguém que eu conheça, exceto minha mãe, possui um exemplar — embora fosse o livro mais retirado da biblioteca de Dartmoor. Estou contente que Warburg* tenha tido a sorte com pelo menos um livro. Devo dizer a favor dele que tem iniciativa e publicou uma gama de coisas mais ampla do que quase todo mundo. Meu livro sobre a Espanha vendeu tudo, mas não importa muito, pois meu agente tinha conseguido o dinheiro dele adiantado e as críticas foram o.k.

Só Deus sabe quando essa encomenda vai aparecer. Pelo que conheço dos correios franceses, não me surpreenderia que chegasse a tempo do Natal de 1939. Na verdade, a deixei junto com muitas outras para serem enviadas pelo lojista, porque eu estava fatigado depois de uma longa tarde de compras, o que é realmente muito cansativo neste país, como na maioria dos países orientais. Os árabes são regateadores ainda maiores do que os indianos, e é preciso admitir que eles gostam disso. Se o preço de um artigo é um xelim, o lojista começa pedindo dois xelins e o comprador começa por oferecer três pence, e eles podem muito bem levar meia hora para concordar com um xelim, embora ambos saibam desde o início que esse é o preço correto. Uma coisa que afeta muito os contatos da pessoa em países estrangeiros é que os nervos dos ingleses não são tão duráveis quanto os de algumas outras raças, eles não suportam o ruído, por exemplo. Gosto dos árabes, eles são muito amistosos e, considerando sua posição, de forma alguma servis, mas não fiz nenhum contato real, em parte porque eles falam principalmente uma espécie de francês bastardo e fui preguiçoso demais para aprender um pouco de árabe. Os franceses neste país parecem chatos e enfadonhos para além de qualquer medida, muito pior do que os anglo-indianos. Duvido que haja algum movimento político de verdade entre os árabes. Os partidos de esquerda foram todos suprimidos (pela Frente Popular), mas não creio que tenham significado muito. Os povos estão totalmente no estágio feudal e a maioria parece pensar que ainda é governada pelo sultão, o que, na imaginação, eles são. Não houve ecos da coisa em Túnis, exceto na imprensa francesa. Se um grande movimento árabe alguma vez emergir, acho que está fadado a ser pró-fascista. Disseram-me que os italianos na Líbia os tratam de maneira atroz, mas seus principais opressores foram as assim chamadas democracias. A atitude da assim chamada esquerda na Inglaterra e na França durante essa coisa do imperialismo simplesmente me dá nojo. Se eles continuassem na mesma linha, acabariam transformando toda pessoa pensante de cor em fascista. Subjacente a isso está o fato de que a classe operária da Inglaterra e da França não tem absolutamente nenhum sentimento de solidariedade para com a classe trabalhadora de cor.

Você perguntou onde ficava Marrakech. Ela está em algum lugar perto do canto superior esquerdo da África e imediatamente ao norte das montanhas Atlas. É muito engraçado termos uma onda de frio até aqui, e na véspera do Natal houve uma geada forte — não sei se isso é comum aqui, mas, a julgar pela vegetação, não creio que seja. Tive a estranha e bastante agradável experiência de ver as laranjas e os limões das árvores cobertos de gelo, o que aparentemente não os danificou. Os efeitos da geada foram muito curiosos. Algumas capuchinhas que eu havia plantado ficaram murchas, mas os cactos e as buganvílias, que são uma planta tropical do Pacífico Sul, não foram afetados. As montanhas ficaram algum tempo cobertas de neve, até mesmo em suas encostas mais baixas. Assim que eu terminar o rascunho de meu romance, vamos tirar uma semana de folga e ir para as montanhas. Os romanos pensavam que elas eram o fim do mundo, e certamente se parecem com isso. O dia em geral é bom e brilhante, mas mantemos o fogo aceso o tempo todo. O único combustível é a madeira de oliveira, porque simplesmente não há uma árvore silvestre por quilômetros e quilômetros. Este é um daqueles países que são quase desertos e que sustentam exatamente uma pequena população de homens e animais que comem todas as coisas comestíveis e queimam todas as coisas queimáveis da superfície, de modo que se houver uma pessoa a mais, haverá uma epidemia de fome. E pensar que nos tempos romanos o norte da África estava repleto de magníficas florestas repletas de leões e elefantes. Agora não há praticamente nenhum animal selvagem maior do que uma lebre, e suponho que até a população humana é menor. Estive lendo justamente sobre isso em *Salambô*, de Flaubert, um livro que, por algum motivo, sempre evitei, mas que é simplesmente deslumbrante.

Não me surpreende que J. M. M[Urry]* entre para a Igreja. Mas ele não ficará muito tempo. Imagino que no futuro próximo haverá um livro chamado "A necessidade do fascismo",[30] mas acho que está na hora de alguém começar a examinar o fascismo seriamente. Deve haver alguma coisa a mais nele do que se pode depreender da imprensa de esquerda. Mussolini está "prestes a" cair desde 1926.

Os franceses mal comemoram o Natal, só o Ano-Novo. Os árabes provavelmente celebram o Ano-Novo, mas talvez não seja o mesmo que o nosso. Eles são maometanos muito rigorosos, exceto

---

30 Murry tinha uma predileção por títulos como esse: *A necessidade da arte* (com outros), (1924), *A necessidade do comunismo* (1932, Nova York, 1933) e *A necessidade do pacifismo* (1937).

que, devido à pobreza, não são escrupulosos demais em relação ao que comem. Nós simplesmente ainda não celebramos o Natal, mas o faremos quando recebermos um pudim que está vindo da Inglaterra. Eileen estava doente no dia de Natal e eu na verdade esqueci que dia era até a noite. É tudo muito triste, porque meu pai está muito doente e minha irmã, que estava para vir, em consequência disso não veio. Dois amigos acabaram de voltar da Espanha. Um deles é um sujeito chamado Robert Williams,[31] que saiu com as entranhas cheias de fragmentos de granada. Ele diz que Barcelona ficou destruída a ponto de estar irreconhecível, todo mundo meio faminto, e que se pode obter novecentas pesetas por uma libra esterlina. O outro é George Kopp,* um belga sobre o qual há muita coisa em meu livro. Ele acabou de escapar depois de dezoito meses em uma prisão da GPU,[32] na qual perdeu 45 quilos. Eles foram estúpidos de deixá-lo ir embora depois do que fizeram com ele, mas suponho que não podiam impedir. É evidente a partir de várias coisas que os comunistas perderam a maior parte de seu poder e que a GPU só existe extraoficialmente.

Abraços para Mary e Peter. Eileen manda beijos e agradecimentos a Mary pela carta. Escreverei de novo quando tiver notícias do banco. Espero que o frio diminua. Ele pode ser terrível numa pequena cabana. Sobre fevereiro, teremos de pensar em acasalar Muriel, mas não há pressa. Aconteça o que acontecer, não a deixe ir para aquele velho caco estropiado do sr. Nicholls,[33] que está simplesmente desgastado após cerca de vinte anos fodendo as próprias irmãs, filhas, netas e bisnetas.

Do seu

Eric

---

31 Outro membro da milícia do POUM.
32 Polícia secreta da URSS.
33 Um vizinho de Wallington.

P. S.: Você estava dando às frangas uma ração de estufa? A coisa do Clarke é bastante boa.

Para Herbert Read*

4 de janeiro de 1939
Boîte Postale 48
Marrakech

Prezado Read,

Obrigado por sua carta e pelo manifesto.[34] Curiosamente, eu já o havia visto em *La Flèche* e pensei em fazer mais investigações a respeito. Certamente vou assiná-lo, mas se você deseja apenas alguns nomes para representar a Inglaterra, poderia conseguir algumas pessoas bem mais conhecidas. Mas, de qualquer maneira, use meu nome para qualquer coisa que valha a pena. Você perguntou se eu queria sugerir eventuais mudanças no manifesto. O único ponto sobre o qual estou um pouco em dúvida, embora não insista nele, é este. Na p. 2 você diz: "Para tornar a Rússia segura para a burocracia, primeiro os trabalhadores alemães, depois os trabalhadores espanhóis, em seguida os trabalhadores da Tchecoslováquia, foram abandonados". Não tenho nenhuma dúvida de que isso é verdade, mas será estrategicamente inteligente que pessoas da nossa posição levantem a questão tcheca neste momento? Sem dúvida, os russos deixaram *mesmo* os tchecos em apuros, mas não me parece que eles se comportaram pior ou muito diferente dos governos britânico e francês, e sugerir implicitamente que eles

---

34 *Para uma arte revolucionária livre.* Esse manifesto convocava para a formação de uma Federação Internacional de Arte Revolucionária Independente. Foi assinado por André Breton, fundador e líder do movimento surrealista, e Diego Rivera, pintor da revolução mexicana, quando rejeitaram política e culturalmente a Terceira Internacional.

deveriam ter ido à guerra para defender os tchecos é sugerir que a Inglaterra e a França deveriam ter ido à guerra também, o que é exatamente o que o pessoal da Frente Popular diria e que não creio ser verdade. Não insisto nisso, apenas sugiro, e de qualquer maneira acrescente meu nome ao manifesto.

Estou passando o inverno aqui por causa de meus pulmões, o que acho que está fazendo um pouco bem. Devido a esse maldito negócio da saúde, tive o que é praticamente um ano perdido, mas o longo repouso me fez bem e estou escrevendo um novo romance, enquanto há um ano, após aquele terrível pesadelo na Espanha, pensei seriamente que jamais seria capaz de escrever um romance outra vez. Nesse meio-tempo, curiosamente, andei pensando em escrever para você sobre um assunto que está muito presente na minha cabeça. É o seguinte:

Acredito que seja vitalmente necessário, para aqueles de nós que pretendem se opor à guerra vindoura, começar a se organizar para atividades ilegais contra a guerra. É perfeitamente óbvio que qualquer agitação aberta e legal será impossível não só quando a guerra começar mas quando for iminente, e que se não estivermos prontos *agora* para o lançamento de panfletos etc. seremos incapazes de fazê-lo quando o momento decisivo chegar. No momento, existe uma considerável liberdade de imprensa e nenhuma restrição à compra de impressoras, estoques de papel etc., mas não creio nem por um instante que este estado de coisas vá continuar. Se não nos prepararmos, poderemos nos ver silenciados e absolutamente impotentes quando a guerra ou os processos fascistizantes do pré-guerra começarem. É difícil conseguir que as pessoas vejam o perigo disso, porque a maioria do povo inglês é constitucionalmente incapaz de acreditar que alguma coisa vai mudar. Além disso, quando é preciso lidar com pacifistas reais, geralmente se descobre que eles têm uma espécie de objeção moral persistente à ilegalidade e a trabalhos clandestinos. Concordo que as pessoas, especialmente aquelas com algum tipo de notoriedade, podem obter os melhores resultados no combate em campo aberto, mas talvez seja extremamente útil dispor de uma organização clandestina *também*. Parece-me que a coisa sensata a fazer seria ir juntando as coisas que iríamos precisar para a produção de panfletos, adesivos etc., deixá-las em algum lugar discreto e não usá-las até que seja necessário. Para isso, precisaríamos de organização e, em particular, de dinheiro, provavelmente trezentas ou quatrocentas libras, mas isso não deve ser impossível com a ajuda de pessoas que poderíamos provavelmente persuadir aos poucos. Você me escreveria umas linhas para eu saber se essa ideia lhe interessa? Mesmo que não lhe interesse, não fale sobre isso com ninguém, certo? Incluo o manifesto, que assinei.

Do seu

Eric Blair

P. S.: [*manuscrito*] Vou ficar com o folheto de *Clé*[35] e enviarei uma assinatura assim que puder ir a Marrakech comprar um vale-postal.

Para Lydia Jackson*

Depois de visitar Orwell no Sanatório de Aylesford em 1938, Lydia Jackson fez este relato:

"Encontrei George completamente vestido e sentado numa espreguiçadeira do lado de fora; à minha chegada, levantou-se e sugeriu que déssemos uma caminhada no parque. Não fomos muito longe. Quando estávamos fora da vista dos prédios, nos sentamos na grama e ele pôs os braços ao meu redor. Foi uma situação embaraçosa. Ele não me atraía

---

35 *La Clé*: boletim mensal da Federação Internacional de Arte Revolucionária Independente.

como homem e sua saúde ruim chegou mesmo a despertar em mim um leve sentimento de repulsa. Ao mesmo tempo, o fato de que era um homem doente, carente de intimidade com sua mulher, tornou difícil para mim repeli-lo. Eu não queria me comportar como uma pudica ou tratar o incidente como um assunto sério. Por que eu deveria afastá-lo, se beijar-me lhe dava alguns minutos de prazer? Eu estava convencida de que ele gostava muito de Eileen e em nenhum sentido eu era uma rival para ela." (A Russian's England, 1976, p. 419).

1º de março de 1939
Boîte Postale 48
Marrakech

Querida Lydia,

Receio que tenha se passado muito tempo desde que escrevi para você & não acho que você me escreveu também, não é? Espero que tudo esteja bem com você. Muito provavelmente, deixaremos este país no dia 23 de março, e então devo estar de volta em torno do dia 30. Suponho que ficarei em Londres alguns dias antes de ir visitar minha gente etc. Então, estou ansioso para vê-la! Tente deixar em aberto uma ou duas datas alguns dias depois de 1º de abril. Como vai o seu trabalho? Espero conseguir terminar meu romance antes de partirmos, embora dificilmente estará datilografado antes disso. Estou bastante satisfeito com partes dele, com outras não. Eileen está bem, embora em um ou dois períodos tenha estado um pouco pálida. Estive recentemente muito doente e de cama por duas semanas com o que era, evidentemente, uma gripe, porém agora estou bem de novo. Não acredito nas supostas qualidades maravilhosas deste clima que não acho nem melhor nem pior do que qualquer outro. Tudo o que nossa estadia aqui durante o inverno significou é que gastamos imensas quantidades de dinheiro emprestado, porém ficamos longe da Inglaterra durante a crise da guerra e isso foi um alívio abençoado. Esperemos não esbarrar em outra assim que voltarmos.

Pergunto-me quem é o seu jovem agora.[36] Pensei muitas vezes em você — você pensou em mim, me pergunto? Sei que é imprudente pôr essas coisas no papel, mas você vai ser inteligente e queimar isto, não vai? Estou ansioso por vê-la e ter uma boa conversa com você. Eileen também anseia por voltar para a Inglaterra. Teremos de desistir da casa em Wallington, suponho, mas, se possível, conseguiremos uma em Dorset ou em outro lugar. Cuide-se. Espero vê-la no início de abril.[37]

Com amor
Eric

Para Herbert Read*

5 de março de 1939
Boîte Postale 48
Marrakech

Prezado Read,

Muito obrigado por sua carta. Provavelmente deixarei este país em 22 ou 23 março e deverei estar na Inglaterra até o final do mês.

---

[36] Tratava-se de Karl Schnetzler, mas Lydia diz que, embora fossem próximos, nenhum dos dois estava apaixonado. Ela achava, no entanto, que ele estava apaixonado por Eileen (*A Russian's England*, p. 417). Ver 9/4/46 para Inez Holden, nº 2.

[37] Em *A Russian's England*, que reproduz algumas linhas desta carta, Lydia Jackson diz que leu a carta com uma mistura de sentimentos: "Eu estava ansiosa para ver Eileen novamente, mas não George, especialmente porque o tom de sua carta sugeria uma renovação do comportamento amoroso que eu tinha sido muito mole para repelir no hospital de Maidenhead" (isto é, o Sanatório de Aylesford, perto de Maidstone). Além disso, "eu tinha vários amigos no momento que achava mais atraentes do que George, e sua vaidade masculina me aborrecia. A última coisa que eu queria era perturbar sua relação com Eileen ou ter algo a esconder dela" (p. 430).

Provavelmente estarei em Londres por alguns dias e tentarei dar um jeito de visitá-lo. Gostaria de poder ajudar *Revolt*,[38] mas até ver que tipo de publicação será, não sei se poderei ser de alguma utilidade. O problema é que se eu estou escrevendo um livro, como geralmente estou, acho quase impossível fazer qualquer outro trabalho criativo, mas, por outro lado, gosto de fazer resenhas, se eles vão querer alguma coisa nessa linha. Se pudermos manter viva uma revista esquerdista, mas não stalinista (é tudo uma questão de dinheiro, na verdade), acredito que muitas pessoas apreciariam. As pessoas não são idiotas, elas devem começar em breve a não se deixar enganar por essa gangue "antifascista". Uma ideia que me alegra muito é que cada geração, o que na literatura significa cerca de dez anos, se revolta contra a anterior, e assim como os Auden etc. se revoltaram contra os Squire[39] e Drinkwater,[40] deve haver outra gangue prestes a se levantar contra os Auden.

Sobre a questão da imprensa. Concordo que de certa forma é absurdo iniciar os preparativos para uma campanha clandestina,[41] a menos que você saiba quem vai fazer a campanha e para quê, mas a questão é que se você não fizer alguns preparativos de antemão, estará impotente quando quiser começar, como é certo que mais cedo ou mais tarde acontecerá. Não acredito que o tempo em que se pode comprar uma imprensa sem perguntas vai durar

---

38 *Revolta!*, editado conjuntamente por Vernon Richards,* em Londres, durou seis números, de 11 de fevereiro a 3 de junho de 1939. Tinha por objetivo apresentar a Guerra Civil Espanhola de um ponto de vista antistalinista.

39 John Squire (1884-1958; cv. 1933), editor literário de *New Statesman and Nation*, 1913--9; fundou o *London Mercury* e o dirigiu, 1919-34. Concorreu ao Parlamento pelo Partido Trabalhista em 1918 e pelos liberais em 1924, sem sucesso nas duas vezes. Entre os muitos livros que escreveu e editou, estavam *A Book of Women's Verse* (1921) e *The Comic Muse* (1925).

40 John Drinkwater (1882-1937), poeta, dramaturgo e ensaísta, era evidentemente objeto de especial desprezo de Orwell; Gordon Comstock chama-o com desdenho de Sir John Drinkwater em *A flor da Inglaterra* (cw, iv, p. 287), embora ele não fosse cavaleiro.

41 Veja a carta a Read, 4/1/39.

para sempre. Para tomar um caso análogo. Quando eu era criança, se podia entrar em uma loja de bicicletas ou ferragens e comprar qualquer arma que se quisesse, exceto um canhão de campanha, e não ocorria à maioria das pessoas que a revolução russa e a guerra civil irlandesa acabariam com esse estado de coisas. O mesmo acontecerá com as impressoras etc. Quanto ao tipo de coisa que nos veremos fazendo, a maneira como vejo a situação é assim. As chances dos trabalhistas ou qualquer combinação de esquerda ganhar a eleição são, na minha opinião, nulas, e, de qualquer modo, se conseguirem entrar, duvido que serão melhores ou muito diferentes da turma de Chamberlain. Esperamos, portanto, uma guerra nos próximos dois anos ou uma preparação prolongada para a guerra, ou possivelmente apenas uma simulação de preparativos para a guerra destinados a encobrir outras coisas, mas em nenhum desses casos um processo fascistizante conducente a um regime autoritário, isto é, a algum tipo de austrofascismo. Enquanto o objetivo, real ou fingido, é uma guerra contra a Alemanha, a maior parte da esquerda vai se associar ao processo fascistizante, o que acabará significando uma associação com reduções salariais, supressão da liberdade de expressão, brutalidades nas colônias etc. Portanto, a revolta contra essas coisas terá de ser contra a esquerda, tanto quanto contra a direita. A revolta terá duas seções, a dos dissidentes esquerdistas como nós e a dos fascistas, dessa vez os hitleristas-fascistas idealistas, representados na Inglaterra mais ou menos por Mosley. Não sei se Mosley terá o bom senso e a coragem de se posicionar contra a guerra com a Alemanha, ele pode optar por lucrar com o negócio do patriotismo, mas nesse caso alguém tomará seu lugar. Se a guerra levar ao desastre e à revolução, a esquerda oficial já tendo se vendido e identificada na mente do público com o partido da guerra, os fascistas terão tudo como querem, a não ser que exista uma massa de pessoas que sejam ao mesmo tempo contra a guerra e antifascistas. Na verdade, existirão essas pessoas, provavelmente um grande número delas, mas, para poderem fazer alguma coisa, dependerão em grande medida de terem meios de expressão durante o tempo em que o descontentamento esteja crescendo. Duvido que haja muita esperança de salvar a Inglaterra do fascismo de um tipo ou outro, mas é evidente que é preciso combater, e parece estúpido ser silenciado quando se poderia fazer barulho, só porque não foram tomadas algumas precauções prévias. Se pusermos impressoras etc. em algum lugar discreto, poderíamos, então, cautelosamente, trabalhar para ter uma agência de distribuição, e poderíamos então dizer: "Bem, se a confusão vier, estamos prontos". Por outro lado, se ela não vier, eu ficaria tão contente que não lamentaria o desperdício de esforço. Quanto ao dinheiro, é provável que eu fique completamente sem tostões pelo resto deste ano, a menos que algo inesperado aconteça. Se nos decidirmos definitivamente por um curso de ação, talvez seu amigo Penrose[42] pudesse entrar com alguma coisa, e acho que há outros que poderiam ser convencidos dessa necessidade. E que dizer de Bertrand Russell,[43] por exemplo? Suponho que ele tem algum dinheiro e apoiaria a ideia rapidamente se pudesse ser persuadido de que a liberdade de expressão está ameaçada.

Quando eu voltar, escreverei ou telefonarei e tentarei marcar um encontro. Se você estiver na cidade por volta do início de abril ou, por outro lado, estiver fora ou algo assim, poderia me avisar? Mas é melhor não escrever para o endereço acima, pois a

---

42 Roland Penrose (1900-84; cv., 1966) foi um pintor e escritor que usou sua independência de meios para apoiar muitos pintores e projetos artísticos e de esquerda.
43 Bertrand Russell, Terceiro Conde Russell (1872-1970), filósofo e ganhador do Prêmio Nobel, foi um proeminente defensor da paz, e escreveu e fez campanha vigorosa nesse sentido. Apoiou a Segunda Guerra Mundial e defendeu ameaçar a URSS com a bomba atômica no início da Guerra Fria. Ver também resenha de Orwell de seu livro *Power: a New Social Analysis* (xi, 520, p. 311-2).

carta pode chegar tarde demais. Escreva para: AT: 24 Croom's Hill, Greenwich SE.10.
Do seu
Eric Blair

Para Lydia Jackson*

[30 de Março 1939]
cartão-postal[44]

Querida Lydia,
Bati na porta de seu apartamento & fiquei muito desapontado por não encontrá-la em casa. Soube pelo porteiro que você não estava fora de Londres. Tenho de partir amanhã para ver meus pais no fim de semana, mas espero vê-la quando voltar, por volta de terça-feira. Enquanto isso, se eu for esperto *talvez* possa lhe fazer uma visita rápida de uma hora amanhã de manhã, então tente ficar em casa na parte da manhã, certo?
Amor
Eric

---

[44] O postal era de "Um café no Faubourg Montmartre", de Edgar Degas. Este e o item seguinte foram datados por referência a cartas adjacentes. Esse postal e as outras cartas não foram reproduzidos com fidelidade em *A Russian's England*, pp. 430-1.

Para Lydia Jackson*

Sexta-feira [31 de março de 1939]
36 High Street
Southwold

Querida Lydia,
Você não estava em casa esta manhã, como pedi. Mas talvez você não pudesse. Toquei três vezes. Está brava comigo? Escrevi-lhe duas vezes do Marrocos & não creio que você escreveu para mim. Mas ouça. Estou voltando para a cidade segunda ou terça-feira, & Eileen vai ficar por aqui um pouco mais. Terei de estar na cidade durante vários dias para ver diversas coisas, então talvez possamos marcar um encontro — a menos que você não queira. Telefonarei.
Do sempre seu.
Eric.

Para Leonard Moore*

25 de abril de 1939
The Stores
Wallington

Prezado sr. Moore,
Muito obrigado por sua carta. Receio que o senhor esteja muito sobrecarregado com a ausência da srta. Perriam,[45] e por o senhor mesmo estar adoentado, e lamento incomodá-lo com toda essa coisa.
Achei que Gollancz poderia opor resistência. O livro é, evidentemente, apenas um romance, e mais ou menos apolítico, tanto

---

45 Miss Perriam era secretária de Moore e esteve doente por alguns meses.

quanto isso é possível para um livro hoje, mas sua tendência geral é pacifista, e há um capítulo (capítulo I da terceira parte — suponho que o senhor não tenha lido o manuscrito) em que faço uma descrição de uma reunião do Left Book Club à qual Gollancz sem dúvida faz objeções. Também acho perfeitamente compreensível que alguns amigos comunistas de Gollancz tenham lhe pedido que abandone a mim e a quaisquer outros escritores politicamente duvidosos de sua lista. Você sabe como funciona essa gangue política, e naturalmente é um pouco difícil para Gollancz, ou ao menos para Lawrence e Wishart, publicar livros provando que pessoas como eu são espiões alemães e, ao mesmo tempo, publicar meus livros. Enquanto isso, como está nosso contrato? Eu não vi nosso último contrato, que, como você deve lembrar, foi elaborado enquanto eu estava na Espanha, mas, de acordo com minha mulher, Gollancz se comprometeu a publicar minhas próximas três obras de ficção e pagar um adiantamento de cem libras esterlinas para cada uma delas. Ele também teve este livro em sua lista de adiantamento três vezes, devido ao atraso causado por minha doença. Mas, ao mesmo tempo, acho que seria muito melhor não pressioná-lo a cumprir o contrato se ele realmente reluta em publicar o livro. Para começar, ele me tratou muito bem e não quero fazer coisas desagradáveis para ele e, por outro lado, se realmente tem objeções ao livro dificilmente vai promovê-lo depois de publicado. Talvez seja melhor ter uma conversa bastante franca com ele. Se tivermos que procurar outro editor, quem o senhor recomenda? Imagino que seria melhor procurar um dos grandes, mas, enquanto isso, imagino que haverá atrasos consideráveis. É tudo um grande aborrecimento. Ganhei pouco ou dinheiro nenhum desde a última primavera e estou infernalmente duro e endividado, e esperava que esse livro me sustentasse durante o verão, enquanto começo a trabalhar no próximo. Também não estou completamente decidido quanto ao meu próximo livro, tenho ideias para dois livros que pensei em escrever simultaneamente, e, se vamos mudar de editora, talvez seja necessário falar sobre isso também. Então, quanto mais cedo esse negócio for resolvido, melhor. Lamento causar esse aborrecimento.

Espero que o senhor tenha superado a gripe. Eu estou muito bem de novo e tenho me dedicado à jardinagem extenuante para compensar o tempo perdido. Minha mulher manda seus melhores votos.

Atenciosamente
Eric Blair

P. S.: [no alto da carta] Se G. quiser alterações no livro, estou disposto a fazer as costumeiras mudanças menores, para evitar processos de difamação, mas não alterações estruturais.

Para Leonard Moore*

Sexta-feira [8 de dezembro de 1939]
The Stores
Wallington

Prezado sr. Moore,

Terminei meu livro (o livro de ensaios — o título é *Dentro da baleia*) e datilografei a maior parte dele, mas minha mulher está datilografando outra parte em Londres. Entretanto, Cyril Connolly* e Stephen Spender,* que, como talvez o senhor saiba, estão começando uma nova publicação mensal chamada *Horizon*, querem ver o manuscrito e talvez publicar um dos ensaios na revista.[46] Não sei se algum deles é apropriado para isso, mas, se eles quiserem usar um deles, haveria algum problema com a editora? Poderíamos ar-

---

46 *Dentro da baleia* consistia do ensaio com esse título, "Charles Dickens" e "Semanários para meninos". Uma versão resumida deste último foi publicada em *Horizon* no mesmo mês da publicação do livro, em março de 1940.

ranjar as coisas? Como o senhor talvez lembre, Gollancz queria ver o livro, mas se vai publicá-lo, isso eu não sei, pois há pelo menos uma passagem que não vai agradá-lo politicamente.[47] Se Gollancz recusá-lo, que tal tentar Warburg novamente? Eu o encontrei há pouco tempo e ele estava ansioso para ter meu próximo livro de não ficção, então talvez possamos ter uma boa oferta dele, embora o melhor, sem dúvida, seria conseguir o dinheiro com antecedência, se possível. Estou combinando com Connolly para que ele fique com o manuscrito poucos dias. Acho que seria melhor não dizer nada sobre isso de antemão a nenhum editor, porque se Connolly e Cia. não quiserem nada disso, o que é bem possível, isso pode preconcebê-lo contra o livro.

O senhor sabe o que aconteceu com o pessoal da Albatross?[48] Talvez lembre que assinamos um contrato com eles por *Um pouco de ar, por favor!* logo antes da eclosão da guerra. Me pergunto se eles foram para oeste.

Atenciosamente
Eric Blair

---

47 Na verdade, *Dentro da baleia* agradou muito a Victor Gollancz, que o publicou. Ele escreveu a Orwell em 1º de janeiro de 1940 (datada erroneamente de 1939) para expressar seu deleite: "É, se posso assim dizer, de primeira". Ele estava totalmente de acordo com o ponto de vista político geral de Orwell, "embora eu lute contra o pessimismo". Sugeria que a única coisa que valia a pena fazer era "tentar encontrar uma maneira de conciliar a inevitável economia totalitária com a liberdade individual". Por fim, perguntava a Orwell se ele poderia lhe emprestar um exemplar de *Trópico de Câncer*, de Henry Miller, do qual não tinha ouvido falar. Exatamente quatro semanas depois que Gollancz escreveu, Orwell devolveu-lhe as provas de *Dentro da baleia*. A coleção de ensaios foi publicada em 11 de março de 1940.
48 Embora Albatross e Tauchnitz fossem firmas alemãs, o contrato que Orwell assinou era com a filial delas em Paris. William B. Todd e Ann Bowden, em sua obra *Tauchnitz International Editions in English*, falam de um documento no arquivo da Albatross que observa que em 1940 a editora ainda tinha esperanças de publicar *Um pouco de ar, por favor!*. Depois que Paris foi ocupada pelos alemães, em 14 de junho de 1940, um decreto proibiu a venda de livros britânicos publicados pela primeira vez após 1870 (Todd e Bowden, item 5365), o que acabou com as esperanças de Orwell de uma edição da Albatross.

Para Victor Gollancz*

8 de janeiro de 1940
The Stores
Wallington

Prezado sr. Gollancz,

Não posso *neste momento* lhe emprestar *Trópico de Câncer*, porque meu exemplar foi apreendido. Enquanto eu escrevia meu último livro, dois detetives chegaram de repente na minha casa com ordens do promotor público para apreender todos os livros que eu tivesse "recebido pelo correio". Uma carta minha dirigida à Obelisk Press havia sido apreendida e aberta nos correios. A polícia estava apenas cumprindo ordens e foi muito simpática, e até mesmo o promotor público escreveu e disse que compreendia que como escritor eu poderia ter a necessidade de livros cuja posse era ilegal. Por esse motivo, me mandou de volta alguns livros, por exemplo, *O amante de Lady Chatterley*, mas parece que os livros de Miller não estão impressos tempo suficiente para se tornarem respeitáveis. No entanto, sei que Cyril Connolly tem um exemplar de *Trópico de Câncer*. No momento ele está de cama com gripe, mas, quando eu puder entrar em contato com ele de novo, pedirei emprestado o livro e o passarei ao senhor.

Quanto a seus comentários sobre meu livro, estou contente que tenha gostado. O senhor talvez esteja certo ao pensar que sou exageradamente pessimista. É bem possível que a liberdade de pensamento etc. possa sobreviver em uma sociedade economicamente totalitária. Não podemos saber até que uma economia coletivizada tenha sido testada em um país ocidental. O que me preocupa no momento é a incerteza se as pessoas comuns em países como a Inglaterra compreendem a diferença entre democracia e despotismo o suficiente para querer defender suas liberdades. Não se pode saber até que elas se vejam ameaçadas de alguma maneira

bastante inconfundível. Os intelectuais que atualmente dizem que a democracia e o fascismo são a mesma coisa etc. me deprimem horrivelmente. No entanto, talvez quando o beliscão vier, as pessoas comuns se revelem mais inteligentes do que os mais espertos. Eu certamente espero que sim.
Atenciosamente
Eric Blair

Para Rayner Heppenstall*

16 de abril de 1940
The Stores
Wallington

Caro Rayner,
Milhares de parabéns pela menina. Espero e confio que ambos estejam bem. Por favor, dê a Margaret todos os melhores votos e os meus parabéns. Que maravilhosa coisa ter um filho próprio, eu sempre quis ter um. Mas, Rayner, não aflija a pobrezinha com algum tipo de nome celta que ninguém saiba soletrar. Ela vai virar médium ou algo assim. As pessoas sempre ficam parecidas com seus nomes. Demorei quase trinta anos para me livrar dos efeitos de me chamar Eric. Se eu quisesse que uma menina ficasse bonita, eu a chamaria de Elizabeth e, se quisesse que ela fosse honesta e boa cozinheira, eu escolheria algo como Mary ou Jane. O problema é que se você a chamar de Elizabeth, todos pensarão que foi por causa da rainha, o que ela presumivelmente será um dia.

Obrigado pelas fotos, mas você não me disse quanto custava o negativo etc. Eu escolhi as marcadas como 3 e 5 para enviar às pessoas. Achei a número 3 a mais parecida, mas naturalmente conheço melhor meu próprio rosto de frente. Esperemos que a foto tenha o efeito desejado. Uma vez que é para pessoas do outro lado do mundo, não sei por que não se pode enviar a foto de um rapaz de boa aparência da Força Aérea, ou algo assim. Receio que eu definitivamente careça de glamour, porque recebo uma boa quantidade de cartas de leitores hoje em dia, mas sempre de pessoas esnobes apontando algum erro que cometi e nunca de jovens mulheres me dizendo que sou um xeique. Certa vez, recebi algumas cartas maravilhosas de uma parteira e respondi sem dizer que era casado, mas no final, para grande alegria de Eileen, ela revelou ter 35 anos e quatro filhos.

Não sei quando estarei na cidade. Estou enterrado em livros que continuo resenhando e não dou seguimento ao meu próprio livro. Só Deus sabe se ele será escrito ou se coisas como publicar romances ainda vão existir daqui a dois anos.

Os melhores votos.

Afetuosamente

Eric

Ao editor, *Time and Tide*

22 de junho de 1940

Senhor: é quase certo que a Inglaterra será invadida nos próximos dias ou semanas, e uma invasão em grande escala por tropas via marítima é bastante provável. Num momento desses, nosso lema deveria ser ARMAR O POVO. Não sou competente para lidar com questões mais amplas de como repelir a invasão, mas argumento que a campanha da França e a recente guerra civil na Espanha deixaram dois fatos claros. Um deles é que quando a população civil está desarmada, paraquedistas, motociclistas e tanques desgarrados na rua podem não somente causar estragos terríveis, como atrair grandes corpos de tropas regulares que deveriam estar enfrentando o inimigo principal. O outro fato (demonstrado pela guerra espanhola) é que as vantagens de se armar a população superam o perigo de pôr armas em mãos erradas. As eleições suplementares realizadas desde o início da guerra mostraram que apenas uma minoria minúscula do povo da Inglaterra está descontente, e a maioria destes já está marcada.

Armar o povo é em si uma expressão vaga, e evidentemente não sei que armas estão disponíveis para distribuição imediata. Mas há, de qualquer modo, várias coisas que podem e devem ser feitas *agora*, ou seja, dentro dos próximos três dias:

1. Granadas de mão. São as únicas armas de guerra moderna que podem ser rápida e facilmente fabricadas, e são uma das mais úteis. Centenas de milhares de homens na Inglaterra estão acostumados a usar granadas de mão e estariam prontos a instruir os outros. Consta que são úteis contra tanques e serão absolutamente necessárias se paraquedistas inimigos com metralhadoras conseguirem se estabelecer em nossas grandes cidades. Em maio de 1937, tive uma visão privilegiada do combate de rua em Barcelona e me convenci de que algumas centenas de homens com metralhadoras podem paralisar a vida de uma grande cidade pelo fato de que uma bala não penetra numa parede comum de tijolos. Elas podem ser destruídas com artilharia, mas nem sempre é possível trazer um canhão para participar. Por outro lado, os primeiros combates de rua na Espanha mostraram que homens armados podem ser expulsos de construções de pedra com granadas ou até bananas de dinamite, se as táticas certas forem usadas.

2. Espingardas de caça. Fala-se de armar alguns contingentes de Voluntários de Defesa Local[49] com espingardas de caça. Isso

---

49 Orwell participou de uma conferência sobre a criação dos Voluntários de Defesa Local, aos quais aderiu, no Lord's Cricket Ground, em 12 de junho de 1940. Essa corporação, mais tarde, foi rebatizada de Guarda Interna. Orwell foi logo promovido a sargento da Companhia C, Quinto Batalhão do Condado de Londres, e se revelou um membro entusiasmado e inovador. Suas anotações para a palestra sobrevivem e estão nas *Complete Works*.

pode ser necessário se as tropas regulares precisarem utilizar todos os fuzis e metralhadoras leves. Mas, nesse caso, a distribuição deveria ser feita *agora*, e todas as armas devem ser imediatamente requisitadas nas lojas de armeiros. Falou-se disso há semanas, mas na realidade as vitrines de muitas dessas lojas mostram fileiras de armas que são não apenas inúteis onde se encontram, mas de fato um perigo, uma vez que essas lojas podem ser facilmente atacadas. Os poderes e as limitações da espingarda de caça (com chumbo grosso, letais até cerca de cinquenta metros) devem ser explicados à população através do rádio.

3. Bloqueio de campos contra a aterrissagem de aeronaves. Houve muita conversa sobre isso, mas isso só foi feito esporadicamente. A razão é que isso foi deixado para o esforço voluntário, ou seja, para pessoas que têm tempo insuficiente e nenhum poder para requisitar materiais. Em um país pequeno e densamente povoado como a Inglaterra, poderíamos em poucos dias inviabilizar a aterrissagem de um avião, exceto em um aeródromo. Tudo que é preciso é mão de obra. As autoridades locais deveriam ter poderes para recrutar mão de obra e requisitar os materiais necessários.

4. Cobrir com tinta nomes de lugares. Isso foi bem-feito em placas, mas por toda parte há fachadas de lojas, carros de comerciantes etc. com o nome de sua localidade. As autoridades locais deveriam ter poder para obrigar a pintura desses letreiros imediatamente. Isso deveria incluir os nomes dos fabricantes de cerveja em pubs. A maioria deles está confinada a uma área relativamente pequena, e os alemães talvez sejam suficientemente metódicos para saber disso.

5. Aparelhos de rádio. Cada quartel-general dos Voluntários de Defesa Local deveria possuir um conjunto receptor de rádio, de modo que, se necessário, poderia receber suas ordens pelo ar. É desastroso confiar no telefone em um momento de emergência. Tal como acontece com as armas, o governo não deveria hesitar em requisitar o que precisa.

Tudo isso são coisas que poderiam ser feitas em poucos dias. Enquanto isso, continuemos repetindo ARMEM O POVO, na esperança de que mais e mais vozes adotem a mensagem. Pela primeira vez em décadas, temos um governo criativo, e há pelo menos uma chance de que nos ouçam.

Para Sacheverell Sitwell

6 de julho de 1940
18 Dorset Chambers
Chagford Street
Ivor Place NW 1

Prezado sr. Sitwell,

Deram-me seu livro sobre poltergeists para eu resenhar para a *Horizon* e fiquei muito interessado nele. Só pude fazer uma resenha de cerca de seiscentas palavras e não sei se vão publicá-la inteira, pois eles não têm muito espaço. Quando li aquele incidente muito assustador que o senhor descreve, da menina médium vestindo bonecos ou organizando roupas no quarto, ele me trouxe de volta uma lembrança de dez anos atrás que achei que o senhor gostaria de ouvir, pois creio ter relação remota com seu tema.

Há uns dez anos, saí para um passeio nas terras da comunidade de Walberswick, perto de Southwold, no condado de Suffolk, com um garoto atrasado de quem eu era tutor na época.[50] Sob um tojo, o menino notou um pacote bem amarrado e chamou minha atenção para aquilo. Era uma caixa de papelão de uns 25 por 15 por 7 cm de profundidade. Por dentro, estava forrada com tecido e montada como uma pequena sala, com uma mobília minúscula

---

50 Bryan Morgan, que fora aleijado pela poliomielite. Ver D. J. Taylor, p. 112.

feita de lascas de madeira e pedaços de pano colados. Havia também (em nome da precisão absoluta, devo dizer que não tenho certeza se isto estava na mesma caixa ou em outra) algumas peças minúsculas de vestuário feminino, inclusive roupas de baixo. E ainda um pedaço de papel onde se lia "Isso não está mau, não é?" (ou quase essas palavras) escrito com mão evidentemente feminina. O esmero e a fragilidade da coisa toda me fizeram ter certeza de que aquilo tinha sido feito por uma mulher. O que mais me impressionou foi alguém ter se dado ao trabalho de fazer tal coisa, o que deveria ter representado horas de atividade, para depois embrulhá-la cuidadosamente e enfiá-la debaixo de um arbusto num lugar distante. Se as "intuições" valem de alguma coisa, posso dizer que fiquei convencido (a) de que a caixa havia sido colocada lá com a intenção de que alguém a encontrasse e (b) de que fora construída por alguém com algum tipo de aberração sexual. A população de Walberswick é muito pequena, e provavelmente se poderia deduzir sem muita dificuldade quem era o responsável. Devo acrescentar que o menino com quem eu estava não poderia ter nada a ver com aquilo. Ele era não só muito atrasado como aleijado e tão desajeitado com as mãos que teria sido incapaz de produzir alguma coisa do tipo. O estranho é que não lembro o que aconteceu no fim com a caixa. O que me lembro é de termos posto o pacote de novo sob o arbusto e, ao voltar lá dias depois, descobrir que ele havia sumido. De qualquer forma, não fiquei com ele, o que seria a coisa natural a fazer. Desde então, tentei muitas vezes decifrar o incidente, e sempre com a sensação de que havia algo de vagamente doentio naquela pequena sala e nas roupas. Depois, em seu livro, o senhor associou o impulso de vestir bonecas nas meninas com uma aberração mental definida, e ocorreu-me que esse caso tinha uma espécie de relação com o tema. O fato de eu prontamente me lembrar do incidente quando li esse trecho de seu livro parece estabelecer uma espécie de conexão.

Aventurei-me a escrever-lhe, mesmo sem conhecê-lo. Porém, é possível que o senhor tenha visto alguns livros meus. Creio que sua irmã, ao menos, sabe de mim, pois temos um amigo em comum, Geoffrey Gorer.*51

Atenciosamente
George Orwell

Para *The Spectator*

21 de março de 1941

Senhor, a carta do sr. A. C. Taylor levanta a questão do valor das baionetas e também remete a "A Spectator's notebook" da semana anterior. Talvez eu possa responder às duas críticas juntas. Evidentemente, eu estava errado sobre o general Wavell e, Deus sabe, estou contente por estar errado. O que eu disse na minha resenha de sua biografia de Allenby foi que, como o general Wavell detinha um dos comandos fundamentais na guerra atual, era importante para os de fora tentarem avaliar seu intelecto a partir das únicas provas à disposição deles, isto é, o próprio livro. Argumentei que era um livro tedioso sobre um homem que pode ter sido um soldado capaz, mas que era uma personalidade tediosa. Onde eu errei foi na suposição de que as deficiências literárias do general Wavell se refletiam de algum modo em sua habilidade como comandante. Peço desculpas a ele, caso isso venha a cair sob seus olhos, mas duvido que ele terá sido seriamente afetado por qualquer coisa que eu tenha dito.

---

51 Sitwell respondeu em 22 de julho, dizendo que teria escrito antes, mas estava tentando terminar um livro. A história de Orwell era, disse ele, "muito interessante — e decididamente esquisita. Gostaria que alguém soubesse o segredo disso". Ele também gostaria que pudessem se encontrar em algum momento e disse que sua irmã, *Dame* Edith Sitwell (1887-1964), estava hospedada com ele e lhe pedira para dizer que havia "lido com admiração quase tudo que o senhor escreveu".

Quanto às baionetas, o sr. Taylor afirma que as tropas italianas "na Líbia e na Albânia se renderam às centenas de milhares no momento que viram essa arma nas mãos do inimigo em carga". Suspeito que os tanques, aviões etc. também podem ter tido algo a ver com a rendição italiana. É preciso usar o bom senso. Uma arma que mata um homem a centenas de metros é superior a uma que só pode matá-lo a uma distância de poucos metros. Caso contrário, por que ter armas de fogo afinal? É bem verdade que uma baioneta é aterrorizante, mas o mesmo acontece com um fuzil-metralhadora, com a vantagem adicional que se pode matar alguém com ele. Certamente, um soldado com uma baioneta na ponta de seu rifle parece agressivo, mas o mesmo ocorre com uma mochila cheia de granadas de mão. Na última guerra, exatamente as mesmas histórias de propaganda sobre o "poder da baioneta" eram correntes, tanto nos jornais alemães como nos britânicos. Havia histórias de milhares de prisioneiros alemães que haviam sofrido ferimentos de baioneta, sempre no traseiro, e incontáveis cartuns alemães mostravam soldados britânicos em voo, espetados pelos alemães, também no traseiro. Os psicanalistas podem, sem dúvida, nos dizer por que essa fantasia de espetar o seu inimigo no traseiro atrai tão profundamente civis sedentários. Mas as estatísticas divulgadas depois do fim da guerra mostraram que os ferimentos de baioneta eram responsáveis por cerca de um por cento do total de baixas. Eles serão responsáveis por muito menos nesta guerra, em que as armas automáticas se tornaram mais importantes.[52]

Mas por que, no livro a que o sr. Taylor se refere, eu reclamei da continuação do treinamento com baioneta? Porque desperdiça um tempo que deveria ser gasto em treinamento para as coisas que

---

[52] A história mostrou que Orwell tinha razão; a baioneta foi relativamente pouco utilizada com a finalidade para a qual foi projetada.

a infantaria realmente terá de fazer, e porque uma crença mística em armas primitivas é muito perigosa para uma nação em guerra. A experiência dos últimos cem anos mostra que, enquanto a opinião militar na Inglaterra se torna com frequência realista depois de uma derrota, em períodos intermediários sempre ganha terreno a crença de que, de algum modo, podemos desconsiderar o poder de armas de carregamento se o moral é suficientemente bom. A maioria dos comandantes britânicos anteriores a 1914 "não acreditava na" metralhadora. Os resultados podem ser avaliados nos enormes cemitérios do norte da França. Não estou dizendo que o moral não é importante. Claro que é. Mas, pelo amor de Deus, não vamos nos iludir pensando que vamos derrotar as divisões mecanizadas alemãs com fuzis e baionetas. A campanha no Flandres deveria ter mostrado se isso é possível.

Com os melhores cumprimentos.

Eileen* para Norah Myles*

[março de 1941?]

[*sem saudação*]
A semicrista significa que o papel estava no lixo antes de florir. O mesmo é verdade sobre meu tempo como funcionária do governo. Não há muito papel, então para resumir:

Condição física — muito melhorada pelos ataques aéreos, possivelmente porque agora durmo várias horas a mais por noite do que jamais dormi na vida.

Condição mental — temporariamente melhorada pelos ataques aéreos que foram uma mudança, degenerando de novo agora que os ataques aéreos ameaçam se tornar monótonos.

Eventos desde a guerra — o trabalho diário de tédio inconcebível; esforços semanais para deixar Greenwich sempre frustrados, visitas mensais ao chalé que ainda está como era, apenas mais sujo.

Planos futuros — fantasias sobre a possibilidade de deixar um apartamento mobiliado ("chambers") que temos na Baker Street[53] & pegar um apartamento sem mobília ao norte da Baker Street, para permanecer no distrito da Guarda Interna de George, com a ideia de que podemos viver os dois neste apartamento — provavelmente para nos sentirmos frustrados pela falta contínua de cinco xelins para gastar & crescente escassez de apartamentos não demolidos & talvez por deixarmos de viver em qualquer lugar. Mas esta última é improvável, porque um resumo menor e não menos preciso seria

NADA JAMAIS ACONTECE AO
Porco.

Por favor, escreva uma carta. A dificuldade é que eu também estou profundamente deprimida[54] para escrever uma carta. Muitas vezes meio que pensei que poderia ir a Bristol, mas, sem exagero, faz anos desde que um fim de semana me pertencia & George

---

[53] Embora Orwell ainda passasse algum tempo em Wallington, que Eileen visitava mensalmente, e Eileen também estivesse às vezes na casa de seu falecido irmão em Greenwich com a viúva dele, Gwen O'Shaughnessy* (também uma G. P.), eles se mudaram de Dorset Chambers (daí o "chambers" na carta) para 111 Langford Court, Abbey Road, NW 8, em 1º de abril de 1941. Essa quadra fica no norte da Baker Street. A data desta carta é desconhecida, mas no Diário de tempo de guerra de Orwell, em 3 de março de 1941 ele escreve que foi com Gwen ver um abrigo antiaéreo na cripta da igreja de Greenwich. Orwell registra em seu Diário, em 29 de maio de 1940, que Eileen estava trabalhando no Departamento de Censura em Whitehall (daí o NATIONAL do número de telefone e o trabalho de "tédio inconcebível"). Ela trabalhou depois para o Ministério da Alimentação, onde o ambiente era muito mais amistoso e fez amizade com outra funcionária, Lettice Cooper.*

[54] Havia muitas razões para Eileen se sentir deprimida: a indefinição de onde iria morar, a falta de dinheiro, a guerra e os bombardeios, seus próprios problemas de saúde, mas especialmente os graves efeitos causados pela morte de seu irmão Laurence durante a retirada de Dunquerque. Ela nunca se recuperou totalmente de sua perda.

teria uma hemorragia. Imagino que Londres não é um lugar para ir, mas, se vier, telefone para NATIONAL 3318. Meu chefe de departamento tem quase tanto medo de mim como de tomar qualquer decisão sozinho & eu posso conseguir uma folga. Enquanto isso, mando beijos para todos. E.[55]

Para o reverendo Iorwerth Jones*

8 de abril de 1941
111 Langford Court
Abbey Road
Londres, NW 8

Prezado sr. Jones,
Muito obrigado por sua carta. Em um ou dois casos, eu talvez tenha me expressado de forma um tanto ambígua [em *O leão e o unicórnio*], e posso tornar as coisas mais claras respondendo a algumas de suas questões.
1. "Os EUA precisarão de um ano para mobilizar seus recursos, mesmo que o Big Business possa ser dominado." O senhor comentou que são os grevistas que estão segurando a produção. Isso é óbvio, mas eu estava tentando olhar mais além da obstrução imediata. O tipo de esforço que uma nação em guerra precisa agora só pode ser feito se *capital e trabalho* forem recrutados. Em última análise, é necessário que o trabalho deva estar sob disciplina tanto quanto as Forças Armadas. Essa condição é praticamente obtida na URSS e nos países totalitários. Mas só é possível se *todas* as classes forem igualmente disciplinadas, caso contrário há ressentimento e constante atrito social, que se mostram através de greves

---

[55] Esta é a única vez em suas seis cartas para Norah que Eileen, com a inicial, assina seu nome.

e sabotagem. No longo prazo, acho que as pessoas mais difíceis de controlar serão os empresários, que mais têm a perder com o fim do sistema atual e, em alguns casos, são conscientemente pró-Hitler. Além de certo ponto, eles lutarão contra a perda de sua liberdade econômica, e, enquanto o fizerem, as causas da agitação trabalhista continuarão a existir.

2. Os objetivos de guerra. Evidentemente, sou a favor de declarar nossos objetivos de guerra, embora haja um perigo na proclamação de qualquer projeto muito detalhado para a reconstrução no pós-guerra, pois Hitler, que não está preocupado em manter suas promessas, fará uma aposta maior assim que nossos objetivos de guerra forem declarados. Tudo o que protestei no livro foi contra a ideia de que a propaganda *sem* uma demonstração de força militar pode conseguir qualquer coisa. O livro de Acland *Unser Kampf* a que me referi parece supor que se disséssemos aos alemães que queríamos uma paz justa, eles parariam de lutar. A mesma ideia está sendo proposta, embora nesse caso não de boa-fé, pela turma da Convenção do Povo[56] (Pritt[57] e Cia.).

3. Uma rebelião pró-fascista na Índia. Eu não estava pensando em uma rebelião principalmente de indianos; estava pensando na comunidade britânica na Índia. Um general britânico que tentasse um golpe de Estado fascista provavelmente usaria a Índia como lugar de partida, como Franco usou o Marrocos. Claro que isso é

---

56 A Convenção do Povo foi organizada em janeiro de 1941 pelos comunistas, aparentemente para lutar por direitos civis, salários mais altos, melhores precauções contra ataques aéreos e amizade com a URSS. Alguns historiadores afirmam que seu verdadeiro propósito era trabalhar contra o esforço de guerra. Em julho de 1941, depois de sua entrada na guerra, a União Soviética imediatamente defendeu uma segunda frente de guerra. Em 1942, seu trabalho ativo já havia cessado.

57 D. N. Pritt (1887-1972) foi deputado trabalhista, 1935-40, depois, expulso do partido por divergências políticas, foi deputado socialista independente até 1950. Bem conhecido como advogado, era um fervoroso defensor das causas de esquerda e da União Soviética.

improvável nesta fase da guerra, mas é preciso pensar no futuro. Se alguma vez se fizer uma tentativa de impor o fascismo puro e escancarado à Grã-Bretanha, acho que quase com certeza serão usadas tropas de homens de cor.

4. Gandhi e o pacifismo. Talvez eu não devesse ter sugerido que os pacifistas são sempre pessoas que, *como indivíduos*, levaram vidas protegidas, embora seja verdade que pacifistas "puros" geralmente pertencem à classe média e cresceram em circunstâncias um tanto excepcionais. Mas é fato que o pacifismo como movimento praticamente não existe, exceto em comunidades onde as pessoas acham improvável a invasão e conquista estrangeira. É por isso que encontramos movimentos pacifistas sempre em países marítimos (creio que há até um movimento pacifista bastante considerável no Japão). O governo não pode adotar uma linha pacifista "pura", porque um governo que se recusasse a usar a força em qualquer circunstância poderia ser derrubado por qualquer um, até mesmo um indivíduo que estivesse disposto a usar a força. O pacifismo se recusa a enfrentar o problema do governo e os pacifistas pensam sempre como pessoas que jamais estarão em uma posição de controle, e é por isso que eu os chamo de irresponsáveis.

Gandhi foi considerado por vinte anos pelo governo da Índia como um de seus braços direitos. Sei do que estou falando — fui oficial da polícia indiana. Sempre se admitiu da forma mais cínica que Gandhi tornava mais fácil para o governo britânico governar a Índia, porque sua influência era sempre no sentido contrário a qualquer ação que fizesse alguma diferença. A razão pela qual Gandhi, quando na prisão, foi sempre tratado com tanta indulgência e ganhou pequenas concessões quando prolongou de modo perigoso o tempo de um de seus jejuns é que as autoridades britânicas temiam que ele morresse e fosse substituído por alguém que acreditasse menos na "força da alma" e mais em bombas. Claro que Gandhi é muito honesto e não tem consciência do modo como o usam, e sua integridade pessoal o torna ainda mais útil. Não vou me comprometer a dizer que seus métodos não serão bem-sucedidos no longo prazo. Pode-se de qualquer modo dizer que, ao evitar a violência e, portanto, evitar que as relações piorassem além de certo ponto, ele tornou mais provável que o problema da Índia venha a ser finalmente resolvido de forma pacífica. Mas é difícil acreditar que os britânicos venham a ser expulsos da Índia por esses meios, e certamente os britânicos da região não pensam assim. Quanto à conquista da Inglaterra, Gandhi certamente nos aconselharia a deixar os alemães mandarem aqui em vez de lutar contra eles — na realidade, ele defendeu exatamente isso. E se Hitler conquistasse a Inglaterra, imagino que tentaria criar um movimento pacifista de âmbito nacional, o que impediria uma resistência séria e, portanto, tornaria mais fácil para ele governar.

Obrigado por escrever.

Atenciosamente

George Orwell

Orwell, sua mãe Ida, sua irmã Avril e seu pai quando de licença em 1916.

René-Noël Raimbault, tradutor francês de Orwell.

Jacintha Buddicom saindo do escritório do advogado onde entregara sua filha Michal (nascida em 1927) para ser criada por seus tios, dr. e sra. Hawley-Burke.

Jacintha Buddicom em 1948, pouco antes de retomar contato com Orwell.

Norah Myles (*née* Symes), amiga íntima de Eileen dos tempos de Oxford.

The Stores, 2 Kits Lane, Wallington, Herts., que Orwell alugou a partir de 1936.

Eileen no front de Huesca, sentada à direita do homem com a metralhadora. Orwell é a figura alta atrás dela.

Na Conferência do Partido Trabalhista Independente, 1937. *Da esq. para a dir.*: John McNair, Douglas Moyle, Stafford Cottman, Orwell e Jock Branthwaite.

Eileen sentada no muro da casa de campo que ela e Orwell alugaram nos arredores de Marrakech, Marrocos, 1938.

Orwell ordenhando sua cabra no Marrocos, ajudado por Mahdjoub Mahommed.

Três dos cinco integrantes britânicos e americanos da Legião Estrangeira Francesa que visitaram Orwell em Marrakech.

A seção da Guarda Interna de Orwell. Ele está na fileira de trás, na extrema direita.

Eileen, c. 1941.

Orwell com seu filho Richard, no apartamento deles em Canonbury Square, Islington.

Gravando Vozes, 5, na BBC, 1º de dezembro de 1942. *Da esq. para a dir.*: Venu Chitale, M. J. Tambimuttu, T.S. Eliot, Una Marson, Mulk Raj Anand, Christopher Pemberton, Narayana Menon; *em* pé: Orwell, Nancy Parratt e William Empson.

Sonia Orwell na redação de *Horizon* em seu último dia lá, pouco depois de seu casamento com Orwell em 13 de outubro de 1949. Também de frente para a câmera, Lys Lubbock.

Barnhill, Jura. A horta e o pomar de Orwell ficavam nos fundos da casa.

A BBC e a guerra

1941-1943

Orwell trabalhou arduamente na BBC. Ele obteve uma licença, quando então pôde relaxar com seu passatempo favorito — a pesca —, de 28 de junho a 11 de julho de 1942 em Callow End, Worcestershire, embora o resultado da pescaria tenha sido decepcionante. Escreveu 56 boletins em língua inglesa para a Índia, trinta para a Malaia ocupada e dezenove para a Indonésia ocupada; ele mesmo leu 56 para os três países. Também escreveu os originais de 115 boletins para tradução em línguas indianas. Sabemos que algumas pessoas arriscaram a vida para ouvi-los. Depois da guerra, a irmã Margaret, uma freira que estava na Malaia, contou à oficial do Women's Royal Army Corps Barbara Rigby como ela e as irmãs arriscaram a vida para ouvir e que andavam muitos quilômetros para contar a outros o que tinham ouvido. As freiras, disse ela, foram animadas por Orwell: "Costumávamos abençoar aquele homem bom". A ideia da propaganda de Orwell era transmitir programas educacionais e culturais. Muito antes da Universidade Aberta, ele promovia cursos baseados nos programas das universidades de Calcutá e Bombaim de literatura, ciências, medicina, agricultura e psicologia, contando com palestrantes notáveis como T.S. Eliot, E. M. Forster, Joseph Needham, Ritchie Calder e Gordon Childe. Ele supervisionou a produção de dois livretos de palestras e uma coleção de comentários de notícias, *Falando para a Índia*. Organizou os programas sobre "grandes livros", entre eles o *Alcorão* e *O capital*, e sobre música (com artistas como *Dame* Myra Hess) e poesia. Havia um programa curioso, no qual cinco escritores ilustres, entre eles Forster e L. A. G. Strong, terminavam, de forma independente, uma história que Orwell havia começado. E ele mesmo fez adaptações dramáticas.

Qual a eficácia de tudo isso? Orwell pensou que tivesse perdido seu tempo, e uma pesquisa de audiência com os ouvintes não foi animadora, mas uma carta posterior à morte de Eileen talvez sugira o contrário. Em 20 de novembro de 1945, Balraj Sahni[*] escreveu a Orwell de Bombaim, solidarizando-se com ele na morte de Eileen. Balraj e sua mulher, Damyanti, haviam trabalhado com Orwell na BBC numa série com Norman Marshall, "Vamos representar nós mesmos", sobre a mecânica da apresentação dramática. Balraj Sahni escreveu: "Nós convivemos pouco, mas vocês granjearam muito a nossa estima através do trabalho e da sinceridade de vocês. Esta notícia nos deixou muito tristes de verdade". Ele disse que estavam trabalhando no Teatro do Povo Indiano, "trabalho que não nos traz dinheiro, mas muita felicidade". Tinham cerca de cinquenta novas peças encomendadas, que haviam representado para um público que totalizava mais de 1 milhão de pessoas. Damyanti morreu muito jovem, em 1947, tendo estrelado dois filmes. Balraj tornou-se um ator de cinema muito famoso. Essa carta, com sua lembrança afetuosa de Orwell e Eileen e seu relato do sucesso de Balraj em seu retorno para casa, oferece uma percepção mais profunda sobre as realizações de Orwell. Ela aponta também para uma série de peças indianas que Orwell apresentou — com efeito, interpretando a herança dramática da Índia para sua terra natal. Em 9 de fevereiro de 1943, a peça em sânscrito *Mrocchakatika* ("O carrinho de barro") foi transmitida de forma resumida. Contudo, quando foi apresentada em Londres, quarenta anos depois, em janeiro de 1986, foi anunciada como "estreia".

Em meio a isso, Ida, a mãe de Orwell, morreu em 19 de março de 1943 de uma bronquite complicada por enfisema. Orwell estava à sua cabeceira, mas, como Gordon Bowker observa, isso não o impediu de continuar fumando seus acres cigarros de enrolar (p. 297).

Da carta de Orwell para a sra. Laura Buddicom, 27 de junho de 1920.

Este é um resumo da única cópia sobrevivente de um memorando que cria a Comissão de Serviços Orientais da BBC. Foi escrito por R. A. Rendall, diretor do Serviço do Império na época, e é a cópia enviada para R. W. Brock da Seção da Índia do Ministério da Informação (situado na Câmara do Senado da Universidade de Londres, que seria o modelo para o Ministério da Verdade de 1984).

16 de outubro de 1941
[sem endereço: memorando interno da BBC]

Acho que você está ciente de que, em nosso esforço para integrar e expandir os Serviços Orientais da BBC, decidimos constituir uma Comissão de Serviços Orientais que irá realizar sessões periódicas quinzenais. Nessa Comissão, que será um organismo interno da Corporação, o Escritório para a Índia e o Ministério da Informação estarão representados. [...] A Comissão será presidida pelo professor Rushbrook Williams, nosso recentemente nomeado diretor de serviços orientais. [...] Pretende-se realizar a primeira reunião da Comissão às 14h30 na sala 101, na Portland Place, 55, na quarta-feira 22 de outubro.

Havia uma pauta anexa. Orwell não foi convidado para a primeira reunião (embora seu superior, Zulfaqar Ali Bokhari, tenha comparecido). Portland Place, 55 era um bloco de apartamentos próximo à Broadcasting House, que a Seção Indiana utilizou até se mudar para o nº 200 da Oxford Street. Quando foi devolvida à BBC, foi completamente remodelada, e as plantas que ainda existem não mostram a disposição das salas na época em que a BBC a usou, de modo que a sala 101 não pôde ser identificada. Ficava provavelmente no térreo. Com certeza não ficava na própria Broadcasting House. Sabe-se que Orwell participou de pelo menos doze reuniões e, em 14 de outubro de 1942, foi indicado para organizar uma subcomissão com o objetivo de explorar as possibilidades da organização de concursos de poesia e teatro na Índia. Àquela altura, a BBC havia se mudado para a Oxford Street e a reunião foi realizada na sala 314.

Em 1984, O'Brien diz a Orwell que o que há no quarto 101 é a pior coisa do mundo (p. 330). A impressão compreensível é que se trata de algo como afogamento, morte por fogo ou empalamento, mas Orwell é mais sutil: para muitos, e para ele, a pior coisa do mundo é a força vital do burocrata: a participação em reuniões.

Para Picture Post

11 de julho de 1942

Estou de acordo com o sr. Priestley sobre a direção geral em que nossa sociedade avança, mas não compartilho de sua aparente crença de que as coisas *inevitavelmente* acontecerão rápido o suficiente para evitar que a velha gangue volte a pôr suas garras em nós. Há dois anos, eu teria repetido suas declarações otimistas com mais confiança do que faria agora. Naquela ocasião, um desastre terrível havia levado este país para o que parecia ser o primeiro estágio da revolução, e se podia desculpar que alguém acreditasse que os privilégios de classe e a desigualdade econômica desapareceriam depressa sob a pressão de perigo. Obviamente, isso não aconteceu. Mas concordo com o sr. Priestley que não é provável a volta do tipo de sociedade que conhecíamos antes de 1939. Não compartilho da crença que algumas pessoas ainda parecem ter de que "esta é uma guerra capitalista" e que, se a vencermos, teremos a classe dominante britânica no poder novamente. O que eu gostaria de ver no próximo artigo do sr. Priestley não é "O quê?", mas "Como?" — justamente *como* vamos fazer para ter a sociedade verdadeiramente democrática que queremos.

George Orwell, Abbey Road, NW 8.

Para Alex Comfort*

15 de julho de 1942
10a Mortimer Crescent,
Londres, NW 6

Prezado sr. Comfort,

A *Partisan Review* me enviou uma cópia da carta que o senhor escreveu a eles, junto com algumas outras. Creio que eles vão imprimir todas as cartas, ou trechos delas, e a minha resposta. Mas havia uma questão que não me preocupei em responder em letra de imprensa. O senhor questionou minha referência ao "antissemitismo" (por falar nisso, eu não disse antissemitismo, mas atormentação de judeus, coisa muito diferente) na *Adelphi*. Evidentemente, eu estava pensando em Max Plowman,* que odiava judeus e, embora tivesse consciência dessa tendência em si mesmo e lutasse contra ela, às vezes a deixava influenciar sua editoria. Eu tinha dois exemplos em mente. O primeiro foi quando o livro de Macmurray *The Clue to History* foi publicado em 1938. Tratava-se de um livro bastante desigual e de tendência extremamente pró-judaica. Max ficou enfurecido com isso e mandou o livro ser resenhado por cinco pessoas diferentes, inclusive eu e ele, em uma edição da *Adelphi*. A resenha dele (pode procurá-la por volta de dezembro de 1938) foi definitivamente em tom provocativo. Mais tarde, ele envolveu a *Adelphi* numa polêmica com um judeu cujo nome não lembro, acho que Cohen, sobre supostas atividades belicistas dos judeus. Tendo deixado os judeus furiosos e manifestado sua opinião de forma muito arrogante, Max subitamente declarou encerrada a polêmica, não permitindo que os judeus respondessem. Isso aconteceu em algum momento de 1939. Desde a guerra, Murry se referiu pelo menos uma vez com aparente aprovação à "eliminação" dos judeus por Hitler.

A razão pela qual não me interesso em publicar alguma coisa sobre isso é porque Max era um velho amigo meu e foi muito bom para mim, e sua esposa poderia ficar sabendo [disso] e se sentir magoada se eu realmente citar nomes. Em minha resposta na Partisan Review, acrescentei uma nota no sentido de que estava respondendo a isso em particular, mas ousaria dizer que eles vão omitir isso e seu questionamento,[1] pois expliquei as circunstâncias para Dwight Macdonald.*

Atenciosamente
George Orwell

Alex Comfort respondeu em 16 de julho de 1942:

Prezado sr. Orwell

Muito obrigado por me escrever. Eu não sabia sobre Max nesse sentido, e o senhor estava absolutamente certo. De fato eu não deveria ter respondido ao senhor no que se referia à *Adelphi*, pois só a conheço desde a guerra: entendi que o senhor dizia que a atormentação de judeus nela era uma coisa recente, uma característica que havia surgido durante o período que estava relatando (suponho que o ponto fraco de Max era bem antigo).

Achei que algumas das coisas que o senhor disse deveriam ter recebido respostas muito mais completas, mas duvidava que a P.R. teria espaço para mais do que uma réplica chistosa. Sinceramente, não acho que o último lote de nós é mais construtivamente pró-fascista do que nossos antecessores, mas a concluir das pessoas que encontro, diria que elas estavam mais próximas do niilismo russo do que de qualquer linha de pensamento contemporâneo.

No entanto, muitas vezes quero discutir com a *Peace News* não por ser fascista, mas por tentar, como o senhor diz, escapar impu-

---

1 A *Partisan Review* omitiu qualquer referência a esse tema.

ne com as duas extremidades do mesmo argumento. Escrevi uma cominação a J. M. Murry, mas ele não a publicou. Ele precisa de um novo começo "Maldito é o homem que imagina que pode assumir pontos de vista opostos e diz que, qualquer que venha a ser verdade, sua principal afirmação está correta".

Gostaria de uma oportunidade para cumprimentá-lo sobre aquele artigo na *Horizon* sobre Donald McGill.º Foi o melhor exemplo de análise que acho que já li.

Vou escrever para o editor da P.R. e explicar que concordo inteiramente com o senhor depois de ver as referências. Eu não queria colocá-lo na berlinda por causa de uma pergunta pessoal como essa, e peço desculpas por minha ignorância. Todos os votos de felicidade e muito obrigado

Alex Comfort

Eu gostaria de ter iniciado uma discussão sobre sua resenha,[2] mas a *Adelphi* não tinha espaço para que eu pudesse me estender. De qualquer forma, obrigado por fazê-lo. Isso me fez rever várias ideias.

Para B. H. Liddell Hart*

12 de agosto de 1942
10a Mortimer Crescent
NW 6

Prezado capitão Liddell Hart,

Muito obrigado por sua carta. Lamento ter aceitado com demasiada rapidez a lenda de que os alemães tomaram suas teorias sobre tanques de De Gaulle. O *Observer* teve de resumir minha re-

---

[2] Para a resenha do romance de Comfort *No Such Liberty* feita por Orwell, ver XIII, 855, pp. 389-44.

senha do livro de Barrès e cortou um trecho do memorando de De Gaulle do início de 1940. Eu não sabia desse memorando até vê-lo no livro de Barrès, e ele certamente me pareceu prever o que aconteceu alguns meses depois com considerável presciência. A história do "homem com quem os alemães aprenderam" já fora construída em outro lugar, e eu já a havia mais ou menos aceitado por não ser naturalmente muito versado em literatura militar. Li muitos de seus escritos, mas não percebi que os alemães se basearam neles a esse ponto. E eu estava mais disposto a aceitar De Gaulle como inovador revolucionário, devido obviamente à natureza antiquada do exército francês como um todo. Estive no Marrocos francês do outono de 1938 à primavera de 1939, e com a guerra obviamente iminente, observei o exército colonial francês tanto quanto pude, até o ponto de me apoderar de alguns de seus manuais de infantaria. Fiquei impressionado com a natureza antiquada de tudo, embora eu saiba muito pouco sobre assuntos militares. Eu poderia, se o senhor desejar, escrever para o *Observer* e dizer que estava enganado e transferi algumas de suas ideias para De Gaulle, mas do ponto de vista político não gostaria de diminuir de Gaulle. Foi uma infelicidade não conseguirmos extrair da França um político importante de esquerda, mas uma vez que De Gaulle é a única figura que temos no momento para representar os franceses livres, precisamos tirar o melhor partido dele.

    Não, eu não escrevi *Bless 'em all*.[3] Não estou no exército porque não sou fisicamente apto (Classe IV!), mas estive na Guarda Interna

---

3 Liddell Hart perguntou a Orwell se ele havia escrito *Bless 'em all* porque admirava tanto o livro que havia "distribuído um bom número de exemplares [...] em bairros onde pensei que poderia fazer algum bem". O título completo do livro, publicado com o pseudônimo de Boomerang, é *Bless 'Em All: An Analysis of the British Army, Its Morale, Efficiency and Leadership, Written from Inside Knowledge* [Sejam todos abençoados: uma análise do Exército britânico, seu moral, eficiência e liderança, escrito com conhecimento de dentro] (1942). "Boomerang" era Alan W. Wood, um australiano que trabalhou em jornais de Beaverbook antes da guerra e que, segundo Fredric Warburg, "morreu jovem demais". O livro vendeu 37 625 exemplares nos primeiros quinze meses.

desde o início e poderia escrever um livrinho bastante semelhante sobre isso. Não sei quem é o autor, exceto que é australiano. O livro teve uma boa venda, de 15-20 mil exemplares, e provavelmente fez muita coisa boa. Gostaria de conhecê-lo em algum momento que esteja em Londres. Nunca saio de Londres, pois estou trabalhando na BBC. Presumo que Humphrey Slater seja um amigo comum nosso.
Atenciosamente
Geo. Orwell

Para Mulk Raj Anand*

7 de outubro de 1942

Caro Mulk,

Estou mandando de volta seu texto sobre *Guerra e paz* porque gostaria que você reescrevesse a parte final, de modo geral da página 4 em diante, a fim de abordar mais o aspecto sociológico do livro. Acho que é bem verdade que Tolstói marcou o início de uma nova atitude em relação ao romance, mas isso em si não é o suficiente para justificar o título "Livros que mudaram o mundo". Eu queria era uma palestra sobre *Guerra e paz* como exemplo da nova atitude perante a guerra. Se não é o primeiro, é certamente um dos primeiros livros que tentaram descrever a guerra de forma realista, e muitas correntes do pensamento moderno, entre elas provavelmente o pacifismo, decorrem dele em certa medida. Não quero, é óbvio, propaganda pacifista, mas penso que podemos fazer um uso valioso de uma comparação entre a descrição de Tolstói da batalha de Oesterlitz[4] e, por exemplo, "A carga da Brigada Ligeira", de Tennyson.

---

4 Austerlitz, onde Napoleão obteve uma brilhante vitória sobre os austríacos e russos em 1805. O relato de Tolstói está no Livro 3, capítulos 14-19. A carta esclarece a atitude de Orwell quanto a sua ideia de radiodifusão para a Índia: muito mais educativa e cultural do que grosseiramente propagandista.

Gollancz manifestou interesse em sua ideia para um livro sobre a Índia.⁵ Ele diz que teria de ser feito rapidamente, o que seria muito fácil pelo método que estávamos projetando fazê-lo. Ele quer que você, ou eu na sua ausência, o encontre daqui a uma semana, dia 14 de outubro, às 11 horas, em seu escritório. Você acha que poderia me encontrar entre hoje e o dia marcado, para que possamos elaborar uma sinopse do livro?

Atenciosamente,
George Orwell

Ao editor de *The Times*

12 de outubro de 1942
10A, Mortimer Crescent
NW 6

Senhor,

Permita-me oferecer uma ou duas reflexões sobre a decisão do governo britânico de retaliar contra prisioneiros alemães, que parece tão distante que despertou extraordinariamente poucos protestos.⁶

Ao acorrentar prisioneiros alemães em resposta a uma ação semelhante dos alemães, descemos, pelo menos aos olhos do ob-

---

5 Em uma carta a Orwell de 11 de outubro de 1942 (que discutia aspectos factuais do programa), Anand acrescentou um pós-escrito para dizer que telefonaria na segunda-feira (presumivelmente, o dia seguinte) para discutir o livro. Ele dizia que a única base real para um simpósio era um plano construtivo para a defesa da Índia. Isso poderia reunir diferentes pontos de vista e "revelar a idiotice de reação" de forma mais forte. Não há mais nenhum registro sobre essa proposta de livro.
6 Em seu Diário de tempo de guerra, Orwell registrou em 11 de outubro de 1942 que, após o ataque mal-sucedido a Dieppe, os canadenses haviam "acorrentado um número de prisioneiros alemães igual ao número de prisioneiros britânicos acorrentados na Alemanha". (Ver *Diaries*, p. 367.) A carta não foi publicada.

servador comum, ao nível de nossos inimigos. É inquestionável, quando se pensa na história dos últimos dez anos, que *existe* uma profunda diferença moral entre democracia e fascismo, mas, se adotamos o princípio do olho por olho, dente por dente, simplesmente fazemos com que essa diferença seja esquecida. Além disso, na questão da crueldade é improvável que possamos competir com nossos inimigos. Como a rádio italiana acaba de proclamar, o princípio fascista é dois olhos por um olho e todo um conjunto de dentes por um dente. Em um momento ou outro, a opinião pública da Inglaterra vai esquivar-se das implicações dessa declaração, e não é muito difícil prever o que vai acontecer. Em consequência da nossa ação, os alemães vão acorrentar mais prisioneiros britânicos, nós teremos de seguir o exemplo acorrentando mais prisioneiros do Eixo, e assim continuará até que, logicamente, todos os prisioneiros de ambos os lados estejam acorrentados. Na prática, naturalmente, seremos os primeiros a ficar enojados com o processo e em algum momento anunciaremos que o acorrentamento cessará, deixando, quase que com certeza, mais prisioneiros britânicos em grilhões do que os do Eixo. Teremos, pois, agido de maneira tão bárbara quanto frágil, prejudicando nosso bom nome, sem conseguir aterrorizar o inimigo.

Parece-me que a resposta civilizada à ação alemã seria algo como: "Vocês proclamam que estão colocando milhares de britânicos em correntes porque uma meia dúzia de alemães foi temporariamente amarrada durante a invasão de Dieppe. Isso é de uma hipocrisia repugnante, em primeiro lugar devido ao próprio histórico de vocês nos últimos dez anos, em segundo lugar porque as tropas que fizeram prisioneiros têm de segurá-los de alguma forma até poder levá-los a um lugar seguro, e amarrar as mãos de soldados nessas circunstâncias é totalmente diferente de acorrentar um prisioneiro indefeso que já está em um campo de internamento. Neste momento, não podemos impedi-los de maltratar nossos prisioneiros, embora, provavelmente, iremos lembrar disso no estabelecimento da paz, mas não receiem que vamos retaliar na mesma moeda. Vocês são nazistas, nós somos homens civilizados. Este último ato de vocês simplesmente demonstra a diferença".

Neste momento, isto pode parecer uma resposta não muito satisfatória, mas sugiro que para quem olhar para trás no tempo, daqui a três meses, isso vai parecer melhor do que o que estamos fazendo agora, e é dever daqueles capazes de manter a cabeça fria protestar antes que o processo inerentemente estúpido de retaliação contra o impotente seja levado adiante.

Atenciosamente,
George Orwell

Para Ivor Brown*

31 de agosto de 1943
10a Mortimer Crescent
Londres, NW 6

Prezado sr. Brown,

Muito obrigado por sua carta. É claro que eu gostaria muito de ir ao norte da África para o senhor, se isso puder ser arranjado. Se *puder*, no entanto, pergunto-me se seria possível ter alguma ideia da data. Ainda não apresentei minha demissão formal à BBC, mas informei meus chefes imediatos que pretendo deixá-los, e quando eu renunciar formalmente devo dar dois meses de aviso prévio. Porém, eles não insistiriam nisso desde que eu ao menos cumprisse algumas semanas. Enquanto isso, tomei providências para tirar minhas férias anuais (de quinze dias) no final desta semana. É evidente que eu renunciaria a isso se a chance de ir ao norte da África fosse imediata, mas, caso contrário, não estou ansioso por perder minhas férias, pois não as tive por catorze meses e estou

precisando muito delas. Então, ficaria muito agradecido se o senhor pudesse me dar alguma ideia de quando esse plano é passível de se concretizar, supondo-se que aconteça.
Atenciosamente
Geo. Orwell

Para L. F. Rushbrook Williams*

24 de setembro de 1943
BBC

Caro sr. Rushbrooke-Williams,[7]
Em confirmação do que eu lhe disse anteriormente em particular, quero apresentar minha resignação da BBC, e ficaria muito grato se o senhor encaminhar esta para a esfera apropriada.

Creio que ao falar com o senhor, deixei claras minhas razões, mas gostaria de colocá-las no papel, para que não haja nenhum engano. Não estou indo embora em virtude de qualquer desacordo com a política da BBC, e menos ainda por qualquer tipo de reclamação. Ao contrário, acho que durante toda a minha associação com a BBC fui tratado com a maior generosidade e me permitiram grande latitude. Em nenhum momento, fui obrigado a dizer no ar qualquer coisa que eu não teria dito como indivíduo. E gostaria de aproveitar esta oportunidade para agradecê-lo pessoalmente pela atitude compreensiva e generosa que sempre demonstrou para com meu trabalho.

Estou apresentando minha resignação porque, já há algum tempo, tenho consciência de que estou perdendo tempo e desperdiçando dinheiro público em um trabalho que não produz ne-

---

[7] Rushbrook Williams escreveu seu nome sobre esse erro de ortografia de seu nome, sem hífen e "e"; ambos os erros foram de Orwell.

nhum resultado. Acredito que na atual situação política a difusão de propaganda britânica para a Índia é uma tarefa quase inútil. Se essas emissões radiofônicas devem continuar, cabe a outros julgar, mas eu mesmo prefiro não gastar meu tempo nelas, quando poderia estar ocupado com jornalismo que produza algum efeito mensurável. Acho que, ao voltar para o meu trabalho normal de escrita e jornalismo, eu poderia ser mais útil do que sou no momento.

Não sei quanto tempo de aviso prévio devo dar.[8] O *Observer* mais uma vez apresentou o projeto de minha ida para o norte da África. Isso tem de ser aprovado pelo Ministério da Guerra e pode não ser aprovado de novo, mas o menciono no caso de eu ter de sair num prazo mais curto do que seria o caso. De qualquer modo, cuidarei para que os programas sejam organizados com bastante antecedência.

Atenciosamente
Eric Blair

---

8 Em 29 de setembro, Sir Guy Williams, diretor do Departamento de Serviços para Ultramar, escreveu a Orwell aceitando sua resignação "com muito pesar". Embora reconhecendo que ele deveria trabalhar normalmente seus dois meses de aviso prévio, Sir Guy escreveu: "Se, como o senhor diz, pode precisar partir num prazo mais curto, a Corporação estaria disposta a permitir que faça isso"; a demissão de Orwell entraria em vigor a partir de 24 de novembro de 1943, "a menos que o senhor me informe que deseja sair em uma data anterior". Em 7 de outubro de 1943, Brown escreveu a Orwell dizendo que ouvira dizer que ele estaria livre no final de novembro e que ficaria contente se ele pudesse visitá-lo no *Observer* para discutir a quantidade de resenhas e outros escritos que poderia fazer para o jornal. Mencionava também que apreciara muito a resenha que Orwell fizera "de Laski" (de *Reflections on the revolution of our time* [Reflexões sobre a revolução de nosso tempo]), 10 de outubro de 1943, (XV, 2309, pp. 270-2).

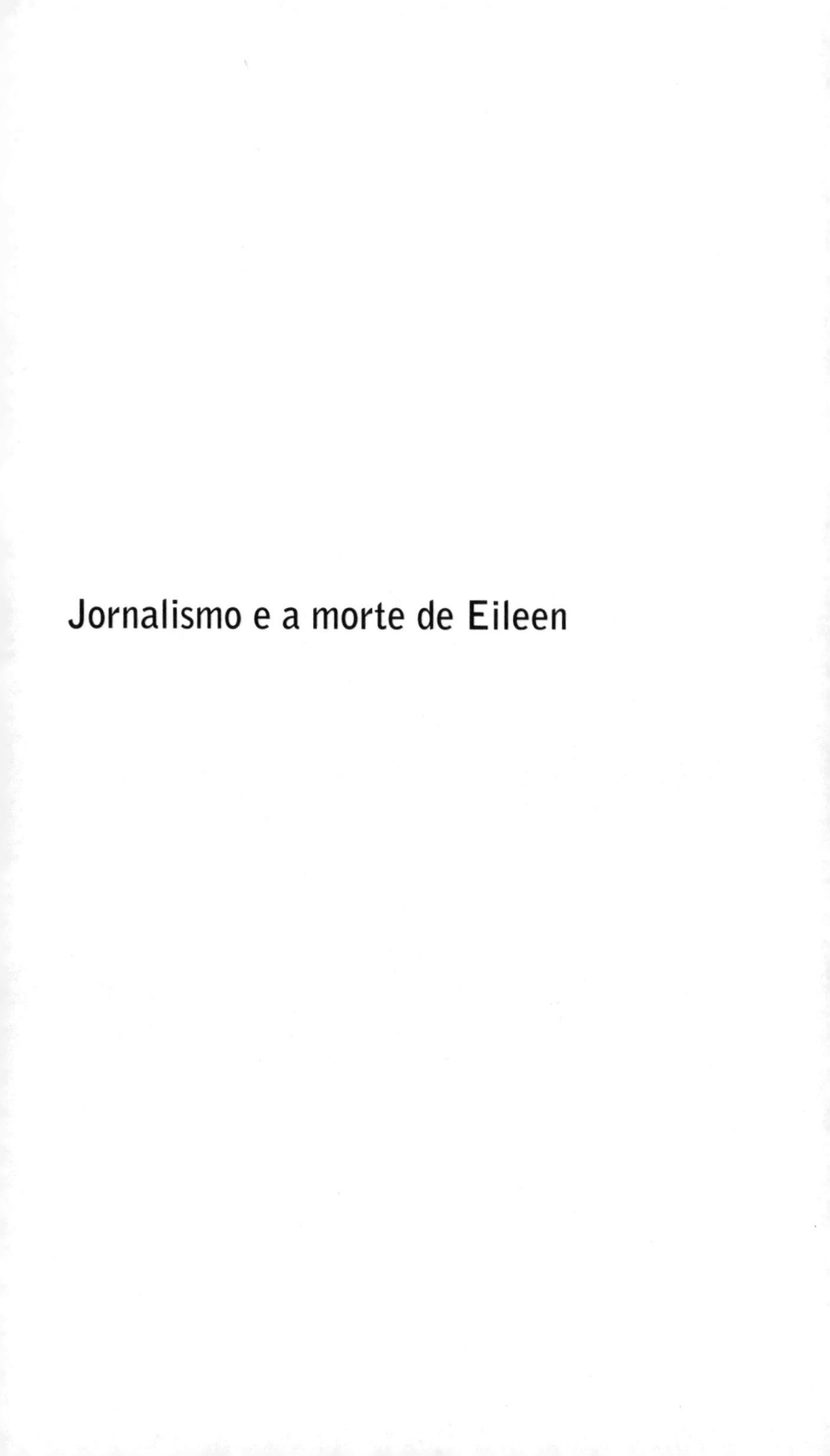

Jornalismo e a morte de Eileen

1943-1945

Orwell começou a trabalhar como editor de literatura do jornal *Tribune* logo depois de sair da BBC, no final de novembro de 1943. A primeira de suas oitenta colunas "As I Please" [O que me der vontade] foi publicada em 3 de dezembro de 1943, e na véspera de Natal o *Tribune* publicou um artigo de "John Freeman" — pseudônimo de Orwell — intitulado "Os socialistas podem ser felizes?". Nos dois anos seguintes, ele esteve extremamente ocupado escrevendo artigos, resenhas, colunas e jornalismo de todo tipo. Ele se sentia, como disse a Dorothy Plowman em 19 de fevereiro de 1946, "sufocado pelo jornalismo" e estava desesperado para fugir — para a ilha de Jura. Não obstante, sufocado ou não, alguns de seus ensaios mais famosos foram publicados nesse período: "Raffles e Miss Blandish", "Privilégio do clero", "Em defesa de P. G. Wodehouse", "Engraçado mas não vulgar", "Livros ruins bons" e "O espírito esportivo".

Sobreviveram relativamente poucas cartas de Orwell do outono de 1944 à primavera de 1945, além de bilhetes curtos de negócios.

Em 15 de fevereiro de 1945, ele foi a Paris iniciar um período de três meses como correspondente de guerra para o *Observer* e o *Manchester Evening News*, tendo escrito dezenove reportagens. Esses artigos tendem a ser descartados com muita facilidade, em parte, talvez, porque foram ignorados por muitos anos. Um dos resultados dessa experiência foi outro belo ensaio, "A vingança é amarga", de 9 de novembro de 1945.

Foi um tempo de ganhos e perdas pessoais para Orwell. Em junho, ele e Eileen adotaram um filho, Richard. No dia 28, o apartamento deles foi bombardeado e eles foram obrigados a sair; Orwell carregou seus livros em um carrinho de mão até a sede do *Tribune* por seis quilômetros nos horários de almoço. Eileen nunca aceitara completamente a morte de seu irmão Eric durante a retirada de Dunquerque. Ela não estava bem, estava sobrecarregada de trabalho e ficou deprimida durante toda a guerra (escreveu em uma carta para Norah Myles, em 5 de dezembro de 1940, e seu bilhete enigmático — tão diferente dela — de março de 1941). Um exame médico arranjado por Gwen O'Shaughnessy revelou tumores no útero. A operação se realizaria em Newcastle upon Tyne. Ela aguardou a cirurgia na casa da família O'Shaughnessy, perto de Stockton-on-Tees, onde Gwen e seus filhos se refugiaram quando começaram os ataques das bombas voadoras. Richard também foi para lá quando a casa dos Orwell foi bombardeada. Sobreviveram cartas longas e comoventes de Eileen para o marido nesse período, em que ela faz planos e pensa no futuro. Infelizmente, ela morreu sob efeito do anestésico, em 29 de março. Orwell voltou correndo da Europa, instalou Richard e depois retornou para se enterrar no trabalho. O Dia da Vitória (8 de Maio) veio logo depois. Como dia, ele significou pouco para Orwell (a experiência de muitas pessoas). "Eu não estava na Inglaterra no Dia da Vitória, mas me disseram que foi muito decoroso — grandes multidões, mas pouco entusiasmo e ainda menos desordem —, exatamente como na França. Sem dúvida, em ambos os casos isso se deveu parcialmente à escassez de álcool". ("London Letter", xvii, 2672, p. 163). Um excelente relato sobre esse dia que confirma isso é o primeiro capítulo de *Austerity Britain, 1945-51*, de David Kynaston (Bloomsbury, 2007).

De novembro de 1943 a fevereiro de 1944, ele escreveu *A revolução dos bichos*, e depois de muitas dificuldades, algumas criadas por um agente da KGB que trabalhava no Ministério da Informação, o livro foi publicado por Fredric Warburg em 17 de agosto de 1945, dois dias após o final da Segunda Guerra. Depois, em setembro, quando ficou numa cabana de pescador, começou seu caso de amor com a ilha de Jura — sua "Terra Dourada".

Da carta de Orwell para sua mãe, 17 de março de 1912.

Macdonald escreveu a Orwell em 22 outubro de 1943 dizendo que havia pedido demissão da Partisan Review. Sua carta de demissão, com, segundo ele, "uma resposta bastante quente de meus ex-colegas", foi publicada na edição de julho-agosto. Ele estava começando uma nova revista e perguntava a Orwell se ele tinha escrito alguma coisa ultimamente sobre "cultura popular" (as aspas são de Macdonald). Sugeria algo sobre a publicidade britânica desde a guerra e também perguntava se Orwell havia escrito alguma coisa sobre a Guerra Civil Espanhola.

Para Dwight Macdonald*

11 de dezembro de 1943
10a Mortimer Crescent NW 6

Prezado Macdonald,

Muito obrigado por sua carta datada de 22 de outubro (só chegou agora!). Espero que sua nova revista seja um sucesso. Eu gostaria de escrever algo para ela, mas acho que não posso escrever qualquer coisa de natureza estritamente política, enquanto mantenho meu acordo com a P[artisan] R[eview]. Além do mais, minhas periódicas "Cartas de Londres" por assim dizer usam tudo o que tenho a dizer sobre a atual situação neste país. Aquele artigo sobre a guerra espanhola de que lhe falei, finalmente escrevi, mas mandei para a New Road 1943, editada por Alex Comfort e Cia., e, para minha irritação, foi publicado de forma mutilada.[1] Recentemente, escrevi uma coisa curta para uma revista francesa sobre o romance policial inglês,[2] e ocorreu-me que algo interessante poderia ser

---

[1] "Looking back on the Spanish War" [Uma visão retrospectiva da guerra civil espanhola]; a nota introdutória enumera os cortes. Ver XIII, 1421, pp. 497-511.
[2] "Grandeur et décadence du roman policier anglais", Fontaine, 17 de novembro de 1943 [XV, 2357, pp. 309-20].

feito sobre a mudança na perspectiva ética da ficção policial nos últimos cinquenta anos. Esse tema é tão vasto que só se pode atacar partes dele, mas o que me diz de um artigo sobre Raffles ("O ladrão amador"), comparando-o com uma história de crime moderna, por exemplo alguma coisa de uma revista popular? (Eu só poderia fazer isso de forma meio superficial, pois desde a guerra não se pode comprar esse tipo de revista no país, mas fui leitor delas por muitos anos e conheço sua atmosfera moral.) Raffles, aproximadamente contemporâneo de Sherlock Holmes, fez muito sucesso na Inglaterra, e imagino que nos EUA também, pois me lembro de ele ser mencionado nos contos de O. Henry. E no ensaio eu poderia fazer alguma menção a Edgar Wallace, que na minha opinião é um escritor significativo e marca uma espécie de ponto de inflexão moral. Diga-me se você gostaria disso e, em caso afirmativo, quantas palavras deveria ter. Arrisco a dizer que poderia entregar o material pouco depois de ter sua resposta, mas quando você o receberia, isso não posso dizer.[3] Você vê como os correios estão hoje em dia.

Saí da BBC depois de desperdiçar dois anos nela e me tornei editor[4] do *Tribune*, um semanário de esquerda que você deve conhecer. O trabalho me deixa um pouco de tempo livre, por isso estou começando um livro novo, depois de não ter escrito um por quase três anos.

Atenciosamente
Geo. Orwell

---

[3] Orwell escreveu "Raffles e Miss Blandish", publicado em *Horizon*, outubro de 1944, XVI, 2538, pp. 345-7; reproduzido na nova revista de Macdonald, *Politics*, no mês seguinte, com um título levemente ampliado: "A ética da história de detetive: de Raffles a Miss Blandish".
[4] Na verdade, editor literário.

Para Gleb Struve*

17 de fevereiro de 1944
10a Mortimer Crescent NW 6

Prezado sr. Struve,

Por favor, me perdoe por não ter escrito antes para lhe agradecer pelo presente muito amável de 25 *Years of Soviet Russian Literature*, com sua dedicatória ainda mais gentil. Receio conhecer muito pouco de literatura russa e espero que seu livro preencha algumas das muitas lacunas em meu conhecimento. Ele já despertou meu interesse por *We*, de Zamyatin, do qual não tinha ouvido falar antes. Estou interessado nesse tipo de livro, e até mesmo faço anotações para um livro assim que poderá ser escrito mais cedo ou mais tarde.[5] Gostaria de saber se o senhor tem notícia de alguma tradução adequada de Blok.[6] Vi alguns fragmentos traduzidos há cerca de dez anos em *Life and Letters*, mas não sei dizer se a tradução era boa.

Estou escrevendo uma pequena sátira que talvez o divirta quando sair, mas é algo tão pouco politicamente correto que não tenho certeza se alguém vá publicá-lo. Talvez isso lhe dê uma indicação do tema.[7]

Atenciosamente
Geo. Orwell

---

5 Anotações que viriam a dar em 1984.
6 Alexander Blok (1880-1921), poeta lírico muito influenciado pelo simbolismo. Embora tenha saudado a Revolução de 1917, desiludiu-se rapidamente.
7 *A revolução dos bichos*.

Para Leonard Moore*

19 de março de 1944
10a Mortimer Crescent NW 6

Caro sr. Moore,
Terminei meu livro[8] e lhe enviarei o manuscrito em poucos dias. Está sendo datilografado agora. São cerca de trinta mil palavras. Para evitar o desperdício de tempo, acho que devemos decidir antecipadamente se o mostramos ou não a Gollancz. De acordo com nosso contrato, ele tem a preferência sobre meus livros de ficção, e este viria sob o rótulo de ficção, pois é uma espécie de conto de fadas, realmente uma fábula com significado político. Porém, acho que Gollancz não o publicaria, já que é de tendência fortemente anti-Stálin. Também não vale a pena perder tempo com Warburg, que provavelmente não tocaria em nada dessa tendência e, que eu saiba, tem muito pouco papel. Sugiro, portanto, que deveríamos contar a Gollancz, mas informá-lo que o livro provavelmente não é conveniente para ele, e dizer que só lhe enviaremos o original se ele quiser mesmo vê-lo. Vou escrever-lhe nesse sentido agora. A questão é que se Gollancz e seus leitores puserem as mãos nele, mesmo que acabem por não ficar com o livro, vão provavelmente se pendurar no manuscrito por semanas. Assim, vou escrever a ele, e portanto ele ficará sabendo do que se trata antes que o senhor receba o manuscrito.

Quanto a qual editora abordar, acho que Nicholson & Watson pode ser a melhor.[9] Eu disse a um de seus homens que tinha um livro quase pronto e ele me pareceu ansioso para se apossar dele.

---

[8] *A revolução dos bichos*. O papel estava em falta (exceto, é claro, para a burocracia do governo).
[9] No alto desta carta para Moore alguém escreveu o nome de mais dois editores: Eyre & Spottiswoode e Hollis & Carter.

Ou então Hutchinson, onde tenho contato com Robert Neumann. Ou qualquer outra pessoa que (a) tenha algum papel e (b) não esteja nos braços de Stálin. Este último item é importante. Este livro é mortal do ponto de vista comunista, embora nenhum nome seja mencionado. Desde que possamos superar essas dificuldades, imagino que o livro deve encontrar uma editora, a julgar pelas coisas que se publicam hoje em dia.

Vou enviar duas cópias. Acho que poderíamos tentar uma publicação americana também. Cerca de um ano atrás, a Dial Press escreveu pedindo-me que lhes enviasse o próximo livro que eu fizesse, e acho que eles podem gostar deste.[10]

Estou contratado agora para fazer um livro sobre "Britain in Pictures", que suponho que me tomará 6-8 semanas. Depois disso, estou tomando providências para fazer dois ensaios literários longos, um sobre *No Orchids for Miss Blandish* e um sobre Salvador Dalí, para duas revistas. Quando terminar os dois, teremos material suficiente para o livro de ensaios reimpressos.

Atenciosamente
Eric Blair

Para Leonard Moore*

15 de abril de 1944
10a Mortimer Crescent NW 6

Prezado sr. Moore,

Nicholson & Watson recusam-se a publicar *A revolução dos bichos*, dando a mesma razão de Gollancz, ou seja, que é de mau gos-

---

10 Na *Partisan Review*, 63, 1996, William Phillips afirmou que foi a primeira pessoa nos Estados Unidos a ler *A revolução dos bichos*; recomendou-o então à Dial Press.

to atacar o chefe de um governo aliado dessa forma etc.[11] Eu sabia que teríamos muitos problemas com esse livro, ao menos neste país. Enquanto isso, levei a cópia que eu tinha à Cape, pois a srta. Wedgwood[12] pediu-me muitas vezes que os deixasse ver alguma coisa, mas não ficarei surpreso se eles derem a mesma resposta. Acho que Faber é *apenas* possível e Routledges um pouco mais, se tiverem papel. Enquanto a Cape está com o manuscrito, vou sondar Eliot e Herbert Read.[13] Vi recentemente um livro publicado por Eyre e Spottiswoode, e acho que está tudo bem com eles — talvez, como o senhor diz, eu os estivesse confundindo com Burns, Oates e Washburne. Se tudo fracassar, tentarei que uma das pequenas editoras sofisticadas aceite publicá-lo, na verdade não deverei me surpreender se essa for a aposta mais provável. Sei de uma que acaba de abrir e dispõe de uma certa quantia de dinheiro. Naturalmente, quero este livro publicado porque acho que o que ele diz precisa ser dito, ainda que seja algo fora de moda hoje.

Espero que a cópia tenha ido para os EUA. Suponho que o senhor ainda tenha uma cópia, assim talvez possa me mandá-la para que eu possa mostrar a Read, se conseguir contatá-lo.

---

11 Em carta ao *The Observer* de 23 de novembro de 1980, Andre Deutsch, que trabalhava para Nicholson & Watson em 1944, contou como, depois de ter sido apresentado a Orwell em 1943 por George Mikes, ele havia sido ocasionalmente encarregado de escrever resenhas para o *Tribune* por uma remuneração de uma libra esterlina. Em 1944, por volta de Pentecostes, Orwell deixou-o ler o texto datilografado de *A revolução dos bichos*, e ele ficou convencido de que Nicholson & Watson se interessaria em publicar o livro de Orwell. Infelizmente, embora não compartilhassem das reservas políticas de Gollancz, eles passaram um sermão em Orwell sobre o que consideravam erros no livro. Orwell ficou calmo, mas deprimido; Deutsch, profundamente constrangido. Deutsch já então esperava começar a publicar ele mesmo, mas, embora Orwell lhe tenha oferecido *A revolução dos bichos* duas vezes, e ele adoraria publicá-lo, sentia-se ainda um novato, incapaz de iniciar sua própria empresa.
12 A historiadora Veronica Wedgwood (1910-97; DBE, 1968) trabalhava então para a Cape.
13 T.S. Eliot estava trabalhando para a Faber & Faber e Herbert Read para a Routledge.

Em que pé estão meus direitos autorais com Gollancz? Depois que tiver feito o necessário, quero compilar aquele livro de ensaios e estou ansioso para incluir o ensaio sobre Dickens, que foi publicado por Gollancz. Suponho que se eu fechar com algum outro editor, por exemplo Cape, para fazer A *revolução dos bichos*, podem pedir meu próximo livro, que seria o dos ensaios. Tenho o direito de reimprimir o ensaio sobre Dickens, uma vez que o livro está esgotado?

Atenciosamente
Eric Blair

Para Noel Willmett

18 de maio de 1944
10a Mortimer Crescent NW 6

Prezado sr. Willmett

Muito obrigado por sua carta. O senhor me pergunta se o totalitarismo, culto ao líder etc. estão realmente em ascensão e cita o fato de que eles não estão crescendo neste país e nos Estados Unidos da América.

Devo dizer que creio, ou receio que levando em conta o mundo como um todo, essas coisas estão em crescimento. Hitler, sem dúvida, desaparecerá em breve, mas somente às custas de fortalecer (a) Stálin, (b) os milionários anglo-americanos e (c) todas as espécies de pequenos fuhrers° do tipo de De Gaulle. Todos os movimentos nacionalistas do mundo, até mesmo aqueles que se originaram na resistência à dominação alemã, parecem assumir formas não democráticas, agrupar-se em torno de algum Fuhrer super-humano (Hitler, Stálin, Salazar, Franco, Gandhi, De Valera são todos exemplos variados) e adotar a teoria de que o fim justifica os meios. Em toda parte, o movimento do mundo parece ir na direção de economias centralizadas que podem "funcionar" no sentido econômico, mas que não são organizadas de forma democrática e que tendem a estabelecer um sistema de castas. Com isso, vão junto os horrores do nacionalismo emocional e uma tendência a descrer na existência da verdade objetiva, porque todos os fatos precisam se adequar às palavras e profecias de algum Fuhrer infalível. Em certo sentido, a história já deixou de existir, isto é, não há uma história de nosso tempo que possa ser universalmente aceita, e as ciências exatas estão em perigo assim que a necessidade militar deixe de satisfazer as pessoas. Hitler pode dizer que os judeus começaram a guerra e, se ele sobreviver, isso se tornará a história oficial. Ele não pode dizer que dois e dois são cinco porque para os propósitos, digamos, da balística, eles têm de somar quatro. Mas se chegar o tipo de mundo que temo, um mundo de dois ou três super-Estados incapazes de conquistar um ao outro, dois e dois podem se tornar cinco se o Fuhrer assim desejar.[14] Essa é, tanto quanto posso ver, a direção em que avançamos de fato, embora, é claro, o processo seja reversível.

Quanto à imunidade comparativa da Grã-Bretanha e dos EUA. Independente do que os pacifistas etc. possam dizer, ainda *não* nos tornamos totalitários, e isso é um sintoma muito auspicioso. Acredito profundamente, como expliquei em meu livro *O leão e o unicórnio*, no *povo* inglês e em sua capacidade de centralizar a economia sem destruir a liberdade ao fazê-lo. Mas devemos lembrar que a Grã-Bretanha e os Estados Unidos não foram realmente postos à prova, não conheceram derrota ou sofrimento severo, e há alguns sintomas ruins para contrabalançar os bons. Para começar, há uma indiferença geral pela decadência da democracia. O senhor se dá conta, por exemplo, que ninguém na Inglaterra com menos de 26 anos agora vota e que, tanto quanto podemos ver, a grande

---

14 Prenúncios de 1984.

massa de pessoas dessa idade não dá a menor importância para isso? Em segundo lugar, há o fato de que os intelectuais têm uma perspectiva mais totalitária do que a gente comum. No conjunto, a *intelligentsia* inglesa se opôs a Hitler, mas somente ao preço de aceitar Stálin. A maioria está perfeitamente pronta para métodos ditatoriais, polícia secreta, falsificação sistemática da história[15] etc., desde que ache que isso está do "nosso" lado. Com efeito, a declaração de que não tivemos um movimento fascista na Inglaterra significa, em grande medida, que neste momento os jovens procuram seu Fuhrer em outro lugar. Não podemos ter certeza de que isso não vai mudar, tampouco podemos ter certeza de que daqui a dez anos gente comum não vai pensar como os intelectuais pensam agora. Eu *espero*[16] que isso não aconteça, até confio que não, mas, se assim for, será ao custo de uma luta. Se simplesmente proclamarmos que tudo é pelo melhor e não apontarmos para os sintomas sinistros, estaremos apenas ajudando a trazer o totalitarismo para mais perto.

O senhor pergunta também, já que penso que a tendência do mundo vai na direção do fascismo, por que apoio a guerra. É uma escolha entre males — imagino que quase todas as guerras sejam isso. Conheço o suficiente do imperialismo britânico para não gostar dele, mas o apoiaria contra o nazismo ou o imperialismo japonês, por ser um mal menor. Do mesmo modo, apoiaria a URSS contra a Alemanha, porque penso que a URSS não pode fugir totalmente de seu passado e retém o suficiente das ideias originais da Revolução para torná-la um fenômeno mais auspicioso do que a Alemanha nazista. Penso, e assim pensei desde o início da guerra, mais ou menos em 1936, que nossa causa é a melhor,

---

15 Prenúncios de 1984.
16 Comparar com o trecho de 1984 que diz: "*Se é que há esperança*, escreveu Winston, *a esperança está nos proletas*".

mas temos de continuar a torná-la melhor, o que envolve a crítica constante.
Atenciosamente
Geo. Orwell

Para Leonard Moore*

24 de junho de 1944
10a Mortimer Crescent NW 6

Prezado sr. Moore,
É uma pena no que diz respeito a Cape.[17] Telefonei a T.S. Eliot, contando-lhe as circunstâncias, e na segunda-feira darei a ele a outra cópia do manuscrito. Não tenho dúvidas de que Eliot estaria

---

17 Jonathan Cape escreveu a Victor Gollancz em 26 de maio de 1944 para dizer que estava inclinado a publicar A *revolução dos bichos*. Daniel George, que era seu leitor principal, e C. V. Wedgwood, então trabalhando para Cape, recomendaram firmemente a publicação. No entanto, em 19 de junho de 1944 Cape escreveu a Leonard Moore para dizer que não iria publicar o livro. Ele tinha realmente alguma preocupação que Orwell tivesse que oferecer suas duas próximas obras de ficção a Gollancz, mas a base para a rejeição foi a declaração feita por "um importante funcionário do Ministério da Informação", a quem ele havia consultado. Ele havia chegado à conclusão de que seria "altamente desaconselhável publicar [o livro] no momento atual", em parte porque não era um ataque generalizado às ditaduras, mas estava voltado especificamente aos soviéticos, e em parte porque a "escolha dos porcos como casta dominante" seria particularmente ofensiva. (Crick dá o texto integral dessa carta, com detalhes do pano de fundo, pp. 454-6.) Inez Holden, em uma carta a Ian Angus de 27 de maio de 1967, resumiu a razão de Cape para a rejeição e reação de Orwell: "Ele disse que não poderia publicar aquilo, pois temia que 'Stálin não fosse gostar'. George divertiu-se com isso. Citarei o que ele disse: 'Imagine o velho Joe (que não sabe uma palavra de nenhum idioma europeu) sentado no Kremlin lendo A *revolução dos bichos* e dizendo 'Eu não gosto disso'". Sabe-se agora que o "importante funcionário do Ministério da Informação" foi Peter Smollett, apelido de Peter Smolka, um austríaco que viera para a Inglaterra em 1930 e era um espião soviético, codinome "Abo". O disfarce de Smollett foi tão bem-sucedido que ele não só recebeu a Ordem do Império Britânico de uma Grã-Bretanha agradecida, como os soviéticos pensaram que ele havia virado a casaca e passaram a desprezá-lo (ver *The Lost Orwell*, pp. 207, 210-2).

do meu lado nessa questão, mas, como ele diz, talvez não consiga mudar o resto do conselho da Faber.

Sobre o contrato com Gollancz. Se trinta mil palavras não são um "tamanho normal", então o que é? É uma quantidade real de palavras estabelecidas em nosso contrato atual?[18] Se não, poderíamos obter de Gollancz uma declaração definitiva sobre o que ele considera o tamanho normal de uma obra de ficção. É claramente muito insatisfatório ter essa cláusula no contrato sem uma definição clara dela.

Atenciosamente
Eric Blair

Para T.S. Eliot*

28 de junho de 1944
10a, Mortimer Crescent NW 6
(ou *Tribune* CEN 2572)

Caro Eliot,

Este manuscrito[19] foi vítima da blitz, o que explica minha demora em entregá-lo e seu estado ligeiramente amassado, mas não está danificado de forma alguma.

Pergunto-me se você poderia fazer a gentileza de me informar sobre a decisão dos srs. Faber com brevidade. Se eles estiverem interessados em conhecer mais de minha obra, eu poderia informá-los sobre meu contrato existente com Gollancz, que não é oneroso nem é provável que dure muito.

---

18 Anotado no escritório de Moore: "Contrato declara apenas 'tamanho normal'".
19 De *A revolução dos bichos*. O apartamento dos Orwell foi bombardeado no mesmo dia em que ele datou sua carta a Eliot.

Se você ler este manuscrito, verá o seu significado, que não é aceitável neste momento, mas eu não concordaria em fazer nenhuma alteração, exceto uma pequena no final, que eu pretendia fazer de qualquer maneira. Cape ou o MOI, não estou certo pelo teor da carta, fez a sugestão imbecil de que outro animal diferente do porco representasse os bolcheviques. Eu não poderia evidentemente fazer nenhuma alteração desse tipo.

Atenciosamente

Geo. Orwell

Você poderia almoçar comigo em um dos dias que está na cidade?

Para Rayner Heppenstall*

21 de julho de 1944
Tribune

Caro Rayner,

Em anexo, aquele livro.[20] Em torno de seiscentas palavras, talvez? Eu gostaria muito de fazer o horóscopo do pequeno Richard.[21] Ele nasceu em 14 de maio. Eu achei que lhe havia dito, no entanto, que ele é uma criança adotada. Isso faz alguma diferença para o horóscopo? Não se esqueça de me procurar se vier à cidade. O endereço acima é o mais seguro no momento.

Do seu

Eric

---

20 Presumivelmente *Stephen Hero*, ao qual Orwell se refere, 17 de julho de 1944 (XVI, 2511, pp. 290-1).
21 Heppenstall se oferecera para fazer este horóscopo e o enviou em 14 de outubro, mas disse "ter perdido a técnica e a sensibilidade para traçar um horóscopo" (XVI, 2558, nº 2, p. 420).

Richard Blair nasceu em 14 de maio de 1944 na área de Newcastle upon Tyne. Em junho, foi adotado por Orwell e no mesmo mês Eileen deixou o emprego no Ministério da Alimentação. Orwell contou a Leonard Moore que o apartamento em Canonbury Square, que estava para alugar, seria deles em 1º de setembro, mas que provavelmente se mudariam apenas em 9 de setembro. Em sua carta, Eileen diz "quando e se Richard vier"; portanto, a criança não estava com eles na ocasião. É possível que a razão para a viagem para o norte fosse ver Richard.

Eileen Blair* para Leonard Moore*

2 de março de 1945
Greystone,
Carlton,
Perto de Stockton-on-Tees,
Co. Durham

Prezado sr. Moore,

Muito obrigada por sua carta e pelos vários recortes de imprensa. Lamento ter sido tão dilatória, mas eu tinha de ir a Londres concluir a adoção do filho de que Eric talvez tenha lhe contado, e fiquei detida por motivo de doença, enquanto minha correspondência me esperava aqui.

Receio não poder assinar a carta em nome dele. Se eu estivesse em Londres enquanto ele se preparava para ir, eu provavelmente teria uma procuração como antes, mas como as coisas estão tenho somente a autoridade mais informal. Então, enviei a carta a ele e suponho que ela estará de volta em três semanas. Recebi uma carta que demorou onze dias. Também escrevi para Warburg sobre a carta — sei que Eric falou com Frederickº Warburg sobre ela e imagino que não haverá problemas com isso, muito embora eu veja que, do seu ponto de vista, essas pontas soltas são muito insatisfatórias.

Não tenho nenhuma notícia de Eric. Ele escreveu um dia depois de chegar a Paris e tinha visto pouco, exceto seu hotel, que parece estar cheio de correspondentes de guerra e ser bastante confortável, com aquecimento central ligado. Espero que a próxima carta seja mais informativa, embora vá dizer principalmente respeito a esse filho que adotamos e por quem Eric está apaixonadamente interessado. O bebê está agora com nove meses e, de acordo com seu novo pai, é muito talentoso — "um pequeno rapaz muito pensativo", bem como muito lindo. É realmente um bebê muito bonito. O senhor deveria conhecê-lo um dia. Seu nome é Richard Horatio.
Atenciosamente,
Eileen Blair

Para Roger Senhouse*

17 de março de 1945
Quarto 329
Hotel Scribe
Rue Scribe
Paris 9e

Caro Roger,
Muito obrigado por sua carta e pelo envio do exemplar de *Homenagem à Catalunha*. No fim das contas, não o dei a André Malraux, que não está em Paris, mas, imagine, a Jose Rovira, que foi o comandante da minha divisão na Espanha e que encontrei na casa de um amigo aqui.

Não sei se *A revolução dos bichos* foi definitivamente para a gráfica. Se ainda não estiver impresso, há mais uma alteração de uma palavra que eu gostaria de fazer. No capítulo VIII (acho que é VIII), quando o moinho de vento é explodido, escrevi "todos os animais, inclusive Napoleão, arremessaram-se sobre seus rostos". Gostaria de alterar para "todos os animais, exceto Napoleão". Se o livro já está impresso, não vale a pena se incomodar com isso, mas pensei que a alteração seria justa para com I[óssif] S[tálin], pois ele ficou em Moscou durante o avanço alemão.[22]

Espero que Fred [Warburg]* tenha um bom e longo descanso. Sei quanto tempo demora para recuperar as forças. Estou tentando ver se vou a Colônia por alguns dias, mas continua havendo atrasos. Voltarei à Inglaterra no final de abril.

Do seu

George

Eileen Blair* para o marido

Quarta-feira, 21 de março de 1945
Greystone,[23]
Carlton

Querido, sua carta chegou esta manhã — aquela escrita no dia 7, depois que você recebeu a minha primeira. Fiquei bastante preocupada, porque tinha havido um intervalo de quase quinze dias, mas esta levou catorze, enquanto a última veio em dez, assim isso provavelmente explica tudo. Ou uma pode ter-se perdido.

Estou datilografando no jardim. Não é maravilhoso? Tenho somente um tapete para mim e a máquina de escrever e o vento

---

22 Essa alteração foi feita. A fonte da correção é quase certamente o encontro em Paris de Orwell com Joseph Czapski, um sobrevivente de Starobielsk e da série de massacres de prisioneiros poloneses realizados pelos russos e associada sobretudo àquele de Katyn.

23 Greystone era a casa da família O'Shaughnessy. Joyce Pritchard, a babá da família, contou a Ian Angus, em carta de 27 de setembro de 1967, que Eileen visitou Greystone frequentemente entre julho de 1944 (quando as crianças foram levadas para lá) e março de 1945.

continua soprando o papel para baixo na máquina, o que não é tão bom para datilografar, mas muito bom para mim. O vento é bastante frio, porém o sol está quente. Richard está sentado em seu carrinho falando com um boneco. Ele está coberto com a metade de cima de uma roupa, mas tirou o resto há algum tempo e não tem nada entre ele e o céu além das fraldas. Quero que ele fique arejado antes que o sol fique forte, para que pegue um bronzeado bonito. Essa é a minha ideia, pelo menos. De qualquer maneira, ele está apreciando as preliminares. Comprei-lhe uma cadeira alta — o único tipo que consegui. Ela meio que se dobra ao meio e vira a parte de baixo para cima como um besouro se você quiser, e então se tem uma cadeira baixa anexada a uma pequena mesa, tudo sobre rodas. Como cadeira alta, não tem rodas e a costumeira bandeja na frente da cadeira. Ele gosta muito dela e estende as mãos para ela — em parte, tenho medo, porque o que acontece normalmente na cadeira é comer. Quando é uma cadeira baixa, Laurence[24] o leva para passeios ao redor do quarto e pela estrada — com efeito, Laurence empurrou a coisa toda sobre rodas da estação até em casa e eu mesma a achei muito útil como carrinho de bagagem. Afinal, cheguei à noite, para que George Kopp[25] pudesse me levar à estação de King's Cross, o que foi muito simpático, mas não havia carregadores em Thornaby ou Stockton, e somente um em Darlington, mas eu o consegui. Não há verdadeiras novidades sobre Richard. Ele simplesmente está muito bem. Lamentei ficar longe dele por uma semana, porque ele sempre para de se alimentar quando não funciono como garçom, mas hoje ele pegou sozinho a

---

24 Laurence (nascido em 13 de novembro de 1938) era filho de Gwen* e Laurence O'Shaughnessy*, ambos médicos. Eileen era a irmã mais jovem de Laurence.
25 George Kopp*, o comandante de Orwell na Espanha, casou-se com Doreen Hunton, meia-irmã de Gwen O'Shaughnessy. Ele e Doreen moravam a poucas casas de distância dos Orwell, em Canonbury Square, assim ele não tinha de ir muito longe para recolher a correspondência, a qual, porém, deixou de encaminhar.

colher do prato e a pôs na boca — de cabeça para baixo, claro, mas estava comendo um pudim um tanto aderente e assim conseguiu comer sua comida bem. Comprei-lhe um caminhão também, por uma estarrecedora quantia de dinheiro. Tive de esquecer o preço rapidamente, mas acho importante que ele tenha um.

Agora não estamos mais no jardim. Na verdade, Richard está na cama há algum tempo. Blackburn[26] veio e me contou tudo sobre seus outros trabalhos e como o sr. Wilson pescava e Sir John teve uma vez de ir a seu escritório no dia 12 de agosto, mas o carro foi com ele cheio de armas e sanduíches e chegaram às terras de caça à uma e meia. E o antecessor de Blackburn aqui se matou com um tiro. Acho que talvez o padrão geral de caça com arma de fogo fosse bastante inferior ao das terras de Sir John, porque esse homem atirou num pombo de madeira e tentou puxá-lo com a arma para fora do arbusto em que havia caído (isso pode ser contado melhor, mas você pode adivinhar). Naturalmente, o arbusto puxou o gatilho e havia outro tiro no outro cano e o burro estava segurando o cano apontado para sua barriga, então ele poderia ser também uma vítima de ataque aéreo. Isso não me convenceu de que Richard jamais deverá ter uma arma, mas que deve tê-la muito jovem, para que não se esqueça de como lidar com ela.

Gwen telefonou a Harvey Evers[27] e querem que eu vá para essa operação logo. Isso tudo é um pouco difícil. Vai custar muitíssimo dinheiro. Uma cama em uma espécie de enfermaria custa sete guinéus por semana e os honorários de Harvey Evers por cirurgia são quarenta guinéus. Em Londres, eu teria de pagar cerca de cinco guinéus por semana em um hospital, mas Gwen diz que o preço do cirurgião seria maior. O absurdo é que estamos bem demais de vida para podermos pagar preços realmente baixos — você teria

---

26 Raymond Blackburn era jardineiro e faz-tudo em Greystone.
27 Harvey Evers era o cirurgião de Eileen.

de ganhar menos de quinhentas libras esterlinas por ano. De certo modo, isso me deixa chocada, pois quando você estava doente me acostumei a não pagar nada aos médicos. Mas obviamente foi só porque Eric[28] arranjou tudo. Suponho que sua broncoscopia também teria custado em torno de quarenta guinéus — e devo dizer que teria sido barato, mas o que me preocupa é que realmente não acho que eu valha esse dinheiro. Por outro lado, é claro que essa coisa vai levar um longo tempo para me matar se deixada sozinha, e vai custar algum dinheiro o tempo todo. A única coisa é que acho que talvez possa ser possível vender a casa de Harefield[29] se descobrirmos como fazer isso. Espero também que eu possa ganhar algum dinheiro quando estiver bem — eu poderia evidentemente ter um emprego, mas me refiro a ganhar algum dinheiro em casa, por assim dizer. De qualquer maneira, não sei o que posso fazer senão ir em frente e acabar logo com a coisa. A ideia é que devo ir na próxima semana, e deduzo que ele pretende me operar logo — ele acha que as indicações são urgentes o suficiente para compensar as desvantagens de operar uma paciente debilitada; com efeito, ele é bastante claro ao dizer que nenhum tratamento pode me impedir de ficar consideravelmente mais debilitada a cada mês. Então, suponho que simplesmente farão uma transfusão de sangue e vão operar mais ou menos de imediato.

Enquanto estava em Londres, combinei de levar o manuscrito de Evelyn[30] ao *Tribune*. Quando parti estava tudo bem, interrompi

---

28 Marido de Gwen O'Shaughnessy; ver nota 24.
29 Eileen era dona de uma casa, Ravensden, em Harefield, Middlesex, que estava alugada. Ver sua carta de 25 de março de 1945 (xvii, 2642) e, para uma referência ao que foi feito dela, 11 de janeiro de 1946, xviii, 2856.
30 Evelyn Anderson, editora internacional do *Tribune*. Ela havia estudado em Frankfurt e foi para a Inglaterra como refugiada. Orwell havia "oferecido a ajuda de Eileen [...] na correção de seu inglês para um livro" (Crick, p. 446). Tratava-se de *Hammer or Anvil: the Story of the German Working-class Movement*, resenhado por George Orwell no *Manchester Evening News*, 30 de agosto de 1945 (xviii, 2734, pp. 271-3).

a viagem para ir ao banco e fui acometida de uma dor como a que tive um dia antes de vir para o Norte, só que pior. Tentei tomar uma bebida no Selfridges, mas não consegui, e todos os tipos de coisas extraordinárias aconteceram então, mas depois de um tempo consegui chegar ao ministério. Eu simplesmente não pude mais viajar, então a srta. Sparrow[31] telefonou para Evelyn em meu nome e eles combinaram a transferência do manuscrito. Gente do *Tribune* ligou em seguida de forma *mais* amigável, oferecendo-se para vir cuidar de mim, me trazer coisas e *me levar para casa*. Fiquei horrorizada. Mas ontem tive uma fase de pensar que era realmente ultrajante gastar todo o seu dinheiro em uma operação que eu sei que você desaprova, então Gwen ligou para o *Tribune* para saber se eles tinham meios de se comunicar com você de forma rápida e obter sua decisão. Eles não tinham, mas sugeriram que ela deveria telefonar para o *Observer*, o que ela fez e falou com Ivor Brown.* Ele disse que achava que você estava em Colônia agora e que as cartas chegariam muito devagar, se chegassem. Sugeriu que mandariam uma mensagem sobre mim por cabo e sem fio, como as deles. Gwen diz que ele não poderia ter sido mais simpático. Mas não vou fazer isso. É impossível lhe passar os fatos dessa forma e a coisa toda está destinada a ser urgente e até mesmo crítica. Porém, combinei com Gwen que quando a coisa acabar ela pedirá que o *Observer* lhe envie uma mensagem nesse sentido. Uma coisa muito boa é que quando você chegar em casa estarei em convalescença, realmente convalescente por fim, e você não vai ter o pesadelo hospitalar que odeia. Você teria mais ou menos que me visitar, e visitar alguém na enfermaria é realmente um pesadelo, até mesmo para mim com meu gosto por hospitais — ainda mais se eles estão muito doentes, como estarei de início, é claro. Eu só gostaria de ter sua aprovação,

---

[31] Ao que parece, a srta. Sparrow era secretária no Ministério da Alimentação, onde Eileen trabalhou até junho de 1944.

por assim dizer, mas acho que isso é pura histeria. Obviamente, não posso continuar com um tumor, ou melhor, vários tumores de crescimento rápido. Tive a sensação incômoda de que, afinal, a coisa poderia ser feita em algum lugar mais barato, mas, se você está lembrado, os honorários da srta. Kenny por uma cauterização, que é um trabalho pequeno, eram quinze guinéus, então ela certamente cobraria pelo menos cinquenta guinéus por isso. O médico de Gwen poderia ter feito mais barato pelos velhos tempos, mas ele é muito ruim no trabalho e, aparentemente, ele iria me querer no hospital com semanas de antecedência — e estou moralmente certa que depois ficaria lá por semanas. Harvey Evers tem uma reputação muito elevada e George Mason[32] tem excelente opinião sobre ele e diz que Eric também, e estou certa de que ele vai resolver meu assunto tão rápido quanto qualquer um na Inglaterra, bem como fazer o trabalho corretamente — então ele pode muito bem sair mais barato no final. Eu gostaria de ter falado sobre isso com você antes de você partir. Eu sabia que tinha um tumor. Mas queria que você fosse embora de maneira pacífica, e não queria ir ver Harvey Evers antes de terminar a adoção, caso fosse câncer. Achei que o juiz poderia fazer algumas perguntas sobre a nossa saúde, pois estamos velhos para a paternidade, e de qualquer modo teria sido uma espécie de coisa constrangedora me apresentar como mãe ideal quinze dias depois de ser informada que não teria mais do que seis meses de vida ou algo assim.

Talvez você jamais receba esta carta, mas é claro que é urgente em relação à casa no campo. Inez [Holden]* acha que poderíamos fazer alguma coisa junto com a casa de campo dela, perto de Andover. Ela é muito grande (6 dependências e cozinha), mas tem desvantagens. Os 25 xelins de aluguel por semana, que ela con-

---

[32] George Mason era cirurgião e por algum tempo foi colega de Laurence O'Shaughnessy.

sidera nominal, acho muito, considerando que não há nenhuma instalação sanitária e somente uma torneira, sem eletricidade ou gás, e seja caro viajar para Londres. Ela e Hugh [Slater]* (aliás, no momento eles estão mais ou menos se separando, mas acho que podem juntar-se de novo) alugam mobília por mais 25 xelins por semana, o que não seria necessário para nós, e talvez seja possível a) obter um contrato de arrendamento longo por um aluguel menor e b) ter conveniências modernas instaladas. Estou tão confiante agora de ficar forte em poucos meses que não estou realmente com medo como deveria de levar uma vida primitiva de novo (afinal, quando você ficou doente logo depois que nos casamos eu limpava todas as instalações sanitárias de Wallington, o que era pior do que esvaziar um balde), mas isso consome muito tempo. Assim, podemos pensar nisso. No entanto, George Kopp* tem uma ideia inteligente. Existem pessoas que anunciam constantemente no Times querendo trocar uma casa no campo por um apartamento em Londres. A maioria delas, provavelmente todas, quer uma coisa maior do que N. 1, mas nós podemos pôr um anúncio pedindo a troca por acomodações humildes no campo. Nos próximos meses, pessoas que moravam no campo por causa da guerra vão querer algum lugar em Londres, e talvez possamos fazer isso. Enquanto isso, há uma carta do administrador de Ardlussa junto com a estimativa do empreiteiro para reformar Barnhill[33] — que é de duzentas libras esterlinas. Descobri, para meu desgosto, que George não estava encaminhando cartas para você, embora eu tenha lhe dado o endereço por telefone no dia que o recebi, porque ele não tinha notícias de você. Abri uma do município e descobri

---

33 Em seu Diário de 20 de junho de 1940, Orwell escreve: "Pensando sempre em minha ilha nas Hébridas" (ver Diaries, pp. 257-8). Isso pode ter sido motivado por sua resenha de Priest Island, de E. L. Grant Wilson, em 21 de junho de 1940 (xii, 640, pp. 190-1). Sem dúvida, Jura foi escolhida por causa da recomendação de David Astor, que tinha terras lá. Ele também sugeriu Barnhill, vazia havia vários anos.

que ela dizia que o fornecimento de energia seria cortado logo que o sujeito pudesse entrar para fazê-lo. Paguei a conta e decidi que seria melhor olhar o resto da correspondência. Não havia mais nada tão urgente exceto, talvez, uma carta das Escolas da BBC sobre seus dois programas para eles. Eles querem os scripts o mais rapidamente possível! Há também um contrato. Não encaminhei nada de imediato, porque achei que você poderia estar se mudando e, tendo em vista a notícia de Ivor Brown sobre você, não estou enviando agora, porém escrevi para dizer que você está no exterior, mas que é esperado de volta no próximo mês. Os programas, afinal, são para junho. Se você não vier no mês que vem, terei de pensar de novo, mas talvez haja um endereço mais seguro para escrever. Não posso fazer nada exceto enviá-la ao Hotel Scribe, e espero que eles a encaminhem. Voltando a Barnhill. Vou escrever ao administrador para dizer que você está no exterior, eu estou doente e que ele terá de esperar até você voltar. Ele pede muitas desculpas por nos ter deixado esperando, e tenho certeza de que não vão alugar a casa para outra pessoa. Penso que essas duzentas libras podem ser bem reduzidas, mas a casa é grande, 5 quartos, banheiro, lavabo, água quente e fria e tudo, uma sala ampla, cozinha, várias despensas, lugar para guardar leite etc., e toda uma aldeia de "construções" — na verdade, exatamente o que queremos para viver doze meses do ano. Mas não precisamos ter tudo isso forrado e pintado. Deposito minhas esperanças na sra. Fletcher.[34] A única coisa que me incomoda é que se acham que vale a pena gastar duzentas libras em reparos, o tipo de aluguel que eles têm em mente deve ser muito maior do que as nossas 25-30 libras, para não falar das cinco de David. Aliás, recebi uma carta de David [Astor]* que acabou de se desencontrar de você em Paris.

---

34 Margaret Fletcher (1917-, mais tarde sra. Nelson) foi a Jura com o marido, Robin, quando ele herdou a propriedade de Ardlussa, onde ficava Barnhill.

É estranho — não tivemos nada para discutir durante meses, mas no momento em que você sai do país há dezenas de coisas. Mas todas podem ser resolvidas, ou pelo menos apaziguadas, se você tirar uma licença de uma semana quando voltar. Não sei sobre Garrigill.[35] Depende de quando você vier. Mas, na pior das hipóteses, você poderia vir até aqui, não? Se você estivesse aqui, deveríamos ficar principalmente no meu quarto; de qualquer modo, acho que estarei lá por algum tempo depois que eu voltar, e Richard estará disponível. Mary[36] e Laurence passam muito tempo comigo agora, mas poderiam ser dispensados. Por falar nisso, Laurence melhorou tanto que está irreconhecível. Ele tem três paixões: fazendas, contos de fadas, Richard. Não nessa ordem — Richard provavelmente vem em primeiro lugar. Então, você vai se dar bem. Ele agora começou a inventar contos de fada com gatos mágicos e coisas neles, o que é realmente um grande avanço. A pena é que o campo não está melhor, mas quase nenhum lugar é bom perto de maio, e se eu ainda estiver na pitoresca fase de convalescença, você poderá sair com Blackburn, que conhece cada centímetro do campo, ou talvez se divertir com o sr. Swinbank, o agricultor que iria gostar disso, penso eu. Ou você pode ir sozinho a Garrigill para um fim de semana de pesca.

Gostei de saber de Wodehouse.[37] E estou muito feliz por você estar indo para Colônia. Talvez consiga chegar a leste do Reno antes de voltar para casa. Tenho inumeráveis perguntas.

---

35 Garrigill, uma aldeia perto de Alston, Cumbria, a meio caminho de Penrith e Hexham.
36 Catherine Mary, filha adotiva de Gwen O'Shaughnessy, conhecida como Mary até o nascimento de sua prima Mary Kopp, quando adotou Catherine como primeiro nome. Também era conhecida como "Mamie".
37 Orwell havia levado P. G. Wodehouse e sua mulher a um pequeno restaurante perto de Les Halles, em Paris.

Acho essencial você escrever um livro novo. Como você sabe, achei o *Tribune* melhor do que a BBC, e ainda acho. Na verdade, eu deveria pensar que o trabalho como lixeiro municipal é mais digno e melhor para o seu futuro como escritor. Mas como eu disse antes de deixar Londres, acho que você deve parar o trabalho de edição em breve, logo que possível, independentemente de você achar que vale a pena permanecer no conselho editorial, ou seja lá como se chama. E é claro que você deve fazer muito menos resenhas, e apenas resenhas especializadas, se tanto. Do meu ponto de vista, eu preferiria infinitamente mais viver no campo com duzentas libras esterlinas do que em Londres com qualquer dinheiro. Não acho que você entenda como a vida em Londres é um pesadelo para mim. Sei que é para você, mas muitas vezes você fala como se eu *gostasse*. Não gosto nem mesmo das coisas que você gosta. Não aguento ter gente por todo lugar, cada refeição me faz sentir mal porque todos os alimentos foram manipulados por vinte mãos sujas e eu praticamente não suporto comer nada que não tenha sido fervido para limpá-lo. Não consigo respirar o ar, não consigo pensar mais claramente queº se esperaria no momento de ser sufocada, tudo que me chateia acontece o tempo todo em Londres e as coisas que mais me interessam não acontecem, e não consigo ler poesia. Eu nunca conseguiria. Quando eu morava em Londres antes de me casar, costumava sair certamente uma vez por mês com uma mala cheia de poesia, e isso me consolava até a próxima vez — ou costumava ir a Oxford e ler na Bodleian e subir o Cher de chalana, se fosse verão, ou caminhar em Port Meadow ou até Godstow, se fosse inverno. Mas durante todos esses anos me senti como se estivesse em um tipo suave de campo de concentração. O lugar tem seus atrativos, evidentemente, e eu poderia apreciá-lo por uma semana. Gosto de ir ao teatro, por exemplo. Mas o fato de morar em Londres destrói qualquer prazer que eu poderia ter com suas comodidades, e na verdade, como você sabe, nunca vou ao teatro. Quanto a comer em restaurantes, é o hábito mais bárbaro e só tolerável, muito ocasionalmente, quando se bebe o suficiente para apreciar a barbárie. E não consigo beber cerveja suficiente. (George Mason me levou para jantar na noite seguinte à minha chegada em Londres e me deu para beber apenas o que eu teria bebido em tempo de paz — quatro copos de xerez, meia garrafa de vinho tinto e um pouco de conhaque, e isso me animou, admito.) Gosto do apartamento de Canonbury, mas me sinto uma suicida toda vez que caminho até a padaria, e seria muito ruim para Richard quando ele começar a caminhar. Na verdade, se o pior acontecer, acho que seria melhor ele ir para Wallington passar o verão, mas seria melhor encontrar um lugar com mais espaço, porque muito em breve você e Richard seriam demais para o chalé, e não sei onde a irmã dele poderia ir. E acho que o chalé faz mal a você — é a umidade e a fumaça, creio.

Enquanto esta carta estava em andamento, li várias histórias para Laurence, cuidei de Richard, que acordou (ele acabou de fazer sua refeição das dez horas), lidei com Mary, que sempre chora à noite, jantei e ouvi as aflições da sra. Blackburn com Raymond,[38] que acabou de comprar uma motocicleta. É por isso que ela está tão longa. E, em parte, tão complicada. Mas eu gostaria de vê-lo parar de viver uma vida literária e começar a escrever novamente, e isso seria muito melhor para Richard também, então você não precisa ter conflitos a respeito. Richard lhe envia esta mensagem. Ele não tem conflitos. Se ele fica com um olho roxo, ele chora enquanto dói, mas com as lágrimas molhadas no rosto ele ri muito de um gato azul novo que diz miau para ele e o abraça com palavras amorosas. Diante de qualquer situação nova, ele tem a certeza que será uma situação excitante e desejável para ele, e sabe

---

38 Raymond Blackburn, filho da sra. Blackburn, a governanta.

muito bem que todo mundo é um bom amigo seu, que mesmo que alguém o machuque ele entende que foi por acidente e não perde nada de sua confiança. Ele lutará por seus direitos (de fato, ele afastou Mary do gato azul hoje, brandindo uma vara para ela e gritando), mas sem malícia. Evidentemente, não sei se ele poderá conservar suas certezas durante o difícil segundo ano, mas isso será muito mais provável se ele tiver o campo e você tiver o tipo de vida que satisfaça você — e a mim. Acho que Richard tem realmente uma tendência natural para ser do tipo satisfeito, equilibrado de fato. Ele exige, mas exige algo específico, sabe o que quer e se o consegue, ou algum substituto razoável, fica satisfeito, não é apenas *exigente* como Maria. Não o estou protegendo. Quer dizer, creio que ele tem os problemas adequados para sua idade. Ele não gosta nada quando seu rosto é lavado e muito pouco quando cai e bate a cabeça, e espero que não leve a mal o tipo leve de batida que recebe quando as crianças brincam com ele. Mas ele pode ser difícil somente se sabe que isso está certo mesmo.

Agora vou para a cama. Antes de receber esta, você provavelmente terá recebido a mensagem sobre a operação e talvez possa estar na Inglaterra outra vez se se mantiver em movimento, como diz Ivor Brown. Que desperdício seria.

Todo o meu amor, e o de Richard.

E.

Mary chama Richard de Which, ou Whicher, ou Wich-Wich. Acho que ele também vai chamar a si mesmo de algo parecido. Whicher acho bastante atraente. Ela o trata melhor agora e devo dizer que sinto orgulho ao ver que ela está mais propensa a ter medo dele do que ele dela, embora isso seja triste. Na verdade, eu a ouvi dizer para ele ontem: "Não não Whicher não, sem machucar Mamie". Ela tira coisas dele, mas foge, confiando na sua mobilidade; depois que ele puder andar, não creio que ela vá ousar — ela nunca fica ao alcance dele depois que tem a coisa na mão. Tenta ganhar confiança para si mesma dizendo *bebê molhado* o tempo todo — em geral com razão, pois ele agora entrou na fase de rejeitar o urinol (esta é a preliminar usual de ser "treinado" e espero que cheguemos a esse estágio logo, embora no momento não veja a menor indicação disso), mas quando ela sujou as calças pela segunda vez hoje, ouvi esta conversa com a babá: "Babá zangada com Mamie?". "Sim, eu estou zangada desta vez." "Iodo zangado?" "Sim, iodo está zangado também." "Whicher zangado?" "Whicher diz que vai ter que emprestar umas fraldas para você." "Não... São do bebê." E ela começou a chorar — então, ela não tem certeza de sua superioridade, mesmo nisso. Ela não é tão superior também. Este foi um dia ruim, mas ela nunca chega ao fim de um dia com as calças secas, a pobre infeliz.

Querido, muito obrigada pelos livros — *Psmith in the City*[39] me fez rir muito. Por falar nisso, ele chegou ontem e os outros três esta tarde, embora, de acordo com sua carta, você tenha postado os três primeiro. As laranjas também chegaram, e a banha.[40] Acho que você está sendo muito generoso, mas já que as laranjas vieram *mesmo*, vou comê-las. Blackburn recebeu algumas outro dia e dei todas as minhas e a maioria das de Richard para as crianças, então estão todas bem no momento. Richard toma o suco de meia laranja dia sim, dia não, Mary toma a outra metade e Laurence uma inteira.

Isto está sendo datilografado com dificuldade, pois Mary está em cima do meu joelho, tentando colaborar.

Amanhã vou a Newcastle, principalmente para ver o homem encarregado de Alimentos do Bem-Estar para o Norte da Inglaterra. Tanto quanto posso ver, não vou conseguir de volta o suco de

---

[39] Orwell analisa *Psmith in the city*, romance de P. G. Wodehouse (1910) em "Em defesa de P. G. Wodehouse", XVII, 2624, pp. 51-63.
[40] Durante grande parte da guerra, era impossível obter laranjas, e a banha estava severamente racionada. Um subsídio especial de suco de laranja concentrado era posto à disposição das crianças, como Alimento Social.

laranja de Richard, pois o Departamento de Alimentos de Stockton roubou os cupons, mas espero providenciar para que não deem o mesmo golpe de novo. Agora tenho motivos para pensar que eles tiram o suco de laranja do estoque com esses cupons extras e o vendem, mas é claro que não estou propondo mencionar essa teoria para Watkins. Também irei a três reuniões de alimentos e a duas clínicas de bem-estar infantil com Nell.[41] Se eu seguir em frente. Será muito interessante e, espero, rentável, porque vou conseguir alguns Ostermilk[42] em algum lugar.

Não se preocupe com cobertores. Comprei dois na Binn's em Sunderland, custam 22 xelins cada um e mais parecem tapetes que cobertores, mas vão funcionar bem. Espero fazer um camisolão para mim com um deles. São cinza-escuros, que não acho que seja a melhor cor para cobertores, mas serão úteis de uma forma ou de outra, e certamente são baratos. Espero que você tenha o suficiente em casa e não esteja economizando e deixando de fora o cobertor de baixo, porque sem ele você vai sentir frio mesmo tendo uma dúzia em cima de você.

O cercadinho chegou e todas as crianças estão fascinadas por ele. Richard riu muito assim que foi posto nele e depois as outras se juntaram a ele e houve um tumulto. Não sei como ele vai reagir quando for deixado sozinho, mas acho que vai ficar bem. Fiz-lhe alguns fios de contas que ele adora de paixão e agora brinca sozinho bem feliz pelo tempo que você quiser. Ele teve mais problemas com os dentes, mas não está nascendo mais nenhum. Mas talvez tenha outro par no dia 21. Quanto ao apetite, ele comia no almoço

---

41 Não identificado com certeza, mas provavelmente Nell Heaton, um amigo de Eileen. Eles se conheceram quando trabalharam juntos no Ministério da Alimentação. Em 1947, ele publicou The Complete Cook, em cujo prefácio declara: "Tenho uma dívida de gratidão [...] para com George Orwell e Emily Blair, a cuja simpatia e encorajamento devo tanto". Eileen era conhecida como Emily no Ministério da Alimentação.
42 Ostermilk é uma marca registrada de leite em pó para bebês.

o mesmo que Maria e quase a mesma quantidade, mas não queria leite. Eu tinha acabado de anunciar que ia substituir o leite do meio-dia por água, então isso aconteceu muito a propósito. Mas tive de substituir o cereal após o banho da noite. Dei-lhe Farex[43] por duas noites e nas últimas duas ele comeu MOF de novo, mas muito mais fino. Quando tomava apenas leite, ficava agitado à noite e gritava pela refeição da noite por volta das nove horas. Então, vou correr o risco de ele ficar com excesso de peso — ele ainda está abaixo da média para sua idade e comprimento, tenho certeza. Está começando a beber leite de vaca em vez de Ostermilk, mas não posso ir adiante com isso tão rápido quanto poderia, porque tenho pavor de que ele se volte contra o Ostermilk, e quando estivermos em Londres vamos depender dele. A outra coisa que não evolui bem é sua bebida. Ele piorou muito nisso desde que ganhou dentes. Mas acho que parte do problema é que ele não consegue lidar com a caneca que deveria usar agora. Tentarei comprar um ou dois copos ou canecas em Newcastle (vou ficar à noite por lá e voltarei na sexta-feira para resolver todas essas coisas).

Eu me vesti todos os dias desde que você partiu, mas não tenho feito outra coisa senão dar a Richard a maioria das refeições e ficar com ele entre cinco e seis e brincar com Mary por mais ou menos meia hora após alimentar Richard, porque ela, naturalmente, tem muito ciúme dele. Hoje de manhã

[*manuscrito*] Agora ficou impossível escrever à máquina — estou no trem, mas recebi seu telegrama de ontem à noite (quarta). Espero que consiga ir ao Tribunal,[44] mas evidentemente você não deve estragar a viagem à França.

---

43 Farex é uma marca registrada de alimentos para bebês recém-desmamados.
44 Isso talvez signifique ir ao tribunal para as formalidades finais da adoção de Richard, embora Eileen, em uma carta a Lettice Cooper de 23 de março de 1945, diga que "a adoção de Richard estava encerrada". Outra possibilidade é o tipo de tribunal a que Orwell se refere em sua reportagem "Criando ordem no caos de Colônia", *The Observer*, 25 de março de 1945 (XVII, 2641, pp. 106-7).

Você poderia me ligar na sexta-feira ou no sábado à noite? É muito fácil: Stillington, Co. Durham, 29. Um interurbano pela linha tronco, é claro — você disca TRU & pede o número. Então, poderemos falar sobre os planos. A menos, evidentemente, que você esteja vindo neste fim de semana, o que seria bom. Estarei em casa, em Greystone, na sexta-feira à tarde.

Eileen[45]

Eileen Blair* para seu marido

25 de março de 1945
Greystone,
Carlton

Querido

Estou tentando adiantar minha correspondência, porque vou para a casa de saúde na quarta-feira (hoje é domingo) & é claro que não estarei pronta. É impossível escrever ou fazer qualquer outra coisa quando as crianças estão acordadas. Termino de ler para Laurence por volta de quinze para as oito (hoje eram cinco para as oito), jantamos às oito ou oito e quinze, depois é preciso ouvir o noticiário das nove & ele vai pelo menos até as nove e meia (as notícias da guerra das duas últimas noites foram brilhantes[46]) & em seguida é hora de encher garrafas de água quente etc., porque vamos cedo para a cama. Então escrevo na cama & não à máquina. Por falar nisso, enquanto explicava para Laurence as leis sobre caça ilegal como eu as entendo, fiz meu testamento[47] — à mão,

---

45 A assinatura é um garrancho indecifrável.
46 Em 23 de março, começou a Operação Plunder, a ofensiva através do Reno. Talvez seja a notícia a que Eileen se refere.
47 O testamento de Eileen pode ser lido em XVII, 2643, pp. 109-10.

porque testamentos manuscritos são quase sempre válidos. Está assinado & testemunhado. É bastante improvável que ele venha a ser utilizado, mas o menciono porque fiz uma coisa estranha. Não deixei nada para Richard. Você é o único legatário, se sobreviver a mim (sua herança seria a casa de Harefield, deve valer algumas centenas, a apólice de seguro & móveis). Se você morrer primeiro, a propriedade seria maior & a deixei toda para Gwen, com uma nota dizendo que espero que ela a use para o benefício de Richard, mas sem nenhuma obrigação jurídica. A nota é para convencer Richard de que eu não o estava deserdando. Mas fiz isso dessa forma porque não sei como legar o dinheiro ao próprio Richard. Por um lado, não recebi comunicação do Registro Geral, então suponho que o sobrenome de Richard ainda seja Robertson. Por outro lado, ele deve ter curadores & não sei quem você quer & eles teriam de ser convidados. Além disso, se ele herdar na infância, é importante que os curadores dele possam usar seu dinheiro durante sua menoridade, para que ele possa ter a melhor educação possível. Temos de resolver tudo isso devidamente quando você voltar, mas pensei que devia cobrir a possibilidade de que você possa ser morto nos próximos dias & eu possa morrer na mesa de cirurgia na quinta-feira. Se você for morto depois de eu morrer, isso vai ser muito ruim, mas ainda assim meu pequeno testamento indicará o que eu queria fazer. Os resultados de Gwen na criação de filhos não têm sido animadores até agora, mas depois da guerra ela terá uma casa adequada no campo para ela e as crianças; ela ama Richard & Laurie o adora. E todas as criadas o amam muito. Tenho certeza que ele seria mais feliz naquela casa do que com Marjorie, embora ache que Marjorie ficaria com ele. De qualquer modo, Avril acho & espero que não fique com ele. Eu não suportaria.[48] Norah

---

48 Depois que Orwell também morreu, foi Avril quem cuidou de Richard, e ele ficou muito feliz com ela. Os temores de Eileen se mostraram completamente infundados.

& Quartus[49] ficariam com ele e o criariam muito bem, mas a gente nunca os vê. Quartus está na Índia & não posso arranjar a coisa. Assim, diante de todas as circunstâncias, achei que você concordaria que essa seria a melhor medida de emergência.

RICHARD TEM SEIS DENTES. Além disso, quando eu o estava pondo no cercadinho, pegou o parapeito & ficou em pé pendurado e agarrado nele, sem outro apoio. Mas ele não sabe realmente como se levantar, então não espere muito. Ontem, a babá e eu levamos os três ao médico para tomar vacina contra a coqueluche. Ele mora a cerca de quatro ou cinco quilômetros de distância, boa parte através dos campos. Nós nos perdemos & tivemos que atravessar terra arável. O carrinho não andava, nem Mary. Ela se sentou em um sulco & berrou até ser carregada. Laurence também chorou para ser carregado...[50] Laurence, no entanto, não chorou quando a agulha entrou, mas Mary sim e deixou uma enorme lagoa no piso da sala de cirurgia. Richard foi o último. Ele estava brincando com uma caixa de fósforos no meu joelho, olhou para o médico com alguma surpresa quando seu braço foi agarrado & então se virou para mim com espanto, como se dissesse: "Por que esse homem aparentemente bom está espetando agulhas em mim? Isso está certo?". Ao ouvir do que se tratava, ele olhou para o médico de novo de forma um tanto grave & depois sorriu. Ele não emitiu um único som & esteve perfeitamente bem durante todo o dia também, embora seu braço esteja meio machucado. Os outros dois, infelizmente, lembraram que tinham sido vacinados & gritavam aflitos se um dos braços era tocado. Foi um dia feliz.

Mas Richard fez uma coisa *terrível*. Ele não usa seu penico, quase sempre tem um ataque quando é posto nele & se ele se senta não faz mais nada. O dente também perturbou um pouco o in-

---

49 Norah Myles e seu marido, Quartus, clínico geral. Ver nota introdutória em 3/11/36.
50 Nada foi eliminado aqui: os pontos são de Eileen.

terior da boca. Depois do almoço, mandei os outros dois para a cama & deixei Richard no cercadinho enquanto ajudava a lavar a louça. Em seguida, ouvi gritos de agonia. Ele havia feito o que Mary chama de *tick-tocks* pela terceira vez, pôs as mãos na coisa e *pôs as mãos na boca*. Tentei lavar sua boca, achando que ele estivesse com nojo. Mas não. Ele engoliu a maior parte da água que pus em sua boca, por isso, além de ser inútil, foi ainda pior. No final, esfreguei a boca de Richard com algodão, dei-lhe um pouco de água fervida & esperei pelo melhor. E ele está muito bem. Pobre garotinho. E fiquei com pena de mim também. *Eu* tive engulhos. Blackburn, no entanto, diz que um monte de crianças faz isso todos os dias- - - - -[51]

Não recebi um exemplar de *Windmill*[52] & não recebi uma prova. Certamente você disse que eles estavam enviando uma prova. E não consegui comprar o *Observer* em uma semana que deve ter sido a relevante. Também não consegui o de hoje, mas espero obtê-lo.

Sua carta com o documento de A *revolução dos bichos* chegou ontem & enviei o anexo a Moore. Ele ficará contente. Esse foi o intercâmbio mais rápido que tivemos.

Acho melhor eu ir dormir. A propósito, os seis dentes são três em cima & três embaixo, o que dá uma aparência um pouco estranha, mas espero que o quarto superior apareça em breve.

Todo o meu amor & de Richard
E.

---

[51] Nada foi eliminado aqui: os traços são de Eileen.
[52] A revista *Windmill*, na qual o ensaio "Em defesa de P. G. Wodehouse" seria publicado (XVII, 2624).

Eileen Blair* para seu marido

29 de março de 1945
Fernwood House
Clayton Road
Newcastle-on-Tyneo

Querido

Estou indo para a operação, já me aplicaram o enema (com morfina no braço *direito*, o que é um incômodo), estou limpa & embalada como uma imagem preciosa em algodão & ataduras. Quando a coisa terminar, acrescentarei uma nota a esta & ela pode sair rapidamente. A julgar pelos meus colegas pacientes, será uma nota *curta*. Todos eles tiveram suas operações. Chato — jamais terei a chance de me sentir superior.

Não vi Harvey Evers desde a chegada & Gwen aparentemente não se comunicou com ele & ninguém sabe que operação vou fazer! Eles não acreditam que Harvey Evers realmente me deixou decidir — ele sempre "faz o que acha melhor"! Ele fará isso, é claro. Mas devo dizer que estou irritada, embora esteja sendo uma paciente-modelo. Eles acham que eu sou maravilhosa, tão plácida & feliz, dizem. Como, aliás, eu sou desde que possa me entregar a outra pessoa que lide com tudo.

Este é um quarto legal — andar térreo, bom para ver o jardim. Não há muita coisa nele, exceto narcisos & acho que árabis, mas um belo gramado pequeno. Minha cama não está ao lado da janela, mas de frente para a posição certa. Também vejo o fogo & o relógio.

A carta termina aqui. Nenhuma nota foi acrescentada. Eileen sofreu um ataque cardíaco e morreu sob o efeito do anestésico. Tinha 39 anos. Orwell estava em Paris quando recebeu a notícia de que Eileen havia morrido; ele chegou a Greystone no sábado 31 de março. Eileen foi enterrada no cemitério de St. Andrew's and Jesmond, Newcastle upon Tyne. O túmulo é o de número 145 na seção B. Orwell levou Richard com ele para Londres e Doreen Kopp cuidou dele quando Orwell voltou à França para completar sua missão.

Para Lydia Jackson*

1º de abril de 1945, em Greystone
Carlton

Querida Lydia,

Não sei se alguém já lhe deu a péssima notícia. Eileen morreu. Como você sabe, ela estava doente havia algum tempo e finalmente diagnosticaram que estava com um tumor que devia ser removido. A operação não era para ser muito grave, mas parece que ela morreu assim que lhe deram a anestesia e, aparentemente, em consequência do anestésico. Foi na última quinta-feira. Eu estava em Paris e só fiquei sabendo que ela ia fazer a operação dois dias antes. Foi um choque terrível e uma coisa muito cruel de acontecer, porque ela se tornara tão dedicada a Richard e estava ansiosa para ter novamente uma vida normal no campo assim que a guerra acabasse. O único consolo é que não acho que ela tenha sofrido, porque foi para a operação, aparentemente, sem esperar que nada desse errado, e nunca recuperou a consciência. Talvez seja bom também que Richard não seja um pouco mais velho, porque não creio que ele sinta realmente falta dela, e de qualquer modo ele parece animado e bem de saúde. Quando eu chegar, vou levá-lo de volta para Londres e, por enquanto, ele vai ficar com Doreen [Kopp], que mora na mesma quadra e tem um bebê de um mês de idade. Acho que poderemos encontrar uma babá que possamos partilhar, e quando a guerra acabar poderei provavelmente conseguir uma babá só para ele e ter um lar adequado para ele no campo. É uma vergonha Eileen ter morrido quando ele está se tornando tão charmoso, porém ela gostou muito de estar com ele nos seus últimos meses de vida. Por favor, dê um beijo por mim em Pat. Não sobre meus planos, mas acho que se o *Observer* quiser vou voltar para a França por um ou dois meses, depois de ter instalado Richard.

Do seu
George

Para Lydia Jackson*

11 de maio de 1945
Hotel Scribe
Paris 9ème

Querida Lydia,

Acabei de receber a sua carta e a de Pat[53] quase simultaneamente. Não quero realugar o chalé porque por enquanto quero mantê-lo como um lugar para ir de vez em quando em um fim de semana. No entanto, posso fazer um dos seguintes arranjos com você. Ou lhe emprestar a casa por um mês no verão, no momento que você quiser, ou então você pode continuar usando-a o tempo todo, entendendo, porém, que posso ir e ficar por uma semana, ou coisa que o valha, sempre que eu quiser. Em ambos os casos, não quero que você me pague nada. Devo voltar a Londres aproximadamente em 25 de maio, e então poderemos fazer qualquer arranjo final. Você poderia tê-la em junho ou julho, e na verdade sempre que quiser, desde que eu seja informado de antemão. Atualmente, parece impossível obter uma casa no campo, por isso quero manter o chalé, para que de vez em quando Richard possa respirar os ares do campo por alguns dias. Eileen e eu tínhamos esperança de

---

[53] Patricia Donoghue dividia a casa de Orwell, em Wallington, com Lydia Jackson (Elisaveta Fen).

que ele não precisaria aprender a andar em Londres, mas parece inevitável, por isso vou ficar no apartamento.

    Gwen [O'Shaughnessy] diz que você pediu emprestado um refrigerador dela. Você acha que poderíamos tê-lo de volta? É tão difícil evitar que o leite azede no verão, e isso torna as coisas difíceis com as crianças. Vim direto para cá depois da morte de Eileen e me senti um pouco melhor por estar no trabalho a maior parte do tempo. A destruição na Alemanha é assustadora, muito pior do que as pessoas na Inglaterra imaginam, mas minhas viagens por lá foram muito interessantes. Farei mais uma viagem, para a Áustria, espero, e depois regressarei por volta do final da próxima semana. Tenho recebido de Doreen boletins sobre Richard, e parece que ele está indo muito bem e, com onze meses, já triplicou o peso com que nasceu. O próximo passo é encontrar uma babá para ele, o que está sendo quase impossível no momento. Não sei quanto tempo esta carta levará para chegar até você — às vezes demora só quatro dias, às vezes cerca de três semanas —, mas se chegar antes de eu voltar e você quiser ir para o chalé, pode fazê-lo. Ansioso para ver vocês.

    Do seu
    George

Carta inédita para o *Tribune*

Esta carta chegou a ser montada na tipografia, mas, de acordo com a nota de Orwell escrita na margem da prova de granel, "retirada porque a Tribune mudou de atitude na semana seguinte".

26 [?] de junho de 1945

JULGAMENTO POLONÊS

Li com algum desapontamento o comentário de vocês sobre o julgamento dos dezesseis poloneses em Moscou,[54] em que vocês parecem deixar implícito que eles se comportaram de uma forma ignominiosa e mereciam punição.

Desde o início do processo, fui da opinião de que os acusados eram tecnicamente culpados: porém, culpados exatamente de quê? Ao que parece, de fazerem o que todo mundo acha que é certo fazer quando seu país é ocupado por uma potência estrangeira — ou seja, de tentar preservar a existência de uma força militar, de manter a comunicação com o mundo exterior, de cometer atos de sabotagem e, ocasionalmente, de matar pessoas. Em outras palavras, foram acusados de tentar manter a independência de seu país contra um governo fantoche não eleito e de permanecer obedientes a um governo que, na época, era reconhecido pelo mundo todo, exceto a URSS. Durante o período de sua ocupação, os alemães poderiam ter feito exatamente a mesma acusação contra eles, e eles teriam sido igualmente culpados.

Não funcionará dizer que os esforços dos poloneses em permanecer independentes ajudaram "objetivamente" os nazistas, e deixar por isso mesmo. Muitas ações que os esquerdistas não desaprovam ajudaram "objetivamente" os alemães. O que dizer da EAM, por exemplo?[55] Eles também tentaram manter suas forças

---

54 Os britânicos haviam convocado uma reunião dos líderes da resistência polonesa para discutir a implementação das decisões de Yalta sobre a formação de um Governo de Unidade Nacional polonês. A reunião preliminar se realizaria em Moscou e outra reunião estava prevista para Londres. No entanto, quando os poloneses chegaram a Moscou, foram levados a julgamento.
55 A EAM (Ethnikon Apeleftherotikon Metopon), Frente de Libertação Nacional, formou-se na Grécia em 1941, depois da invasão alemã. Ela começou como um verdadeiro movimento de resistência, com a participação de quase toda a população. No início de 1942, descobriu-se que era, na verdade, um movimento organizado pelos comunistas. Formou-se então um exército de guerrilha nacional para combater os alemães,

militares vivas, eles também mataram soldados aliados — britânicos, no caso — e nem mesmo estavam agindo sob as ordens de um governo reconhecido como legal. Mas que tem isso? Nós não desaprovamos a ação deles e, se dezesseis líderes da EAM fossem trazidos agora para Londres e condenados a longas penas de prisão, deveríamos protestar com razão.

Só é possível ser antipolonês e pró-grego se configurarmos um duplo padrão de moralidade política, um para a URSS e outro para o resto do mundo. Antes de irem a Moscou, esses dezesseis poloneses foram descritos na imprensa como delegados políticos, e afirmou-se que tinham sido convocados para participar das discussões sobre a formação de um novo governo. Depois da detenção deles, toda menção à condição de delegados políticos foi retirada da imprensa britânica — um exemplo do tipo de censura necessário se quiserem que esse duplo padrão seja aceitável para o grande público. Qualquer pessoa bem informada tem conhecimento de casos semelhantes. Para citar apenas um: neste momento, em todo o país, oradores estão justificando os expurgos russos com o argumento de que a Rússia "não tinha os traidores", ao mesmo tempo que qualquer menção ao número considerável de soldados russos, inclusive vários generais, que mudaram de lado e lutaram para os alemães está sendo suprimida por editores cautelosos. Esse tipo de encobrimento pode se dever a uma série de diferentes motivos, alguns deles respeitáveis, mas seu efeito sobre o movimento socialista pode ser fatal se continuar por muito tempo.

Quando eu escrevia em suas colunas, afirmei várias vezes que, se alguém critica essa ou aquela ação russa, não é obrigado a assumir ares de superioridade moral. O comportamento deles não é pior do que o dos governos capitalistas, e seus resultados concre-

---

mas ele se viu combatendo também a EAM. Quando os ingleses retornaram à Grécia em 1945, eles também tiveram de lutar contra a EAM.

tos podem muitas vezes ser melhores. Também não é provável que alteraremos o comportamento dos governantes da URSS dizendo-lhes que os desaprovamos. A questão toda é o efeito do mito da Rússia sobre o movimento socialista *aqui*. No momento, não estamos senão aplicando abertamente o duplo padrão de moralidade. Com um lado de nossas bocas, clamamos que deportações em massa, campos de concentração, trabalho forçado e supressão da liberdade de manifestação são crimes hediondos, enquanto com o outro proclamamos que essas coisas estão perfeitamente corretas se feitas pela URSS ou seus Estados satélites; e, quando necessário, tornamos isso plausível adulterando as notícias e cortando os fatos desagradáveis. Não podemos construir um movimento socialista saudável se formos obrigados a tolerar qualquer crime quando é a URSS que o comete. Ninguém melhor do que eu sabe quanto é impopular dizer qualquer coisa antirrussa neste momento. E daí? Tenho apenas 42 anos e sou capaz de lembrar da época em que era tão perigoso dizer qualquer coisa pró-russa como é hoje dizer qualquer coisa antirrussa. Com efeito, sou velho o suficiente para ter visto plateias da classe trabalhadora vaiando e zombando de oradores que usaram a palavra socialismo. Essas modas passam, mas não podemos depender disso a não ser que pensemos que as pessoas estão dispostas a erguer a voz contra a falácia do momento. É somente porque ao longo dos últimos cem anos pequenos grupos e indivíduos solitários se dispuseram a enfrentar a impopularidade que o movimento socialista existe.

George Orwell

Para C. E. de Salis

29 de junho de 1945
27B Canonbury Square
Islington
Londres N 1

Prezado senhor,
Sua carta foi encaminhada a mim pelo *Observer*. Lamento muito ter cometido o lapso de falar do afundamento do navio em "*Lord Jim*".[56] Naturalmente, eu quis dizer abandono do navio e teria provavelmente corrigido se tivesse enviado o artigo com tempo suficiente para ver uma prova.

Quanto aos outros pontos de sua carta. O restante de *Lord Jim* parece-me absurdo, não porque um jovem que havia se comportado daquela maneira não procurasse a redenção, mas porque os incidentes reais da vida de Jim entre os malaios são de um tipo que acho inacreditável. Conrad poderia descrever a vida no Extremo Oriente do ponto de vista de um marinheiro, com ênfase no cenário da selva e na vida das cidades portuárias, mas para alguém que viveu realmente em um daqueles países suas descrições da vida no interior não são convincentes. Como um todo, *Lord Jim* me parece uma versão muito distinta do tipo de livro em que o herói expulso do clube por trapacear nas cartas vai para a África Central caçar animais de grande porte. Até mesmo a figura de Dorothy Lamour[57]

---

56 Trata-se de uma resenha de Orwell publicada em 24 de junho de 1945 (xvii, 2683, pp. 90-1).
57 Dorothy Lamour (Dorothy Kaumeyer, 1914-96) foi vestida por Hollywood pela primeira vez com uma roupa do tipo sarongue em *A princesa das selvas*, de 1936, passando a tipificar a beleza exótica, e foi vestida especialmente assim nos filmes do tipo "A caminho de...", a ponto de se tornar uma paródia de si mesma. O filme *Typhoon* [A deusa da floresta], de 1940, em que ela apareceu, não tinha nada a ver com o romance de Conrad de mesmo título. Orwell fez uma crítica muito curta do filme dela *Moon over Burma* [Teu nome é paixão], 5 de julho de 1941 (xii, 828, p. 522), mas dedicou mais atenção a um elefante e a uma cobra que à srta. Lamour.

entra nisso. Quando fiz esse comentário sobre pessoas que podiam ter aventuras e também apreciá-las, pensei em T. E. Lawrence, que o senhor menciona, mas, afinal, até que ponto essas pessoas são comuns ou típicas? O próprio Marlow me parece bastante inacreditável. Alguém como ele não seria um capitão de mar. O próprio Conrad talvez fosse um pouco assim, mas então deixou o mar e passou a escrever. Aquela maneira de escrever um livro também me parece insatisfatória, pois somos frequentemente levados a pensar: "Ninguém poderia falar assim, ou por tanto tempo".

O artigo do *Observer* deformou o que eu quis dizer sobre Conrad porque, como acontece tantas vezes, eles precisaram cortar cerca de trezentas palavras por falta de espaço. Eu havia escrito um ou dois parágrafos desenvolvendo a questão de que, com seu passado polonês, Conrad tinha uma compreensão notável da atmosfera dos movimentos revolucionários — uma compreensão que pouquíssimos ingleses teriam e, com certeza, nenhum inglês com qualquer coisa que lembrasse as posições políticas de Conrad. Elogiei particularmente *O agente secreto* e sugeri que esse livro, que agora parece muito difícil de se encontrar, deveria ser reeditado.

Atenciosamente
George Orwell

"Orwell e os fedorentos": uma correspondência

29 de junho de 1945
Tribune

Em 29 de junho de 1945, o Tribune publicou uma pequena resenha escrita por Subramaniam[58] *sobre a* Million: "Second Collection",[59] *edita-*

---

58 Não identificado.
59 A revista *Million* teve três números. Eles não tinham data e são atribuídos a 1943-5. Era publicada em Glasgow e trazia um destes subtítulos: "Escritos da Nova Esquerda" ou "A revista do povo".

da por John Singer. O resenhista fazia um breve resumo do conteúdo e recomendava a coleção, mas dedicava metade do texto a um ensaio de J. E. Miller intitulado "George Orwell e nosso tempo", que ele dizia merecer um parágrafo à parte:

Este artigo, que é tão provocativo quanto qualquer um de Orwell, é analítico, estimulante e quase brilhante. O sr. Miller, no entanto, falha em um aspecto. Ele não atribui importância suficiente ao fato de Orwell ser um dos poucos escritores que dão aos escritos políticos uma forma literária. Em vez disso, parece estar mais preocupado com a maneira como George Orwell correlacionou suas crenças com o comportamento socialista correto e faz uma longa acusação com vários itens.

Seguiu-se uma animada correspondência, e o Tribune claramente se aproveitou disso. Por duas vezes, as cartas ganharam títulos tão provocativos quanto a discussão: "Orwell e os fedorentos" e "Mais opiniões sobre os fedorentos". A primeira carta, de Paul Potts, foi publicada em 6 de julho de 1945:

Ao resenhar Million na semana passada, Subramaniam mencionou um artigo sobre George Orwell de J. E. Miller. Nesse artigo, Miller reitera uma velha difamação, corrente na época do lançamento de O caminho para Wigan Pier, segundo a qual Orwell disse em algum lugar desse livro que o pessoal da classe trabalhadora fedia. O que ele disse de fato foi que, quando estudante em Eton, foi levado a acreditar que eles fediam. Esse erro foi apontado ao sr. Miller, que persiste em sua difusão. Podemos lembrá-lo que a versão específica do socialismo que ele defende não é de forma alguma ajudada por uma inverdade maldosa?

Outras cartas estão incluídas em XVII, pp. 202-3, e a carta de Orwell ao editor da Million *pode ser encontrada em* The Lost Orwell, *pp. 107-8. Este é um trecho da resposta de Orwell no* Tribune:

> [...] o que eu discutia neste capítulo de Wigan Pier era a teoria que nos ensinaram quando crianças de que as classes trabalhadoras são, por assim dizer, malcheirosas por natureza. Ensinaram-nos que as "classes mais baixas" (como se costumava chamá-las) tinham um cheiro diferente do nosso, e que era um cheiro desagradável; nos ensinaram o mesmo sobre judeus, negros e várias outras categorias de seres humanos. No livro, expliquei detalhadamente como me ensinaram isso, como eu aceitei e como e por que me livrei disso depois. O sr. Miller ignora tudo isso e simplesmente escolhe frases isoladas que parecem apoiar sua tese, um método pelo qual se pode fazer com que qualquer um diga qualquer coisa.[60]

Para Lydia Jackson*

1º de agosto de 1945
[sem endereço]

Querida Lydia,

Claro que pode usar a casa na segunda metade de agosto. Mesmo que eu conseguisse ir até lá em algum momento, não seria nesse período.

---

[60] Orwell escreveu: "Isso foi o que nos ensinaram — *as classes mais baixas cheiram mal*"; ver p. 119; o grifo é do original. Em seguida, discutiu essa proposição nas quatro páginas seguintes. Foi Maugham quem expressou de maneira inequívoca que o trabalhador fedia. Orwell cita uma dúzia de linhas de Biombo chinês, de Somerset Maugham, o único livro, dizia Orwell, que ele conhecia em que essa questão é "apresentada sem mistificação". Maugham escreveu, e George Orwell citou: "Não culpo o trabalhador porque ele fede, mas ele fede mesmo". Orwell concluiu sua discussão dizendo: "Na verdade, as pessoas que têm acesso a um banho geralmente o tomam. Mas o essencial é que as pessoas de classe média *acreditam* que a classe trabalhadora é suja" (Ver p. 122).

Ainda estou tentando obter aquele chalé nas Hébridas. Não sei se isso vai se concretizar, mas, se acontecer, vou enviar os móveis de Wallington para lá. Mas não seria antes do início do ano que vem.

Ando terrivelmente ocupado, mas estou contente por anunciar que consegui uma boa babá, que cuida de Richard e também cozinha para mim. Richard está extremamente bem, embora sua dentição esteja vindo rápido demais. Ele tem agora um ano e dois meses e meio e pesa quase doze quilos. Consegue se levantar sem apoio, mas ainda não anda, e não quero apressá-lo, pois tenho medo que possa ser pesado demais para suas pernas. Ainda não fala, quer dizer, solta sons semelhantes a palavras, mas nenhuma palavra de verdade. Não parece ter sofrido nenhum dano com as muitas mudanças em sua curta vida. Quando você voltar, venha nos ver. Estou quase sempre em casa às tardes. Richard toma seu chá por volta das quatro e meia e eu faço meu lanche por volta das sete.

Um beijo para Pat.

Do seu

Eric

Struve havia escrito para Orwell em 28 de agosto de 1945, dizendo que havia achado A revolução dos bichos "delicioso, embora eu não concorde necessariamente com o que um dos resenhistas chamou de seus 'preconceitos trotskistas'". Ele estava lecionando no setor russo de uma Escola de Verão na Universidade de Oxford, e os alunos faziam fila para ler o livro. Ele se divertira muito com o "pudeur" daqueles resenhistas que elogiaram o livro mas evitaram mencionar seu verdadeiro alvo. Pretendia traduzir o livro, não para benefício de emigrantes russos, mas para os russos no estrangeiro, que somente podiam ler a verdade sobre seu país quando estavam fora dele. Perguntava a Orwell se ele havia rompido ligação com o Tribune; sentia falta de seus artigos. Seu livro sobre literatura soviética estava prestes a ser publicado em francês, com um prefácio especial que enfatizava a falta de liberdade de expressão na União Soviética.

Para Gleb Struve*

1º de setembro de 1945
27B Canonbury Square
Islington Londres N1

Prezado sr. Struve,
Muito obrigado por sua carta de 28 de agosto.

Lembrarei de sua sugestão sobre traduzir A revolução dos bichos e, naturalmente, se isso puder ser de alguma forma arranjado, eu ficaria muito honrado se fosse o senhor a fazer a tradução. O problema é que não sei qual é o procedimento. Publicam-se livros em russo neste país, isto é, de fontes não oficiais? Mais ou menos na mesma ocasião em que recebi sua carta, um polonês me escreveu querendo fazer o livro em polonês. Evidentemente, não posso incentivá-lo a fazê-lo sem que eu possa ver uma maneira de imprimir o livro e recompensá-lo por seu trabalho, e o mesmo vale para o senhor. Se existe alguma maneira de possibilitar um pagamento razoável aos tradutores, eu ficaria muito feliz em fazê-lo, pois é natural que eu deseje que o livro seja traduzido para outras línguas. Se fossem feitas traduções para as línguas eslavas, eu não iria querer dinheiro delas para mim mesmo.[61]

---

61 Gleb Struve de fato traduziu A revolução dos bichos para o russo, junto com M. Kriger, com o título de Skotskii Khutor. Foi publicado pela primeira vez como folhetim em Possev (Frankfurt-am-Main), nos 7-25, 1949, e depois em duas versões em livro, uma em papel comum para a distribuição na Europa Ocidental e uma em papel fino para a distribuição por trás da Cortina de Ferro. A prática de Orwell era nunca se beneficiar de sua obra distribuída em países dominados pelos comunistas.

Não, eu não rompi ligações com o *Tribune*, apesar de ter deixado de editar para eles. Estive na França e na Alemanha entre fevereiro e maio, e os meus assuntos se desorganizaram de outras maneiras, obrigando-me a interromper meu trabalho jornalístico por algum tempo. No entanto, em outubro vou iniciar uma coluna semanal no *Tribune* novamente, mas não sob o título antigo.

Fico contente por seu livro ser traduzido para o francês. Minha impressão na França era que o mito soviético é menos forte lá do que na Inglaterra, apesar do grande Partido Comunista.

Estou saindo de Londres para umas férias curtas, mas devo estar de volta pelo dia 25. Gostaria de encontrá-lo se estiver em Londres, em qualquer momento. O número do meu telefone é CAN 3751.

Atenciosamente

George Orwell

Para Michael Sayers

11 de dezembro de 1945
27B Canonbury Square
Londres N1

Caro Michael,

Por favor, perdoe minha demora em responder. Estive bastante sobrecarregado desde que o vi.

Adoraria encontrá-lo novamente, mas não tenho muitas datas livres antes do Natal. As datas em que eu poderia seriam a segunda-feira 17 ou a sexta-feira 21, para jantar em ambos os dias. Não posso combinar uma hora de almoço no momento porque estou penando para conseguir uma secretária[62] e, quando ela começar, quero ver como vai ficar meu tempo.

---

62 A srta. Siriol Hugh-Jones.

Não acho que eu poderia ser descrito com justiça como russófobo. Sou contra todas as ditaduras e acho que o mito russo fez um mal terrível para o movimento de esquerda na Grã-Bretanha e em outros lugares, e que, acima de tudo, é necessário fazer as pessoas verem o regime russo como ele é (ou seja, o que eu penso que ele é). Mas eu já pensava tudo isso em 1932, ou por volta dessa data, e sempre disse isso com bastante liberdade. Não sinto vontade nenhuma de interferir no regime soviético, mesmo que eu pudesse. Simplesmente não quero seus métodos e hábitos de pensamento imitados aqui, e isso envolve lutar contra os russificadores deste país. O perigo que vejo não é sermos conquistados pela Rússia, o que poderia acontecer, mas depende principalmente de geografia. O perigo é que alguma forma nativa de totalitarismo se desenvolva aqui, e me parece que gente como Laski, Pritt, Zilliacus, o *News Chronicle* e todo o resto deles estão simplesmente preparando o caminho para isso. Você talvez se interesse pelos artigos que escrevi para os primeiros dois números da *Polemic*.[63]

Na expectativa de encontrá-lo.

Do seu

George

P. S.: Quase todo mundo me chama de George agora, embora eu nunca tenha mudado de nome.[64]

---

63 "Notas sobre nacionalismo", Polemic 1, outubro de 1945 (xvii, 2668, pp. 141-57), e "A prevenção contra a literatura, Polemic 2, janeiro de 1946 (xvii, 2792, pp. 369-81). Orwell registra o pagamento de 25 libras esterlinas pelo primeiro, em 15 de maio de 1945, e de 26 libras e cinco xelins em 12 de novembro de 1945. "A prevenção contra a literatura" foi traduzido e publicado em jornais franceses, holandeses, italianos e finlandeses.
64 Esta carta importante foi uma das duas destinadas a Michael Sayers, descobertas quando este volume estava no prelo. O editor é extremamente grato a Michael Sayers (hoje com 98 anos e morando em Nova York) e a seus filhos, Sean e Peter, pela permissão de publicá-la. Em sua primeira carta, de 29 de novembro de 1945, Orwell expressa prazer em ter notícias do sr. Sayers e sugere um encontro no almoço. Sayers, Rayner Heppenstall e Orwell haviam dividido um apartamento em 1935.

Jura

1946 e 1947

Agora que A *revolução dos bichos* é considerado um dos maiores livros do século XX, chama a atenção quanto foi difícil publicá-lo na Inglaterra e nos EUA. Havia simples problemas físicos na Inglaterra — grande escassez de papel —, mas outras forças conspiraram para fazer com que Orwell ficasse tão desesperado com a rejeição a ponto de ter pensado em publicar o livro por conta própria. T.S. Eliot, pela Faber & Faber, opinou, em nome da diretoria (da qual era membro), que eles não tinham "nenhuma convicção [...] de que este é o ponto de vista correto para criticar a situação política no momento atual", e, mais tarde, que "seus porcos são muito mais inteligentes do que os outros animais [...] de tal modo que o que era preciso [...] não era mais comunismo, e sim mais porcos com espírito público". Warburg estava disposto a publicá-lo, mas não tinha papel e, quando por fim conseguiu algum, só poderia imprimir inicialmente 4500 exemplares. Nenhuma editora americana viu os méritos do livro — não havia mercado para histórias de animais, disse uma delas —, mas por fim Harcourt, Brace assumiu o risco, e em 26 de agosto de 1946 publicou 50 mil exemplares e, depois, numa edição do Clube do Livro Mensal, houve impressões de 430 mil e 100 mil exemplares; de repente, Orwell passou a ganhar grandes quantias em direitos autorais: seu primeiro adiantamento foi de 37500 dólares. Proliferaram versões em outras línguas (embora Orwell jamais tenha cobrado direitos de povos oprimidos) e, às vezes, ocorriam efeitos colaterais cômicos. Assim, a tradução francesa deveria se chamar *Union des Republiques Socialistes Animales* — URSA. Como isso poderia ofender os comunistas, o título foi alterado para *Les Animaux Partout!*; Napoleão passou a ser César. Os mal-entendidos abundavam. Orwell deu ao livro o subtítulo de *Um conto de fadas*. Enquanto Orwell viveu, somente as versões britânica e telugu incluíram essa descrição. Ela nunca foi aceita nos Estados Unidos. No entanto, uma das origens de *A revolução dos bichos* é *Pigling Bland* [O porquinho delicado], de Beatrix Potter, o livro predileto de Orwell e Jacintha Buddicom na infância.

Orwell ainda estava ocupado escrevendo, e esse período viu a publicação de "A prevenção contra a literatura", "Declínio do assassinato inglês", "A política e a língua inglesa" (um de seus ensaios mais importantes), o delicioso "Algumas reflexões sobre o sapo comum", "Por que escrevo", "Política versus literatura" e "Como os pobres morrem" (rememorando o tempo em que passou em um hospital de Paris em março de 1929). Escreveu também três peças para rádio: "A viagem do Beagle", "Chapeuzinho Vermelho" para o programa A Hora das Crianças e sua própria adaptação de *A revolução dos bichos*.

De 23 de maio a 13 de outubro de 1946, Orwell alugou Barnhill, na ilha de Jura, e começou a escrever *1984*, produzindo cinquenta páginas naquele ano. Ficou em Barnhill de 11 de abril a 20 de dezembro 1947 e, embora adoecesse de tempos em tempos, foi também um período muito feliz. Ele cultivava suas terras, caminhava, ia pescar e brincava com Richard. Apesar da vontade de levar adiante 1984, encontrou tempo para escrever "Tamanhas eram as alegrias", que enviou a Warburg, mas que só pôde ser publicado após sua morte, por temor de acusações de difamação. Em 3 de maio de 1946, sua irmã mais velha, Marjorie, morreu e ele viajou para o Sul a fim de comparecer ao funeral. Sua irmã mais nova, Avril, foi viver com ele em Barnhill. Orwell desistiu do chalé The Stores em setembro de 1947. Em outubro, ficou tão doente que precisou trabalhar na cama. No fim daquele ano foi diagnosticada uma tuberculose "extensiva" (ver 23/12/1947), que fez com que ele deixasse Jura e fosse para o Hairmyres Hospital, em East Kilbride, perto de Glasgow.

Da carta de Orwell para a mãe, 24 de março de 1912.

Para Dwight Macdonald*

3 de janeiro de 1946
27B Canonbury Square
Islington N1

Caro Dwight,

Muito obrigado por sua carta de 31 de dezembro. Estou muito contente por você ter lido *A revolução dos bichos* e gostado.[1] Pedi que Warburg lhe enviasse o livro, mas sabendo que a primeira edição era muitíssimo pequena, não tinha certeza se você receberia um exemplar. Nem ele nem eu temos agora um exemplar dessa edição. Há um ou dois meses, a rainha mandou pedir um exemplar a Warburg (isso não significa nada do ponto de vista político: o consultor literário dela é Osbert Sitwell, que provavelmente a aconselhou a ler um livro desse tipo) e, como não havia nenhum, o Mensageiro Real teve de ir até a livraria anarquista dirigida por George Woodcock,* o que me parece levemente cômico. No entanto, saiu agora uma segunda edição de 10 mil exemplares, e também há uma grande quantidade de traduções sendo feitas. Acabei de acertar a publicação nos Estados Unidos com uma firma chamada Harcourt & Brace, que acredito sejam bons editores. Tive muita dificuldade para colocá-lo nos EUA. A Dial Press, que vinha me importunando havia algum tempo para editar um livro

---

1 Macdonald escrevera para Orwell em 31 de dezembro de 1945: "*A revolução dos bichos* [...] é absolutamente fantástico. A transposição da experiência russa para equivalentes rurais é feita com perfeito gosto e habilidade, de modo que o que poderia ter sido simplesmente um burlesco espirituoso se torna algo mais — realmente uma tragédia. O páthos da degeneração russa aparece com mais força em seu conto de fadas do que em qualquer outra coisa que eu tenha lido em muito tempo. O final não é uma decepção, como eu poderia ter pensado que deveria ser, porém mais um triunfo da inventividade. Congratulações por um texto tão benfeito". Ele perguntava se o livro seria publicado nos Estados Unidos; achava que duas ou três centenas de exemplares poderiam ser vendidas a leitores de *Politics*.

rejeitou-o alegando que "o público americano não se interessa por animais" (ou palavras que o valham.) Acho que ele vai ter um pouco de publicidade prévia nos EUA porque a *Time* ligou dizendo que ia resenhá-lo e me pediu os dados habituais. Também tive uma luta terrível para conseguir publicá-lo aqui. Ninguém se interessou, exceto Warburg, e ele teve de segurá-lo por um ano por falta de papel. Mesmo assim só conseguiu imprimir cerca de metade do número de exemplares que poderia ter vendido. Até mesmo o M[inistério] D[a] I[nformação] se intrometeu e tentou impedir a publicação. O mais engraçado é que, depois de toda essa confusão, o livro não teve quase nenhuma recepção hostil quando saiu. O fato é que as pessoas estão cansadas desse absurdo da Rússia, e é apenas questão de saber quem será o primeiro a dizer "O imperador está nu".[2]

Sinto-me muito culpado por ainda não ter feito aquele artigo sobre histórias em quadrinhos. O problema é que estou absurdamente ocupado. Preciso escrever, em média, quatro artigos por semana e quase não tenho energia de sobra para trabalho sério. Porém, esbocei mais ou menos um artigo que farei em *algum* momento. Vou chamá-lo de "Um devaneio americano" e nele compararei esses jornais com as revistas e os livros americanos com que eu, como a maioria das pessoas da minha idade, em parte me criei lendo.[3] Notei com interesse que os soldados americanos na Ale-

---

[2] Macdonald publicou o trecho de carta de Orwell que vai de "Há um ou dois meses" até "está nu" em *Politics*, março de 1946, e depois acrescentou: "O que me impressionou em *A revolução dos bichos*, além do tato literário com que é feito, de tal modo que nunca se torna estapafúrdio ou aborrecidamente tendencioso, foi o fato de eu raramente ter ficado tão consciente do páthos de toda a experiência russa. Este conto de fadas sobre animais, cujo humor é reflexivo em vez de indignado, transmite mais sobre o significado humano terrível do stalinismo do que qualquer dos muitos livros sérios sobre o assunto, com uma ou duas exceções".

[3] "Um devaneio americano" não foi publicado e nenhum manuscrito foi encontrado.

manha liam principalmente esse tipo de coisa, que parece dirigida a crianças e adultos, indistintamente.

Tenho outro livro que sairá nos EUA em breve, uma coletânea de artigos já publicados, e incluí aquele sobre a "Srta. Blandish", que você publicou. Receio não ter pedido sua permissão, mas supus que você não se importaria. Fiz os agradecimentos de praxe.

Você viu a *Polemic*, a nova publicação de Humphrey Slater?* Arrisco-me a dizer que ela não chegou até você, pois só fizeram três mil do primeiro número. O segundo número terá 5 mil, e depois eles esperam chegar a 8 mil, que só se tornarão mensais em segredo. Não há permissão para iniciar novos periódicos, mas é possível conseguir um pouco de papel se você se declarar editor, e é preciso começar fingindo que se está publicando um livro ou panfleto. O primeiro número foi bastante monótono e muito mal-ajambrado, mas deposito grandes esperanças nela, porque precisamos muito de uma publicação em que se possa publicar artigos político-literários longos e sérios.

David Martin[4] está no Canadá e ia procurá-lo se fosse a Nova York. Ele tem grandes projetos para criar uma revista internacional em vários línguas. Arthur Koestler* também está muito ansioso para começar algo parecido com o que a Liga dos Direitos do Homem costumava ser antes de ter sido stalinizada. Sem dúvida, você terá notícias dele sobre isso.

Meus melhores votos, e obrigado por me escrever.

Do seu

Geo. Orwell

---

[4] David Martin (1914-) foi um aviador canadense com quem Orwell fez amizade.

Para Arthur Koestler*

10 de janeiro de 1946
27B Canonbury Square
Islington N 1

Caro Arthur,

Estive com Barbara Ward[5] e Tom Hopkinson[6] hoje e lhes falei sobre nosso projeto. Ambos estavam um pouco tímidos, principalmente porque acho que eles percebem que uma organização desse tipo significaria, na prática, ser antirrussa, ou compelida a se tornar antirrussa, e eles estão vivendo uma fase aguda de antiamericanismo. No entanto, querem saber mais e, certamente, não são hostis à ideia. Eu disse que o próximo passo seria lhes mostrar cópias do rascunho do manifesto, ou seja o que for, quando estiver pronto. Gostaria de saber se você esteve com Bertrand Russell e, em caso afirmativo, o que ele disse. Não tenho dúvidas de que esses dois ajudariam a passar nossas ideias a outros, mas em algum momento pode ser mais útil contatar Hulton[7] pessoalmente, o que eu poderia fazer. Não descobri nada de significativo sobre a Liga dos Direitos do Homem. Ninguém parece ter muita coisa sobre ela em seus arquivos. Tudo o que sei é que ainda existe na

---

5 Barbara Ward (1914-81); DBE, 1974; Baronesa Jackson de Lodsworth, 1976, economista e escritora sobre política, editora assistente do *The Economist*, 1939-57. Diretora da BBC, 1946-50. Conhecida por sua preocupação com a liberdade individual e os direitos civis.
6 Tom Hopkinson (1905-90; Kt 1978); editor, escritor e jornalista. Esteve associado especialmente com a *Picture Post*, que ajudou a lançar e editar entre 1940 e 1950. Lecionou jornalismo em universidades britânicas e americanas, 1967-75, e escreveu um panfleto do Conselho Britânico sobre Orwell (1953). De suas duas biografias, *Of this Our Time* (1982) trata do período em que Orwell estava em atividade.
7 Edward Hulton (1906-88; Kt, 1957); advogado, editor de revista de posicionamento liberal, proprietário da *Picture Post* na época. Seu livro *The new age* foi publicado em 1943 e resenhado por George Orwell no *The Observer*, 15 de agosto de 1943, xv, 2237, pp. 201-2.

França e que existia na Alemanha até Hitler, por isso devia ser uma organização internacional. Há algo sobre ela em *Crux Ansata*[8] de Wells (em que não consigo pôr as mãos), então é possível que ela tenha elaborado a Declaração dos Direitos do Homem, sobre a qual Wells está sempre divagando. Mas tenho certeza de que, alguns anos antes da guerra, se tornou uma organização stalinista, pois lembro claramente que ela se recusou a intervir em favor dos trotskistas na Espanha; e tanto quanto eu me lembro, não fez nada em relação aos julgamentos de Moscou. Mas alguém deve verificar tudo isso.

Espero que estejam todos bem. Estou muito ocupado, como de costume. Almocei com Negrín[9] outro dia, mas não consegui muita informação dele. Nunca consigo vê-lo sozinho. Mas ainda acho com bastante certeza que ele *não* é o homem dos russos, como diziam que era durante a guerra civil. No entanto, não creio que isso faça muita diferença, pois receio que não há muita chance de o grupo de Negrín voltar quando Franco sair. Também vou almoçar com Beaverbrook na próxima semana. Se eu tiver uma chance de falar com ele em condições de igualdade, vou lhe perguntar sobre Stálin, pois afinal ele já o viu de perto várias vezes.

---

8 *Crux Ansata: An Indictment of the Roman Catholic Church* (Penguin Special, 1943). Orwell refere-se, no entanto, ao Penguin Special errado. Em maio de 1940, a Penguin Books publicou *The Rights of Man, or, What Are We Fighting For?*, de H. G. Wells. O capítulo X dessa obra discutia o Complément à la Déclaration des Droits de l'homme, que havia sido aprovado pelo Congresso da Ligue des Droits de l'Homme, em Dijon, em julho de 1936. Wells dizia que esse documento era "mais claramente feminista e menos simplesmente igualitário em assuntos sexuais" do que aquele proposto em seu livro, e fazia "uma distinção entre '*travail*' e '*loisirs*' que nós não reconhecemos". Em seguida, reproduzia o texto.

9 Dr. Juan Negrín (1889-1956), primeiro-ministro socialista da Espanha a partir de setembro de 1936 e durante grande parte da guerra civil. Foi para a França em 1939 e estabeleceu um governo espanhol no exílio; renunciou ao cargo em 1945, na esperança de unir todos os exilados. Ver Thomas, pp. 949-50.

O editor francês que tinha assinado um contrato para traduzir *A revolução dos bichos* acovardou-se e diz que é impossível "por razões políticas". É muito triste pensar que uma coisa dessas esteja acontecendo justamente na França. No entanto, ouso dizer que um dos outros vai se arriscar. Já lhe contei que consegui uma edição americana?

O livro de ensaios está no prelo e eles dizem que não podem mais fazer alterações no texto, mas vamos incluir uma folha de errata ao menos sobre a questão anglo-germânica.[10]

Por favor, transmita meu abraço a Mamaine.[11] Richard está muito bem. Célia veio para o chá na terça-feira e o viu tomar banho.

Do seu
George

P. S.: Acho que não lhe agradeci por nossa estadia. Tenho uma espécie de inibição em relação a isso, porque quando criança me ensinaram a dizer "Obrigado por ter-me" depois de uma festa, e me parecia uma frase horrível.

Para Dorothy Plowman*

> 19 de fevereiro de 1946
> 27B Canonbury Square
> Islington N1

Cara Dorothy,

Junto envio um cheque de 150 libras esterlinas como primeira parcela do reembolso daquelas trezentas libras que me foram

---

10 Ao ensaio de Orwell sobre Koestler.
11 Mamaine Koestler (*née* Paget, 1916-54), esposa de Koestler e irmã gêmea de Celia Kirwan.*

emprestadas de forma anônima em 1938;[12] é uma demora terrivelmente longa para começar a reembolsar, mas até este ano eu realmente não tive condições de fazê-lo. Só comecei a ganhar dinheiro há pouco tempo. Obtive seu endereço com Richard Rees.* Faz muito tempo que não tenho notícias suas, e acho que nem mesmo lhe escrevi quando Max morreu. A gente não sabe o que dizer quando essas coisas acontecem. Resenhei o livro de cartas de Max para o *Manchester Evening News*, o que você talvez tenha visto.[13] Meu livro *A revolução dos bichos* vendeu muito bem, e o novo, que é apenas uma coletânea de artigos já publicados,[14] também parece estar indo bem. Foi uma grande pena Eileen não ter vivido para ver a publicação de *A revolução dos bichos*, de que ela gostava muito e até ajudou no seu planejamento. Suponho que você saiba que eu estava na França quando ela morreu. Foi uma coisa terrivelmente cruel e estúpida de acontecer. Sem dúvida, você sabe que eu tenho um menino chamado Richard, que adotamos em 1944, com três semanas. Ele tinha dez meses quando Eileen morreu e agora tem um ano e nove meses. A última carta dela para mim foi para me dizer que ele estava começando a engatinhar. Agora, ele se tornou uma criança grande e forte e é muito ativo e inteligente, embora ainda não fale. Tenho uma babá-empregada que cuida dele e de mim e, felizmente, podemos ter uma faxineira também. Ele tem tanta energia que está ficando difícil mantê-lo no apartamento, e pretendo levá-lo para fora de Londres durante todo o verão. Não estou bem certo de para onde iremos. Estou para alugar uma casa nas ilhas Hébridas, mas é possível que ela ainda não esteja em

---

12 Sem que Orwell soubesse, L. H. Myers financiou sua estadia com Eileen no Marrocos. Os Plowman atuaram como intermediários.
13 Na verdade, Orwell escreveu para Dorothy quando o marido dela morreu. Ele resenhou *Bridge into the Future: Letters of Max Plowman* no *Manchester Evening News* de 7 de dezembro de 1944 (xvi, 2589, pp. 492-4).
14 *Ensaios críticos*.

ordem para este ano; nesse caso, é provável que o leve a alguma região da costa leste. Quero um lugar onde ele possa correr dentro e fora de casa o dia todo, sem medo do tráfego. Estou ansioso para sair de Londres também para o meu próprio bem, porque ando sufocado pelo jornalismo — no momento, estou escrevendo quatro artigos por semana — e quero escrever outro livro, o que só será possível se eu puder ficar seis meses tranquilo. Estive em Londres durante quase toda a guerra. Eileen trabalhou por quatro ou cinco anos em repartições do governo, em geral dez ou mais horas por dia, e foi em parte o excesso de trabalho que a matou. Deverei provavelmente voltar para o campo em 1947, mas como no momento é impossível conseguir casas sem mobília, não ouso deixar meu apartamento.

Richard Rees* mora em Chelsea e manteve a barba, embora desmobilizado. Rayner Heppenstall* tem um emprego na BBC do qual parece estar gostando bastante. É engraçado que você esteja em Royston, tão perto de onde morávamos.[15] Qualquer dia preciso ir à casa que tenho lá, para resolver o problema de móveis e livros, mas tenho adiado a ida porque a última vez que estive lá foi com Eileen, e me perturba ir lá. O que aconteceu com Piers?[16] Espero que tudo esteja bem com vocês dois.

Do seu
Eric Blair

---

15 Wallington, onde Orwell alugava uma casa de campo.
16 O filho dos Plowman.

Para Anne Popham*

15 de março de 1946
27B Canonbury Square
Islington N1

Querida Andie,

Chamo você assim porque ouvi dizer que é como os outros a chamam — na verdade, não sei como você gosta de ser chamada. Deve fazer quase quinze dias desde que você partiu. Eu teria escrito antes, mas fiquei doente durante toda esta semana com algo chamado gastrite. Acho que uma palavra como essa diz muito sobre a profissão médica. Se você tem uma dor na barriga, chamam de gastrite, se for na cabeça suponho que seria chamada de cefalite, e assim por diante. De qualquer forma, é uma coisa muito desagradável de ter, mas estou um pouco melhor e levantei-me pela primeira vez hoje. Richard está quase ofensivamente bem e saracoteia pela casa inteira. Consegui por fim uma dessas canetas que não usam tinta,[17] e assim pude eliminar o tinteiro, que ele havia pego três vezes nas duas últimas semanas. Ele tem uma capa impermeável nova com a qual fica bastante vistoso, e quando sairmos para o verão terá sua primeira bota.

Tento imaginar que tipo de viagem você fez e quão suportável a Alemanha está agora. Acho que esse tipo de vida depende muito de ter um veículo próprio e ser capaz de ficar um pouco longe dos outros. Escreva e conte-me como são as coisas e qualquer mexerico que ouvir sobre o que os alemães estão dizendo de nós agora.

---

[17] Uma esferográfica Biro. Orwell tinha tentado comprar uma pela primeira vez em fevereiro de 1946. Elas eram, então, muito difíceis de obter e muito caras — cerca de três libras (mais de metade do salário semanal de um trabalhador não qualificado). Orwell achou-as particularmente úteis porque, quando doente, podia escrever na cama. A utilização de uma esferográfica serve de indício da data em que escreveu certas cartas e documentos.

Acho que você disse que voltaria à Inglaterra em julho. Não tenho certeza de onde estaremos — pretendo sair de Londres durante todo o verão, mas ainda não definimos para onde vamos. Consegui, de uma vez por todas, combinar de interromper o trabalho jornalístico por seis meses, e estou ansioso para que isso aconteça logo. Ainda tenho alguns trabalhos desagradáveis, isto é, fora dos rotineiros, pairando sobre minha cabeça, e ficar doente assim atrasa tudo. Finalmente terminei a porcaria que eu estava escrevendo para a BBC, mas agora preciso escrever um panfleto para o Conselho Britânico sobre culinária inglesa. Não sei por que fui tão tolo a ponto de entrar nessa, porém, como será bem pequeno, posso provavelmente liquidá-lo em uma semana.[18] Depois disso, não tenho nenhuma droga de fato para escrever. Quando eu for embora, vou começar um romance. Faz mais ou menos seis anos desde que escrevi uma coisa assim e será provavelmente um trabalho terrível iniciá-lo, mas acho que com seis meses livres poderei superar isso.

Pergunto-me se você ficou zangada ou surpresa por eu, de certo modo, ter investido para cima de você na noite anterior à sua partida. Não precisa responder — o que eu quero dizer é que não ficaria zangado se você não respondesse. Eu não sabia, até você me contar, sobre o seu rapaz.[19] Achei que você parecia muito solitária e infeliz, e pensei que talvez viesse a se interessar por mim, em parte porque imaginei que fosse um pouco mais velha. Mas percebo perfeitamente que não sou adequado a alguém como você, que é jovem e bonita e ainda pode esperar obter alguma coisa da

---

18 A "porcaria" para a BBC era, provavelmente, a dramatização de *A viagem do "Beagle"*, transmitida em 29 de março de 1946 (XVIII, 2953, pp. 179-201). O texto do livreto sobre *British cookery* [Culinária britânica] está reproduzido em XVIII, 2954, pp. 201-13. Embora tenha sido considerado excelente, decidiram não publicá-lo para evitar ofender leitores da Europa continental em um momento de tantas restrições (embora as receitas não sejam exóticas). Orwell recebeu 31 libras e dez xelins pelo manuscrito.
19 Ele foi morto quando servia na RAF (Crick, p. 485).

vida. Na minha vida não resta realmente mais nada exceto meu trabalho e cuidar para que Richard tenha um bom começo de vida. É que às vezes me sinto desesperadamente sozinho. Tenho centenas de amigos, mas nenhuma mulher que se interesse por mim e possa me encorajar. Escreva-me e me diga o que você pensa de tudo isso. Claro que é um absurdo uma pessoa como eu querer fazer amor com alguém da sua idade. Acontece que quero, mas, entenda, não me sentirei ofendido ou até mesmo machucado se você simplesmente disser não. De qualquer forma, escreva e me diga o que sente.

Gostaria de saber se existe alguma coisa que eu possa fazer por você ou enviar para você. Há livros que você queira? Ou jornais? Gostaria de receber o *Tribune*, por exemplo? Imagino que alguns de seus irmãos militares não o aprovariam muito. Por falar em livros, consegui alguns de Henry Miller de novo — parece que os reeditaram em Paris, e alguns exemplares estão entrando neste país de forma ilegal. Não sei se recentemente saiu alguma outra coisa interessante. Quase todos os livros que recebo para resenhar são um lixo tamanho que não sei o que dizer sobre eles. Gostaria de receber a *Polemic*? O terceiro número deve sair no final de abril, mas só Deus sabe se vai, porque há sempre alguma confusão na impressão. Eles agora têm um esquema maluco de imprimi-la na Irlanda, mas então podem dar de cara com a censura. Escreva-me logo e me diga se há alguma coisa que você gostaria, e como está passando, e o que sente sobre as coisas.

Do seu
Geo. Orwell

P. S.: Não tenho certeza de quanto vai de selo nesta carta, mas suponho que três pence sejam suficientes.

Para Arthur Koestler*

22 de março de 1946
27B Canonbury Square
Islington N1

Caro Arthur,

O *Manchester Evening News* quer saber se quando eu parar de fazer resenhas para eles (ou seja, final de abril) você gostaria de assumir minha função por seis meses. Eu lhes disse que não achava muito provável que você aceitasse, mas que iria lhe perguntar. É um trabalho comercial, porém são oito guinéus garantidos por semana (que é o que eles me pagam — imagino que você possa ganhar um pouco mais deles) por cerca de novecentas palavras, nas quais se pode dizer mais ou menos o que se quer. A maior chateação é ler os livros, por outro lado pode-se escapar disso de vez em quando escrevendo artigos gerais ou tratando de reedições que já se conhece. Fica-se com os segundos direitos. Por favor, me informe o mais rapidamente possível se essa ideia tem algum atrativo para você, caso contrário eles terão de procurar outra pessoa.

Beijos para Mamaine.
Do seu
George

P. S.: [manuscrito] Entrei em contato com Malory° Brown,[20] que acha que provavelmente poderá vir na Páscoa. Vou almoçar com ele no dia 3 de abril e falar sobre isso. Nesse meio-tempo, você poderia me dizer exatamente em *que data* ele deveria ir a sua casa?

Koestler respondeu em 23 de março, dizendo ter decidido não assumir

---

[20] Mallory Browne era então o editor em Londres do *Christian Science Monitor*. Em 22 de outubro de 1944, ele escreveu "A nova ordem na França" para o *The Observer*.

o trabalho no Manchester Evening News. "*Desta vez deixarei o puritanismo vencer o hedonismo (alfinetada)*", ele disse, numa referência ao que Orwell escreveu no penúltimo parágrafo do ensaio que havia feito sobre Koestler, dizendo haver "um traço hedonista bem marcado em seus escritos".

Para Yvonne Davet*

8 de abril de 1946
27B Canonbury Square,
Islington, N 1

Chère Madame Davet,
Acabo de receber sua carta do dia 6. Dois ou três dias atrás, estive com Mademoiselle Odile Pathé, a editora que vai lançar *A revolução dos bichos*. Eu não sabia que ela estava em Londres, mas ela me ligou. Eu disse a ela que a senhora havia traduzido *Homenagem à Catalunha* e que havia enviado a tradução para ela, mas suponho que ela não voltará à França antes da próxima semana. Tive a impressão de que ela tem muito mais coragem do que a maioria dos editores, e ela explicou que, por estar em Mônaco, tem menos a temer[21] do que os outros, exceto em relação ao papel. De qualquer modo, *Homenagem à Catalunha* é um livro muito menos perigoso do que *A revolução dos bichos*. Parece que os comunistas exercem agora censura direta sobre os editores franceses (ouvi dizer que eles "proibiram" a Gallimard de publicar *Por quem os sinos dobram*, de Hemingway), e está bastante claro que não deixarão *A revolução dos bichos* passar, se puderem encontrar uma maneira de evitar sua publicação. Se Mademoiselle Pathé tem a coragem de publicar um

---
21 Da pressão comunista.

livro, ela teria a coragem de publicar o outro, se lhe parecer que vale a pena financeiramente.

Quanto aos ensaios, deixe-me explicar como estão as coisas. Em 1940 publiquei um livro, *Dentro da baleia*, que não vendeu muito bem, e pouco depois quase todos os exemplares foram destruídos pela blitz. O livro que acabei de publicar contém dois dos ensaios originais (eram apenas três), e outros oito que publiquei em revistas nos últimos cinco anos. Um ou talvez dois têm um interesse puramente inglês. (Um deles é sobre semanários para meninos, o outro sobre cartões-postais cômicos, que são, no fim das contas, bem semelhantes na França.) No momento, Nagel Paris tem um exemplar de *Dentro da baleia* — eles pediram o livro antes da publicação de *Ensaios críticos*. Não consigo me lembrar se foi enviado um exemplar de *Ensaios críticos* a uma editora francesa,[22] mas vou perguntar ao meu agente. Se houvesse uma dúvida sobre qual traduzir, naturalmente seria melhor escolher *Ensaios críticos*. De qualquer modo, lhe enviarei um exemplar o mais rápido possível, mas não tenho um comigo no momento. A primeira edição está esgotada e a segunda edição ainda não saiu. Seria fácil publicar o livro sem os ensaios de interesse puramente local. Com certeza vale a pena traduzir o ensaio sobre Dickens.

Há pouco tempo, recebi uma carta de Victor Serge,[23] que está no México e vai me mandar o manuscrito de suas memórias. Espero que meu editor, Warburg, as publique.

---

22 Três editores foram sondados.
23 Victor Serge (pseudônimo de Viktor Kibal'chiche, 1890-1947) editou *L'Anarchie*, Paris; preso em 1912-7 por causa de suas atividades políticas. Tentou retornar à Rússia em 1917, mas foi internado e só chegou ao país em 1919. Trabalhou com a Secretaria Internacional até se desiludir após o incidente do Krondstadt, em 1921. Trabalhou então em Berlim e Viena para o Comintern. Em 1926, voltou à Rússia e se aliou a Trótski, mas foi expulso do partido e, em 1933, exilado internamente em Orenburg. Foi expulso da União Soviética em 1936. Tornou-se correspondente em Paris do POUM durante a Guerra Civil Espanhola. Estabeleceu-se no México em 1941, onde morreu pobre.

No final de abril deixarei Londres para passar seis meses na Escócia, mas ainda não tenho certeza da data, pois haverá certamente problemas para enviar a mobília. Minha casa fica nas Hébridas, e espero ter bastante tranquilidade para poder iniciar um novo romance. Nos últimos anos, andei escrevendo três artigos por semana e estou terrivelmente cansado. Meu menino vai muito bem. Estou enviando uma foto nossa. Parece que estou lhe dando uma boa surra, mas na verdade estou trocando sua calça.[24] Antes de ir, lhe enviarei meu novo endereço.

Très amicalement
George Orwell

Para Philip Rahv*

9 de abril de 1946
27 B Canonbury Square
Islington N1

Caro Rahv,
Obrigado por sua carta de 4 de abril. Noto que você deseja a próxima "Carta de Londres" para mais ou menos 20 de maio, e a despacharei no início de maio. Vou deixar todo o meu trabalho jornalístico aqui e no final de abril irei para a Escócia por seis meses, mas ainda não fixei definitivamente a data de partida. Assim que o fizer lhe enviarei meu novo endereço, mas, de qualquer maneira, cartas enviadas para o endereço acima chegarão até mim.

Sim, eu vi o artigo na *Time*,[25] o que foi um pouco de sorte. Não

---

[24] Presumivelmente, a fotografia reproduzida como ilustração 69 em *The World of George Orwell*, editado por Miriam Gross (1971).
[25] O artigo, publicado na *Time* de 4 de fevereiro de 1946, foi por causa do lançamento de *A revolução dos bichos* na Inglaterra. A publicação nos Estados Unidos aconteceu mais de seis meses depois.

tenho nenhuma dúvida de que o livro[26] estará sujeito a alguns boicotes, mas no que diz respeito a este país fui surpreendido pelas reações hostis que *não* teve. Ele está sendo traduzido para nove línguas. O mais difícil foi arranjar uma edição francesa. Uma editora assinou um contrato e depois disse que era "impossível" por razões políticas, outras deram respostas semelhantes, porém fechei com uma editora localizada em Monte Carlo que, por isso, se sente um pouco mais segura. Trata-se de uma mulher, Odille Pathé, e vale a pena que pessoas com livros impopulares para traduzir não esqueçam seu nome, pois ela parece ter coragem, o que não é comum na França nestes últimos anos. Não tenho dúvida de que o que Camus disse era verdade. Disseram-me que editoras francesas recebem agora "ordens" de Aragon[27] e outros para não publicar livros indesejáveis (de acordo com minhas informações, *Por quem os sinos dobram*, de Hemingway, foi um desses). Os comunistas não têm jurisdição sobre a matéria, mas teriam o poder, por exemplo, de atear fogo a edifícios de editoras com a conivência da polícia. Não sei por quanto tempo esse tipo de coisa vai continuar. Na Inglaterra, o sentimento contra o PC, está sem dúvida crescendo. Na França, há um ano, tive a impressão de que quase ninguém mais dá a mínima para a liberdade de imprensa etc. Parece que a ocupação teve um efeito esmagador terrível sobre as pessoas, até mesmo sobre gente como os trotskistas; ou talvez uma espécie de decadência intelectual tenha se estabelecido nos anos anteriores à guerra. O único francês que conheci [naquela época] com quem eu sentia que podia falar livremente foi um homem chamado Raim-

---

26 *A revolução dos bichos.*
27 Louis Aragon (1897-1984), romancista, poeta, jornalista e militante comunista, foi figura de destaque da escola surrealista; ver seu primeiro volume de poemas, *Feu de joie* (1920), e seu primeiro romance, *Le paysan de Paris* (1926). Ele se tornou comunista depois de visitar a Rússia em 1930 e editou o semanário comunista *Les Lettres Françaises*, 1953-72.

baud, um corcunda que era um dos editores do pequeno semanário quase trotskista *Libertés*. O estranho é que, com toda essa decadência moral, aproximadamente nos últimos dez anos surgiu muito mais *talento* literário na França do que na Inglaterra, ou do que em qualquer outro lugar, eu deveria dizer.

Não sei se você viu a *Polemic*, a nova revista bimestral. No terceiro número, escrevi um longo artigo sobre James Burnham que pretendo reimprimir depois como panfleto.[28] Ele não vai gostar, mas é o que eu penso.

Do seu
Geo. Orwell

Para Anne Popham*

18 de abril de 1946
27B Canonbury Square
Islington N 1

Querida Andy,

Devo ter recebido sua carta por volta do dia 7 e pensei muito tempo sobre ela, como você pode ver pela data. Pergunto-me se cometi uma espécie de crime ao me aproximar de você. De certa forma, é escandaloso que uma pessoa como eu tenha se insinuado para uma pessoa como você, mas pensei, baseando-me em sua aparência, que você não apenas estava solitária e infeliz, mas também que era uma pessoa que vivia principalmente através do intelecto e poderia se interessar por um homem muito mais velho e que não estava muito bem fisicamente. Você me perguntou

---

[28] "Second Thoughts on James Burnham", *Polemic*, 3 de maio de 1946, XVIII, 2989, pp. 268-84. Na forma de panfleto, levou o título de *James Burnham and the Managerial Revolution*, 1946.

o que me atraiu em você em primeiro lugar. Você é muito bonita, como sem dúvida bem sabe, mas isso não foi tudo. Eu realmente quero alguém que compartilhe o que resta da minha vida, e o meu trabalho. Não é tanto uma questão de alguém para dormir junto, embora é claro que às vezes eu também queira isso. Você diz que é improvável que viesse a me amar. Não vejo como se poderia esperar isso. Você é jovem e já teve alguém que realmente amou e que estabeleceria um padrão com o qual eu não poderia competir. Se você ainda acha que pode começar de novo e quer um homem jovem e bonito que possa lhe dar um monte de filhos, então eu não sirvo para você. O que eu estou de fato perguntando é se gostaria de ser a viúva de um homem de letras. Se as coisas continuarem mais ou menos como estão, há um pouco de divertimento nisso, pois você provavelmente receberia direitos autorais provenientes de minhas obras e poderia achar interessante editar coisas inéditas etc. Claro que não há como saber quanto tempo vou viver, mas supõe-se que eu seja uma "vida ruim". Tenho uma doença chamada bronquiectasia, que está sempre sujeita a evoluir para pneumonia, e também uma antiga lesão tuberculosa "não progressiva" em um pulmão, e várias vezes no passado acreditaram que eu estava prestes a morrer, mas sempre sobrevivi só para contrariá-los; na verdade, tenho estado realmente melhor de saúde desde a M & B.* Também sou estéril, acho — ao menos nunca tive filhos, embora nunca tenha feito um exame, porque é muito repugnante. Por outro lado, se você quisesse ter filhos com outra pessoa, isso não me incomodaria, porque tenho muito pouco ciúme físico. Não me importa muito quem dorme com quem, acho que o importante é ser fiel no sentido emocional e intelectual. Fui por vezes infiel a Eileen, e também a tratei muito mal, e acho que ela me tratou

---

* Iniciais com que ficaram conhecidos os comprimidos de sulfapiridina fabricados pelo laboratório May & Baker* a partir de 1938. (N. T.)

muito mal às vezes, mas era um casamento verdadeiro por termos passado juntos por terríveis lutas e por ela entender tudo sobre o meu trabalho etc. Você é jovem e saudável, e merece alguém melhor do que eu; por outro lado, se não encontrar essa pessoa, e se pensar em si mesma como essencialmente uma viúva, então pode fazer pior — isto é, supondo-se que eu não lhe seja de fato repugnante. Se eu puder viver mais dez anos, acho que tenho em mim mais três livros que valem a pena, além de um monte de artigos avulsos, mas quero paz e sossego e alguém que goste de mim. E há também Richard. Não sei quais são seus sentimentos em relação a ele. Você poderia pensar em tudo isso. Falei abertamente porque acho você uma pessoa excepcional. E eu gostaria que, quando você voltasse, viesse ficar na Jura. Acho que a casa estará bastante confortável até lá, e Richard e Susan, e talvez outras pessoas, estarão lá como acompanhantes. Não estou pedindo que venha para ser minha amante; somente para vir e ficar. Acho que iria gostar. É um lugar lindo, bastante vazio e selvagem.

    Não acho que haja muitas novidades por aqui. Faz um tempo lindo de primavera e os castanheiros da praça estão vicejantes, ou seja, as folhas de um verde tão vívido que não se espera ver em Londres. Estou sozinho porque Susan e Richard foram para o campo passar o fim de semana da Páscoa. Fiquei porque quero polir uns trabalhos avulsos e para embalar as coisas antes de enviá-las a Jura. Na semana passada, fui até a casa de Hertfordshire arrumar móveis e livros antes que a Pickfords chegue para pegá-los. Eu vinha adiando isso porque não tinha estado lá depois que Eileen morreu e esperava que fosse ser terrivelmente perturbador, mas na verdade não foi tão ruim, a não ser quando encontrei cartas antigas. Estou despachando meus móveis de lá, mas também precisei comprar inúmeras coisas, foi quase como encher um navio. A Pickfords deve retirar tudo na semana que vem, por volta do dia 25, e acha que vai demorar pelo menos dez dias para que chegue lá, e depois isso tudo ainda tem que ir de caminhão para casa, então é improvável que eu saia de Londres antes de 10 de maio, se tanto. Evidentemente, essa mudança tem um custo fabuloso;[29] por outro lado, uma vez terminado e a casa em condições de funcionamento, haverá lá uma residência de verão agradável por quase nada de aluguel. Quero isso particularmente para Richard, porque ele está ficando grande demais para ficar em um apartamento no verão. Dá trabalho agora mantê-lo dentro do jardim, porque em princípio ele sabe como abrir o portão, e às vezes consegue fazê-lo. No próximo inverno, quando eu voltar, vou mandá-lo para a escola maternal. É engraçado que ele não queira falar, pois é muito inteligente em todas as outras coisas. Ele agora anda tentando pôr sapato e meia, e sabe como pregar um prego, embora não consiga realmente fazê-lo sem martelar os dedos. Ainda morre de medo do aspirador de pó e não podemos usá-lo quando ele está por perto.

Você perguntou sobre um livro meu a respeito da França — suponho que seja *Na pior em Paris e Londres*. Sem exagero, não tenho um exemplar sequer dele, mesmo da edição da Penguin. Suponho que será reeditado em algum momento. Acho que acaba de sair a edição americana dos ensaios, e meu outro editor americano telegrafou para dizer que *A revolução dos bichos* tinha sido escolhido por algo chamado de Clube do Livro do Mês. Acho que isso deve significar uma venda de, pelo menos, 20 mil,[30] e isso mesmo depois pagar os impostos em ambas as pontas, e mesmo que eu tenha assinado um contrato desvantajoso, o que provavelmente fiz, ele

---

29 Os bens de Orwell foram avaliados em 250 libras esterlinas. O custo para transportá-los (Pickfords, mais trem, mais barco até Craighouse, mais seguro) foi de 114 libras, 3 xelins e 8 pence. Os bens tinham então que ser transportados de Craighouse para Barnhill.
30 A primeira impressão para o Clube do Livro foi de 430 mil exemplares e a segunda de 110 mil.

deve render o suficiente para me manter na ociosidade por vários meses. O único problema é que eles não vão publicá-lo antes do outono, e há muitas provas etc.

Pergunto-me se você ouviu o cuco. Acho que mal o escutei quando estava na Alemanha nesta época no ano passado, entre "Lili Marlene"[31] e o rugido de caminhões e tanques. No ano anterior a isso, eu estava tão amarrado a Londres que não ouvi nenhum cuco, o primeiro ano da minha vida em que isso me aconteceu, isto é, em Londres. Não o escutei ainda este ano, porque estive em Wallington alguns dias cedo demais, mas acho que vi um sentado em um fio telegráfico quando voltei de trem. Muitas vezes a gente os vê alguns dias antes de ouvi-los. Depois de escrever meu artigo sobre sapos para o *Tribune*,[32] fui até o pequeno reservatório em desuso na aldeia onde costumávamos pegar tritões, e lá estavam os girinos se formando como de costume. Foi um pouco triste. Costumávamos ter todos os anos um pequeno aquário feito com um frasco de picles de três quilos e víamos os tritões se transformarem de pequenas bolhas pretas nas ovas em animais adultos, e também costumávamos ter caracóis e friganas.

Terei de parar porque preciso lavar as coisas do café da manhã e em seguida sair para almoçar. Cuide-se. Espero que esteja melhor. É detestável ficar doente nessas condições, tão sozinha e desamparada. Você não disse se quer que eu lhe envie revistas ou alguma outra coisa. E escreva assim que puder. Espero que você

---

[31] A canção "Lili Marlene" era popular tanto entre os soldados alemães como entre os aliados. Foi tocada por acaso por uma estação operada pelos alemães na Iugoslávia e ouvida e apreciada por soldados do Oitavo Exército britânico e pelas tropas de Rommel no norte da África. É a história de uma mulher que espera por seu soldado-amante e que era usada pelos britânicos para fins publicitários. Foi tema de um filme de propaganda (com o mesmo título), dirigido por Humphrey Jennings (1944).
[32] "Algumas reflexões sobre o sapo comum", 12 de abril de 1946, XVIII, 2970, pp. 238-41 — um dos melhores ensaios de Orwell.

venha ficar na Jura. Seria maravilhoso caminhar até o lado oeste da ilha, que é bastante desabitado e onde há baías de águas verdes tão claras que se pode ver a cerca de vinte metros de profundidade, com focas nadando em volta. Não pense que vou fazer amor com você contra sua vontade. Você sabe que sou civilizado.

Com amor
George

P. S.: [manuscrito] Estou levando você ao pé da letra & pondo apenas 1½ pence de selo, porque é Sexta-Feira Santa & estes são todos os selos que consegui achar.[33]

Para Sally McEwan*

5 de julho de 1946
Barnhill
Ilha de Jura

Querida Sally,[34]

Espero vê-la no dia 22. Mas sinto muito lhe dizer que você terá de caminhar os últimos treze quilômetros, porque não temos nenhum transporte. No entanto, não é uma caminhada tão terrível

---

33 Esta foi a quantia correta para o correio das Forças. As agências dos correios fechavam na Sexta-Feira Santa.
34 Sally McEwan foi a Barnhill com a filha. Ela e Avril estavam unidas na aversão a Paul Potts. Ele teria partido de repente no meio da noite ou porque Avril lhe teria dito para fazê-lo, ou porque teria visto por acaso alguma coisa ofensiva escrita sobre ele por Sally McEwan numa carta (Crick, pp. 512-4). Essa versão foi desmentida por Sally McEwan e Susan Watson, entrevistadas por Ian Angus em fevereiro de 1984. Susan Watson confirmou que Sally McEwan não escrevera nada de ofensivo sobre Paul Potts onde ele pudesse ler. A razão para a partida súbita de Potts foi bem diferente: como não havia nenhum jornal para acender o fogo, Susan Watson usou o que achou ser um resto de papel; infelizmente, tratava-se de um rascunho de algo que Potts estava escrevendo.

se você se contentar com pouca bagagem — por exemplo, uma mochila e dois bornais. Posso carregar tudo isso na traseira da minha moto (único transporte que tenho), mas não malas pesadas. Mande a comida com bastante antecedência, para ter certeza de que chegará antes de você. Por exemplo, se você mandar por volta da segunda-feira, dia 15, ela chegará aqui na sexta-feira anterior à sua chegada. Acho que lhe dei todas as instruções para a viagem. Não perca o trem em Glasgow — agora ele sai às 7h55, e não às 8h. Quando você chegar a Jura, pergunte pelo carro alugado na loja McKechnie, se ele não estiver esperando no cais. Ele a levará a Ardlussa, onde vamos encontrá-la. Posso tentar que a levem por mais cinco quilômetros até Lealt, mas às vezes eles não querem ir além de Ardlussa com seus carros. Ontem eu trouxe Richard e Susan de volta (liguei para você quando estava na cidade, mas era seu dia na gráfica) e, nesse caso, consegui subornar o motorista para ir até três quilômetros antes de Barnhill, mas ele ficou horrorizado com a estrada e não acho que faria isso de novo. Então carreguei Richard até em casa e a bagagem deles veio no carrinho de mão do sitiante. É realmente um passeio muito agradável se você andar devagar. Não é preciso muita roupa se tiver uma capa de chuva e botas ou sapatos robustos. Espero que na ocasião já tenhamos uma bota de borracha de reserva para usar no barco. Não sei o que você fará no trem, mas nos barcos de Gourock e Tarbert vale a pena viajar de terceira classe, porque não há diferença na acommodação° e a comida é imunda de qualquer forma.

Com amor
George

Para Lydia Jackson*

                        7 de agosto de 1946
                                      Barnhill
                                      Ilha de Jura

Querida Lydia,

Obrigado por sua carta. Se você quiser vir até aqui, haverá espaço na casa na segunda metade de agosto, digamos em qualquer momento entre os dias 15 e 1º de setembro. Outra pessoa virá nesta última data, acho eu. Tente me avisar com alguns dias de antecedência, por favor, a fim de que eu possa tomar providências para alugar o carro. Acho que a menina de Susan está chegando na sexta, dia 16, e nesse caso devo ir a Glasgow para encontrá-la, mas não é certo ainda.

Muito obrigado por mandar as botas. Precisamos de todo o calçado possível porque estamos o tempo todo molhados, especialmente quando vamos pescar. Ultimamente o tempo tem sido ruim, mas sempre que está razoável saímos à noite e pegamos um monte de peixes, o que ajuda na despensa.[35]

Quanto aos consertos.[36] Como supostamente sou o inquilino, talvez seja melhor você me mandar a conta de Keep para eu pagá-

---

[35] Orwell também pediu que Lydia levasse "um pouco de pão e/ou farinha". A escassez de grãos para o pão piorou em 1946 (em parte porque os grãos eram necessários para aqueles que estavam perto de morrer de fome na Europa continental). A quantidade de trigo no pão foi reduzida em março de 1946, em abril o tamanho dos pães foi reduzido de duas libras para 1¾ libra — mas o preço não foi reduzido — e houve um corte de 15% nos grãos para a produção de cerveja; em junho, o pão foi racionado, embora isso não tivesse sido necessário durante toda a guerra. No início de 1984 (Parte I, capítulo 1, p. 15), Winston Smith descobre que tem apenas "um naco de pão escuro" para comer, mas que precisa ser guardado para o café da manhã do dia seguinte. O manuscrito inicial é ainda mais específico, pois o pão é descrito como "uma única fatia de pão de três centímetros de espessura" (Fac-símile, p. 15).
[36] Os consertos são do chalé The Stores, em Wallington, não de Barnhill. Dearman era o senhorio. Ver Shelden, pp. 260-2. Keep era, ao que parece, um construtor da região.

-la, depois mandarei o recibo para Dearman e verei o que posso tirar dele. Não creio que obteremos todo o montante, mas de qualquer modo poderemos acertar depois. Pelo que sei dele, não creio que Keep cobrará muito.

Beijo para Pat.

Do seu

Eric

Para Anne Popham*

7 de agosto de 1946
Barnhill
Ilha de Jura

Querida Andy,

Como você vê, desta vez sou eu que demoro semanas — ou são meses? — para responder. Você não precisa pedir tantas desculpas, sei muito bem como é difícil responder a uma carta e como elas se erguem e nos castigam dia após dia.

Pensei muito sobre sua carta e espero que você esteja certa. Você é jovem e provavelmente encontrará alguém que lhe convenha. De qualquer modo, não falemos mais sobre isso.[37] Espero vê-la quando eu voltar a Londres (provavelmente em outubro). Tive notícias de Ruth[38] há cerca de uma semana, quando ela gentilmente aceitou cuidar de alguns livros que me estavam sendo enviados e que eu não queria que viessem para cá. Aqui, estamos todos florescendo, e Richard começa a falar um pouco, embora

---

37 Sobre as reminiscências de Anne Popham desta correspondência, ver *Remembering Orwell*, pp. 166-7.
38 Ruth Beresford, que dividia com Anne Popham o apartamento da Canonbury Square, que ficava logo abaixo do de Orwell.

ainda se interesse muito mais em fazer coisas com as mãos e esteja se tornando muito engenhoso com as ferramentas. Minha irmã está aqui e cuida da cozinha, Susan cuida de Richard e da casa, enquanto eu faço jardinagem e carpintaria. Durante dois meses não escrevi nada, então no último mês escrevi um artigo,[39] e *talvez* comece um romance antes de retornar a Londres, mas não estou me prendendo a isso. Eu precisava de um bom descanso depois de anos escrevendo por encomenda, e ele tem me feito muito bem. Até agora não peguei um resfriado aqui, apesar de ficar molhado várias vezes por semana. Temos de pegar ou caçar boa parte da nossa comida, mas gosto de fazer isso, e na verdade nos alimentamos melhor do que se pode fazer em Londres agora. Temos uma bela casa grande, e se eu conseguir um arrendamento longo que faça valer a pena mobiliá-la completamente e instalar um gerador de luz elétrica, ela poderá ficar realmente confortável. Em todo caso, vou plantar árvores frutíferas neste outono e espero estar aqui para colher os frutos. É também um grande prazer estar em um lugar onde Richard pode entrar e sair de casa sem correr o risco de ser atropelado. O único perigo para ele aqui são as cobras, mas eu as mato sempre que vejo alguma perto da casa. Neste inverno, vou mandá-lo para a escola maternal, se houver vaga.

Mande-me notícias de novo, se tiver tempo para escrever.

Do seu

George

---

[39] Possivelmente "Política versus literatura", Polemic, XVIII, 3089, pp. 417-32.

Para Dwight Macdonald*

15 de outubro de 1946
27B Canonbury Square
Islington, N 1

Caro Dwight,

Obrigado por sua carta,[40] que recebi um pouco antes de deixar Jura (estou no endereço acima outra vez até por volta de abril do ano que vem). Lamento profundamente não ter enviado nada como havia prometido, mas parte do motivo disso é que não escrevi quase nada em cinco meses. Fui para a Escócia em boa medida com esse objetivo em vista, porque estava terrivelmente cansado e sentia que tinha me esfalfado de escrever.

Enquanto estive lá, escrevi um artigo[41] e comecei um novo livro (só Deus sabe quando o terminarei, talvez no final de 1947), e foi tudo. Agora estou recomeçando, mas vou fazer o possível para me manter fora do jornalismo diário e semanal comum, com exceção do *Tribune*. Quanto à *New Republic*, dei-lhes a reimpressão daquele artigo porque me telegrafaram e o pediram. Eu o teria dado de bom grado a você, mas não imaginei que seria uma coisa particularmente de seu interesse. Pouco depois disso, a *New Republic* me escreveu perguntando se poderiam escolher qualquer artigo que

---

40 Dwight Macdonald escreveu em 10 de setembro de 1946, referindo-se particularmente ao artigo de Orwell sobre James Burnham. Ele achava que as ideias de Orwell eram semelhantes às que ele havia apresentado em sua resenha de Burnham em 1942 e que Burnham não era mais levado a sério nos Estados Unidos. Perguntava a Orwell por que ele não escrevia mais para a *Politics* e, em particular, por que havia deixado a *The New Republic* ficar com "A política e a língua inglesa". Propunha a reedição da resenha de Orwell sobre "O iogue e o comissário", de Koestler, que fora publicado na *C. W. Review* de novembro de 1945 ("Catastrophic gradualism", XVII, 2778, pp. 342-7), no número de setembro da *Politics*.
41 Presumivelmente, "Política *versus* literatura: uma análise de *Viagens de Gulliver*" (XVIII, 3089, pp. 417-32).

escrevi para o *Tribune*, com o qual eles têm um acordo recíproco de troca de artigos. Eu disse que poderiam, mas espero que não recorram muitas vezes a isso, porque quando eu começar a escrever para o *Tribune*, é bastante provável que eu assuma a coluna "As I Please", que trata principalmente de coisas inglesas. Estou bem ciente de que o pessoal da N.R. é stalinista-liberal, mas enquanto não controlarem o que escrevo, como não o farão nos termos desse acordo, gosto bastante de ter um pé nesse campo. Os seus homólogos de cá, o *New Statesman*, não vão me fustigar; na verdade, meu último contato com eles foi quando tentaram me chantagear para retirar algo que eu havia escrito no *Tribune*, ameaçando-me com um processo de difamação.[42] Enquanto isso, acho que vou escrever um pouco mais para periódicos americanos, quando começar a escrever de verdade. Acho que vou fazer resenhas ocasionais de livros para a *New Yorker*, e uns agentes chamados Mcintosh e Otis querem muito que eu mande cópias de todos os meus artigos, alguns dos quais eles dizem que poderiam comercializar nos Estados Unidos. Já combinei com a *Polemic* que, quando eu lhes enviar alguma coisa, mandarei simultaneamente uma cópia para os EUA. É claro que a ideia dos agentes é vendê-los para revistas de grande circulação, mas quando houver alguma coisa adequada para você cuidarei para que seja o primeiro a recebê-la.

Suponho que estas cartas agora não sejam abertas por bisbilhoteiros e quero lhe pedir um favor que acredito envolva ilegalidade (de minha parte, não da sua). Você acha que poderia me conseguir alguns sapatos? Ou nos EUA está acontecendo a mesma coisa no que diz respeito a roupas? Mesmo que se tenham os cupons de

---

[42] É possível que Orwell esteja se referindo à resposta (especialmente de Kingsley Martin) para "As I Please", 40 (XVI, 2541, pp. 371-2), em que discutia o Levante de Varsóvia e a reação a ele da imprensa e dos intelectuais. Martin, editor da *The New Statesman and Nation*, protestou, afirmando que não se justificava Orwell incluir sua revista entre aquelas que haviam "lambido as botas de Moscou".

roupa, os quais eu nunca tenho, é simplesmente impossível obter sapatos do meu tamanho (44!) aqui. O último par novo que eu tinha foi comprado em 1941, e você pode imaginar como ele está agora. Não me importa quanto custem, mas gosto de sapatos robustos e pesados, e gostaria de dois pares, se possível. Imagino que os tamanhos americanos sejam iguais aos ingleses.[43] Você poderia me dizer se pode fazer isso e quanto custará? Posso pagá-lo, porque tenho ou terei alguns dólares nos EUA. Mesmo que você consiga os sapatos, será necessária uma estratégia para enviá-los, porque coisas assim são furtadas nas docas. Falarei sobre isso mais tarde. Imagino que esse negócio de mercado negro deve parecer muito sórdido para você, mas ando quase esfarrapado há anos, e no fim isso se torna irritante, e até mesmo deprimente, por isso estou fazendo o possível para conseguir algumas roupas de um jeito ou de outro.

Fiquei muito lisonjeado ao saber que George Woodcock está escrevendo um artigo sobre mim para você. Ele me escreveu pedindo um exemplar de um dos livros que suprimi.[44] Ele também estava muito indignado com alguma coisa que eu disse sobre o anarquismo na *Polemic* e está escrevendo uma réplica.[45] A *Polemic* está se tornando especialista em artigos de "réplica". Acho que agora está melhor e sua circulação vai indo muito bem. Você ficará contente em saber que *A revolução dos bichos* foi ou está sendo traduzido para dez idiomas, além de várias traduções clandestinas ou aquelas feitas no exterior por refugiados dos países ocupados.

Os meus melhores votos.

Do seu

Geo. Orwell

---

43 Não são os mesmos. Na Inglaterra é 12, nos EUA, 12 ½.
44 *A flor da Inglaterra*. O artigo de Woodcock era "George Orwell, Nineteenth Century Liberal", *Politics*, dezembro de 1946.
45 Ver posfácio de "Política *versus* literatura" em *Dentro da baleia e outros ensaios*, para um resumo do artigo de Woodcock.

Para Dwight Macdonald*

5 de dezembro de 1946
27B Canonbury Square,
Islington, N 1

Caro Dwight,
Não posso lhe agradecer o suficiente em relação aos sapatos. Escrevi de imediato ao meu agente para ver como enviar o dinheiro a você. Acho que seria melhor ver se o primeiro par serve, embora eu pense que os tamanhos americanos são os mesmos.[46] Provavelmente, estaria tudo bem se você os enviasse como roupas velhas, como disse. Mas alguém me disse que uma boa ideia era enviar sapatos em dois pacotes diferentes, pois assim não valeria a pena alguém roubá-los, a não ser que houvesse um homem sem uma perna no porto.

Quanto à sua pergunta sobre A revolução dos bichos. É claro que minha intenção principal era que fosse uma sátira à revolução russa. Mas eu queria que tivesse uma aplicação mais ampla, na medida em que pretendia dizer que *aquele tipo* de revolução (revolução conspiratória violenta, liderada por pessoas inconscientemente sedentas de poder) só pode conduzir a uma mudança de senhores. Eu queria que a moral fosse que as revoluções somente produzem uma melhoria radical quando as massas estão atentas e sabem como se livrar de seus líderes tão logo eles tenham feito seu trabalho. O momento decisivo da história deveria ser quando os porcos ficam com o leite e as maçãs para si (Kronstadt[47]). Se

---

46 Não eram. Os sapatos ficaram pequenos.
47 A base naval de Kronstadt, que protege a cidade de São Petersburgo, a poucos quilômetros da Finlândia, foi criada por Pedro, o Grande, em 1704. O ponto de inflexão em A revolução dos bichos está relacionado com eventos ocorridos ali no início de 1921. A escassez de alimentos e um regime severo provocaram uma série de greves em Leningrado; em março, os grevistas foram apoiados por marinheiros da base naval de

os outros animais tivessem o bom senso de bater o pé naquele momento, então tudo teria ficado bem. Se as pessoas acham que estou defendendo o status quo é porque, penso eu, elas ficaram pessimistas e supõem não haver alternativa exceto a ditadura ou o capitalismo *laissez-faire*. No caso dos trotskistas, há a complicação adicional de que eles se sentem responsáveis pelos eventos na URSS até cerca de 1926 e precisam imaginar que ocorreu uma degeneração súbita em torno dessa data. Ao passo que eu acho que todo o processo era previsível — e foi previsto por algumas pessoas, por exemplo Bertrand Russell — a partir da própria natureza do partido bolchevique. O que eu estava tentando dizer era: "Você não pode ter uma revolução a menos que a faça para si mesmo; não existe ditadura benevolente".[48]

No momento, estou batalhando com uma versão do livro para o rádio, que é um trabalho terrivelmente difícil e levará um longo tempo. Mas depois voltarei a um longo artigo que estou fazendo

---

Kronstadt. Foi a primeira revolta séria não só de partidários da revolução contra seu governo, mas de uma cidade e dos trabalhadores navais particularmente associados à garantia de sucesso da Revolução de 1917. Trótski e Mikhail Tukhachevski (1893-1937) reprimiram a rebelião, mas as perdas sofridas pelos rebeldes não foram em vão. Uma Nova Política Econômica foi anunciada pouco depois, a qual reconhecia a necessidade de reformas. Tukhachevski foi promovido a marechal da União Soviética em 1935, mas dois anos depois foi executado em um dos expurgos de Stálin. O fato de Macdonald não perceber a importância do "ponto de inflexão" em *A revolução dos bichos* pode ser o motivo de Orwell ter fortalecido esse momento em sua adaptação para o rádio, cujo roteiro deveria entregar em mais ou menos uma semana. Ele acrescentou este pequeno diálogo:
  Trevo: Você acha que é justo se apropriar das maçãs?
  Molly: O quê, eles ficarem com todas as maçãs?
  Muriel: Não vamos ganhar nenhuma?
  Vaca: Eu achava que elas seriam repartidas igualmente. (VIII, p. 153)
Infelizmente, Rayner Heppenstall cortou esse trecho do *script*.
48 Quando Yvonne Davet escreveu para Orwell em 6 de setembro de 1946 (XVIII, 3063, pp. 390-1), ela lhe disse que o título inicialmente escolhido para a tradução francesa de *A revolução dos bichos* era URSA — *Union des Républiques Socialistes Animales*, mas ele foi alterado "para evitar ofender demais os stalinistas, o que acho uma pena".

para a *Polemic* e que talvez possa interessá-lo para a *Politics*. De qualquer forma, cuidarei para que você receba uma cópia primeiro. Trata do ensaio de Tolstói sobre Shakespeare, que espero que você tenha lido. Ouso dizer que você não vai aprovar o que digo. Não gosto de Tolstói tanto quanto eu gostava dos romances dele. Creio que George Woodcock está escrevendo um ataque a mim por algo que escrevi na *Polemic* sobre Tolstói, Swift e o anarquismo.[49]

Lamento sobre a circulação da *Politics*. Você *precisa* mandar mais exemplares para cá, mas não sei como se resolve a distribuição. Já lhe enviei listas de possíveis assinantes? Uma coisa que descobri quando tentei fazer circular a *Partisan Review* foi que as pessoas não sabem se existe um canal regular de pagamento pelas revistas americanas, então, se você estiver angariando assinantes, deve deixar isso claro para eles. Naturalmente todo mundo sentiu um pouco a seca. A circulação do *Tribune* caiu ao longo do ano passado, e devo dizer que nos últimos seis meses ela mereceu. No entanto eles agora têm mais papel e Kimche está de volta como editor, então acredito que vá melhorar. O problema era que, com o Partido Trabalhista no poder, eles não conseguiam decidir se atacavam ou não o governo, especialmente porque há vários deputados trabalhistas no conselho de direção. Além disso, a ênfase do jornal fora dada por Bevan, que agora não pode mais ter nada a ver com a coisa. Por falar nisso, o que você disse sobre a atitude do *Tribune* em relação aos posseiros não foi justo. É evidente que eles não queriam que atirassem nos posseiros, mas é preciso perceber que esse tipo de ação simplesmente interfere com o realojamento. A última parte da campanha dos posseiros, isto é, a invasão de apartamentos, foi "organizada" pelos comunistas a fim de criar problemas e também na esperança de ganhar popularidade para

---

49 Ver carta anterior, nº 45.

as próximas eleições municipais. Desse modo, eles incitaram um monte de gente desafortunada, dizendo a eles que poderiam obter casas para eles, e o resultado foi que toda essa gente perdeu seu lugar na fila da habitação. Imagino que a derrota pesada do PC nas eleições municipais foi em parte consequência disso.

Parei de enviar minhas coisas para a *New Republic* porque o que estou fazendo agora trata principalmente de temas ingleses locais que não lhes interessaria. Vejo muito pouco a N.R. e não sei até que ponto é uma revista simpatizante dos comunistas. Da frequente troca artigos com o *Tribune*, e da ânsia deles por ter meus escritos, deduzi que não podiam ser muito, mas fiquei um pouco surpreso quando soube que Wallace tornou-se editor-chefe.[50]

Do seu

George

Para Rayner Heppenstall*

25 de janeiro de 1947
27B Canonbury Square,
Islington, N 1

Caro Rayner,

Obrigado por sua carta referente a *A revolução dos bichos*.[51] Várias

---

[50] Henry Wallace (1888-1965), secretário de Agricultura dos EUA, 1933-41, vice-presidente, 1941-5. Suas posições muito liberais levaram à sua substituição por Harry S. Truman na vice-presidência; não obstante, foi secretário de Comércio, até que, devido à sua oposição à política do presidente Truman em relação à União Soviética, foi forçado a renunciar. Foi editor de *New Republic*, 1946-7. Em 1948, candidatou-se a presidente pelo Partido Progressista, defendendo uma cooperação mais estreita com a União Soviética. Recebeu mais de 1 milhão de votos, mas nenhum no Colégio Eleitoral.
[51] Heppenstall havia escrito em 24 de janeiro de 1947 pedindo a opinião de Orwell sobre a transmissão radiofônica de *A revolução dos bichos*. Ele dizia que a opinião da BBC, com a qual concordava, era que "havia demasiados trechos longos de narração —

pessoas estiveram aqui para ouvir o programa no primeiro dia, e todos parecem ter achado bom, e Porteous,[52] que não tinha lido o livro, compreendeu o que estava acontecendo depois de alguns minutos. Recebi também uma ou duas cartas de fãs, e as notícias na imprensa foram boas, exceto na minha terra natal, isto é, no *Tribune*.

Quanto ao que eu mesmo achei, é difícil ter uma visão distanciada, porque sempre que escrevo alguma coisa para o rádio tenho a impressão de que foi estragada, devido ao resultado inevitavelmente diferente de minha concepção dela. Devo dizer que não concordo quanto a haver narradores demais. Na verdade, achei que deveria ter havido mais explicações. As pessoas sempre anseiam por se livrar do narrador, mas me parece que, até que alguns problemas tenham sido superados, só nos livramos do narrador à custa do uso de um monte de truques estúpidos, a fim de fazer com que as pessoas saibam o que está acontecendo. O negócio é fazer do narrador um bom recurso em si mesmo. Mas isso significa escrever prosa séria, o que as pessoas não fazem, e fazer os atores serem fiéis a ela, em vez de enfiarem cacos e tentarem fazer tudo caseiro e naturalista.

Não posso escrever ou prometer escrever mais nada no momento, estou muito ocupado. Ainda tenho ideias sobre contos de fadas. Gostaria que eles desenterrassem e reprogramassem minha adaptação de *As novas roupas do imperador*. Foi transmitida pelos serviços para o Oriente e para a África, mas naquela época eu não tinha conexões suficientes para invadir a programação interna.

---

que, na verdade, a adaptação não era suficientemente cruel e completa". Perguntava também se Orwell tinha mais ideias para o Terceiro Programa, por exemplo "alguma Conversa Imaginária", e se ele queria mais scripts de *A revolução dos bichos*.

52 Hugh Gordon Porteous (1906-93), crítico de literatura e arte e sinólogo. Em 1933, ele observou: "O verso será usado mais longo nesta estação e mais para o vermelho", culpando Auden por ser o agente do avermelhamento (Valentine Cunningham, *British Writers of the Thirties*, 1988, p. 27). Ele escreveu muitas resenhas, especialmente para T.S. Eliot em *The Criterion* nos anos 30 e para *The Listener* nos anos 60.

Porém, imagino que os discos foram raspados. Eu os havia regravado ilicitamente em um estúdio comercial, mas esse lote de discos se perdeu. Refleti muitas vezes sobre *Cinderela*, que naturalmente é o máximo em matéria de contos de fadas, mas ela é visual demais para ser adequada para o rádio. Mas você não acha que se poderia fazer a madrinha transformá-la em uma cantora maravilhosa, capaz de cantar uma nota mais alta do que ninguém ou algo desse tipo? O melhor seria se ela tivesse uma voz maravilhosa, mas não conseguisse cantar no tom, como Trilby, e a madrinha curasse isso. Seria possível fazer a coisa bem engraçada, com as irmãs malvadas cantando com voz esganiçada. Vale a pena falar sobre isso em algum momento. Mande beijos a Margaret.

Do seu

Eric[53]

Para Dwight Macdonald*

26 de fevereiro de 1947
27B Canonbury Square,
Islington, N 1

Caro Dwight,

Muito obrigado pelo envio dos sapatos que chegaram hoje. Espero que lhe tenham mandado o dinheiro referente a eles — escre-

---

[53] Heppenstall respondeu em 29 de janeiro de 1947. Ele estava ansioso por convencer Orwell "sobre esse negócio da narração". Não concordava que a narração poderia ser evitada somente recorrendo a "um monte de truques estúpidos". A narração envolvia "uma mudança muito acentuada de ritmo [...] leitura direta e [...] apresentação dramática não se misturam". Dizia que nunca permitiria que um ator introduzisse cacos (*ad lib*). Achava que os contos de fadas deveriam "ser como Chapeuzinho Vermelho para A Hora das Crianças", a menos que Orwell tivesse algo mais sofisticado em mente. Sua mulher esperava que Orwell pudesse "vir jantar em breve". Ele havia visto Richard Rees pela primeira vez desde a eclosão da guerra e comentava como ele havia envelhecido bem. A segunda página dessa carta não foi encontrada.

vi ao meu agente para lembrá-lo de fazer isso e ele disse que tinha feito. Lamento dizer que eram pequenos demais, no fim das contas. No entanto, não importa, porque consegui recentemente outro par graças a alguém que usa o mesmo tamanho, encomendou um par há cerca de um ano e não os quer depois de gastos. Vou enviar este par à Alemanha, onde, sem dúvida, será apreciado.

Eu queria perguntar se, quando você publicar o trecho do artigo sobre Tolstói, se estiver pagando por isso,[54] poderia entregar o dinheiro a meus agentes americanos, Mcintosh & Otis. Estou tentando deixar todo o dinheiro que ganho nos EUA acumulado aí, caso eu venha a fazer uma visita ao país. Não sei se vou fazê-la, mas, mesmo que não faça, como não está me faltando dinheiro no momento prefiro deixá-lo por aí a pagar o imposto de renda britânico sobre ele.

Tem sido um inverno ruim aqui com a falta de combustível e este clima inaudito. Suponho que as condições aqui são agora o que seriam condições normais de inverno do pós-guerra em, digamos, Paris. O pessoal da *Polemic* ficou muito contente com a longa nota que você deu a eles na *Politics*. Acho que a revista está tomando um pouco de forma e está indo bastante bem do ponto de vista da circulação, embora prejudicada pelas dificuldades usuais de organização. Entrei agora para o conselho editorial, mas provavelmente não atuarei muito nele porque vou voltar à Escócia em abril e deverei continuar com um romance que estou escrevendo e espero terminar até o final de 1947. Em Londres, fui inundado de trabalhos por encomenda, como de costume. Esse fechamento dos semanários por duas semanas[55] significou uma enorme quantidade de incômodos e, incidentalmente, o *Tribune* perdeu um monte de dinheiro que mal pode se dar ao luxo.

Do seu
George

---

54 Macdonald não publicou um trecho de "Lear, Tolstói e o Louco".
55 Devido a cortes enormes de eletricidade.

Para Ihor Szewczenko*

> 13 de março de 1947
> 27B Canonbury Square
> Islington, N 1

Caro sr. Szewczenko,
Muito obrigado por sua carta do dia 7, que recebi hoje.

Ando terrivelmente ocupado, mas vou tentar lhe enviar uma breve introdução à *Revolução dos bichos* e despachá-la dentro de não mais que uma semana. Entendi que o senhor quer que ela contenha algum material biográfico e também, suponho, um relato de como o livro veio a ser escrito. Presumo que o livro será produzido em um estilo muito simples, sem ilustrações na capa, mas em todo caso enviarei uma fotografia também.

Tenho interesse em ter notícias das pessoas responsáveis pela tradução do livro,[56] e me encoraja saber que esse tipo de oposição existe na URSS. Espero que isso não acabe com as pessoas deslocadas sendo enviadas de volta para a URSS ou, então, absorvidas em sua maior parte pela Argentina. Acho que nossa escassez desesperada de mão de obra pode nos obrigar a estimular um bom número de pessoas deslocadas a se estabelecer no país, mas no momento o governo está falando apenas em deixá-las como criados etc., porque ainda há resistência da classe operária a permitir a entrada de trabalhadores estrangeiros devido ao medo do desemprego, e os comunistas e "simpatizantes" são capazes de atuar nisso.

Notei seu novo endereço e presumo que o senhor estará nele até aviso em contrário. Estarei no endereço acima até 10 de abril e,

---

[56] Aqui parece haver um pequeno mal-entendido. Szewczenko é quem estava fazendo a tradução (que apareceu sob o nome de Ivan Cherniatync'kyi).

depois disso, no endereço escocês. Acho que o senhor o tem, mas caso não o tenha, aqui vai:
 Barnhill Ilha de Jura Argyllshire ESCÓCIA.
 Atenciosamente
 Geo. Orwell

Para Victor Gollancz

14 de março de 1947
27B Canonbury Square,
Islington, N 1

 Caro Gollancz,
 Creio que Leonard Moore já lhe falou sobre o contrato que ainda tenho com você e sobre meu desejo de ser liberado dele. Creio que o contrato que subsiste entre nós é aquele feito para *A flor da Inglaterra* em 1937, que dispunha que eu lhe daria prioridade nos meus três romances seguintes. *Coming Up for Air* foi um deles, mas você não aceitou *A revolução dos bichos*, que leu e recusou em 1944. Assim, pelos termos do contrato, eu ainda lhe devo a prioridade de dois romances.
 Sei que estou lhe pedindo um favor muito grande ao pedir que rescinda o contrato, mas várias circunstâncias mudaram nos últimos dez anos desde que ele foi feito, e acredito que poderia ser vantajoso para você, como certamente seria para mim, encerrá-lo. A questão é que, desde então, você publicou três livros meus,[57]

---

[57] O contrato não foi feito realmente para *A flor da Inglaterra* (que tinha sido publicado em 20 de abril de 1936), mas se referia a esse livro. A primeira cláusula da minuta de contrato (é tudo o que resta) declara que "EB concede a G direito exclusivo de publicar em inglês os três próximos 'romances novos e originais de tamanho normal' depois de *A flor da Inglaterra*". Esse contrato foi assinado em nome de Orwell — ele estava na Espanha — por Eileen, que tinha poderes para tanto. Os três livros publicados desde

mas também recusou dois outros por motivos políticos,[58] e houve também um outro que você não recusou, mas que me pareceu natural levar para outro editor.[59] O caso crucial foi A *revolução dos bichos*. No momento em que esse livro foi concluído, foi realmente difícil conseguir publicá-lo, e resolvi então que, se possível, levaria toda a minha produção futura para os editores que o produzissem, porque eu sabia que quem se arriscasse com esse livro se arriscaria com qualquer coisa. Secker & Warburg não só se mostraram dispostos a publicar A *revolução dos bichos* como estão dispostos, quando houver papel, a fazer uma edição padronizada dos meus livros que julgo que vale a pena reeditar, inclusive alguns que atualmente se encontram esgotados. Eles também estão ansiosos por reeditar este ano meu romance *Coming Up for Air* em uma edição comum, mas naturalmente estão dispostos a fazer tudo isso se puderem ter um contrato abrangente que lhes dê o controle de qualquer coisa que eu escreva.

Do meu ponto de vista, é claramente insatisfatório ter de levar meus romances para uma editora e, ao mesmo tempo, ser obrigado, de qualquer forma em alguns casos, a levar os livros de não ficção para outro lugar. Reconheço, evidentemente, que sua posição política agora não é exatamente a mesma que era quando recusou A *revolução dos bichos*, e, de qualquer modo, respeito sua relutância em publicar livros que vão diretamente contra seus princípios po-

---

então foram *O caminho para Wigan Pier*, *Coming Up for Air* e *Dentro da baleia*. Somente o segundo é um romance, evidentemente. Orwell poderia, talvez, ter mencionado que também havia colaborado com Gollancz em *A traição da esquerda*.

58 Os dois recusados por motivos políticos foram *Homenagem à Catalunha* e *A revolução dos bichos*. Embora não houvesse nenhuma dúvida de que o segundo foi recusado por motivos políticos, Gollancz podia dizer que, independentemente do que Orwell pudesse achar, não se tratava de "uma obra de ficção de tamanho padrão". O contrato se referia explicitamente a "romances de tamanho comum".

59 Presumivelmente ou *O leão e o unicórnio* ou *Ensaios críticos*, ambos publicados por Secker & Warburg.

líticos. Mas me parece provável que essa dificuldade surja de novo de uma forma ou de outra, e que seria melhor se você se dispusesse a acabar com a coisa toda.

Se quiser me encontrar para falarmos sobre isso, estou à disposição. Estarei neste endereço até por volta de 10 de abril.

Atenciosamente,
Geo. Orwell

Sabe-se de longa data que, desde a infância, Orwell mostrou interesse por ciências e indicou que queria um dia escrever um livro como Uma utopia moderna *de Wells (X, 29, p. 45). Sir Roger Mynors lembrou que, quando em Eton, ele e Orwell haviam "desenvolvido uma grande paixão pela biologia e tiveram permissão para fazer uma dissecação extra no laboratório de biologia". Um dia, Orwell, que tinha uma habilidade notável com catapultas, atirou e matou uma gralha no alto do telhado da capela do colégio. Em seguida, eles levaram a ave para o laboratório de biologia e a dissecaram. "Cometemos o grande erro de cortar a vesícula biliar e, portanto, inundamos o lugar com, argh... Bem, foi uma bagunça terrível (Remembering Orwell, pp. 18-9).*

Os estudiosos deram muita atenção ao momento em que Orwell se sentiu impelido a começar a escrever 1984. Quando The Lost Orwell *se encontrava no estágio das provas, Ralph Desmarais, que então fazia pesquisa para doutorado no Imperial College de Londres, chamou minha atenção para a correspondência de Orwell com o dr. C. D. Darlington. Ela mostrou quão importante foi a presença de Orwell em uma palestra dada por John Baker na Conferência do PEN, 22-26 de agosto de 1944 (ver nota 62, sobre a palestra). Já se sabia que Orwell estava interessado em Lysenko,* e suas anotações para* O último homem na Europa *fazem uma referência obscura à "fraude do bakerismo e Ingsoc" (XV, 2377, p. 368). Sabemos que Orwell disse a Warburg ter pensado pela primeira vez no romance em 1943 e o próprio Orwell escreveu que foi a Conferência de*

Teerã (28 de novembro de 1943) que o levou a "discutir as implicações de dividir o mundo em 'zonas de influência'" (XIX, 3513, p. 487). Assim, enquanto Orwell teve a primeira ideia para o romance no final de 1943, essa troca de correspondência sugere que foi o fato de ouvir Baker e sua citação de Lysenko que o levou a começar a trabalhar a sério em 1984 no final de 1944. Lysenko rejeitava as teorias de hibridização tradicionais. Stálin apoiou sua teoria a tal ponto que a oposição a ela foi proibida em 1948. Ele alegava que poderia aumentar imensamente a produtividade da agricultura soviética, mas, após o fracasso total de seus métodos, eles foram finalmente desacreditados em 1964.

Para o dr. C. D. Darlington*

19 de março de 1947
27B Canonbury Square
Islington, N 1

Prezado dr. Darlington,

Muitíssimo obrigado pelo recorte de seu artigo na *Discovery*,[60] que li com grande interesse. Ouso dizer que alguém lhe falou que eu estava interessado nessa história de Lysenko,* embora eu prefira pensar que nos encontramos uma vez, quando eu estava na BBC.[61]

A primeira vez que ouvi falar sobre isso foi no discurso proferido por John Baker na Conferência do PEN em 1944, e depois li mais detalhadamente no livro de Baker *Science and the Planned Sta-*

---

60 C. D. Darlington, "A Revolution in Russian Science", *Discovery*, vol. 8, fevereiro de 1947, pp. 33-43.
61 Orwell pedira a Darlington que falasse pelo rádio para estudantes universitários da Índia sobre "O futuro da ciência", 7 de julho de 1942 (XIII, 1170, p. 321); sobre "A Índia e a Idade do Aço", 10 de julho de 1942 (XIII, 1220, p. 361); e sobre "Reprodução de plantas ou animais", 22 de julho de 1943 (XV, 2088, p. 101).

te.⁶² Formei a opinião, então, de que a história, tal como contada por Baker, era verdade, e estou muito contente por receber essa confirmação. Eu gostaria de fazer uso das informações fornecidas pelo senhor na minha coluna em algum momento, mas não sou cientista e dificilmente me interesso por escrever sobre o que é sobretudo uma questão científica. No entanto, me parece que essa perseguição de cientistas e a falsificação de resultados decorrem naturalmente da perseguição de escritores e historiadores, e escrevi algumas vezes que os cientistas britânicos não devem permanecer tão imperturbáveis quando veem meros homens de letras serem mandados para campos de concentração.

Tentarei conseguir seu artigo-obituário sobre Vavilov na *Nature*.⁶³ Um jornal americano declarou recentemente que ele estava morto.

Atenciosamente,
Geo. Orwell

---

62 Na palestra feita na Conferência do PEN a que Orwell assistiu, Baker reiterou sua oposição ao planejamento científico, especificamente a Trofim Denisovich Lysenko:* "Um bom exemplo é fornecido pela nomeação de um Lysenko para ser acadêmico na URSS e diretor da Academia Soviética de Ciência Agrícola". Depois de descrever a rejeição de Lysenko à genética ocidental e sua insistência em que os pesquisadores soviéticos adotassem suas crenças, Baker concluiu: "O caso Lysenko oferece uma vívida ilustração da degradação da ciência sob um regime totalitário" (John R. Baker, "Science, Culture and Freedom", em Herman Ould, ed., *Freedom of Expression: a Symposium* (1945), pp. 118-9, que Orwell resenhou, 12 de outubro de 1945, XVII, 2764, pp. 308-10). Ver também o antepenúltimo parágrafo do final de "A prevenção contra a literatura" (XVII, 2792, p. 379) para o que Orwell diz sobre a atitude acrítica de alguns cientistas diante da perseguição soviética de escritores criativos.
63 C. D. Darlington e S. C. Harland, "Nikolai Ivanovich Vavilov, 1885-1942", *Nature* 156, 1945, p. 621.

Arthur Koestler*

21 de março de 1947
27B Canonbury Square
Islington, N 1

Caro Arthur,
Obrigado por sua carta referente ao Comitê de Defesa da Liberdade. É uma organização muito pequena que faz o melhor que pode com recursos insuficientes. A quantia que eles pediam naquela ocasião era de 250 libras esterlinas, e conseguiram um pouco mais que isso. Naturalmente, eles querem uma renda garantida para pagar por instalações e pessoal, e assistência jurídica normal. O que eles têm atualmente são instalações pequenas e uma secretária, e (imagino) a ajuda bastante precária de um advogado que não exige grandes honorários. Claro que não se pode fazer muito nessas condições, mas dificilmente vão poder melhorar se as pessoas não lhes derem dinheiro. Creio que até este momento eles fizeram algumas coisas boas. Eles certamente assumiram alguns casos e bombardearam secretários de Estado etc. com cartas, que em geral é tudo que se pode fazer. A questão é que o NCCL[64] se tornou uma organização stalinista, e desde então não há mais nenhuma organização que vise principalmente à defesa das liberdades civis. Mesmo um pequeno núcleo como esse é melhor que nada, e se se tornasse mais conhecido poderia conseguir mais dinheiro, e assim crescer. Acho que mais cedo ou mais tarde poderá haver uma briga sobre os objetivos maiores do Comitê, porque, no momento, os espíritos que o animam são anarquistas e há uma tendência a usá-lo para propaganda anarquista. No entanto, isso pode se corrigir se a organização se tor-

---

[64] National Council for Civil Liberties [Conselho Nacional para as Liberdades Civis].

nar maior, porque a maioria dos novos participantes seria, ao que tudo indica, pessoas de opiniões liberais comuns. Eu certamente acho que o Comitê vale cinco libras por ano. Se mais nove pessoas garantissem o mesmo montante, cinquenta libras esterlinas asseguradas por ano seriam bem-vindas. Cobririam o material de escritório, por exemplo.

Voltarei a Jura em abril e espero então retornar ao romance que comecei no ano passado. Enquanto estive em Londres, fui inundado por trabalhos insignificantes, como de costume. O clima e a escassez de combustível têm sido insuportáveis. Durante cerca de um mês, não se fez mais nada senão tentar se manter aquecido. Richard está bem e falando mais — em todos os demais aspectos ele parece bem à frente. Por favor, dê meus beijos a Mamaine.

Do seu
George

Para Victor Gollancz*

25 de março de 1947
27B Canonbury Square
Islington, N 1

Caro Gollancz,

Devo lhe agradecer por sua carta gentil e atenciosa, e tenho pensado sobre ela com algum cuidado. Não obstante, ainda acho que, se você estiver disposto a concordar, seria melhor terminar nosso contrato. Não que alguma coisa no livro que estou escrevendo agora possa causar problemas, mas tenho de pensar na questão como um todo. Nem Warburg nem ninguém mais pode me considerar uma boa proposta, a menos que possam ter uma opção sobre toda a minha produção, que de qualquer modo nunca é muito grande. Obviamente, é melhor se eu puder ficar completamente com um editor e, como não creio que eu vá parar de escrever sobre política de vez em quando, receio que surjam mais diferenças, como no passado. Você sabe qual é a dificuldade, ou seja, a Rússia. Por uns bons quinze anos, tenho olhado aquele regime com horror e, embora, evidentemente, eu esteja disposto a mudar de opinião se vir razão para isso, não acho provável que meus sentimentos mudem enquanto o Partido Comunista continuar no poder. Sei que sua posição nos últimos anos não está muito longe da minha, mas não sei o que aconteceria se, por exemplo, houvesse outra suposta reaproximação entre a Rússia e o Ocidente, um desdobramento possível nos próximos anos. Ou, novamente, em uma situação real de guerra. Deus sabe que não quero a eclosão de uma guerra, mas se formos obrigados a escolher entre a Rússia e os Estados Unidos — e suponho que essa seja a escolha que talvez tenhamos de fazer — eu escolheria sempre os EUA. Conheço Warburg e suas opiniões o suficiente para saber que é muito improvável que ele recuse alguma coisa minha por motivos políticos. Como você diz, nenhum editor pode assinar um compromisso cego de publicar qualquer coisa que um escritor produza, mas acho menos provável que Warbug recue do que a maioria.

Sei que estou pedindo muito de você, pois afinal temos um contrato que eu assinei livremente e ao qual ainda estou ligado. Se você decidir que o contrato deve continuar vigente, é claro que não vou violá-lo. Mas no que diz respeito aos meus próprios sentimentos, prefiro encerrá-lo. Por favor, perdoe-me pelo que deve parecer ingratidão e por lhe causar todo esse problema.

Sinceramente seu

Geo. Orwell

Para Sonia Brownell*

12 de abril de 1947
Barnhill,
Ilha de Jura

Querida Sonia,
Escrevo à mão porque minha máquina está lá embaixo. Chegamos bem & sem incidentes ontem. Richard se comportou & até gostou de ter um vagão-leito só para ele depois de ter superado o estranhamento inicial, & assim que entramos no avião em Glasgow ele foi dormir, provavelmente por causa do barulho. Eu não tinha vindo de avião antes & acho que é muito melhor. Custa duas ou três libras a mais, mas economiza cerca de cinco horas & o tédio de viajar em barcos, & mesmo que se enjoe são apenas três quartos de hora, ao passo que por via marítima fica-se enjoado durante cinco ou seis horas, isto é, se faz mau tempo. Tudo aqui está tão atrasado quanto na Inglaterra, dificilmente aparece um broto & ontem vi muita neve. No entanto, faz um belo tempo de primavera agora & a maioria das plantas que plantei no Ano-Novo parece estar viva. Há narcisos por todo o lugar, a única flor aberta. Ainda estou lutando com um campo mais ou menos virgem, mas acho que no ano que vem terei um jardim bem bonito aqui. É claro que foi um pesadelo o dia inteiro ajeitar as coisas, com Richard muito disposto a ajudar, mas agora as coisas estão mais ou menos & a casa começa a parecer bastante civilizada. Demorará algumas semanas até que o problema do transporte esteja totalmente resolvido, mas, afora isso, estamos bem equipados. Vou mandar buscar algumas galinhas assim que construirmos o galinheiro, & este ano consegui também bebida alcoólica, assim temos um pouco, uma espécie de ração de rum, a cada dia. No ano passado tivemos de ser praticamente abstêmios. Acho que em uma semana tudo estará arrumado & os trabalhos essenciais no jardim feitos, & então poderei começar algum trabalho.

Escrevi a Genetta[65] pedindo-lhe que venha sempre que quiser & dando instruções sobre a viagem. Desde que ela traga a criança, e não apenas a mande, deve ser bastante simples. Quero lhe dar os detalhes completos da viagem, que não é tão terrível quanto parece no papel. Os fatos são estes:

Há barcos para Jura às *segundas, quartas* e *sextas-feiras*. Você tem de pegar o trem para o barco em Glasgow às 8 horas, o que significa que é mais seguro dormir na noite anterior em Glasgow, porque os trens noturnos têm o hábito desagradável de atrasar uma ou duas horas, & assim se perde o barco. Se quiser vir de avião, os aviões funcionam diariamente (exceto aos domingos, creio eu), & eles quase sempre decolam, a menos que esteja muito nublado. O itinerário então é:

10h30 chegar à agência da Scottish Airways da St. Enoch Stattion, Glasgow (a agência da empresa fica na estação ferroviária).

11h15 saída de avião para Islay. (Pronuncia-se EYELY).

12 horas chegada a Islay.

Contratar um carro (ou pegar um ônibus) para a balsa que leva a Jura.

Por volta de uma hora, travessia da balsa.

Contratar carro para LEALT.

É importante nos avisar com antecedência quando você virá, por causa do carro alugado. Há apenas duas vindas do correio

---

65 Janetta Woolley (agora Parladé) era amiga daqueles que dirigiam *Horizon* e *Polemic*. Ela pode ter conhecido Orwell por intermédio de seu ex-marido, Humphrey Slater,* mas é mais provável que tenha sido por intermédio de Cyril Connolly.* Nessa época, ela havia mudado oficialmente seu nome para Sinclair-Loutit, enquanto vivia com Kenneth Sinclair-Loutit: a filha deles, Nicolette, então com quase quatro anos, é a criança mencionada nesta carta. Sonia Brownell havia sugerido a Orwell que Nicolette seria uma companheira da mesma idade apropriada para Richard, daí o convite de Orwell, mas Janetta e Nicolette não foram a Jura. Kenneth Sinclair-Loutit também conhecia Orwell da época da Guerra Civil Espanhola, da qual participara como médico da Brigada Internacional.

por semana aqui, & somente duas ocasiões em que posso enviar a Craighouse o pedido de um carro. Se você vier de barco, poderá provavelmente pedir um carro no cais, mas se vier de avião não haverá carro na balsa (que fica a vários quilômetros de Craighouse) a não ser que seja solicitado com antecedência. Portanto, se você se propõe a vir em, digamos, 15 de junho, seria bom escrever por volta de 5 de junho, porque, conforme o dia da semana, pode demorar de quatro a cinco dias para que sua carta chegue a mim & mais três ou quatro dias para que eu possa enviar uma mensagem. Não adianta mandar telegrama, porque eles vêm pelo carteiro.

Você vai precisar de uma capa de chuva e, se possível, botas ou sapatos resistentes — botas de borracha, se tiver. Talvez tenhamos algumas botas de borracha de reserva, não tenho certeza — temos carência de impermeáveis de reserva & coisas assim. Seria bom se você trouxesse as rações da semana, porque demoram para trazer rações para os recém-chegados aqui, & um pouco de farinha de trigo e chá.

Receio que estou fazendo tudo isso parecer muito intimidante, mas é realmente bastante fácil & a casa é bem confortável. O quarto que você teria é um tanto pequeno, mas dá vista para o mar. Quero muito tê-la aqui. Espero que quando você chegar já tenhamos conseguido um motor para o barco, & se tivermos um tempo decente poderemos ir às baías completamente desabitadas do lado oeste da ilha, onde há uma linda areia branca & águas claras com focas nadando ao redor. Em uma delas há uma caverna onde podemos nos abrigar quando chove & em outra há uma cabana de pastor abandonada, mas bastante habitável, onde se pode até mesmo fazer piquenique por um ou dois dias. De qualquer maneira, venha, & venha quando quiser por quanto tempo quiser, mas tente me avisar de antemão. E enquanto isso cuide-se & seja feliz.

Acabo de me lembrar que nunca lhe paguei por aquele conhaque que você conseguiu para mim, então anexo três libras. Acho que foi mais ou menos isso, não foi? O conhaque era muito bom & foi muito apreciado na viagem, porque aqui não se consegue obter bebidas com facilidade. A ilha próxima, Islay, destila uísque, mas vai tudo para a América. Dei ao motorista do caminhão uma dose grande, mais do que um duplo, & ela desapareceu tão rapidamente que pareceu bater no fundo de sua barriga com um clique.

Com muito amor
George

*A carta de Orwell é em resposta a uma de Macdonald, de 9 de abril de 1947. Macdonald dizia que, desde sua última carta para Orwell, decidira dedicar a edição de maio-junho da Politics à URSS e a edição seguinte à França. Portanto, não haveria, até setembro-outubro, no mínimo, espaço nem mesmo para uma versão resumida do "Lear, Tolstói e o Louco" de Orwell. Ele ficaria com o artigo, mas o daria a outra pessoa se Orwell assim desejasse. O artigo nunca foi publicado na Politics. Ele pedia a Orwell ajuda na compilação de uma lista de leitura de 50-
-60 livros e artigos "que possam ser chamados de básicos para o leigo que queira compreender a Rússia de hoje". Orwell teria algum tipo de "descoberta de estimação"? Quais os dez livros que ele recomendaria a um amigo ignorante da Rússia e em busca da iluminação? Ele também queria outros 50-60 títulos de livros mais especializados sobre o melhor da arte, dos filmes e da literatura soviéticas. Dizia que não tinha contato amistoso com os altos editores da The New Republic. Seus amigos estavam sendo "expurgados a grande velocidade" e ele imaginava que a coluna de Orwell "As I Please" [Como me der vontade] não seria publicada, agora que "a revista se tornou bem vulgarizada pela turma de Wallace". Ele sugeria que Orwell pedisse a seus agentes que*

entrassem em contato com The Nation. Macdonald havia mandado por correio aéreo seu perfil de Henry Wallace[66] porque, uma vez que Wallace estava na Inglaterra, Orwell talvez quisesse falar sobre isso com seus leitores. E confirmava ter recebido o pagamento pelos sapatos que havia mandado a Orwell (sapatos que, infelizmente, revelaram-se pequenos demais).

Para Dwight Macdonald*

15 de abril de 1947
Barnhill
Ilha de Jura

Caro Dwight,

Muito obrigado por seu artigo muito interessante e informativo sobre Wallace, que recebi ontem — infelizmente, poucos dias depois de eu ter saído de Londres para passar o verão fora. Mandei-o ao *Tribune*, pois creio que eles poderiam muito bem usar trechos dele, ao menos como material de apoio. Deixei Londres um dia antes do grande comício de W[allace] no Albert Hall, mas eu o ouvi dizer algumas palavras de boas-vindas na chegada e tenho a impressão de que pretendia ser muito conciliador e não fazer o tipo de comentário sobre o "imperialismo britânico" que tem feito nos EUA. Sua visita aqui foi programada para causar o máximo de dano, e fiquei um pouco surpreso com a acolhida respeitosa que ele recebeu de quase todos, aliás, inclusive do *Tribune*, que no passado lhe deu algumas duras.

Quanto ao artigo sobre Tolstói, não tem importância. Se você acha que pode usar um pedaço dele mais cedo ou mais tarde, segure-o então. Caso contrário, faça a gentileza de enviá-lo a meus

---

[66] Sobre Henry Wallace, ver a nota 50 da carta de 5/12/46 para MacDonald.

agentes, Mcintosh & Otis, explicando as circunstâncias. É possível que eles possam fazer algo com ele, embora como falharam com outro artigo para a *Polemic* (sobre Swift), talvez este também não seja bom para o mercado americano.

Quanto aos livros sobre a URSS. É muito difícil pensar em uma boa lista, e, olhando para trás, parece-me que tudo o que fiquei sabendo, ou, melhor, adivinhei sobre aquele país, foi através das entrelinhas das reportagens de jornais. Tentei pensar em livros "a favor", mas não consegui pensar em alguma coisa boa, exceto aqueles antigos, como *Dez dias que abalaram o mundo*[67] (que não li totalmente, mas li pedaços, é claro). *Soviet Communism* dos Webb,[68] que não li, contém sem dúvida muitos fatos, mas o pequeno ensaio de Michael Polanyi[69] sobre essa obra certamente condenou os Webb por descrições enganosas de alguns eventos. Um sobrinho de Beatrice Webb[70] que conheço me contou que ela admitiu privadamente que havia coisas sobre a URSS que era melhor não

---

67 John Reed, *Dez dias que abalaram o mundo* (1919). Reed (1887-1920) esteve envolvido na fundação do Partido Comunista nos Estados Unidos. Morreu de tifo e foi enterrado no Kremlin.
68 Sidney James Webb (1859-1947) e Beatrice Webb (1858-1943), *Soviet Communism: a New Civilisation?* (2 v., Londres, 1935, Nova York, 1936). Reeditado em Londres em 1937, mas sem o ponto de interrogação, e em 1941 com uma nova introdução de Beatrice Webb.
69 Michael Polanyi (1891-1976), *The Contempt of Freedom: the Russian Experiment and After* (1940). Inclui "Soviet Economics – Fact and Theory" (1935), "Truth and Propaganda" (1936), "Collectivist Planning" (1940).
70 Malcolm Muggeridge (1903-90), escritor e jornalista. Em 1930, após três anos como professor na Universidade do Cairo, Egito, entrou para o *Manchester Guardian* e foi correspondente em Moscou, 1932-33 (ver seu *Winter in Moscow*, 1934). Trabalhou depois no *Calcutta Statesman* e, a partir de 1935-36, no *Evening Standard*. Serviu durante a guerra (major do Corpo de Inteligência) e posteriormente foi correspondente em Washington do *Daily Telegraph*, 1946-7, e seu editor-adjunto, 1950-2. De 1952-7, foi editor de *Punch*. Sua obra *The Thirties* (1940) é um relato útil dessa década. Sonia Orwell pediu-lhe que escrevesse a biografia de Orwell, ele concordou, mas nunca produziu nada. O trecho desta carta de "Um sobrinho" até "no papel" foi marcado na margem por Orwell com as palavras "Off the Record".

pôr no papel. Para o período em torno da revolução, *Memories of Lenin*, de Krupskaia, traz alguns fatos interessantes. O mesmo se pode dizer de *My Life as a Rebel*, de Angelica Balabanov.[71] As edições posteriores do livro de Krupskaia foram um pouco adulteradas, pelo menos na Inglaterra. Do mesmo período, *Theory and Practice of Bolshevism*, de Bertrand Russell (um livro muito raro que ele não vai se preocupar em reeditar), é interessante porque ele não só se encontrou com todas as altas autoridades, como foi capaz de prever, em termos gerais, boa parte do que aconteceu mais tarde. Consta que *History of Bolshevism*, de Rosenberg, é bom e sem preconceitos, mas não li, e seu livro sobre a República alemã pareceu-me bastante seco e cauteloso. Um livro que me ensinou mais do que qualquer outro sobre o trajeto geral da revolução foi *The Communist International*, de Franz Borkenau. O livro trata apenas em parte da própria URSS, e é, talvez, demasiadamente escrito em torno de uma tese, mas está recheado de fatos que creio não foram contestados com sucesso. Quanto aos livros de "revelações", devo dizer que duvidei da autenticidade do livro de Valtin, mas achei o de Krivitsky[72] genuíno, embora escrito num estilo sensacionalista barato. Em um trecho onde ele cruzou com minhas próprias experiências, pareceu-me substan-

---

[71] Nadejda Krupskaia (1869-1939), esposa de Lênin e ativa em seu programa revolucionário. Suas *Memórias de Lênin* são citadas mais de uma vez por Orwell. Angelica Balabanov (1878-1965), editora associada com Mussolini de *Avanti*, trabalhou com Lênin e Trótski durante a Revolução Russa e foi a primeira secretária da Terceira Internacional. Sua autobiografia foi publicada em 1937.

[72] Jan Valtin (pseudônimo de Richard Krebs, 1904-51), *Out of the Night* (Nova York, 1940; Londres e Toronto, 1941). Mais tarde foi correspondente de guerra junto às forças americanas no Pacífico. Walter G. Krivitsky. (m. 1941), *In Stalin's Secret Service* (Nova York, 1939; *I Was Stalin's Agent*, Londres, 1963). Foi chefe da divisão ocidental da NKVD, mas desertou.

cialmente verdadeiro. O livro de Kravchenko[73] ainda não saiu na Inglaterra. Sobre os campos de concentração, *The Russian Enigma*, de Anton Ciliga,[74] é bom, e mais recentemente *The Dark Side of the Moon*[75] (acho que já foi publicado nos EUA), compilado a partir das experiências de muitos exilados poloneses. Um pequeno livro de uma mulher polonesa, *Liberation, Russian Style*,[76] que apareceu durante a guerra e foi ignorado, sobrepõe-se a *The Dark Side* e é mais detalhado. Acho que o mais importante dos livros mais recentes é o Livro Azul sobre os julgamentos de espiões canadenses,[77] que é psicologicamente fascinante. Quanto à literatura, *Twenty-five Years of Soviet Russian Literature*, de Gleb Struve, é um manual de valor inestimável e, segundo me dizem, muito preciso. *Russian Literature 1881-1927*, de Mirsky (acho que esse é o título), trata da parte inicial da literatura pós-revolucionária. Há também *Artists*

---

[73] Victor Kravchenko (1905-66), *I Chose Freedom: the Personal and Political Life of a Soviet Official* (Nova York, 1946; Londres, 1947). Durante a Guerra Civil Espanhola, Kravchenko foi assessor do general Dimitri Pavlov (fuzilado por ordem de Stálin, 1941); ver Thomas, p. 588, nº 1.

[74] Anton Ciliga (1898-1991), um dos fundadores do Partido Comunista iugoslavo. *The Russian Enigma* foi publicado em inglês em 1940 (em francês, Paris, 1938). Trata principalmente da política econômica da Rússia, 1928-32, e suas prisões. Seu *The Kronstadt Revolt* (Paris 1938, Londres 1942) foi descrito por Orwell como um "panfleto anarquista e em grande parte um ataque a Trótski".

[75] Anônimo, *The Dark Side of the Moon* (Londres, 1946, Nova York, 1947) trata das relações soviético-polonesas. Tem um prefácio de T.S. Eliot, um dos diretores da editora inglesa Faber & Faber.

[76] Ada Halpern, *Liberation — Russian Style* (1945); é listado por Whitaker como sendo de agosto 1945 e, portanto, publicado não durante, mas quando a guerra estava terminando.

[77] Na margem esquerda, ao lado do nome de um ou de ambos — *Liberation* — *Russian Style* e o Livro Azul do governo canadense —, há uma seta, presumivelmente acrescentada por Macdonald. O Livro Azul se refere ao relatório de uma Comissão Real Canadense que investigou a espionagem soviética no Canadá, 1946 e 1947. Ela concluiu que o adido militar soviético, coronel Zabotin, havia montado uma rede de espionagem. Entre os condenados a penas de prisão estava Fred Rose, o único membro comunista canadense do Parlamento.

in Uniform, de Max Eastman. Você provavelmente já leu tudo que mencionei, exceto, talvez, o Livro Azul. Se ainda não leu este último, não perca, é um thriller real.

Ficarei aqui por seis meses. No ano passado, tirei apenas umas férias após seis anos de jornalismo sem parar, mas neste ano vou começar um romance. Não devo terminá-lo em seis meses, mas deverei avançar bastante e terminar no final do ano. É muito difícil voltar ao trabalho contínuo e tranquilo depois de viver por anos em um manicômio. Não que as condições agora sejam melhores do que durante a guerra — são piores, em muitos aspectos. O inverno passado foi quase intolerável, e até agora o clima é terrível, mas um pouco melhor aqui, onde é um pouco mais fácil conseguir comida e combustível do que em Londres.

Do seu
George

Para Arthur Koestler*

20 de setembro de 1947
Barnhill
Ilha de Jura

Caro Arthur,

Creio que um refugiado ucraniano chamado Ihor Sevcenko° pode ter escrito a você — ele me disse que havia escrito e que você ainda não tinha respondido.

O que ele queria saber era se poderiam traduzir algumas coisas suas para o ucraniano, sem pagamento, é claro, para distribuir entre os ucranianos deslocados de guerra, que agora parecem ter equipamentos de impressão próprios na Zona Americana e na

Bélgica. Eu lhe disse que achava que você ficaria encantado por ter seu material divulgado entre cidadãos soviéticos e que não exigiria pagamento, o qual, de qualquer modo, essas pessoas não poderiam fazer. Eles traduziram para o ucraniano *A revolução dos bichos*, e há pouco tempo o livro saiu, razoavelmente bem impresso e apresentado, e, tanto quanto posso julgar pela minha correspondência com Sevcenko, bem traduzido. Acabei de saber por eles que as autoridades americanas em Munique apreenderam 1500 exemplares e os entregaram ao pessoal da repatriação soviética, mas parece que cerca de 2 mil exemplares haviam sido distribuídos antes aos deslocados. Se você decidir deixar que eles traduzam algumas coisas suas, acho que o melhor é manter segredo disso e não contar a muitas pessoas, pois toda a coisa é mais ou menos ilícita. Ao mesmo tempo, Sevcenko me perguntou se eu achava que Laski[78] concordaria em deixá-los ter algumas coisas dele (ao que parece, estão tentando juntar amostras representativas do pensamento ocidental.) Eu disse para ele não se meter com Laski e de modo algum deixar uma pessoa desse tipo saber que estão fazendo impressão ilegal de línguas soviéticas nas zonas aliadas, mas disse a ele que você era uma pessoa de confiança. Estou certo de que devemos ajudar essas pessoas tanto quanto pudermos; desde 1945 venho dizendo que os deslocados de guerra eram uma oportunidade enviada dos céus para romper o muro entre a Rússia e o Ocidente. Se o nosso governo não vê isso, é preciso fazer o que se pode privadamente.

---

78 Harold J. Laski (1893-1950), teórico político, marxista, escritor e jornalista, esteve ligado à London School of Economics a partir de 1920 e foi professor de ciência política na Universidade de Londres a partir de 1926, membro do Executivo Fabiano, 1922 e 1936, membro do Comitê Executivo do Partido Trabalhista, 1936-49. Embora crítico de Laski, Orwell tinha pedido que o apoiassem depois que ele perdeu uma ação por calúnia; ver "As I Please" 67, 27 de dezembro de 1946 (xviii, 3140, p. 523).

[Parágrafo final omitido: vai visitar Londres, mas permanecerá em Barnhill durante o inverno.]
Do seu
George

Para Frederick Tomlinson, The Observer

> 23 de dezembro de 1947
> Enfermaria 3
> Hairmyres Hospital
> East Kilbride
> Nr. Glasgow
> [Tel:] 325 East Kilbride

Caro Tomlinson,

Receio que, no que me diz respeito, esteja tudo cancelado em relação à África, por mais que eu gostasse de fazer a viagem. Como você vê, estou no hospital e acho provável que eu vá ficar aqui 3-4 meses. Depois de estar realmente muito doente por cerca de dois meses, consegui que um especialista em peito viesse do continente, & com certeza era tuberculose, como eu temia. Já tive antes, mas não tão forte. Desta vez é o que eles chamam de "extensiva", mas eles parecem confiantes de que podem me remendar em poucos meses. Durante algum tempo, me senti muito mal para tentar qualquer trabalho, mas estou começando a me sentir um pouco melhor & queria saber se o Obs. gostaria de me mandar alguns livros para resenha novamente. Suponho que este não seja o seu departamento, mas talvez você possa fazer a gentileza de passar a sugestão a Ivor Brown.*[79]

---

[79] Ivor Brown escreveu a George Orwell, em 27 de dezembro, para dizer que lamentava muito saber que Orwell estava doente e se oferecia oferecendo para encontrar um

Não tive notícias de David [Astor],* por isso não sei se ele já voltou. Por favor, mande a todos as melhores lembranças.
Do seu
Geo. Orwell

---

pouco do "lamentavelmente pequeno" espaço disponível para que ele contribuísse com resenhas de livros. Ele também sugeria alguns artigos curtos para a página principal pertinentes ao assunto. Orwell agradeceu, dizendo que preferia livros sociológicos ou de crítica literária; ele ficaria contente de escrever artigos curtos para a página principal (xix, 3321, p. 239).

Hairmyres e Jura

1948

Em novembro de 1947, Frederick Tomlinson, editor do *Observer*, sugeriu a Orwell que ele talvez gostasse de uma missão de três meses para cobrir o progresso do que viria a ser um desastroso projeto de plantação de amendoim na África Oriental e as eleições na África do Sul. Orwell sentiu-se tentado, mas no final do ano ficou tão doente que precisou recusar a oferta. Em vez da viagem, teve de ir para o Hairmyres Hospital, em East Kilbride, perto de Glasgow. Ficou lá até quase final de julho, quando pôde retornar a Barnhill. Por intermédio de David Astor, conseguiram estreptomicina (então um medicamento novo) nos Estados Unidos, mas, apesar dos benefícios iniciais, Orwell mostrou-se alérgico a ela. Não obstante, em maio, sua saúde começou a melhorar e ele a ficar um pouco mais forte. Achou então que "Tamanhas eram as alegrias" era importante o suficiente para que dedicasse tempo e energia às revisões finais do texto, mesmo sabendo que o ensaio não poderia ser publicado por muitos anos, por receio de processos de difamação. Começou também a segunda redação de 1984. Escreveu vários ensaios, inclusive um sobre um autor que admirava muito, George Gissing. Destinava-se a *Política e Letras*, mas isso não foi possível. O ensaio finalmente foi publicado na *London Magazine* dez anos depois da morte de Orwell.

Grande parte dos pensamentos de Orwell estava voltada para Barnhill e Richard. Ele morria de medo que o contato com seu filho pudesse contagiá-lo com a tuberculose. Com base em suas cartas, fica claro que acompanhou de perto o desenvolvimento de Richard. Ele também descreve o Natal que haviam passado em Barnhill, contente por ter ido embora antes que se transformasse em "uma caveira" e compara a jovialidade inevitavelmente oca do Natal no hospital. Ele sofreu com o tratamento doloroso a que foi submetido, temendo-o, mas sem nunca reclamar: "Todos nós percebemos quanto autocontrole ele tinha", disse um dos cirurgiões.

Embora bastante debilitado, foi capaz de desfrutar alguns meses finais em Barnhill, mas estava fraco demais para fazer até mesmo esforços leves — exceto, é claro, mourejar na escrita de 1984. No início de novembro, já havia terminado a redação final e esperava que uma datilógrafa pudesse ser convencida a ir até Barnhill produzir uma cópia decente do que o fac-símile mostra que era um texto muito alterado e reescrito. Mas não foi possível encontrar alguém disposto a fazer a viagem e Orwell sofreu agonias para datilografar as cópias finais (uma tarefa muito difícil numa máquina de escrever mecânica, com cópias de carbono a fazer e corrigir). Grande parte do tempo, datilografava na cama. Em 4 de dezembro, as cópias finais estavam concluídas e ele as mandou pelo correio para Leonard Moore, seu agente literário, para Warburg e para avaliação nos EUA. Estava então muito doente, mas não tão mal que não pudesse censurar Roger Senhouse por sua proposta de texto para a sobrecapa do livro: não se tratava, como Senhouse parecia sugerir, de "um thriller misturado com uma história de amor". O ano terminou com ele conseguindo ir para um sanatório particular e, quase tão significativamente, desistindo da locação de seu apartamento em Canonbury Square, Islington.

Da carta de Orwell para a mãe, 1º de dezembro de 1912.

Para Gwen O'Shaughnessy*

1º de janeiro de 1948
Enfermaria 3
Hairmyres Hospital,
East Kilbride

Querida Gwen,
Achei que você gostaria de saber como estou indo. Creio que o sr. Dick* lhe mandou uma notícia sobre o meu caso. Tão logo me ouviu, ele disse que eu tinha uma cavidade razoavelmente extensa no pulmão esquerdo & também uma pequena mancha na parte superior do outro pulmão — essa, acho eu, a velha que eu já tinha. O raio X confirma isso, diz ele. Já estou aqui há quase uma quinzena & o tratamento que estão me dando é para deixar o pulmão esquerdo fora de ação, aparentemente por cerca de seis meses, o que supostamente lhe dará uma chance melhor de cura.[1] Eles

---

[1] Em *Remembering Orwell*, pp. 197-8, o professor James Williamson, que era médico júnior na Unidade Torácica do Hospital Hairmyres quando Orwell esteve lá, descreve a situação de Orwell e o tratamento:

Era uma operação bastante trivial: era possível fazê-la em cinco minutos. Afastava-se o músculo e expunha-se o nervo, que era puxado com um par de fórceps. O paciente sentia uma súbita dor e o diafragma pulava, e lá estava o diafragma paralisado por três a seis meses, até que o nervo se recuperasse novamente. Então bombeávamos ar para dentro de seu abdômen. Com isso, o diafragma era empurrado para cima e os pulmões entravam em colapso. Punha-se de quatrocentos a setecentos centímetros cúbicos de ar dentro, sob baixa pressão, com uma máquina especial, através de uma agulha que era uma coisa de aspecto bastante elefantino, uma agulha oca de cerca de oito centímetros de comprimento, na verdade. A primeira vez que se fazia isso, usava-se um anestésico local, porque era preciso ir com muita cautela e avançar muito lentamente. Mas depois a gente simplesmente enterrava a agulha, porque pacientes concordavam que se fosse feito com habilidade, uma estocada forte era melhor do que toda aquela enrolação com anestésicos e outras coisas.

Lembro que ele costumava temer cada "recarga" e não conseguia relaxar de jeito nenhum quando estava na mesa. Mas nunca se queixava. Com efeito, todos nós notamos como ele tinha autocontrole. Jamais ouvimos um suspiro ou qualquer tipo de ruído dele quando fazíamos isso.

primeiro esmagaram o nervo frênico, o qual deduzo que é o que faz o pulmão se expandir & contrair, & depois bombearam ar para o diafragma, cujo objetivo parece que é empurrar o pulmão para uma posição diferente & afastá-lo de algum tipo de movimento que ocorre automaticamente. Eu tenho de ter "recargas" de ar periódicas no diafragma depois de alguns dias, mas acho que mais tarde isso diminuirá para uma vez por semana ou menos. Quanto ao resto, ainda estou realmente muito doente & fraco, & ao chegar aqui descobri que havia perdido quase dez quilos, mas desde que estou aqui venho me sentindo melhor, não suo à noite como costumava suar & tenho mais apetite. Eles me fazem comer uma quantidade tremenda. No momento, não tenho permissão para sair da cama porque, aparentemente, preciso me ajustar a ter o ar extra dentro. É um hospital bom & todo mundo é muito gentil comigo. Também tenho um quarto só para mim, mas não sei se isso será permanente. É claro que por 2-3 meses não trabalhei nada, mas acho que em breve talvez possa fazer algum trabalho leve, & estou tomando providências para fazer um pouco de resenha de livros.

Richard estava tremendamente bem quando vim embora. Depois que tive certeza do que havia de errado comigo, tentei mantê-lo fora do meu quarto, mas é claro que não fui capaz de fazer isso o tempo todo. Quando Avril for a Londres fazer compras, em janeiro ou fevereiro, vou aproveitar e pedir que Richard seja submetido a exames completos, a fim de ter certeza de que ele está

Acho que ele jamais teria sido terrivelmente infeccioso. A pessoa que é altamente contagiosa tosse muito e seu escarro tem uma grande quantidade de bacilos da tuberculose. Ele não tossia muito, nem seu muco, tanto quanto me lembro, estava terrivelmente positivo. Mas ele ainda seria um perigo potencial para outras pessoas, acima de tudo para jovens como seu filho.

A maioria dos pacientes usava bastante canecas de escarro, mas a tuberculose de Orwell não era desse tipo, e Williamson não se lembrava de ele ter uma caneca de escarro em seu criado-mudo: "Veja bem, não acho que houvesse espaço para nada em seu criado-mudo, porque estava sempre cheio de livros por toda parte".

bem. Passamos a ferver o leite dele desde que você nos alertou, mas é claro que de vez em quando esquecemos. Estou tentando comprar uma vaca testada para tuberculose & acho que estamos na pista de uma agora. Com Bill Dunn na casa, é mais fácil em relação aos animais, pois ele vai pagar parte de sua pensão cuidando de nossas vacas, o que significa que, se for necessário, poderemos ir embora. Devo dizer que Richard não parece muito tuberculoso, mas gostaria de ter certeza. Acho que eles tiveram um Natal bem bom em Barnhill. Eram quatro deles, incluindo Richard, & havia um belo ganso que compramos dos Kopp. Fiquei contente por ir embora antes do Natal, para não virar uma caveira. Receio não ter escrito cartões de Natal ou qualquer coisa assim & agora é um pouco tarde até para desejar próspero Ano-Novo. Espero que no verão eu esteja bem o suficiente para voltar a Barnhill um pouco, & você & as crianças virão de novo. Talvez haja um pônei para montar dessa vez — temos um no momento, mas é apenas emprestado. Fizeram uma festa de Ano-Novo para os pacientes aqui, todas as camas foram arrastadas para uma única enfermaria & houve cantores & um feiticeiro. Espero que você tenha tido um bom Natal. Beijos para as crianças.
    Do seu
    George

Para George Woodcock*

4 de janeiro de 1948
Hairmyres Hospital,
East Kilbride

Caro George,
Já faz algum tempo que eu queria lhe escrever para explicar que não irei para Londres afinal. Como eu temia, estou seriamen-

te doente, tuberculose no pulmão esquerdo. Estou no hospital há apenas quinze dias, mas antes disso fiquei de cama em casa por cerca de dois meses. É provável que eu permaneça aqui por algum tempo, porque o tratamento, que envolve pôr o pulmão fora de ação, é lento, & de qualquer modo estou tão abatido e fraco que não serei capaz de sair da cama por dois meses ou coisa assim. No entanto, eles parecem confiantes de que podem me consertar, & eu me sinto um pouco menos morto desde que estou aqui. É um bom hospital & todos são muito gentis. Com sorte, talvez possa sair daqui no verão & então acho que vou tentar conseguir um emprego como correspondente em um lugar quente no próximo inverno. Já tive essa doença, mas não tão forte, & tenho certeza de que caí doente por causa do frio do inverno passado.[2]

Espero que o F. D. C.[3] esteja fazendo alguma coisa em relação a essas demandas constantes de condenar Mosley & Cia. Acho que a atitude do *Tribune* tem sido vergonhosa, & na outra semana, quando Zilliacus[4] escreveu exigindo o equivalente a uma legislação fascista & criação de cidadãos da segunda classe, ninguém parece ter retrucado. A coisa toda é apenas um desejo mal disfarçado de

---

[2] Em 24 de janeiro de 1947, quando a neve começou a cair, tinha início a onda de frio mais violenta que o Reino Unido sofreu no século XX. Ela provocou, por exemplo, cortes de eletricidade de cinco horas por dia, suspensão do Terceiro Programa e da televisão, cortes nas transmissões de rádio e suspensão de muitas revistas junto com racionamento de papel e um aumento do desemprego, de 400 mil em meados de janeiro para 1,75 milhão. (Ver David Kynaston, *Austerity Britain*, 1945-51 (2008, pp. 189-200).

[3] Comitê de Defesa da Liberdade, do qual George Orwell era vice-presidente, George Woodcock secretário e Herbert Read presidente. Os boletins do FDC da primavera e do outono de 1948 (n°s 6 e 7), embora noticiem esforços para ajudar em outras causas impopulares — desertores, "recalcitrantes" poloneses (aspas do boletim), dr. Alan Nunn May e Norman Baillie-Stewart (um fascista britânico) —, não fazem menção a "Mosley & Cia".

[4] Konni Zilliacus (1894-1967), deputado trabalhista de esquerda, 1945-50 e 1955-67. Esteve frequentemente às turras com o Partido Trabalhista devido a suas opiniões pró--soviéticas extremadas e foi expulso em 1949. Ver, de Orwell, "In defence of comrade Zilliacus", XIX, 3254, pp. 179-84.

perseguir alguém que não pode bater de volta, pois obviamente o grupo Mosley não importa a mínima & não pode ter um verdadeiro apoio de massa. Acho que é caso para um panfleto, & eu só queria me sentir bem o suficiente para escrever um. A questão central sobre a qual é preciso chegar a um acordo é o argumento, sempre apresentado por aqueles que defendem uma legislação repressiva, de que "não se pode permitir que a democracia seja usada para derrubar a democracia — não se pode dar liberdade para aqueles que a utilizam simplesmente para destruir a liberdade". Isso, sem dúvida, é verdade, & tanto fascistas como comunistas têm por objetivo fazer uso da democracia para destruí-la. Mas se você levar isso à sua conclusão, não se pode permitir nenhuma liberdade política ou intelectual. É evidente, portanto, que se trata de uma questão de distinção entre uma ameaça real e uma meramente teórica à democracia, & ninguém deve ser perseguido por expressar suas opiniões, por mais antissocial que seja, & nenhuma organização política deve ser reprimida, exceto se for possível demonstrar que existe uma *ameaça substancial à estabilidade do Estado*. Esse é o argumento principal que eu apresentaria de qualquer maneira. Claro que há muitos outros.

Não trabalhei em nada por 2-3 meses. Neste lugar, eu não poderia fazer um trabalho sério, mesmo que me sentisse bem, mas pretendo em breve começar a resenhar algum livro de vez em quando, pois acho que estou em condições para isso, & talvez possa ganhar algum dinheiro. Richard estava florescendo quando vim embora, mas vou mandar fazer um exame completo nele, pois evidentemente ficou sujeito à infecção. Meus melhores votos para Inge.

Do seu
George

GEORGE ORWELL

Para Celia Kirwan*

20 de janeiro de 1948
Hairmyres Hospital,
East Kilbride

Querida Celia,
Como foi delicioso receber sua longa e simpática carta. Estou aqui há cerca de trinta dias, depois de ficar doente em casa por aproximadamente dois meses. Achei que lhe havia contado o que há de errado comigo. É a tuberculose, que evidentemente estava fadada a me pegar mais cedo ou mais tarde; na verdade, eu a tive antes, mas não tão forte. No entanto, não acho que seja muito grave, & parece que estou melhorando aos poucos. Não me sinto tão mal como há um mês, & agora como bastante & comecei a ganhar peso lentamente, depois de ter perdido quase dez quilos. Hoje, quando fui radiografado, o médico disse que podia ver uma melhora evidente. Mas é provável que eu fique aqui por muito tempo, pois é um tratamento demorado, & acho que não estarei em forma para sair da cama antes de uns dois meses. Richard está tremendamente bem & ficando enorme. Claro que mandarei examiná-lo com todo o cuidado quando Avril o levar a Londres em breve, mas pela aparência dele não acho que tenha pego essa doença. Fiquei muito contente por poder ir embora logo antes do Natal, para não virar uma caveira. Havia quatro pessoas em Barnhill & um belo ganso gordo & muita coisa para beber, por isso espero que tenham tido um Natal bastante bom. Este é o segundo Natal que passei em um hospital.[5] É sempre um pouco angustiante, com as "festas" que fazem — todas as camas arrastadas para uma enfermaria & depois um concerto & uma árvore de Natal. É

---

[5] A primeira vez foi quando Orwell ficou internado no Uxbridge Cottage Hospital, pouco antes do Natal de 1933, com pneumonia.

um hospital muito bom & todo mundo é muito gentil comigo & eu tenho um quarto só para mim. Estou tentando começar a trabalhar um pouco, isto é, resenhar um livro ou outro, depois de não fazer nada por três meses.

Sim, lembro-me do Deux Magots.[6] Acho que vi James Joyce lá, em 1928, mas não posso jurar, porque J. não tinha uma aparência muito característica. Também estive lá para me encontrar com Camus, que deveria almoçar comigo, mas ele estava doente & não foi. Imagino que Paris se animou um pouco desde que estive lá, no início de 1945. Antes estava muito triste para descrever, & é claro que era quase impossível conseguir alguma coisa para comer & beber, & todos estavam maltrapilhos e pálidos. Mas não posso acreditar que está como costumava ser. Sorte sua que você seja muito jovem para tê-la conhecido nos anos 20, ela sempre me pareceu um pouco fantasmagórica depois, mesmo antes da guerra. Não sei quando verei a França de novo, pois atualmente não se pode viajar por causa desse negócio da moeda,[7] mas se um dos meus livros desse sorte, eu faria com que deixassem alguns francos na França para que eu pudesse ir & gastá-los. Se eu estiver curado, como presumo que estarei, vou tentar conseguir um trabalho como correspondente, para passar o inverno em um lugar quente. O inverno de 1946-7 em Londres de fato foi um pouco demais, & acho que,

---

[6] Café aux Deux Magots, muito frequentado por escritores, no Boulevard Saint-Germain.

[7] No final de agosto de 1947, devido à grave crise financeira, o governo trabalhista reduziu as rações alimentares e proibiu viagens de automóvel por prazer e férias no exterior. O primeiro-ministro Clement Attlee disse: "Não tenho palavras fáceis para a nação. Não posso dizer quando emergiremos para tempos mais fáceis". Em 29 de setembro, a região dos Midlands foi privada de energia um dia por semana para que se reduzissem os gastos com combustível. Em 9 de outubro 1947, para reduzir o endividamento externo, principalmente em dólares, o governo cortou a ração de bacon para uma onça por semana [menos de trinta gramas]. No mês seguinte, a ração de batata foi reduzida para três libras por semana [um quilo e trezentos gramas].

provavelmente, foi o que me deixou nesta situação. Em Jura é um pouco melhor, porque não é tão frio & temos mais carvão, & também mais comida, mas é um pouco complicado se alguém necessitar de atendimento médico no momento em que não se pode chegar ao continente. No início do ano passado, minha irmã deslocou o braço & quase se afogou indo ao médico num barco a motor minúsculo. Inez [Holden]* exagerou um pouco nossa última aventura, mas sofremos um acidente muito desagradável no famoso redemoinho Corrievrechan (que aparece em um filme chamado *Eu sei onde estou indo*) & tivemos sorte de não nos afogar. A coisa terrível foi estar com Richard, mas ele adorou cada momento da aventura, exceto quando estávamos na água. Acho que Jura está lhe fazendo bem, exceto que ele não convive o suficiente com outras crianças & portanto ainda está muito atrasado na fala. Afora isso, é muito empreendedor & cheio de energia, e trabalha na fazenda o dia todo. É bom poder deixá-lo vagar sem temer o tráfego. Escreva novamente se tiver tempo. Adoro receber cartas.

    Com muito amor
    George

Para Dwight Macdonald*

7 de março de 1948
Hairmyres Hospital,
East Kilbride

    Caro Dwight,
    Muito obrigado por me enviar seu livro sobre Wallace, que li com o maior interesse. Já fez alguma coisa para encontrar um editor inglês? Caso não tenha feito, estou escrevendo para Victor Gollancz a

fim de chamar sua atenção para o livro.⁸ Se você ainda não estiver em contato com outro editor, eu escreveria para Gollancz & lhe enviaria um exemplar. Apesar da terrível escassez de papel etc., o livro deveria encontrar uma editora aqui, pois as pessoas estão naturalmente interessadas em Wallace, pois é o homem capaz de fazer o "nosso" candidato perder a eleição.⁹ (É difícil manter-se atualizado com a política americana aqui, mas parece que Wallace está progredindo muito ultimamente. Receio que ele possa ganhar todo o voto contra a guerra, como Chamberlain fez antes da guerra.) E acho que Gollancz é o seu homem, pois é politicamente simpático & capaz de publicar um livro muito rápido, de uma forma que Warburg, por exemplo, não consegue. Suponho que você conheça o endereço dele — 17 Henrietta St. Covent Garden, Londres WC.2. O livro talvez precise de algumas pequenas modificações para o público inglês, mas você poderia resolver tudo isso com G.

Há outro exemplo do hábito de Wallace divulgar versões truncadas de seus discursos que pode valer a pena incluir no livro Quando esteve aqui, ele obviamente minimizou a questão palestina, ou pelo menos não fez brincadeiras de mau gosto com ela. Assim que chegou à França, referiu-se aos judeus terroristas como "maquis" lutando contra a ocupação britânica. Isso apareceu em reportagens francesas sobre seu discurso, mas não nos jornais ingleses (exceto um, acho que o *Christian Science Monitor*, que de algum modo conseguiu dar a informação), presumivelmente cortado das versões enviadas a eles. O *Manchester Guardian* documentou os fatos na ocasião.

---

8 Carta não encontrada.
9 Na eleição de 1948, Henry Wallace (ver 5/12/46, nº 6), candidato do Partido Progressista de esquerda, recebeu mais de 1 milhão de votos populares. Esperava-se que Thomas E. Dewey ganhasse a eleição (e uma manchete de jornal famosa anunciou prematuramente sua vitória), mas Truman ganhou com uma maioria de 2 milhões do voto popular.

Como você vê, estou no hospital. [*Referência à doença omitida.*] Estou começando minha edição padronizada neste ano & devo começar com a reedição de um romance publicado em 1939 & meio morto pela guerra. Acredito que Harcourt, Brace vai reeditar meu romance sobre a Birmânia. Eles foram idiotas de não fazê-lo imediatamente depois de terem aquele pouco de sorte com A *revolução dos bichos*.

O que aconteceu com a *Politics*? Não a vejo há meses. Pedi que minha agente em Nova York fizesse uma assinatura para mim, mas ela me pareceu um pouco relutante, pensando evidentemente que eu deveria receber todas as revistas americanas de graça.

Não é engraçado como todo mundo parece surpreso com esse negócio da Tchecoslováquia?[10] Muitas pessoas parecem realmente irritadas com a Rússia, como se em algum momento houvesse razão para esperar um comportamento diferente dos russos. Middleton Murry acaba de renunciar ao seu pacifismo & escreveu um livro (praticamente) exigindo uma guerra preventiva contra a URSS! Isso depois de escrever, há menos de dez anos, que "a Rússia é o único país inerentemente pacífico".

Desculpe a caligrafia ruim.

Do seu

Geo. Orwell

---

10 Em 27 de fevereiro de 1948, Klement Gottwald (1896-1953), primeiro-ministro comunista da Tchecoslováquia, anunciou que a demissão de doze ministros de centro e de direita fora aceita pelo presidente Edvard Beneš (embora uma semana antes Beneš tivesse afirmado que não haveria uma tomada comunista da Tchecoslováquia). Jan Masaryk (filho do "pai fundador" da Tchecoslováquia) continuou no Ministério dos Negócios Estrangeiros e a atenção (e as esperanças) se concentrou nele, como alguém que poderia evitar uma vitória total dos comunistas. No entanto, em 10 de março de 1948, ele foi encontrado morto no pátio de seu prédio de apartamentos em Praga. A explicação comunista foi que Masaryk havia cometido suicídio em "um momento de colapso nervoso". Aqueles que se opunham ao domínio comunista, que se tornara completo, interpretaram sua morte como assassinato.

Para a sra. David Astor*

5 de abril de 1948
Hairmyres Hospital,
East Kilbride

Prezada sra. Astor,

Creio que foi a senhora que me mandou um saco de três quilos de açúcar da Jamaica, também uma lata de peras & um pouco de geleia de goiaba. Foi muito gentil de sua parte pensar nisso. Fiquei especialmente encantado por receber o açúcar, que minha irmã usará para fazer compotas. Estou melhorando bastante, mas na última semana me senti mal com a garganta inflamada & várias outras doenças menores que são provavelmente efeitos secundários da estreptomicina que estou tomando. Acho que eles, provavelmente, vão parar com as injeções por alguns dias & depois continuar quando esses efeitos acabarem.[11]

Não vejo Richard, meu menino, desde antes do Natal, pois não posso vê-lo enquanto estiver contagioso. No entanto, mandei fotografá-lo & posso ver que ele está crescendo rapidamente & com boa saúde. Minha irmã diz que ele está aprendendo a falar melhor. Eu estava um pouco preocupado com isso, embora ele não esteja atrasado sob qualquer outro ponto de vista.

Por favor, perdoe a má caligrafia. A minha escrita já é suficientemente ruim na maioria das vezes, mas o que há de errado comi-

---

[11] O professor James Williamson, que era um jovem médico no hospital Hairmyres quando Orwell esteve internado, se recorda da chegada da estreptomicina e de seu efeito adverso sobre Orwell (*Remembering Orwell*, p. 200). Em um bilhete para o professor Crick, escrito muitos anos depois, o dr. Williamson disse que a tuberculose de Orwell era "bastante 'crônica' [...] Não era o tipo que seria em grande parte curado com tratamento medicamentoso efetivo e ele sempre teria fôlego curto e estaria incapacitado" (Crick, p. 602).

go afetou minhas unhas & é difícil segurar a caneta. Com muitos agradecimentos mais uma vez.
Atenciosamente
Geo. Orwell

Para Gleb Struve*

21 de abril de 1948
Hairmyres Hospital,
East Kilbride

Prezado Struve,

Estou muito arrependido de ter de enviar isto[12] de volta, após um atraso tão longo, tendo finalmente fracassado em conseguir encontrar um lugar para isto. Mas como você pode ver pelo endereço acima, estou no hospital (tuberculose), & no momento em que recebi sua carta não pude fazer muita coisa. Estou melhor agora & espero sair daqui em algum momento durante o verão, mas é claro que o tratamento desta doença é sempre um trabalho lento.

Combinei de fazer a resenha de We para o *Times Lit. Supp.* quando a tradução para o inglês sair.[13] Foi você que me contou que a viúva de Zamyatin ainda está viva & em Paris? Se assim for & ela puder ser contatada, talvez valesse a pena fazê-lo, pois pode haver outros livros dele que alguma editora inglesa possa ser convencida a aceitar, se We for um sucesso. Você me disse que a sátira dele

---

12 Presumivelmente, os esboços de Mandelstam mencionados mais adiante na carta.
13 Uma tradução para o inglês, de Gregory Zilboorg, foi de fato publicada em Nova York pela E. P. Dutton em 1924 e reeditada no ano seguinte. Apesar de saber da edição americana, Orwell não a tinha visto. A tradução francesa, *Nous autres*, que Orwell resenhou na *Tribune*, 4 de janeiro de 1946 (ver XVIII, 2841, pp. 13-7), foi publicada em Paris em 1929.

sobre a Inglaterra, *The Islanders*, nunca foi traduzida & talvez seja apropriada.[14]

Espero que me perdoe por meu fracasso em encontrar um editor para os esboços de Mandelstam. Há pouquíssimas revistas na Inglaterra agora. A *Polemic* morreu da doença de sempre & a outra possível *Politics & Letters*, não era boa. Você perguntou sobre meu romance *Dias na Birmânia*. Acho que ainda está disponível pela Penguin, mas não deve haver muitos exemplares sobrando. Ele será reeditado no fim deste ano, pois estou começando uma edição padronizada & ele é o segundo da lista. Eu *talvez* consiga reeditar alguns desses livros também nos EUA.

Atenciosamente

Geo. Orwell

P. S.: Infelizmente estarei neste endereço por mais alguns meses.

Para Dwight Macdonald*

2 de maio de 1948

Hairmyres Hosp.,

East Kilbride

Caro Dwight,

Muito obrigado por sua carta e, antecipadamente, pelo envio dos livros.[15] Sim, recebi a *Politics*, na verdade dois exemplares,

---

14 Ievguêni Zamyatin foi para a Inglaterra em 1916 com o objetivo de supervisionar a construção de quebra-gelos russos no nordeste da Inglaterra e na Escócia. Ele escreveu duas sátiras divertidas sobre a vida inglesa, *The Islanders*, escrito na Inglaterra em 1917, e *The Fisher of Men*, escrito em 1918, no seu regresso à Rússia. O primeiro se passa em Jesmond, perto de Newcastle upon Tyne, e o segundo em Chiswick. Uma tradução de Sophie Fuller e Julian Sacchi foi publicada em 1984.

15 Macdonald havia escrito em 23 de abril de 1948 e enviou um pacote de livros se-

pois você mandou um direto para mim aqui. Ela me fez pensar novamente sobre Gandhi, que nunca conheci, mas sobre quem sei muita coisa. O engraçado é que, sendo quase certo que ele foi usado pelos britânicos para seus próprios fins por um longo período, não tenho certeza de que ele falhou a longo prazo. Ele não foi capaz de deter a luta entre muçulmanos e hindus, mas seu principal objetivo de tirar pacificamente os britânicos da Índia foi por fim alcançado. Eu jamais teria previsto isso até mesmo há cinco anos, e não estou certo de que boa parte do mérito não deva ser atribuído a Gandhi. É claro que um governo conservador nunca teria saído sem luta, mas o fato de um governo trabalhista ter feito isso poderia ser indiretamente atribuído à influência de Gandhi. Talvez se possa dizer que eles só aceitaram o status de domínio porque sabiam que não conseguiriam segurar a Índia por muito mais tempo, mas isso não se aplica, por exemplo, à Birmânia, um país que era extremamente lucrativo para nós e fácil de subjugar. Acho, *pace tua*, que Gandhi se comportou de forma abominável, ou pelo menos estúpida, em 1942, quando achou que o Eixo havia vencido a guerra, mas também acho que o seu prolongado esforço para manter a luta indiana num plano decente pode ter modificado gradualmente a atitude britânica.

Aliás, esse negócio de assassinar indivíduos importantes[16] é algo que se deve levar em conta. No mesmo número, vejo que você lamenta que Walter Reuther[17] tenha um guarda-costas, mas

---

parados pelo correio. Ele menciona dois desses em sua carta: *Samuel Johnson* (1944), de Joseph Wood Krutch, e *Tolstoy and His Wife*, de T. Polner, traduzido por N. Wreden (1945). Estas, escreveu ele, "são duas das melhores biografias modernas que conheço", especialmente a primeira. Ele perguntava se Orwell compartilhava de seu "entusiasmo particular pelo dr. Johnson". Orwell não respondeu a isso em sua carta. Krutch (1893-1970) foi crítico de teatro do *The Nation*, 1924-51.
16 Gandhi foi assassinado em 30 de janeiro de 1948.
17 Walter Philip Reuther (1907-70), presidente do United Automobile Workers of America, 1946-70; presidente do Congress of Industrial Organizations (CIO), 1952-5. Teve

também vejo que ele acaba de ser gravemente ferido — o segundo atentado, creio. Percebo também que você fala mais ou menos com aprovação da turma da *Esprit*.[18] Não sei se você sabe que algumas dessas pessoas são simpatizantes de um tipo religioso peculiarmente pegajoso, como é o caso de Macmurray[19] na Inglaterra. A linha deles é que comunismo e cristianismo são compatíveis e que, em última análise, como não existe escolha senão entre comunismo e fascismo, deve-se, com pesar, escolher a primeira opção. Mas tudo isso está bem porque em breve o comunismo abandonará certas características infelizes, como liquidar seus oponentes, e se os socialistas se juntarem ao PC poderão persuadi-lo a ter mais bons modos. É engraçado que quando encontrei Mounier[20] por apenas dez minutos em 1945, pensei comigo mesmo: esse homem

---

participação essencial na fusão do CIO com a American Federation of Labor em 1955 e foi vice-presidente da AFL-CIO, até que, em desacordo com o presidente da organização, tirou o UAW da entidade. Havia trabalhado em uma fábrica de automóveis soviética por dois anos na década de 1930, mas depois se tornou crítico dos soviéticos. Morreu quando seu avião caiu por causa de um nevoeiro.

18 *Esprit* foi uma revista lançada em 1932 por Emmanuel Mounier (ver nota 20, a seguir) "para fechar o hiato entre os franceses comunistas e não comunistas". Ao mesmo tempo, Mounier inaugurou "o movimento personalista, uma filosofia não partidária entre o marxismo e o existencialismo" (J. F. Falvey, *The Penguin Companion to Literature*, 1969, II, 553).

19 John Macmurray (1891-1976), professor de filosofia da mente e lógica, Universidade de Londres, 1929-44, professor de filosofia moral da Universidade de Edimburgo, 1944--58. Entre seus inúmeros livros, estão *The Philosophy of Communism* (1933) e *Constructive Democracy* (1943). Na coleção de panfletos de Orwell, há uma cópia de seu Panfleto dos Objetivos da Paz, *Foundations of Economic Reconstruction* (1942).

20 Emmanuel Mounier (1905-50), escritor, crítico literário, líder intelectual na Resistência Francesa, era um católico romano e simpatizante do marxismo, fundador da revista *Esprit*. Foi influenciado por Bergson e Péguy e, com outros, publicou *La Pensée de Charles Péguy* (1931), vários livros sobre personalismo e cerca de 170 artigos. Defendia a revolução econômica, um novo sistema socialista, o respeito pelo indivíduo e uma Igreja Católica Romana atuante, a fim de implementar valores éticos adequados à época. Dirigia-se particularmente às necessidades da apática e desorientada juventude do pós-guerra (J. F. Falvey, ver nota 18, acima).

é um simpatizante. Sou capaz de sentir o cheiro deles. Creio que Sartre tem adotado ultimamente a mesma linha.

Lamento que Gollancz tenha recuado.[21] Não sei se vale a pena tentar Warburg. Ele leu o livro e ficou impressionado, mas ele sofre cronicamente de falta de papel e leva anos para lançar um livro. A encadernação é o verdadeiro problema aqui. Devo dizer que agora sinto inveja quando vejo livros americanos, sua solidez e assim por diante. A maneira como os livros britânicos são impressos agora deixa a gente com vergonha de estar associado a eles. Pedi a eles que lhe enviassem um exemplar do primeiro livro em minha edição padronizada, que sai mais ou menos em duas semanas. Devo dizer que gostaria de ter começado essa edição no momento em que alguém pudesse ter acesso a encadernações decentes. Acho que uma edição padronizada, que de qualquer modo é um sinal da chegada da senilidade, deveria ter aparência muito casta, com capas de entretela. Você tem um agente por aqui ou um agente com conexões aqui? Acho que vale a pena ter.

Sim, acho que foi em Lanarkshire que Owen[22] floresceu. Trata-se de um condado industrial um tanto desagradável com muitas minas de carvão e seu principal adorno é Glasgow. Mas aqui fora é muito agradável. Anseio por sair porta afora, tendo saído pouquís-

---

21 Orwell havia sugerido a Gollancz a publicação da obra de Macdonald *Henry Wallace: the Man and the Myth*. Macdonald contou a Orwell que, embora Gollancz de início se entusiasmasse, tinha escrito mais tarde dizendo que não poderia lançar o livro a tempo. Apesar das boas críticas, o livro vendera apenas 3500 exemplares em dois meses nos Estados Unidos. No entanto, Macdonald estava "se divertindo muito" falando em faculdades para expor as "mentiras e demagogia" de Wallace, "e o pessoal quase 100% comunista que o cerca e escreve seus discursos".

22 O texto da carta de Macdonald que sobreviveu é uma cópia carbono. Não contém nenhuma referência a Owen, de modo que pode muito bem ter sido um pós-escrito acrescentado apenas no alto da cópia. Robert Owen (1771-1858) nasceu e morreu no País de Gales; fabricante de algodão bem-sucedido em Lancashire, criou o modelo de cidade industrial de New Lanark na Escócia, com boas condições de vida para os trabalhadores, complementadas com lojas sem fins lucrativos.

simo em seis meses. Eles agora me deixam de pé até uma hora por dia e acho que me deixariam sair um pouco se estivesse mais quente. Foi uma primavera horrível, porém não tão ruim como a do ano passado.

Estou de acordo com o folheto Europa-América que você mandou,[23] mas não sei se há alguma coisa que eu possa fazer em relação a isso. Obrigado por sua consulta, mas sinceramente não há nada que eu esteja precisando. Somos bem tratados aqui e as pessoas têm sido muito gentis mandando-me comida etc.

Do seu
George

Para Celia Kirwan*

27 de maio de 1948
Hairmyres Hospital,
East Kilbride

Querida Celia,

Muitíssimo obrigado por sua carta. Devo dizer que qualquer coisa que tenha a ver com a Unesco parece bastante desanimadora. De qualquer forma, eu deveria arrancar todo o dinheiro que pudesse deles, pois não acho que vão durar muito mais. [*Parágrafo sobre saúde; Richard agora com quatro anos.*]

Eu gostaria muito de estar com você em Paris, agora que a primavera chegou. Você já foi ao Jardin des Plantes? Eu o adorava, embora não houvesse realmente nada interessante lá, exceto os

---

23 Um folheto lançado em conexão com a proposta de uma série de reuniões — a primeira já havia sido realizada — "sobre o expurgo na cultura russa. Oradores: Nicolas Nabokov, Meyer Schapiro, Lionel Trilling e eu. Foi um sucesso — cerca de quatrocentas pessoas, lucro de US$ 300 e discursos sólidos".

ratos que em certo momento o invadiram & eram tão domesticados que quase comiam na sua mão. No final, eles se tornaram um incômodo tão grande que introduziram gatos & mais ou menos os exterminaram. Os plátanos são bonitos em Paris porque a casca não fica enegrecida pela fumaça como em Londres. Suponho que a comida & assim por diante ainda é bastante terrível, mas isso vai melhorar se o Plano Marshall[24] começar a funcionar. Vejo que você precisa pôr um selo de dez francos[25] em sua carta, o que dá uma ideia do quanto devem estar custando as refeições.

Não posso deixar de sentir que será um pouco traiçoeiro da parte de Arthur se ele se fixar nos EUA.[26] Ele já falava sobre isso. Imagino que está furioso com o que anda acontecendo na Palestina, embora eu não saiba o que mais se poderia esperar. Sua turnê de palestras parece ter sido um sucesso. Eu me pergunto se ele já voltou & o que vai fazer em relação ao seu lugar no País de Gales. Parece-me uma pena lançar raízes em um lugar & depois ter que arrancá-las de novo, & posso imaginar que Mamaine não esteja gostando disso.

[O *seu livro adiado* "assustadoramente"] — agora não pode ser concluído antes do final do ano, o que significa não sair até o final de 1949. No entanto, já é alguma coisa poder trabalhar de novo. No ano passado, antes que eles me trouxessem para cá, eu realmente

---

24 O Plano Marshall — ou, mais exatamente, o Programa de Recuperação Europeia — foi resultado da Conferência Econômica de Paris, julho de 1947, para ajudar vários países europeus na recuperação do pós-guerra. Foi financiado pelos Estados Unidos (17 bilhões de dólares em doações e empréstimos ao longo de quatro anos) e ficou conhecido pelo nome do secretário de Estado americano George C. Marshall (1880--1959), cuja defesa dessa ajuda foi fundamental para pôr em prática o plano. Em 1953, o general Marshall recebeu o Prêmio Nobel da Paz em reconhecimento por seu trabalho nesse campo.
25 Dez francos equivaliam a cerca de um penny antigo em meados de 1948.
26 Arthur Koestler, que vivia com sua esposa, Mamaine, no País de Gales, resolveu mudar para os Estados Unidos, onde viveram por um curto período de tempo.

me senti acabado. Graças aos céus, parece que Richard terá boa saúde. Já examinamos duas vacas até agora, então ele ao menos não pegará essa doença através do leite, que é a forma habitual de contágio das crianças. Cuide-se & escreva para mim de novo em algum momento.

Com amor
George

Para Anthony Powell*

25 de junho de 1948
Hairmyres Hospital,
East Kilbride

Caro Tony,

Recebi uma carta de seu amigo Cecil Roberts[27] me perguntando se ele poderia ficar com meu apartamento. Tive de escrever-lhe e dizer que seria impossível. Lamento muitíssimo quanto a isso, mas eles já andam me pressionando como um pesadelo para cedê-lo à sra. Christen e me ameaçam deixar o município tirá-lo de mim. Não quero que isso aconteça, porque preciso ter um *pied à terre* em Londres, e também ainda tenho um pouco de móveis lá e um monte de papéis que é complicado guardar em outro lugar. Mesmo que eu desista do apartamento, eles não permitem a transferência do contrato e, é claro, têm seus próprios candidatos, todos a postos, com subornos nas mãos.[28]

---

[27] Cecil A. ("Bobby") Roberts, que foi em algum momento diretor do Sadler's Wells Theatre, fora recentemente desmobilizado da Royal Air Force.
[28] Era muito difícil encontrar moradia nos anos imediatamente posteriores à guerra. A maioria dos contratos de locação incluía uma cláusula que proibia o locatário de subalugar o imóvel ou de "dividir com posse", no todo ou em parte, com ou sem uso de dinheiro, por exemplo, como "ágio".

Se acontecer de você encontrar Graham Greene, por favor, conte a ele que escrevi uma resenha muito ruim de seu romance[29] para a *New Yorker*. Eu não poderia ter feito outra coisa — achei o livro terrível, embora, naturalmente, eu não diga isso de forma tão crua. Vou resenhar o livro de Kingsmill[30] para o *Obs*. assim que possível, mas ainda tenho outro livro na fila antes.[31] Parece que estou retrocedendo no moinho jornalístico, no entanto tenho remendado um pouco meu romance e, sem dúvida, devo terminá-lo até o final do ano.

Estou muito melhor e agora me levanto três horas por dia. Tenho jogado muito croqué, que parece um jogo bastante difícil quando se passou seis meses deitado. Na enfermaria abaixo da minha, está o editor do *Hotspur*.[32] Ele me diz que sua circulação é de trezentos mil. Diz que não pagam muito boas porcentagens por mil, mas podem dar às pessoas trabalho regular e também lhes passar as tramas, de modo que elas só têm de fazer o texto. Dessa forma, um homem pode produzir quarenta mil palavras por semana. Eles tinham um homem que costumava fazer setenta mil, mas seu material era "um pouco estereotipado". Espero sair em agosto, mas a data ainda não está marcada porque vai depender de quando meu pulmão irá voltar a seu tamanho normal depois que a terapia acabar. Richard está vindo me ver no início de julho. Ele não podia antes por causa do contágio. Acho que dificilmente vou reconhecê-lo depois de seis meses.

---

29 *The Heart of the Matter*, ver 17 de julho de 1948 (XIX, 3424, pp. 404-7).
30 *The Dawn's Delay*, ver 18 de julho de 1948 (XIX, 3425, pp. 407-8).
31 Provavelmente *Mr. Attlee: an Interim Biography*; ver 4 de julho de 1948 (XIX, 3419, pp. 398-9).
32 Um jornal semanal para meninos publicado de 1933 a 1959. Em uma carta a Ian Angus, 17/9/96, o professor Williamson disse que este homem partilhou um quarto com Orwell por um tempo e que o professor Dick estava interessado em ver como eles se dariam. "Caso se deem bem juntos (como acho que quase todo mundo se daria...)".

Hoje é meu aniversário — 45 anos, não é horrível? Também estou com um pouco mais de dentes postiços e, desde que estou aqui, com muito mais cabelos grisalhos. Por favor, mande lembranças a Violeta.

Do seu

George

Para Julian Symons*

10 de julho de 1948
Hairmyres Hospital,
East Kilbride

Caro Julian,

Devo agradecer por uma resenha muito bondosa no M[anchester] E[vening] News,[33] da qual acabei de receber um recorte. Espero que sua esposa esteja bem e que tudo vá indo bem. Achei que você gostaria de saber que vou sair daqui no dia 25. Parece que eles acham que já estou muito bem, embora eu tenha que levar as coisas com muita calma por um longo tempo, talvez um ano mais ou menos. Não devo ficar de pé mais que seis horas por dia, mas não sei se isso faz muita diferença, pois me acostumei bastante a trabalhar na cama. Minha irmã trouxe Richard para me ver esta semana, a primeira vez que eu o vi desde o Natal. Ele está muito bem e quase assustadoramente cheio de energia. Sua fala ainda parece atrasada, mas sob outros aspectos devo dizer que está avançado demais. A vida rural parece lhe convir, mas tenho certeza de que ele está mais para máquinas do que para animais [*referências a Hotspur e Gissing*]. Também não fiquei tão encantado como a maioria das pes-

---

33 Symons havia comentado a reedição de *Coming Up for Air* no *Manchester Evening News* de 19 de maio de 1948.

soas com O ente querido de Evelyn Waugh, embora é claro que seja divertido. Ao contrário de muita gente, achei Memórias de Brideshead muito bom, apesar de falhas horríveis na superfície. Tenho tentado ler um livro de excertos de Leon Bloy,[34] cujos romances nunca consegui ter em mãos. Ele me irrita um pouco, e Péguy,[35] que também tentei recentemente, me deixou indisposto. Acho que está na hora de contra-atacar de novo esses escritores católicos. Também li recentemente Studs Lonigan,[36] de Farrell, pela primeira vez e fiquei muito decepcionado. Acho que não li muito mais do que isso.

O tempo aqui esteve horrível junho todo, mas agora finalmente virou, e eles estão recolhendo o feno com grande velocidade. Sinto vontade de ir pescar, mas suponho que neste ano não poderei, não porque a pesca seja um grande esforço, mas porque você sempre tem de caminhar dez ou quinze quilômetros e acaba ficando molhado até os ossos. Mande lembranças a sua esposa. Depois do dia 25, meu endereço será como antes, ou seja, Barnhill, Ilha de Jura, Argyllshire.

Do seu

George

---

34 Leon Marie Bloy (1846-1917), romancista francês cuja obra ataca o conformismo da burguesia de sua época. Ele esperava o colapso daquela sociedade e ficou cada vez mais influenciado pelo misticismo católico romano, expresso principalmente em seu Diário, 1892-1917.
35 Republicano e socialista, fundou o Cahiers de la Quinzaine (1900-14). Seu objetivo era "Dizer a verdade, toda a verdade, nada senão a verdade, dizer simplesmente a verdade simples, monotonamente a verdade monótona, tristemente a verdade triste" — essa era sua doutrina e seu método, e, acima de tudo, sua ação (Péguy, citado por Daniel Halevy, Peguy and "Les Cahiers de la Quinzaine", 1946, 52). No decorrer de sua edição, seu catolicismo romano e seu patriotismo se intensificaram. Um conto preferido de Orwell, que ele dramatizou para a BBC, era L'Affaire Crainquebille, de Anatole France (11 de agosto de 1943, XV, 2230, pp. 186-97), publicado pela primeira vez por Péguy nos Cahiers.
36 James Thomas Farrell (1904-79), prolífico e bem-sucedido romancista americano e crítico literário e social de muita franqueza (por exemplo, The League of Frightened Philistines, 1945).

Fredric Warburg* a Orwell

19 e 22 de julho de 1948

Em 19 de julho de 1948, Warburg escreveu a Orwell para dizer que ficara sabendo que o escritor estava com uma aparência muito melhor e mencionava o interesse de Orwell em ver mais romances de Gissing reeditados. O tema principal da carta dizia respeito a 1984:

É claro que fiquei especialmente satisfeito em saber que você fez uma quantidade substancial da revisão do novo romance. Do nosso ponto de vista, e eu deveria dizer do seu ponto de vista também, essa revisão é de longe a mais importante tarefa à que você pode se aplicar quando sentir vitalidade. Ela não deve ser posta de lado para fazer resenhas ou trabalhos diversos, por mais tentador que seja, e tenho certeza que mais cedo ou mais tarde trará mais dinheiro do que você poderia esperar de qualquer outra atividade. Se conseguir terminar a revisão até o final do ano, isso será bastante satisfatório, e deveremos publicá-lo no outono de 1949, mas é realmente importante para sua carreira literária terminá-lo até o final do ano e, se possível, antes disso.

Em 22 de julho, ele contou a Orwell sobre o grande interesse despertado no Japão por A revolução dos bichos. *Os americanos haviam apresentado 50-75 títulos de livros ocidentais a editoras japonesas e as convidaram a dar lances por eles.* A revolução dos bichos *recebeu a maioria das propostas; 48 editoras japonesas estavam ansiosas por publicá-lo. Foi "finalmente arrematado por uma empresa de Osaka que está pagando 20 centavos ou 20 ienes por exemplar, eu não tenho certeza qual das duas quantias". Isso não deixaria Orwell rico, e os ienes só poderiam ser gastos no Japão: "Talvez uma viagem de primavera na época das cerejas possa ser possível para você, se e quando o mundo estiver um pouco mais em ordem". [XIX, 3426, pp. 408-9]*

GEORGE ORWELL

Para David Astor*

9 de outubro de 1948
Barnhill
Ilha de Jura

Caro David,
Muito obrigado por sua carta. Um pouco antes de recebê-la, eu havia escrito ao sr. Rose,[37] enviando-lhe uma breve resenha de um livro e fazendo sugestões para outros. Acho que incluí na lista dos livros que eu gostaria de ter um chamado Boys Will Be Boys[38] (sobre thrillers etc.), do qual os editores me mandaram agora um exemplar; assim, mesmo que você quiser que eu faça a resenha dele, não há necessidade de enviá-lo para mim.

Você estava certo sobre eu não estar muito bem. Estou um pouco melhor agora, mas me senti muito mal por mais ou menos quinze dias. Tudo começou curiosamente com a minha ida ao Hairmyres para ser examinado, o que me disseram para fazer em setembro. O sr. Dick parecia bastante satisfeito com os resultados do exame que fez em mim, mas a viagem me deixou indisposto. Qualquer tipo de viagem parece me causar isso. Ele me disse para continuar como agora, isto é, passando a metade do dia na cama, o que faço com muito prazer, pois simplesmente não consigo fazer nenhum tipo de esforço. Andar um quilômetro, ou pegar alguma coisa nada pesada, ou, sobretudo, passar frio, isso me deixa imediatamente indisposto. Até mesmo quando saio à noite para buscar as vacas, isso me dá febre. Por outro lado, se levo uma espécie de vida senil sinto-me bem, e parece que sou capaz de trabalhar tanto quanto de costume. Fiquei tão acostumado a escrever

---

37 Jim Rose, membro da equipe do editor literário do The Observer.
38 Boys Will Be Boys: the Story of Sweeney Todd, Deadwood Dick, Sexton Blake, et al., de E. S. Turner (1948; revisado, 1957). Orwell não o resenhou.

na cama que acho que prefiro assim, embora seja evidentemente atrapalhado escrever à máquina lá. Estou lutando com os últimos estágios deste maldito livro, que deve estar pronto no início de dezembro, e estará, se eu não ficar doente de novo. Se não fosse pela doença, eu o teria terminado na primavera.

    Richard está muito bem e fica na rua seja lá qual for o tempo que esteja fazendo. Lamento dizer que ele passou a fumar recentemente, mas ficou tão doente que acabou desistindo. Ele também fala palavrões. Não o impeço, é claro, mas estou tentando melhorar minha linguagem um pouco. O tempo tem andado absolutamente nojento, com exceção de três ou quatro dias recentes. Bill Dunn conseguiu colher cedo todo o seu feno e milho, mas muita coisa deve ter estragado em outros lugares. A fazenda está crescendo. Ele tem agora cerca de cinquenta ovelhas e em torno de dez cabeças de gado, algumas das quais são de minha propriedade. Também temos um porco que vai virar bacon em breve. Nunca tive um porco e não lamentarei ver o fim deste. São animais muito irritantes e destrutivos, e é difícil mantê-los longe de qualquer lugar porque são fortes e espertos. Temos um pouco de jardim agora. Claro que muito disso ficou para trás, porque não estou conseguindo fazer nada, mas espero arrumar um trabalhador irlandês[39] para cavar alguns buracos neste inverno; ainda assim, tivemos uma boa quantidade de flores e morangos neste ano. Richard parece interessado em atividades de fazenda e jardim, ele me ajuda no jardim e às vezes é bastante útil. Eu gostaria que ele fosse agricultor quando crescer, na verdade eu não deveria me surpreender que alguém que sobrevivesse tivesse que ser isso, mas é claro que não vou forçá-lo.

---

[39] Francis (Francey) Boyle, um trabalhador de estrada; ver Crick, p. 525.

Não sei quando irei a Londres. Primeiro, preciso terminar este livro, e Londres não me entusiasma logo antes do Natal. Eu havia pensado em ir em janeiro, mas tenho de esperar até me sentir em condições de viajar. Estou um pouco fora de sintonia com as notícias, em parte porque a bateria do meu rádio está ficando fraca, mas tudo parece muito sombrio. Não acredito que uma guerra total possa acontecer agora, talvez apenas "incidentes", como costumavam ocorrer o tempo todo entre Rússia e Japão, mas suponho que a guerra atômica é agora uma certeza para dentro de alguns anos. O livro que estou escrevendo é sobre o possível estado de coisas se a guerra atômica *não* for conclusiva. Acho que você tinha razão, afinal, sobre De Gaulle ser uma figura séria. Imagino que, se for necessário, teremos que apoiar o porco em vez de ter uma França comunista, mas devo dizer que esse apoio a Franco, que parece ser agora a política, é um erro. Na França, não parece haver alternativa entre De Gaulle e os comunistas, porque com exceção do PC nunca houve um movimento de massa da classe operária e todos parecem ser pró-PC ou *bien pensant*. Mas eu não deveria ter dito, a partir do pouco conhecimento que tenho, que as coisas eram iguais na Espanha. Sem dúvida, foram os católicos americanos que salvaram Franco de ser forçado a sair em 1945. Ainda estou preocupado com nossas políticas na África e no sul da Ásia. É ainda Crankshaw[40] que vai à África para você? É tudo mais deprimente. Fico pensando que devo terminar tal e tal livro antes que os foguetes comecem a voar e voltemos para os tabletes de argila.

---

40 Edward Crankshaw (1909-84), romancista e crítico, membro da equipe diplomática do *Observer* a partir de 1947; Missão Militar Britânica em Moscou, 1941-3. Em *David Astor and "The Observer"*, Richard Cockett afirma: "George Orwell foi importante para conscientizar David do problema da descolonização na África no pós-guerra. *The Observer* foi o primeiro e, durante muito tempo, o único jornal britânico a tratar dos problemas da descolonização na África e, em particular, da difícil situação dos africanos em seu próprio continente" (p. 126).

Há uma águia voando sobre o campo aqui em frente. Elas sempre vêm para cá quando venta.

Do seu

George

P. S.: [*Manuscrito*] Por acaso você conhece alguém que restaure quadros? Um retrato meu foi danificado (um corte na tela) &, embora não valha nada, gostaria de repará-lo.

Para Julian Symons*

29 de outubro de 1948
Barnhill
Ilha de Jura

Caro Julian,

Não posso lhe agradecer o suficiente pelo chá, que espero não lhe fazer falta. Minha irmã, que cuida da casa para mim, ficou encantada em vê-lo e me pediu que lhe dissesse que vai guardar um pouco de manteiga para você no próximo dia em que batê-la. Fico feliz de saber que tudo está bem com sua esposa e sua filha e que você gosta de ter um bebê. Eles são realmente muito divertidos, tanto que me descubro desejando a cada fase que pudessem ficar assim. Imagino que você está na constante labuta das cinco mamadeiras e quinze fraldas por dia. É engraçado como eles são glutões insaciáveis quando são bebês pequenos e, depois, entre dois e seis anos, é uma luta para conseguir que comam, exceto entre as refeições. Pergunto-me que leite você está usando. Criamos Richard com Ostermilk, que parecia ser melhor do que o National

Dried.[41] O primo dele foi alimentado com Cow and Gate e engordou muito. Você terá uma grande batalha pela frente quando chegar a hora do desmame.

Estive muito bem por algum tempo após deixar o hospital, mas andei muito mal novamente no mês passado. [*Até para caminhar menos de um quilômetro é difícil.*] Eu ia descer para Londres em janeiro, mas estou consultando meu médico se ele acha melhor eu ir para um sanatório particular, se eu conseguir encontrar um, durante a pior parte do inverno, isto é, jan-fev. Eu poderia ir para o exterior, talvez, mas a viagem pode significar minha morte, então um sanatório talvez seja melhor. Acho que vou desistir de meu apartamento em Londres, pois não o estou usando e me custa cerca de cem libras esterlinas por ano e um monte de aborrecimentos. Claro que depois terei de conseguir outro lugar em Londres. Vou terminar meu livro, *D.V.*,[42] em uma semana ou dez dias, mas estou fugindo um pouco de datilografá-lo, que é um trabalho cansativo e que, além disso, não pode ser feito na cama, onde tenho de ficar a metade do dia. [*Tentando conseguir uma datilógrafa para vir a Jura.*]

Fiquei bastante surpreso ao saber que John Davenport se associou a um jornal do PC ou quase PC.[43] Ele não costumava ter essa tendência, que eu soubesse. Lamento dizer que *Politics & Letters* desapareceu e deverá reaparecer no próximo ano como uma revista mensal, para meu aborrecimento, pois estavam com um artigo meu. É um absurdo o que Fyvel disse sobre Eliot ser antissemita. Evidentemente, é possível encontrar o que hoje seria chamado de comentários antissemitas em sua obra inicial, mas quem não

---

41 National Dried era um leite em pó parecido com marcas comerciais como a Ostermilk e disponibilizado pelo governo por intermédio de Clínicas Infantis para mães de bebês pequenos.
42 D.V.: *Deo Volente*, se Deus quiser.
43 John Davenport (1906-66), crítico literário e homem de letras, amigo de muitos escritores e pintores. O jornal era provavelmente *Our Time*, do qual era colaborador.

disse tais coisas naquele tempo? É preciso fazer uma distinção entre o que era dito antes e depois de 1934. É claro que todos esses preconceitos nacionalistas são ridículos, mas não gostar de judeus não é intrinsecamente pior do que não gostar de negros, americanos ou de qualquer outro grupo de pessoas. No início dos anos 20, os comentários antissemitas de Eliot estavam no mesmo patamar do desprezo automático que se tinha por coronéis anglo-indianos nas pensões. Por outro lado, se tivessem sido escritos depois que as perseguições começaram, teriam significado algo bem diferente. Veja, por exemplo, a anglofobia nos EUA, que é compartilhada até mesmo por gente como Edmund Wilson. Não importa, porque não estamos sendo perseguidos. Mas se 6 milhões de ingleses tivessem sido recentemente mortos em furgões de gás, imagino que eu deveria me sentir inseguro se visse uma piada em um jornal humorístico francês sobre dentes salientes de inglesas. Algumas pessoas andam por aí farejando antissemitismo o tempo todo. Não tenho dúvidas de que Fyvel pensa que sou antissemita.[44] Mais lixo é escrito sobre esse assunto do que sobre qualquer outro que possa me ocorrer. Acabei de receber o livro de Sartre sobre esse tema para resenhar, e duvido que seria possível juntar tanto disparate em tão curto espaço. Penso desde o início que Sartre é um saco de vento, embora possivelmente quando se trata do existencialismo, que admito não entender, talvez não seja assim.

---

44 Tosco Fyvel, amigo de longa data de Orwell, comentou a observação de Orwell de que ele, Fyvel, sem dúvida, achava Orwell antissemita em *George Orwell: a Personal Memoir*, pp. 178-82: "Eu nunca teria dito aquilo", embora afirmasse que Malcolm Muggeridge pensava que Orwell era "no coração fortemente antissemita". Fyvel continua: "Dito de forma grosseira como essa, eu não concordaria [...] Era impensável que ele tivesse sido alguma vez abertamente antissemita. Mas suas concepções ideológicas sobre a assimilação na cultura britânica de uma minoria étnica judaica forte eram uma questão diferente".

Richard está florescendo. [*Seu progresso; invernos mais amenos em Jura do que na Inglaterra.*] Pela primeira vez na vida, tentei criar um porco. Eles são realmente animais nojentos e todos ansiamos pelo dia em que ele irá para o açougue, mas fico contente de ver que eles se dão bem aqui. Ele chegou a um tamanho estupendo se alimentando apenas de leite e batatas, sem que comprássemos nenhum alimento para ele de fora. Dentro de um ano mais ou menos, vou precisar pensar na escolaridade de Richard, mas não estou fazendo planos porque não se pode ver muito adiante agora. Não vou deixá-lo ir para um colégio interno antes que tenha dez anos, e gostaria que ele começasse a escola primária. Se fosse possível encontrar uma boa. É uma questão difícil. Obviamente é democrático que todos frequentem as mesmas escolas, ou pelo menos comecem lá, mas quando você vê como são as escolas de ensino fundamental, e os resultados, você sente que qualquer criança que tivesse a chance deveria ser retirada delas. É bastante fácil, por exemplo, sair das escolas aos 14 anos sem ter aprendido a ler. Há pouco tempo, ouvi no rádio que é preciso ensinar a ler dez por cento dos recrutas de 19 anos do Exército depois que eles ingressam nas Forças Armadas. Lembro-me de ter encontrado em 1936 John Strachey[45] na rua — então membro do PC, ou pelo menos da equipe do [*Daily*] *Worker* — e de ele me dizer que tinha acabado de ter um filho e de que o estava preparando para Eton. Eu perguntei: "Como você pode fazer isso?" e ele disse que, tendo em vista nossa sociedade, era a melhor educação. Na verdade, eu duvido que seja a melhor, mas em princípio não sei ao certo se ele estava errado. No entanto, não estou tomando nenhuma decisão sobre Richard para um lado ou para o outro. Claro que podemos todos ser jogados no inferno antes que isso se torne urgente, mas não

---

[45] John Strachey (1901-63), político e teórico político; deputado trabalhista, 1929-31, 1945-63. Em 1946 tornou-se membro proeminente do governo trabalhista.

espero uma guerra para valer nos próximos cinco ou dez anos. Depois que os russos se recuperarem totalmente e tiverem bombas atômicas,[46] suponho que não será evitável. E, mesmo que seja, há muitos outros dissabores explodindo.

Lembranças para sua esposa e meus melhores votos para sua filha.

Do seu
George

Para David Astor*

21 de dezembro de 1948
Barnhill
[Ilha de Jura]

Caro David,

Estou realmente muito mal, & estou assim desde setembro, & estou tomando providências para ir a um sanatório particular no início de janeiro & ficar lá por pelo menos dois meses. Eu deveria ir a um lugar chamado Kingussie, recomandado° pelo dr. Dick, mas estava lotado & fiz arranjos para ir a um lugar em Glostershire. Se não ocorrer nenhum problema, a partir de 7 de janeiro meu endereço será Sanatório Cotswold, Cranham, Glos.

Digo-lhe isso principalmente porque sinto que devo parar de trabalhar, ou melhor, de tentar trabalhar, por pelo menos um ou dois meses. Eu já teria ido a um sanatório dois meses atrás se não quisesse terminar aquele maldito livro, que, graças a Deus, terminei. Estive enrolado nele por cerca de um ano e meio por causa desta maldita doença. Livrei-me rapidamente de todas as resenhas que prometi ao *Observer*, exceto duas [detalhes e desculpas ao sr.

---

[46] A Rússia soviética testou sua primeira bomba atômica em setembro de 1949.

Rose]. Receio que I[vor] B[rown] me dará mais uma bola preta, mas preciso mesmo de um bom descanso de um ou dois meses. Preciso simplesmente tentar permanecer vivo por enquanto porque, além de outras razões, tenho uma boa ideia para um romance.[47]

Tudo está florescendo aqui, exceto eu. [*Vida em Barnhill; tem um motor estacionário para o Meccano de Richard*.] Mandamos nosso porco para abate há uma ou duas semanas. Tinha apenas nove meses & pesava mais de cem quilos *depois* da remoção da cabeça & pés.

Espero que sua filha esteja bem. O novo bebê de Margie Fletcher teve um problema nos intestinos, mas parece melhor agora. É outro menino.

Um abraço
George

Para Roger Senhouse*

26 de dezembro de 1948
Barnhill Ilha de Jura Argyll

Caro Roger,
Muito obrigado por sua carta. Quanto à sobrecapa. Realmente não acho que a abordagem no projeto que me enviou é o caminho certo. Faz o livro parecer um thriller misturado com uma história de amor, & eu não tinha a intenção de que fosse principalmente isso. O que ele na verdade pretende é discutir as implicações de dividir o mundo em "zonas de influência" (pensei nisso em 1944, como consequência da Conferência de Teerã), além de indicar, por meio da paródia, as implicações intelectuais do totalitarismo. Sempre me pareceu que as pessoas não enfrentaram essas

---

[47] Talvez "A Smoking-Room Story" (ver XX, 3723-24, pp. 193-200).

implicações & que, por exemplo, a perseguição dos cientistas na Rússia[48] é simplesmente parte de um processo lógico que deveria ter sido previsível há dez ou vinte anos. Quando você chegar ao estágio das provas, o que acha de conseguir alguém eminente que possa se interessar, por exemplo Bertrand Russell[49] ou Lancelot Hogben,[50] em dar sua opinião sobre o livro & (se a pessoa concordar) usar um trecho disso na sobrecapa? Há várias pessoas que se pode escolher.

Estou indo para um sanatório a partir de 6 de janeiro &, a menos que haja alguma mudança de última hora, meu endereço será Sanatório Cotswold, Cranham, Glos.

Abraços a todos
George

---

48 Ver carta para C. D. Darlington de 19/3/47.
49 Bertrand Russell (1872-1970, Terceiro Conde Russell), filósofo, matemático, professor e escritor. Entre as muitas causas pelas quais lutou, a mais importante talvez tenha sido o desarmamento nuclear. Ver o seu "George Orwell", *World Review*, nova série, 16 de junho de 1950.
50 Lancelot Hogben (1895-1975), cientista e escritor, ficou conhecido primeiramente como geneticista e endocrinologista, mas depois se tornou conhecido pelo público muito amplo de uma série de livros que apresentavam a ciência e a linguagem ao leitor comum, especialmente *Mathematics for the Million* (1936) e *Science for the Citizen* (1938).

Hospitais Cranham e University College e morte de Orwell

1949

Em 2 de janeiro de 1949, Orwell deixou a ilha de Jura pela última vez. Tornou-se paciente do Sanatório Cranham, em Gloucestershire, condado do sudoeste da Inglaterra. A descrição de como os pacientes eram tratados soa dura agora, mas na época pensava-se que esse tratamento fosse benéfico. Filmes desses hospitais, com doentes deitados ao ar livre, muitas vezes em condições próximas do congelamento, podem causar reações do público incrivelmente contrastantes. Quando Fredric e Pamela Warburg foram visitá-lo, ficaram chocados com o que viram e com a aparente falta de tratamento que ele estava recebendo (ver adiante nota ao telegrama de 18 de janeiro de 1949).

Secker & Warburg em Londres e Harcourt, Brace em Nova York compuseram rapidamente 1984 e tiraram provas dele. Orwell as corrigiu em março e no mesmo mês mostrou-se forte o suficiente para protestar vigorosamente contra as tentativas em Nova York de cortar "cerca de um quinto ou um quarto do livro". Exigiu também que o sistema métrico que ele mostrava ser praticado em 1984, e que fora reconvertido ao sistema imperial britânico por Harcourt, Brace, fosse restaurado. Em junho, este que foi seu último livro saiu em Londres (com o título de *Nineteen Eighty-Four*) e em Nova York (com o título de 1984), e em julho o Clube do Livro do Mês americano imprimiu cerca de 190 mil exemplares. No final de agosto, a NBC transmitiu uma dramatização radiofônica com David Niven no papel de Winston Smith. O sucesso dessa versão assim como o de Orwell foram quase instantâneos.

Em 14 de fevereiro (dia de São Valentim), Jacintha Buddicom, tendo descoberto que seu companheiro de infância Eric Blair era George Orwell, escreveu a ele, para deleite do escritor. No final de março, Celia Kirwan foi vê-lo em nome do Departamento de Pesquisa de Informações (IRD na sigla inglesa), que havia sido criado pelo governo trabalhista a fim de tentar neutralizar "a campanha global e danosa para minar o poder e a influência ocidental" dos soviéticos. Ele não se sentia forte o suficiente para escrever para o IRD, mas sugeriu nomes de quem poderia fazê-lo e também daqueles "não confiáveis" para essa tarefa.

Em setembro, foi transferido para o hospital University College, em Londres. É provável que não houvesse mais possibilidade de cura, mas ele foi bem cuidado, os amigos podiam aparecer para visitá-lo e suas adoradas varas de pesca estavam no canto do quarto, esperando o tempo que nunca viria em que ele poderia usá-las, na Suíça ou no campo inglês. Foi nesse quarto que ele e Sonia Brownell se casaram em 13 de outubro. Em 18 de janeiro de 1950, ele assinou seu testamento, na véspera da viagem que lhe foi sugerida para a Suíça. Infelizmente, antes que pudesse ir, morreu de uma abundante hemorragia no pulmão, na madrugada do sábado 21 de janeiro de 1950.

Ilustração de Bobby Longden para *The White Man's Burden*, de Orwell, publicado no *College Days*, nº 3, 29 de novembro de 1919.

Dr. Bruce Dick* para David Astor*

5 de janeiro de 1949
de The Peel, Busby [sul de Glasgow]

Prezado sr. David,

Peço desculpas pela demora em responder à sua carta.

Mantive algum tempo correspondência com Eric Blair. Era óbvio° uma história de recidiva, presumivelmente de início bastante aguda. Quando o vimos em setembro, achamos que ele estava tão bem como quando nos deixou.

Eu havia me oferecido para levá-lo ao nosso hospital ou a este. No entanto, ele ansiava pelo Sul menos rigoroso. Ele havia se decidido por Mundesley;[1] imagino que o atraso em conseguir vaga o fez decidir pelo Sanatório Cotswold.[2] Não tive contato pessoal com o superintendente, mas um de meus assistentes enviou um relato detalhado.

Creio que a doença vai responder novamente a um tratamento com estreptomicina. Ela agora pode ser obtida com mais facilidade. Por certo, não há nenhuma outra forma de tratamento disponível.

É uma grande má sorte para um caráter tão fino & homem talentoso. Sei que ele ganha grande ânimo com sua amizade & bondade contínua.

Espero que o pobre amigo fique bem. Está óbvio agora que ele terá de levar uma vida muito protegida em um ambiente de sanatório. Receio que o sonho de Jura deva se desfazer.

---

[1] Na costa leste da Inglaterra, cerca de 32 a 35 quilômetros a nordeste de Norwich. Não se sabe por que ele não foi para lá. Gwen O'Shaughnessy ajudou-o a encontrar um lugar em Cranham.

[2] Orwell deu entrada no Sanatório de Cotswold em 6 de janeiro de 1949. Richard Rees levou Orwell de carro na primeira etapa da longa viagem de Barnhill a Cranham (*George Orwell: Fugitive from the Camp of Victory*, p. 150). Ele observa que em Barnhill Orwell "foi certamente feliz [...] Ele achava que enfim estava criando raízes. Mas, na realidade, era óbvio que ele havia escolhido um solo rochoso demais" (p. 149). Orwell completou sua viagem de trem.

Se eu puder ajudar, nem que seja o mínimo, ajudarei. Se ele vier para o Norte mais tarde, lhe daremos abrigo.

Com cordiais saudações.

Atenciosamente,

Bruce Dick

Para Leonard Moore*

17 de janeiro de 1949

Sanatório Cotswold

Cranham

Caro Moore,

Incluo os seis contratos,[3] devidamente assinados. Obrigado também pelo envio dos exemplares de *Dias na Birmânia* & da revista com aquele cartum.

Fico contente que o novo livro tenha sido vendido para os EUA. Presumo que não faz mal ter um título diferente aqui e lá.[4] Warburg parece preferir 1984 & eu acho que também o prefiro um pouco.[5]

---

[3] Não identificados. Possivelmente, os contratos para as versões em língua estrangeira de *A revolução dos bichos*.

[4] O livro se chamou *Nineteen Eighty-Four* no Reino Unido e 1984 nos EUA.

[5] Nenhuma carta foi encontrada mostrando que Orwell pretendia isso, embora ele o possa ter achado um efeito colateral divertido. O fac-símile do rascunho mostra claramente que o ínicio do romance se passava em 1980; depois, com o tempo decorrido na escrita do livro, 1982, e, por fim, 1984. Isso fica particularmente claro na página 23 do fac-símile, mas as consequentes mudanças ocorrem em vários pontos. Pode-se argumentar que ao situar o romance em, sucessivamente, 1980, 1982 e 1984, Orwell estava projetando sua própria idade, 36 anos, quando a Segunda Guerra Mundial começou, a partir do momento em que estava planejando ou efetivamente escrevendo o romance. Assim, 1944 + 36 = 1980, 1946 + 36 = 1982, 1948 + 36 = 1984. Talvez não seja coincidência que em 1944, quando se pode dizer que a ideia do romance tomava forma, Richard tenha sido adotado. Seria natural que Orwell se perguntasse naquela época (como muitos fizeram) quais eram as perspectivas de guerra ou de paz para quando seus filhos crescessem. Ao escolher 1984, George Orwell situou seu romance

Acho que seria melhor escrever Mil novecentos e oitenta e quatro, mas espero ver Warburg em breve & vou falar com ele sobre isso. É possível que os editores americanos queiram cortar o Apêndice,[6] que naturalmente não é uma coisa normal de ter em alguma coisa que pretende ser um romance, mas gostaria de mantê-lo, se possível.

Receio que estarei no endereço acima nos próximos dois ou três meses. É um lugar simpático & me sinto bastante confortável. Estou tentando não fazer nenhum trabalho, pois acho que é a coisa mais sábia no momento. Assim, com referência à sua outra carta, você poderia dizer à Harper's Bazaar que eu gostaria de escrever o artigo, mas que estou gravemente doente & não posso fazer nada. Arrisco a dizer que em mais ou menos um mês estarei apto a começar a trabalhar de novo, mas no momento não quero assumir nenhum compromisso.

Cordialmente
Eric Blair

Para Fredric Warburg*

18 de janeiro de 1949
Telegrama

ESPERO VÊ-LO SEXTA-FEIRA TRAGA PAMELA CARRO BUSCARÁ VOCÊ
GEORGE

---

tanto no presente como no futuro. Se Orwell tivesse escrito somente sobre o presente, não teria havido nenhuma necessidade de avançar o ano para além de 1980, e preservar o intervalo de 36 anos deve ter tido importância para ele. Inverter os dígitos finais de 1980 e 1982 não faria sentido; a inversão dos de 1984 foi provavelmente uma coincidência.

6 O apêndice "Os princípios da novilíngua" foi incluído nas edições inglesa e americana.

A visita foi marcada para sexta-feira 21 de janeiro de 1949. Warburg foi com sua esposa, Pamela, e em All Authors Are Equal (1973) ele faz um relato vívido de Cranham (que os deixou horrorizados) e do estado angustiante de Orwell. Warburg, ao confirmar a visita a George Orwell em carta de 19 de janeiro, pediu permissão para ter uma discussão franca com seus médicos: "Seu futuro é importante para mais pessoas do que você mesmo". Em resposta às perguntas deles, Orwell contou a Pamela Warburg que "uma médica [presumivelmente Margaret Kirkman] me visita todas as manhãs. [...] Acho que ela é totalmente competente e gentil e me pergunta como me sinto e tudo isso". No entanto, em resposta às perguntas da sra. Warburg, verificou-se que nenhum exame do peito com estetoscópio havia sido feito. "Imagino que eles estão com equipe insuficiente aqui, você sabe", Orwell contou, "ela provavelmente não teve tempo", ao que a sra. Warburg respondeu irada: "É monstruoso, absolutamente chocante" (p. 109). Não obstante, Orwell achava que os médicos sabiam o que estavam fazendo, e Warburg observa: "A resposta foi tão típica dele — ele não suportava fazer estardalhaço — e tão dolorosa que mal pude acreditar nos meus ouvidos, mas ao menos tornou mais fácil para Pamela pedir-lhe que visse um especialista de Londres". Ela persuadiu Orwell a prometer que lhes diria, se quisesse que o dr. Andrew Morland (um dos principais especialistas no campo, que havia tratado de D. H. Lawrence) o visse e, se necessário, o levasse ao hospital do University College, em Londres. Warburg também relata como, na época, Louis Simmonds, um livreiro com quem Orwell negociava e que era um caloroso admirador do escritor, disse a Warburg que ele e um ou dois amigos levantariam quinhentas libras esterlinas — uma quantia muito grande naquele tempo — para possibilitar que Orwell fosse à Suíça se tratar porque "ele é precioso demais para se perder" (pp. 107-9).

Para Sir Richard Rees*

4 de fevereiro de 1949
Sanatório Cotswold
Cranham

Caro Richard,

Incluo um cheque no valor que eu lhe devia. Você vai notar que acrescentei três libras esterlinas. Você me faria a gentileza de pedir ao seu comerciante de vinhos que me mandasse duas garrafas de rum, que suponho custarão em torno disso? Imagino que ele saberá como embalá-las para que não quebrem.

Tive notícias de Avril, que diz que ela e Bill pensam que seria melhor se mudarem para uma fazenda no continente. Acho que eles têm razão, mas não posso deixar de me sentir mal em relação a isso, pois acho que minha saúde é o fator precipitante, embora o estado da estrada seja um bom segundo motivo. Acho que seria temerário enterrar mais dinheiro em qualquer melhoria não removível etc.,[7] porque um lugar assim poderia, por sua natureza, se tornar insustentável em algum momento. Creio que será possível mudar-se sem vender os animais de criação e perder na transação. Receio que a mudança será uma coisa terrível, da qual eu provavelmente estarei ausente quando acontecer. Pedi que Avril diga a Robin [Fletcher] que, se ele não encontrar um inquilino que realmente cultive o lugar, eu gostaria de manter a locação da casa. Não vejo por que não deveríamos tê-la como um lugar de veraneio, e poderíamos deixar lá camas de acampamento etc. Evidentemente, eu talvez nunca fique forte o suficiente para esse tipo de coisa de novo, mesmo no verão, mas outros podem aproveitar, e o aluguel é quase nada.

---

[7] Rees investira mil libras esterlinas no desenvolvimento de Barnhill.

Estou lendo o último livro de B. Russell, sobre conhecimento humano.[8] Ele cita Shakespeare, "duvida que as estrelas sejam fogo, duvida que a terra se mova" (acho que continua com "Duvida que a verdade seja mentirosa, mas jamais duvides que amo"). Mas ele escreve "duvida que o sol se mova", e usa isso como um exemplo de ignorância de S. Está correto isso? Eu tinha a impressão de que era "a terra". Mas não tenho Shakespeare aqui nem me lembro de onde vêm os versos (deve ser de uma das comédias, acho). Eu gostaria que você verificasse isso para mim, se puder lembrar de onde vêm.[9] Por falar nisso, estou sabendo que a imprensa russa acabou de descrever B. R. como um lobo de smoking e uma fera selvagem em vestes de filósofo.

Não sei se eu realmente me interessaria muito por aquele livro sobre as cartas etc. Eu já tinha ouvido falar desse rapaz,[10] mas não consigo me interessar muito por telepatia, a menos que pudesse ser desenvolvida para ser um método confiável.

Estive lendo *The First Europe*[11] (história da Idade das Trevas), muito interessante, embora escrito de uma forma bastante cansativa. Nas duas primeiras semanas aqui, fiquei sem meu suprimento de livros e tive de contar com a biblioteca, o que significou

---

8 *Human Knowledge: Its Scope and Limits* (1948). Em sua lista do que leu em 1949, Orwell escreveu ao lado desse livro: "Tentou & fracassou".
9 Russell estava quase textualmente correto. O trecho é de *Hamlet*, 2.2.116-19; na verdade, o primeiro verso começa com "duvida tu", e não "duvida que". Russell toma a frase em seu sentido literal — que a terra não se move. Se isso estiver correto, Shakespeare (ou Hamlet) não pode ser acusado de ignorância porque, na época, o cosmos ainda era quase uniformemente entendido de acordo com a teoria de Ptolomeu. Copérnico e Galileu contestavam essa teoria (Galileu e Shakespeare nasceram no mesmo ano), e a teoria deles era considerada herética, como a Inquisição explicou incisivamente a Galileu. No entanto, esse trecho é normalmente interpretado como sugerindo que a Terra se move; Shakespeare foi mais sutil do que Russell ou Orwell parecem ter percebido, e Hamlet, talvez, mais tortuoso.
10 Professor J. B. Rhine, diretor do Laboratório de Parapsicologia da Universidade Duke.
11 De Cecil Delisle Burns; Orwell o lista em março e anota: "Folheado".

ler algum lixo horrível. Entre outras coisas, li um Deeping[12] pela primeira vez — na verdade, não tão ruim quanto eu esperava, uma espécie de romancista natural como A. S. M. Hutchinson.[13] Também um Peter Cheyney.[14] Ele evidentemente ganha bem com seus livros, pois eu costumava receber convites dele para festas luxuosas no Dorchester. Mandei buscar vários romances de Hardy[15] e estou olhando para eles sem muito ânimo.

Abraços
Eric

Para Jacintha Buddicom*

14 de fevereiro de 1949
Sanatório Cotswold
Cranham Glos.

Querida Jacintha,

Que bom receber sua carta após todos estes anos. Acho que devem ser realmente trinta anos, desde as férias de inverno, quando fiquei com você em Shiplake, embora eu tenha visto Prosper e Guinever um bom tempo depois, em 1927, quando fiquei com eles

---

12 Warwick Deeping (1877-1950), romancista prolífico que estudou medicina. Seu livro de maior sucesso foi *Sorrell and Son* (1925), baseado em seu trabalho no Corpo Médico do Exército Real durante a Primeira Guerra Mundial. Orwell não diz qual livro ele leu. Manifestou certo desprezo pelos "Dells e Deepings", embora admita em *A flor da Inglaterra*, p. 34: "Mesmo os Dell e os Deeping produzem ao menos seu hectare anual de impressão".

13 Arthur Stuart-Menteth Hutchinson (1879-1971), nascido no estado de Uttar Pradesh, na Índia; romancista prolífico cujo *If Winter Comes* já havia atraído a atenção de Orwell; ver "Livros ruins bons", Tribune, 2 de novembro de 1945, (XVII, 2780, p. 348).

14 Peter Cheyney (1896-1951), autor prolífico, principalmente de romances policiais e de suspense, embora tenha publicado também poemas e cartas. Serviu na Primeira Guerra Mundial, foi promovido ao posto de major e, em 1916, foi gravemente ferido. Orwell havia lido seu *Dark Hero*.

15 Orwell registra a leitura de *Judas, o Obscuro*, e *Tess dos D'Urbevilles* em fevereiro de 1949.

em Ticklerton após voltar da Birmânia. Depois disso, morei em vários lugares do mundo, muitas vezes com grande dificuldade para ganhar a vida, e perdi contato com muitos velhos amigos. Lembro que Prosper se casou por volta de 1930. Estou viúvo. Minha esposa morreu de repente há quatro anos, deixando-me com um filho (adotado) que ainda não tinha um ano de idade. Desde então, na maior parte do tempo, Avril cuida da casa para mim, e temos uma residência em Jura, nas Hébridas, ou, mais propriamente, nas Ilhas Ocidentais. Acho que, de qualquer modo, vamos manter a casa lá, mas no estado em que está minha saúde, imagino que terei de passar pelo menos os invernos em algum lugar acessível, onde exista um médico. De qualquer modo, Richard, o meu menino, que fará cinco anos em maio, em breve terá de ir à escola, o que não pode fazer de maneira satisfatória na ilha.

Tenho essa doença lúgubre (tuberculose), de forma aguda, desde o outono de 1947, mas é claro que ela pairou sobre mim durante toda a minha vida e, na verdade, acho que tive o primeiro ataque na primeira infância. Passei o primeiro semestre de 1948 no hospital, depois fui para casa muito melhor após o tratamento com estreptomicina, então comecei a me sentir mal novamente por volta de setembro. Não pude ir me tratar na época porque tinha de terminar um livro abominável que, devido à doença, eu vinha remanchando havia dezoito meses. Assim, só consegui vir para este lugar por volta do início do ano, quando já estava bastante preocupado comigo. Agora estou tentando não fazer nenhum tipo de trabalho, e não começarei nada antes de um ou dois meses. Tudo que faço é ler e fazer palavras cruzadas. Sou bem tratado aqui e posso me manter calmo e aquecido, e não me preocupar com nada, que é o único tratamento bom na minha opinião. Graças a Deus, Richard é extremamente resistente e saudável, e é pouco provável que venha a pegar essa doença, penso eu.

Nunca voltei à região de Henley, exceto uma vez ao passar pela cidade em um carro. Pergunto-me o que aconteceu com aquela propriedade que sua mãe tinha em que costumávamos caçar com aquelas "espingardas de bar"[16] e que pareciam tão grandes naquela época. Você se lembra da nossa paixão por R. Austin Freeman?[17] Eu nunca deixei de senti-la totalmente e acho que devo ter lido toda a obra dele, a não ser algumas mais recentes. Acho que ele só morreu há pouco tempo, com uma idade muito avançada.

Espero sair daqui na primavera ou no verão, e, se assim for, estarei em Londres ou nas proximidades de Londres por algum tempo. Nesse caso, a procurarei, se lhe aprouver. Enquanto isso, se quiser escrever de novo e me contar um pouco mais, eu ficaria muito satisfeito. Receio que esta seja uma carta ruim, mas no momento não posso escrever cartas longas, porque me cansa ficar sentado por muito tempo.

Um abraço
Eric Blair

Para Jacintha Buddicom*

[15 de fevereiro] de 1949
Cranham

Salve e Adeus, minha querida Jacintha,

Você vê que não esqueci. Escrevi-lhe ontem, mas a carta ainda não foi despachada, então vou continuar a animar este dia som-

---

16 Rifles de pequeno calibre usados em galerias de tiro — em feiras, por exemplo.

17 Richard Austin Freeman (1862-1943), autor de muitos romances e contos, tendo como protagonista o patologista-detetive John Thorndyke; o primeiro deles, escrito após sua aposentadoria forçada como médico e cirurgião onde hoje é Gana, The Red Thumb Mark (1907), deu início à fama de Freeman (e de Thorndyke). Seus romances e contos se caracterizavam pelo rigor científico. Em "Grandeur et décadence du roman policier anglais" ("The Detective Story"), Fontaine, 1944 (XV, 2357, pp. 309-20), Orwell classifica suas obras The Eye of Osiris e The Singing Bone como "clássicos da ficção policial inglesa".

brio. É um dia em que tudo está dando errado. Primeiro, houve um acidente estúpido com o livro que eu estava lendo, que agora ficou ilegível. Depois disso, a máquina de escrever travou & estou muito mal para consertá-la. Consegui emprestada uma substituta, mas não é muito melhor. Desde que recebi sua carta, fico me lembrando das coisas. Não consigo parar de pensar nos dias de juventude com você & Guin & Prosper & coisas esquecidas por vinte e trinta anos. Quero muito ver você. Devemos nos encontrar quando eu sair deste lugar, mas o médico diz que terei de ficar mais três ou quatro meses.

Gostaria que você conhecesse Richard. Ele ainda não lê & está um pouco atrasado na fala, mas gosta de pescar como eu & adora trabalhar na fazenda, onde é realmente muito útil. Ele tem um interesse enorme por máquinas, o que lhe pode ser útil mais tarde. Quando eu não tinha muito mais do que a idade dele, sempre soube que queria escrever, mas nos primeiros dez anos foi muito difícil ganhar a vida. Precisei pegar um monte de empregos detestáveis para ganhar o suficiente para sobreviver & só podia escrever no tempo livre que sobrava, quando eu já estava muito cansado & tinha que destruir uma dúzia de páginas por uma que valesse a pena manter. Rasguei um romance inteiro certa vez[18] & quisera não ter sido tão implacável. Talvez valesse a pena reescrever partes dele, embora seja impossível voltar a algo escrito em um mundo tão diferente. Mas agora lamento um pouco. ("An w'en I sor wot 'e'd bin an' gorn an' don, I sed coo lor, wot 'ave you bin an' gorn an' done?")[19] Acho que é uma coisa boa Richard ser uma criança tão prática.

---

18 Na introdução à edição francesa de *Na pior em Paris e Londres*, Orwell diz que escreveu dois romances quando morou em Paris.
19 Em *Eric & Us*, Jacintha Buddicom refere-se a esta "velha piada favorita de *Punch*" de que ambos gostavam: um marinheiro havia derrubado um balde de piche num convés recém-limpo para a inspeção de um almirante. Outro marinheiro deu esta explicação para o suboficial encarregado. Ela comenta: "Essa velha piada, junto com o sempre constante início e fim, identificariam esta carta como sendo de Eric" (p. 152). [O que o marinheiro diz em seu sotaque macarrônico é mais ou menos o seguinte: "E quando eu vi o que ele andou fazendo, eu disse: Meu Deus, o que você andou fazendo?" N. T.]

Você gosta de crianças? Acho que deve gostar. Você era uma menina tão sensível, sempre cheia de piedade pelas criaturas que nós baleávamos & matávamos. Mas você não foi tão sensível comigo, quando me abandonou para a Birmânia com toda a esperança negada. Estamos agora mais velhos, & com esta doença desgraçada os anos terão cobrado um tributo maior de mim do que de você. Mas estou bem cuidado aqui & me sinto muito melhor do que quando cheguei no mês passado. Assim que puder voltar a Londres, quero encontrar você novamente.

Como sempre terminávamos, para que não houvesse fim.

Adeus e Salve.

Eric

Wiadomoúci, *um semanário literário de emigrados poloneses publicado em Londres, enviou um questionário sobre Joseph Conrad a vários escritores ingleses com duas perguntas.*

"Primeiro, qual você acredita que será sua posição e importância permanentes nas letras inglesas? Quando Conrad morreu, alguns críticos não tinham certeza sobre sua posição final, e Virgínia Woolf, em particular, duvidava que algum de seus últimos romances fosse permanecer. Hoje, por ocasião de uma nova edição de seus escritos coligidos, o sr. Richard Curie escreveu em Time and Tide *que agora Conrad se situa entre os grandes clássicos do romance inglês. Qual destes pontos de vista, na sua opinião, está correto?*

"A outra questão para a qual gostaríamos de ter sua resposta é saber se você detecta na obra de Conrad algum exotismo, singularidade e estranheza (obviamente, contra o pano de fundo da tradição literária inglesa) e, em caso afirmativo, se atribui isso à origem polonesa dele."

Para [o editor], *Wiadomoúci*

> 25 de fevereiro de 1949
> Sanatório Cotswold
> Cranham

Prezado senhor,

Muito obrigado por sua carta datada de 22 de fevereiro. Não posso dar uma resposta muito longa, pois estou doente em uma cama, mas fico feliz em lhe dar minha opinião, pelo que ela vale.

[1.] Considero Conrad um dos melhores escritores deste século e — supondo-se que se possa considerá-lo um escritor inglês — um dos poucos romancistas de verdade que a Inglaterra possui. Sua reputação, que foi um pouco eclipsada após sua morte, voltou a crescer nos dez últimos anos, e não tenho dúvida de que a maior parte de sua obra vai sobreviver. Durante a vida, ele sofreu por ter recebido o carimbo de escritor de "histórias do mar", e livros como *O Agente Secreto* e *Under Western Eyes* passaram quase despercebidos. Na verdade, Conrad só viveu cerca de um terço da vida no mar e tinha um conhecimento apenas superficial dos países asiáticos que usou para escrever *Lord Jim*, *Almayer's Folly* etc. O que ele realmente tinha, no entanto, era uma espécie de madureza e compreensão política que teria sido quase impossível para um escritor inglês nativo naquela época. Considero que suas melhores obras pertencem ao que poderia ser chamado de seu período médio, aproximadamente entre 1900 e 1914. Esse período inclui *Nostromo*, *Chance*, *Vitória*, os dois mencionados acima e vários contos notáveis.

2. Sim, Conrad tem definitivamente um ligeiro sabor exótico para mim. Isso é parte de seu fascínio. Nos primeiros livros, como *Almayer's Folly*, seu inglês é por vezes definitivamente incorreto, mas não de uma forma que importe. Creio que ele costumava pensar em polonês e depois traduzir seu pensamento para o francês e, por fim, para o inglês, e às vezes podemos fazer o caminho inverso,

pelo menos até o francês, por exemplo, em sua tendência a colocar o adjetivo depois do substantivo. Conrad foi um desses escritores que, no século atual, civilizou a literatura inglesa e a pôs de novo em contato com a Europa, com a qual ela praticamente havia ficado rompida por uma centena de anos. Os escritores que fizeram isso, em sua maioria, eram estrangeiros, ou pelo menos não muito ingleses — Eliot e James (americanos), Joyce e Yeats (irlandeses) e o próprio Conrad, um polonês transplantado.

Atenciosamente
Geo. Orwell

Para Sir Richard Rees*

3 de março de 1949
[Sanatório Cotswold]
Cranham

Caro Richard,

Muito obrigado por sua carta, com os recortes, que achei que forneceram uma boa apresentação da política do PC. No entanto, sempre discordo quando as pessoas terminam dizendo que só podemos combater o comunismo, o fascismo ou sei lá o quê se desenvolvermos um fanatismo igual. Parece-me que derrotamos o fanático precisamente por *não* sermos fanáticos e, pelo contrário, usando nossa inteligência. Da mesma forma, um homem pode matar um tigre porque ele *não* é como um tigre e usa seu cérebro para inventar o rifle, coisa que nenhum tigre poderia fazer.

Olhei o trecho do livro de Russell.[20] Se a antítese de uma afirmação "algum" é sempre uma afirmação "todos", então parece-me que a antítese de "alguns homens não têm cauda" não é "todos

---

20 *Human Knowledge: Its Scope and Limits*, de Bertrand Russell (1948).

os homens têm cauda", mas "todos os homens não têm cauda".[21] Naquele parágrafo, Russell parece estar citando apenas pares de afirmações das quais uma é falsa, mas está claro que deve haver muitos casos em que tanto "alguns" como "todos" são verdadeiros, exceto que "alguns" é uma atenuação. Assim, "alguns homens não têm cauda" é verdadeira, a menos que você esteja querendo dizer com isso que alguns homens têm cauda. Mas nunca consigo seguir esse tipo de coisa. É o tipo de coisa que me faz achar que a filosofia deveria ser proibida por lei.

Combinei de escrever um ensaio sobre Evelyn Waugh e acabei de ler seu livro antigo sobre Rossetti e também *Robbery under Law* (sobre o México). Agora estou lendo uma nova biografia de Dickens, de Hesketh Pearson, que tenho de resenhar.[22] Não é lá essas coisas. Parece que não existe uma biografia perfeita de Dickens — por mais perverso e injusto que seja, acho realmente que o livro de Kingsmill é o melhor.[23] Você estava certo sobre o livro de Huxley;[24] é horrível. E você percebe que quanto mais santo ele fica, mais seus livros fedem a sexo. Ele não consegue evitar o tema da flagelação de mulheres. Possivelmente, se ele tivesse a coragem de vir a público dizer, essa seria a solução para o problema da guerra. Se nos dedicássemos um pouco ao sadismo particular, que, afinal, não causa muito mal, talvez não quiséssemos jogar bombas etc. Também reli, depois de muitos anos, *Tess de D'Urbervilles* e *Judas, o Obscuro* (pela primeira vez). Tess é melhor do que eu lembrava e, aliás, é bem engraçado em certos trechos, do que acho que Hardy não era capaz.

---

21 "Todos os homens não têm cauda" está sublinhado, e Rees escreveu na margem: "Mas não é isso que Russell diz!".
22 A resenha de Orwell de *Dickens: his Character, Comedy and Career*, de Hesketh Pearson, saiu no *The New York Times Book Review*, 15 de maio de 1949; ver XX, 3625, pp. 113-6.
23 *The Sentimental Journey: a Life of Charles Dickens*, de Hugh Kingsmill (1934).
24 *Ape and Essence*, de Aldous Huxley (Nova York, 1948; Londres, 1949).

O médico disse que terei de ficar *de cama* por mais dois meses, ou seja, até por volta de maio, então suponho que não devo sair antes de julho. No entanto, não sei se isso importa, exceto por ser caro e por eu não ver o pequeno R[ichard]. Tenho muito medo de ele crescer longe de mim ou passar a pensar em mim apenas como uma pessoa que está sempre deitada e não pode brincar. Claro que as crianças não podem entender a doença. Ele costumava vir até mim e dizer: "Onde você se machucou?". Suponho que é a única razão que ele vê para alguém estar sempre na cama.[25] Mas afora isso não me importo de estar aqui e me sinto confortável e bem cuidado. Sinto-me melhor e meu apetite está muito melhor. (Por falar nisso, nunca lhe agradeci o envio do rum. Paguei o suficiente por ele?) Espero iniciar um trabalho sério em abril e acho que poderia trabalhar bastante bem aqui, pois é tranquilo e não há muitas interrupções. Várias pessoas vieram me ver, e consigo me manter bem suprido de livros. Ao contrário do que as pessoas dizem, o tempo parece passar muito rápido quando se está na cama, e meses podem passar zunindo sem nada de útil produzido.

Abraços
Eric

---

[25] Richard Blair recordou mais tarde sua relação com o pai: "Ele estava muito preocupado com não poder me ver quanto devia. Sua maior preocupação era que o relacionamento entre pai e filho não iria se desenvolver adequadamente. No que lhe dizia respeito, a relação estava totalmente desenvolvida, mas ele estava mais preocupado com as relações filho-com-pai. Ele havia criado um vínculo comigo, mas no sentido contrário isso não era tão forte". Lettice Cooper descreveu os problemas sofridos por Orwell para estabelecer esse vínculo quando ficou gravemente doente e o efeito que a doença de Orwell e a morte precoce de Eileen causaram. Orwell "tinha pavor de deixar Richard chegar perto dele e estendia a mão e o empurrava — e George fazia isso de maneira muito abrupta, porque seus modos e movimentos eram abruptos. E não deixava a criança sentar em seu joelho nem nada. E suponho que Richard jamais perguntou [se o pai o amava]. As crianças não perguntam, não é? E ele disse: eles o amam? E eu disse que os dois amavam, muito. Era muito difícil, não era?" (*Remembering Orwell*, pp. 196-7).

Para Leonard Moore*

17 de março de 1949
Sanatório Cotswold
Cranham

Prezado Moore,
Você deve ter recebido a carta de Robert Giroux, da qual ele me enviou uma segunda via.

Não posso concordar com o tipo de alteração e abreviação sugerida. Isso iria alterar todo o tom do livro e deixar de fora uma boa parte do que é essencial. Acho também que tornaria a história ininteligível, embora os juízes, depois de ter lido as partes que ele propõe cortar, possam não apreciá-las. Também haveria algo de visivelmente errado com a estrutura do livro se cerca de um quinto ou um quarto fosse cortado e depois o último capítulo, anexado ao tronco resumido. Um livro é construído com uma estrutura equilibrada e não se pode simplesmente remover grandes pedaços aqui e ali, a menos que se esteja disposto a reformular a coisa toda. Em qualquer caso, apenas cortar os capítulos sugeridos e encurtar os trechos do "livro dentro do livro" significaria muito trabalho de reescrita que no momento simplesmente não me sinto em condições de fazer.

Os únicos termos em que eu poderia concordar com tal acordo seria se o livro fosse publicado definitivamente como uma versão resumida e se dissesse com toda a clareza que a edição inglesa contém vários capítulos omitidos. Mas, obviamente, não se pode esperar que o pessoal do Livro do Mês concorde com isso. Como Robert Giroux diz em sua carta, eles de fato não prometeram selecionar o livro, mas evidentemente ele espera que selecionem, e imagino que será decepcionante para Harcourt & Brace se eu rejeitar a sugestão. Suponho também que você pode perder boa parte da comissão. Mas eu realmente não posso permitir que minha obra seja danificada além de certo ponto, e duvido que isso valha a pena no longo prazo. Eu ficaria muito agradecido se você deixasse meu ponto de vista claro para eles.[26]

Atenciosamente
Eric Blair

Orwell e o Departamento de Pesquisa de Informação (IRD)

30 de março de 1949

Quando trabalhou para o IRD, Celia Kirwan* foi, no que diz respeito à sua relação com Orwell, muito mais uma amiga próxima do que uma mera funcionária do governo. Muitas das informações presentes aqui e na carta de 6/4/49 baseiam-se em documentos existentes no Foreign Office divulgados pelo Public Record Office em 10 de julho de 1996, de acordo com a "política de governo aberto". Agradecemos a autorização do diretor do Her Majesty's Stationery Office para reproduzir material cujos direitos pertencem à Coroa.

O IRD foi montado pelo Ministério das Relações Exteriores em 1948. "Sua criação foi motivada pelo desejo de ministros do governo trabalhista do sr. Attlee de desenvolver meios para combater a propaganda comunista, então empenhada em uma campanha global e danosa para minar o poder e a influência ocidental. A preocupação britânica com uma contraofensiva eficaz contra o comunismo foi acentuada pela necessidade de refutar uma campanha soviética implacável para minar as instituições britânicas, campanha que incluía ataques pessoais diretos ao primeiro-ministro e a membros do Gabinete e críticas divisoras das políticas do governo." Entre as atividades que o novo órgão desenvolveu, estavam a encomenda de artigos especiais e a divulgação de livros e veículos impressos para lugares

---

26 O "livro dentro do livro" sugere que se cortasse "A teoria e prática do coletivismo oligárquico".

adequados no exterior. Assim, o Tribune, *devido à sua postura anti-Stálin, foi amplamente distribuído. Muito mais pormenores sobre as cartas de 30/3/49 e 6/4/49 serão encontrados em XX, 3590A, pp. 319, 321, 323-5.*

Em 29 de março de 1949, Celia Kirwan foi visitar Orwell em Cranham, a pedido do IRD. Este relatório, escrito no dia seguinte, e a carta de Orwell de 6 de abril são o resultado desse encontro.

Ontem, fui visitar George Orwell, que está em um sanatório em Gloucestershire. Discuti em sigilo alguns aspectos de nosso trabalho com ele, que ficou encantado ao conhecê-lo e expressou sincera e entusiástica aprovação de nossos objetivos. Ele disse que não poderia concordar em escrever um artigo no momento, ou até mesmo reescrever algum, porque está muito doente para empreender qualquer obra literária; e também porque não gosta de escrever "sob encomenda", pois acha que não realiza seu melhor trabalho dessa maneira. No entanto, deixei algum material com ele, e vou mandar-lhe cópias fotostáticas de alguns de seus artigos sobre o tema da repressão soviética às artes, na esperança de que ele se inspire quando estiver melhor para retomá-los.

Ele sugeriu vários nomes de escritores que talvez possam escrever para nós e prometeu pensar em mais alguns no devido tempo e nos comunicar. Aqueles em que ele pensou enquanto eu estava lá foram:

D'Arcy Gillie, o correspondente do *Manchester Guardian* em Paris, que ele diz ser um sério opositor do comunismo e especialista em Polônia, bem como em política francesa;

C. D. Darlington,[*27] o cientista. O sr. Orwell considera que o caso Lysenko deveria ser totalmente documentado e sugeriu que Darlington poderia se incumbir disso;

---

[27] Ver carta para C. D. Darlington de 19/3/47.

Franz Borkenau, o professor alemão que escreveu uma História do Comintern e também alguns artigos recentemente no *Observer*.[28]

O sr. Orwell disse que, sem dúvida, Gollancz seria o homem para publicar a série de livros que temos em mente. Ele estaria muito disposto a agir como intermediário, se estivesse suficientemente bem; do modo como as coisas estão, ele tentaria pensar em outra pessoa para fazer isso, e sugeriu que uma olhada na lista de escritores de Gollancz provavelmente nos faria lembrar de alguém capaz de nos ajudar. Ele disse, porém, que Gollancz é uma cabeça de mão única e, no momento, ela está correndo ao longo da faixa dos refugiados árabes, por isso pode ser um bom plano permitir que ele tire esse assunto de seu sistema antes de tentar interessá-lo no nosso plano. Ele disse que os livros de Gollancz sempre vendem bem, ficam bem expostos e ganham ampla publicidade.

Como o sr. Orwell esteve por dois anos na polícia indiana estacionada na Birmânia, e como dirigiu um serviço da BBC para os indianos durante a guerra, perguntei-lhe qual seria, na sua opinião, a melhor maneira de promover os nossos objetivos na Índia e na Birmânia. Ele disse que qualquer que seja a melhor maneira, a *pior*, sem dúvida, é a radiodifusão, uma vez que a quase totalidade dos nativos não tem aparelhos de rádio e aqueles que têm (na maioria euroasiáticos) tendem a ouvir apenas as emissoras locais. Ele acha que um avião carregado de panfletos provavelmente seria melhor do que seis meses de radiodifusão.

Na verdade, ele não acredita que exista um grande alcance para a propaganda na Índia e no Paquistão, onde o comunismo tem um significado bem diferente do que tem na Europa — significa, como um todo, oposição à classe dirigente, e ele acha que seria mais eficaz manter laços os mais próximos possíveis com esses países

---

28 Sobre Franz Borkenau, ver nota 101 da carta a Rayneer Heppenstall de 31 de julho de 1937.

através do comércio e do intercâmbio estudantil. Acha muito importante este último aspecto das relações anglo-indianas e é da opinião que devemos oferecer muito mais bolsas de estudo para estudantes indianos e paquistãos.º

Na Birmânia, ele acha que a propaganda deve evitar histórias de "atrocidades", uma vez que os birmaneses estão "um pouco inclinados a admirar esse tipo de coisa", ou, se não chegam a admirar, pensam que "se os comunistas são assim, é melhor não se opor a eles".

Aliás, ele disse que o comandante Young,[29] cuja esposa cometeu suicídio outro dia, é comunista, e numa escala mais modesta é o equivalente naval do arcebispo de Canterbury[30] — ou seja, ele é chamado para confirmar o ponto de vista soviético sobre assuntos relacionados com a Marinha. Além disso, sua mulher era tcheca e o sr. Orwell se pergunta se há alguma conexão entre esses dois fatos e o suicídio da sra. Young.

Para Celia Kirwan*

6 de abril de 1949
Cranham

Querida Celia,

Não escrevi antes porque estive realmente bastante mal & até agora não consigo usar a máquina de escrever, então espero que você seja capaz de lidar com minha escrita à mão.

---

[29] Orwell incluiu o comandante. Edgar P. Young em sua lista de criptocomunistas. Ele escreveu: "Especialista Naval. Panfletos"; sob a rubrica "Observações", "Simpatizante? Ativo na Convenção do Povo. Muito possivelmente, membro clandestino, acho eu. Esposa (tcheca) cometeu suicídio (em circunstâncias duvidosas) 1949". A sra. Ida Young foi encontrada enforcada em seu apartamento em 23 de março de 1949.

[30] "Arcebispo" é uma referência equivocada ao deão de Canterbury Hewlett-Johnson, o "Deão Vermelho".

Não consegui pensar em nenhum outro nome para adicionar à sua lista de possíveis escritores, exceto FRANZ BORKENAU (o *Observer* deve ter o endereço dele), cujo nome acho que lhe dei, & GLEB STRUVE* (no momento ele está em Pasadena, na Califórnia), o tradutor e crítico russo. Claro que há hordas de americanos cujos nomes podem ser encontrados no *New Leader* (Nova York), no periódico mensal judeu *Commentary* e na *Partisan Review*. Eu também poderia, se for de utilidade, dar-lhe uma lista de jornalistas & escritores que, na minha opinião são criptocomunistas, simpatizantes ou com inclinações nesse sentido que não deveriam ser confiáveis como propagandistas. Mas para isso terei de mandar buscar um caderno de notas que tenho em casa, & se eu lhe der uma lista desse tipo será estritamente confidencial, pois imagino que é injurioso descrever alguém como simpatizante.[31]

Ocorreu-me somente uma ideia para propaganda não no exterior, mas neste país. Um amigo de Estocolmo[32] me contou que como os suecos não fazem muitos filmes eles assistem a muitos filmes alemães & russos, & alguns filmes russos, que naturalmente não chegam aqui, são uma propaganda antibritânica inacreditavelmente difamatória. Ele se referiu especificamente a um filme histórico sobre a guerra da Crimeia. Uma vez que os suecos conse-

---

31 A lista de Orwell de criptocomunistas e simpatizantes pode ser encontrada em XX, 3732, pp. 240-59, suplementada em LO, pp. 149-51; e em LO, pp. 140-9 está a lista de nomes enviados por Orwell a Celia Kirwan em 2 de maio de 1949. Orwell escreveu que a lista não era muito sensacional, mas "não é uma má ideia ter uma lista das pessoas que provavelmente não são confiáveis". Há um aspecto muito sério na lista. Ela inclui, por exemplo, duas pessoas que estavam na folha de pagamento do NKVD (Tom Driberg, deputado trabalhista (codinome "Lepage"), e Peter Smollet, oficial da Ordem do Império Britânico (= Smolka, codinome "Abo", provavelmente o homem que persuadiu a Cape a não publicar *A revolução dos bichos*). Há também um elemento engraçado — o inspetor fiscal de Orwell está listado. O projeto suscitou comentários consideráveis, alguns desfavoráveis, alguns mal informados.
32 Michael Meyer.*

guem esses filmes, suponho que também nós poderemos conseguí-los: não seria uma boa ideia mostrar alguns deles neste país, especialmente como um serviço à intelligentsia?

Li com interesse o artigo anexado,[33] mas me parece mais antirreligioso do que antissemita. Se minha opinião vale alguma coisa, não acho que o antiantissemitismo seja uma carta importante para jogar na propaganda antirrussa. A URSS, na prática, deve ser um pouco antissemita, pois se opõe demais ao sionismo dentro das suas fronteiras &, por outro lado, ao liberalismo e ao internacionalismo dos judeus não sionistas, mas um Estado poliglota daquele tipo jamais pode ser oficialmente antissemita à maneira nazista, assim como também não o império britânico. Se você tentar amarrar comunismo e antissemitismo, é sempre possível responder apontando para gente como Kaganóvitch[34] ou Anna Pauker,[35] e também para o grande número de judeus em partidos comunistas de toda parte. Também acho que é má política adular seus inimigos. Os judeus sionistas de todos os lugares nos odeiam & consideram a Grã-Bretanha o inimigo, mais até do que a Alemanha. Claro que isso se baseia em mal-entendidos, mas enquanto for assim não acho que seja bom para nós denunciar o antissemitismo em outros países.

Lamento não poder escrever uma carta melhor, mas eu realmente me senti muito mal nos últimos dias. Talvez um pouco mais tarde eu tenha algumas ideias.

Com amor

George

---

33 Não identificado.
34 Lázar Moiseievitch Kaganóvitch (1893-1991), judeu, originalmente sapateiro, tornou-se secretário do Comitê Central do Partido Comunista. Dirigiu o sistema de transportes da União Soviética durante a guerra.
35 Ana Pauker (1894-1960), filha de um açougueiro judeu, passou algum tempo nos EUA, foi coronel do Exército Vermelho e se tornou uma das líderes do Partido Comunista romeno quando os soviéticos ocuparam a Romênia, em 1944.

[Pós-escrito] Sugeri DARCY GILLY° (*Manchester Guardian*), não foi? Há também um homem chamado CHOLLERTON (especialista nos processos de Moscou), que pode ser contatado por intermédio do *Observer*.[36]

Para Tosco Fyvel*

Fyvel perdeu o original desta carta depois que sua maior parte foi publicada na Encounter, *em janeiro de 1962. Está reproduzida aqui como saiu na revista.*

15 de abril de 1949
[Sanatório Cotswold]
Cranham

Caro Tosco,
Muito obrigado por mandar o livro de Ruth Fischer.[37] Eu tinha a intenção de comprá-lo, mas talvez, depois de ler um exemplar emprestado, não precise mais. Cuidarei para que você o receba de volta. Li o livro de Margarete Neumann[38] com algum interesse. Não é um livro particularmente bom, mas ela me pareceu uma pessoa sincera. Gollancz também está para publicar um romance notável sobre os campos de trabalhos forçados, de alguém que usa o pseudônimo de "Richard Cargoe"[39] — um polonês, devo dizer —, de

---

36 Darsie Gillie, correspondente do *Guardian* em Paris, contou a Adam Watson (um dos colegas de Celia) que Chollerton era "um especialista em Rússia e seria útil de várias maneiras". A. T. Chollerton foi correspondente do *Daily Telegraph* em Moscou em 1939, quando a União Soviética era aliada da Alemanha.
37 *Stalin and German Communism*, de Ruth Fischer; Orwell o lista como lido em abril.
38 *Under Two Dictators*, de Margarete Buber-Neumann; Orwell o lista como lido em abril.
39 *The Tormentors*, listado por Orwell como lido em fevereiro. O nome verdadeiro de Cargoe era Robert Payne (1911-83). Orwell, ao que parece, não o conhecia pelo pseu-

cuja autenticidade não tenho certeza, mas que é um livro muito marcante, à maneira eslava.

Havia vários pontos em seus artigos que eu queria discutir com você. Um diz respeito a Graham Greene. Você insiste em se referir a ele como um conservador extremado, o tipo comum de católico reacionário. Isso não é de forma alguma verdade, tanto em seus livros como na vida pessoal. Claro que ele é católico e, em algumas questões, tem de ficar politicamente do lado da Igreja, mas sua visão de mundo é levemente esquerdista, com ligeiras inclinações para o PC. Até pensei que poderia se tornar nosso primeiro simpatizante comunista católico, algo que não existe na Inglaterra, mas existe na França etc. Se você der uma olhada em livros como *A Gun for Sale*, *England Made Me*, *O agente confidencial* e outros, verá que lá está o costumeiro cenário de esquerda. Os homens maus são milionários, fabricantes de armamentos etc., enquanto o homem bom às vezes é um comunista. No último livro dele, há também o costumeiro sentimento de cor invertido. Segundo Rayner Heppenstall, Greene apoiou Franco com certa relutância durante a Guerra Civil Espanhola, mas *O agente confidencial* é escrito do outro ponto de vista.

A outra coisa é que você sempre ataca romancistas por não escreverem sobre a cena contemporânea. Mas você é capaz de pensar em algum romance que tenha sido escrito sobre uma cena estritamente contemporânea? É muito improvável que qualquer romance, isto é, que valha a pena ler, seja situado num tempo com menos de três anos de antecedência. Se você tentasse, em 1949, escrever um romance sobre 1949, ele seria simplesmente "reportagem" e provavelmente pareceria ultrapassado e tolo antes que você con-

---

dônimo, mas pode tê-lo conhecido como Payne, quando ele foi correspondente de guerra na Espanha em 1938 (um ano depois de Orwell haver lutado lá). Em 1941-2, trabalhou para o Ministério da Informação britânico em Chungking, China.

seguisse imprimi-lo. Tenho na minha cabeça agora um romance que trata de 1945, mas mesmo que eu sobreviva para escrevê-lo, não deveria tocá-lo antes de 1950.[40] A razão disso não é apenas que não se pode ver os eventos do momento em perspectiva, mas também que é preciso conviver com um romance durante anos até que ele possa ser escrito, caso contrário a elaboração dos detalhes, que leva um tempo imenso e só pode ser feita em momentos irregulares, não pode acontecer. Essa é a minha experiência e acho que também de outras pessoas. Às vezes, escrevi um assim chamado romance no máximo em aproximadamente dois anos após sua concepção original, mas eles sempre foram fracos, livros tolos que depois destruí. Você talvez se lembre que quase todos os livros sobre a guerra de 1914 que valem a pena apareceram cinco, dez ou mesmo mais anos depois de ela haver terminado, que era quando se poderia mesmo esperá-los. Acho que os livros sobre a última guerra estão prestes a aparecer por agora, e livros sobre o imediato pós-guerra, em algum momento da década de 1950.

Estive terrivelmente doente nas últimas semanas. Tive uma espécie de recaída, então eles decidiram tentar de novo a estreptomicina, que antes me fez muito bem, pelo menos por algum tempo. Desta vez, apenas uma dose dela causou efeitos terríveis, pois suponho que adquiri uma alergia ou algo assim. Estou um pouco melhor agora, entretanto, mas não posso trabalhar e não sei quando vou poder. Não tenho nenhuma esperança de sair daqui antes do final do verão. Se o tempo estiver bom, talvez então eu vá para a Escócia por algumas semanas, mas não mais, e depois terei de passar o outono e o inverno em algum lugar perto de um médico, talvez até em uma espécie de sanatório residencial. Não posso fazer planos até minha saúde tomar um caminho mais definido, de

---

[40] Este era o segundo dos dois livros que Orwell tinha em mente quando morreu.

uma forma ou de outra. Richard está florescendo, ou estava quando eu o vi pela última vez. Ele vai fazer cinco anos em maio. Acho que irá para a escola da aldeia neste inverno, mas no ano que vem terei que levá-lo para o continente a fim de que possa frequentar um externato. Ele ainda está atrasado na fala, mas brilha de outras maneiras. Não acho que vá se interessar por livros. Sua inclinação parece ser mecânica, e ele é muito bom no trabalho agrícola. Se vier a se tornar um fazendeiro[41] eu ficarei contente, embora não deva tentar influenciá-lo [...][42]

Abraços
George

Para Sir Richard Rees*

17 de abril de 1949
[Sanatório Cotswold]
Cranham

Caro Richard,
Muito obrigado por mandar as coisas. Não importa muito o livro que está marcado Ensaios. Lembro-me da maioria dos itens que eu queria anotar e ouso dizer que o livro irá aparecer entre os papéis que foram enviados para Pickfords. Você pode perguntar a Avril se quando ela limpou meus papéis em Canonbury jogou fora algum caderno de notas. Havia um outro, um livro vermelho, velho e sujo[43] que tinha algumas anotações que eu poderia precisar em algum momento.

---
41 No início, Richard Blair de fato adotou a agricultura como carreira. Em 1964, casou-se com a professora primária Eleanor Moir; eles têm dois filhos homens.
42 A carta foi interrompida aqui pela *Encounter*.
43 Descrito, com o conteúdo, reproduzido em XX, 3729, pp. 231-3.

Estou um pouco melhor, acho. A estreptomicina, depois de uma única dose, provocou efeitos desastrosos, por isso eles a suspenderam imediatamente. Eu devo ter me tornado alérgico ou algo assim. No entanto, agora superei isso, e hoje, pela primeira vez, fui autorizado a ficar sentado em uma cadeira de praia por cerca de duas horas. Quando poderei vestir alguma roupa, só Deus sabe. Porém, encomendei algumas roupas novas, apenas para manter o moral elevado. Descobri que existe um rio com trutas aqui perto, então, quando eu estiver perto de me levantar, vou pedir que Avril me mande minhas coisas de pesca. Espero realmente ser capaz de ir até Jura por algumas semanas em algum momento do verão, talvez em agosto ou coisa assim, e que o barco a motor esteja então funcionando. Não posso fazer planos enquanto não souber mais sobre minha saúde, mas suponho que terei de passar este inverno em algum tipo de instituição, ou pelo menos perto de um médico, e possivelmente no exterior. Talvez seja melhor em algum lugar como Brighton, mas, no caso de ir para o exterior, já estou tomando providências para renovar meu passaporte. E depois disso vou procurar um apartamento em algum lugar. É evidente que a partir de agora devo passar o inverno em lugares civilizados, e de qualquer modo em breve Richard terá que passar a maior parte do tempo no continente, por causa da escola. Mas não preciso tirar nada de Barnhill, exceto talvez meus livros, ou alguns deles, porque acho que poderia me dar ao luxo de mobiliar uma segunda residência agora.

Inez [Holden] está vindo me visitar na semana que vem e Brenda [Salkeld] na semana seguinte. Pedi que Inez compre um presente de aniversário para eu dar a R., ou pelo menos vá à Gamage ver o que eles têm. Não consigo pensar no que dar a ele. Imagino que está quase pronto para uma faca de bolso, mas acho que não gosto da ideia.

De vez em quando recebo visitas de pessoas de Whiteway, [que] parece ser algum tipo de colônia anarquista dirigida ou financiada pela velha senhora cujo nome esqueci,[44] que cuida da livraria Freedom. Um deles é velho Mat Kavanagh, que você talvez conheça, um velho barbeiro irlandês anarquista do IRA, durante muitos anos uma figura constante em reuniões e que costumava cortar meu cabelo na Fleet Street. Ele agora me conta, o que eu não sabia, que quando uma pessoa com o meu tipo de cabelo entra na barbearia há uma espécie de disputa para não atendê-la. Ele disse que sempre cortou meu cabelo porque os outros me empurravam para ele, achando que eu não era o tipo de pessoa de quem eles poderiam se orgulhar.

Sobre os criptos e simpatizantes. Não acho que Laski[45] seja simpatizante, por mais que ele os tenha ajudado com seu apoio à Rússia. *Neste país*, ele abomina o PC, pois ameaça seu emprego. Suponho que imagine que eles são diferentes em outros lugares. Também acho que ele está integrado demais ao P[artido] T[rabalhista] e que gosta muito de estar em uma posição oficial para passar para o lado inimigo se, por exemplo, estivéssemos em guerra com a URSS. Uma coisa que não se pode imaginar é Laski violando a lei. Acho que Cole[46] provavelmente não deveria estar na lista, mas em caso de guerra eu teria menos certeza em relação a ele do que a Laski.

---

44 Lilian Wolfe (1875-1974), nascida em Londres, trabalhou por vinte anos como telegrafista dos Correios. Tornou-se socialista e sufragista em 1907 e, em 1913, anarcossindicalista. Participou ativamente do movimento contra a guerra, 1914-6, e foi presa, assim como seu companheiro, Thomas Keell (1866-1938). Depois da guerra, teve lojas de produtos naturais em Londres e Stroud, vivendo principalmente na colônia anarquista de Whiteway, a cerca de oito quilômetros de Cranham; Richard ficava lá quando visitava o pai. Ela ganhava o suficiente para manter o marido e o filho e apoiar o jornal anarquista *Freedom*. Em 1966, o movimento anarquista deu-lhe férias nos Estados Unidos como presente de aniversário de noventa anos. Depois de uma vida dedicada ao anarquismo, morreu na casa de seu filho em Cheltenham aos 98 anos (relato de sua vida por Nicolas Walter, *Freedom*, Número do Centenário, 1986, 23-24).
45 Sobre Harold Laski, ver carta a Arthur Koestler de 20/9/47, nº 78. Sobre a lista dos criptocomunistas e simpatizantes, ver carta de 6/4/49, nº 29.
46 G. D. H. Cole (1889-1959), economista e autor prolífico; entre seus livros estão *The Intelligent Man's Guide to the Post-War World* (1947) e *The Meaning of Marxism* (1948), baseado em sua obra *What Marx Really Meant* (1934).

Martin,⁴⁷ evidentemente, é desonesto demais para ser um cripto ou simpatizante, mas sua principal influência é pró-russa e certamente se pretende assim, e tenho uma razoável certeza de que ele seria um colaborador no caso de uma ocupação russa, se não conseguisse fugir no último avião. Acho que deve haver *dois* Niebuhr.⁴⁸ Vi uma declaração inequívoca de simpatizante de alguém com esse nome, citado no *New Leader* há cerca de dois anos. O negócio todo é muito complicado, e nunca se pode fazer mais do que usar o próprio juízo e tratar cada caso individualmente. Tenho uma razoável certeza de que Zilliacus,⁴⁹ por exemplo, é um cripto, mas eu admitiria talvez uma chance de 25% de que ele não seja, enquanto em relação a Pritt⁵⁰ estou completamente seguro. Tenho menos certeza sobre John Platt-Mills⁵¹ do que sobre Z., mas tenho bastante certeza em relação a Lester Hutchinson⁵² depois que o encontrei uma vez. Eu deveria dizer que Mikardo⁵³ é simplesmente

---

47 Kingsley Martin (1887-1969), então editor do *The New Statesman*, ver carta a Raymond Mortimer de 9/2/38, nº 130.
48 Um deles era presumivelmente Reinhold Niebuhr (1892-1971), teólogo americano e professor no Union Theological Seminary, 1930-60, durante algum tempo socialista e pacifista; mais tarde, apoiou a guerra contra Hitler. Quanto a um segundo Niebuhr, é possível que haja confusão entre Reinhold e seu irmão Helmut Richard (1894-1962), ordenado pastor da Igreja Evangélica e Reformada em 1916 e que a partir de 1931 fez uma longa e distinta carreira na Universidade de Yale. Esteve envolvido na união das igrejas Congregacionalista e Evangélica e Reformada.
49 Konni Zilliacus: ver carta para George Woodcock de 4/1/48, nº 4.
50 Dennis Noel Pritt (1887-1972), deputado trabalhista e, depois, trabalhista independente e presidente da Sociedade para as Relações Culturais com a URSS.
51 John Platt-Mills (1906-2001), neozelandês e inabalável defensor de Stálin; não acreditou que os soviéticos tivessem cometido atrocidades, mesmo depois que Khruchióv denunciou Stálin em 1956. Expulso do Partido Trabalhista, 1948.
52 Hugh Lester Hutchinson (1904-50), jornalista e escritor, estudou na Suíça e na Universidade de Edimburgo e serviu na Marinha, 1942-4. Foi eleito deputado pelo Partido Trabalhista em 1945, mas foi expulso em 1949 por suas críticas à política externa do governo trabalhista.
53 Ian Mikardo (1908-93), consultor de administração, autor de *Centralised Control of Industry* (1942) e político. Foi deputado da ala esquerda do Partido Trabalhista, 1945-59 e 1964-87, e era um seguidor proeminente da Aneurin Bevan e um debatedor turbu-

um tolo, mas ele é também um daqueles que acham que veem uma possibilidade de autopromoção em fazer o mal e estão prontos a flertar com o criptos.

Estou lendo o livro enorme de Ruth Fischer, *Stalin and German Communism*. É extremamente bom — de forma alguma o tipo de trotskismo doutrinário que eu esperaria. Você já viu a nova revista católica, a *Month*? É péssima. Também li o livro de Margarete Neumann (a mulher que testemunhou a favor de Kravchenko), mas é sobre os campos de concentração russos e alemães, e não sobre as disputas do partido na Alemanha. Devo enviar alguns livros para casa em breve. Eles estão se acumulando rapidamente aqui. Por favor, peça que Avril limpe o livros de vez em quando e que acenda a lareira naqueles quartos. Caso contrário, as capas acabam vergando.

Abraços a todos

Eric

Para Sir Richard Rees*

2 de maio de 1949
[Sanatório Cotswold]
Cranham

Caro Richard,

Tenho de escrever à mão porque há uma paciente mais adiante no corredor que está in *articulo mortis*,[54] ou pensa que está, & a máquina de escrever a incomoda.

---

lento com um forte senso cômico. Com frequência foi considerado excessivamente simpático ao comunismo, mas seu sionismo apaixonado fez com que jamais esquecesse ou perdoasse Stálin pelo modo como tratou os judeus. Era muito apreciado por colegas de todos os partidos em seu papel de "corretor de apostas não oficial" do Parlamento, oferecendo vantagens em questões contenciosas e relacionadas com o destino de figuras políticas.

54 "No momento da morte."

Sobre esse negócio de Barnhill etc., não posso fazer nenhum plano concreto até saber se & quando sairei da cama, mas os fatos determinantes são:

1. Não posso, no futuro, passar os invernos em Jura.

2. Richard deve ir para a escola no próximo ano, o que significa ter alguém com ele, pois não quero que vá para um colégio interno até que tenha pelo menos dez anos.

3. Não quero perturbar os arranjos domésticos de Barnhill.

4. Avril provavelmente vai querer permanecer em Barnhill, & Bill, de qualquer modo, não poderia ficar sem ela, ou sem alguma ajuda do sexo feminino.

Diante de tudo isso, parece-me que, se eu estiver em circulação de novo mais adiante neste ano, é melhor eu ir para o exterior ou para algum lugar parecido com Brighton no inverno, & depois, na próxima primavera, montar uma segunda residência em Londres ou Edimburgo, onde Richard possa estar comigo & possa frequentar um externato. Ele pode passar as férias em Jura, & espero também poder passar meus verões lá. Isso significa ter outra babá, empregada ou algo assim. No entanto, *desde que* eu possa trabalhar, posso facilmente ganhar dinheiro suficiente para isso; de qualquer modo, ficou acordado entre mim & Avril que se ela parasse de cuidar de R., eu deveria reduzir a quantia que lhe pago. Se eu permanecer acamado, ou de algum modo tiver de permanecer sob cuidados médicos, o que suponho ser uma possibilidade, deverei mudar para um sanatório em algum lugar perto de Londres, onde é mais fácil para os amigos e colegas de trabalho me visitar, e montar uma casa para Richard perto dali, com uma governanta ou algo assim. Isso é o máximo que posso planejar no momento.

Muito obrigado por secar todos os livros. Não concordo com você em relação a *O grande Gatsby* — fiquei um pouco decepcionado com ele. Pareceu-me que lhe falta propósito,[55] & ainda mais[56] a *Suave é a noite*, que li recentemente. Acabei de ler o livro de Geoffrey Gorer sobre os americanos — muito divertido & superficial, como de costume. Consegui finalmente pôr as mãos em *The Combined Maze*, de May Sinclair — um bom mau romance esquecido do qual eu vinha tentando obter um exemplar há anos. Preciso reencadernar alguns livros logo. Sobre meus esforços infrutíferos para conseguir que reeditem Gissing, dei-me conta que a Everyman Library pode publicar um deles. Eles não têm nenhum Gissing em sua lista. Gostaria de saber como a gente entra em contato com eles e se há algum pauzinho que se possa mexer.

Apesar de sua camaradagem com "Zilli"[57] (que ele, naturalmente, acha que pode ajudá-lo em sua carreira política), não acredito que Mikardo seja um cripto. Além de outras coisas, se fosse um cripto, Michael Foot[58] provavelmente saberia disso & não o teria no *Tribune*. Eles se livraram de Edelmann[59] por esse motivo. É bem verdade que "objetivamente" pessoas como Laski[60] são muito mais úteis para os russos do que comunistas abertos, assim como é verdade que "objetivamente" um pacifista é a favor da guerra &

---

55 Neste ponto, a carta de Orwell recebeu uma anotação: "NÃO!".
56 Neste ponto, a carta de Orwell recebeu uma anotação: "Sim".
57 Konni Zilliacus: ver carta para George Woodcock de 4/1/48, nº 4.
58 Michael Foot (1913-2010), político, escritor e jornalista, durante grande parte da vida membro da extrema esquerda do Partido Trabalhista, foi deputado por Davenport, 1945-55; por Elbow Vale, 1960-2; líder do Partido Trabalhista (na oposição), 1980-3. No *Tribune*, foi editor assistente, 1937-8; diretor executivo, 1945-74; editor, 1948-52, 1955-60. Entre seus muitos livros estão *Guilty Men* (com Frank Owen e Peter Howard, 1940), *The Pen and the Sword* (1957) e *The Politics of Paradise* (1988).
59 Maurice Edelman (1911-75), educado no Trinity College, Cambridge, entrou para o negócio de madeira compensada, o que o levou a fazer visitas à URSS, sobre a qual escreveu depois. Foi correspondente de guerra no norte da África e na Normandia e deputado trabalhista em 1945, reeleito em 1950.
60 Sobre Harold Laski, ver carta a Arthur Koestler de 20/9/47, nº 78.

pró-militarista. Mas me parece muito importante tentar avaliar os sentimentos *subjetivos* das pessoas, porque senão não se pode prever o comportamento delas em situações em que os resultados de certas ações são claros até mesmo para os que se autoenganam. Suponha, por exemplo, que Laski tivesse conhecimento de um importante segredo militar. Ele o entregaria para a inteligência militar russa? Não creio, porque ele realmente não decidiu ser um traidor, & a natureza do que estaria fazendo ficaria, nesse caso, bastante clara. Mas um verdadeiro comunista entregaria naturalmente o segredo sem nenhum sentimento de culpa, & assim seria um verdadeiro cripto, como Pritt. A dificuldade toda está em decidir onde cada pessoa está, & é preciso tratar cada caso individualmente.

O tempo piorou um pouco aqui. Sentei-me numa cadeira de praia por um ou dois dias, mas ultimamente tem feito muito frio. Veio um sujeito do *E[vening] Standard* me "entrevistar",[61] uma experiência um tanto intimidante, também Paul Potts,[62] que acaba de voltar de Palestina, junto com a esposa de A. J. P. Taylor,[63] o cara que virou traidor na conferência de Wroclaw. Pelo que ela disse, Taylor, desde então, tornou-se ainda mais anti-PC.

Abraços
Eric

---

61 Charles Curran, que "me cansou tanto [...] perguntando sobre política", conforme Orwell escreveu em carta para Fredric Warburg (não incluída aqui).
62 Paul Potts: ver carta a Sally McEwan de 5/7/46, nº 34.
63 A. J. P. Taylor (1906-90), historiador e jornalista. Nessa época ele era instrutor de história moderna, Magdalen College, Oxford (até 1963); Fellow, 1938-76. Escreveu prolificamente e com autoridade (e às vezes também de forma controversa), sobretudo a respeito da Alemanha e das duas guerras mundiais. A Conferência de Wroclaw foi uma Conferência de Intelectuais promovida pelos comunistas em agosto de 1948, com a participação de cientistas, escritores e líderes culturais de quarenta países, que aprovou uma resolução condenando o renascimento do fascismo. A conferência saiu pela culatra para os organizadores; alguns participantes perceberam o que estava por trás das atividades, Taylor entre eles, e abandonaram o evento.

Para Jacintha Buddicom*

22 de maio de 1949
Cranham Lodge,
Cranham, Gloucester

Querida Jacintha,

Muito obrigado pela sua carta, eu teria escrito antes, mas estive terrivelmente mal & não estou grande coisa agora. Não posso escrever uma carta muito grande porque me cansa ficar sentado. Muitíssimo obrigado pelo oferecimento, mas em geral estou muito bem abastecido de livros & coisas. Parece que vou ficar de cama por meses ainda. Mandei buscar meu menino para ficar com amigos por perto. Acho que ele vai gostar, & como agora está com cinco anos, talvez possa começar a frequentar um externato. Espero vê-la quando eu estiver na cidade, se alguma vez estiver.

Abraços
Eric

Das últimas cartas que Orwell escreveu a Jacintha Buddicom, esta foi a única que restou. Ela respondeu em 2 de junho, e ele escreveu novamente no dia 8. Ambas as cartas se perderam, mas ela descreve a carta de Orwell em Eric & Us: *"Meu diário registra: 'Carta de Eric sobre Nada Nunca Morre'. Pelo que me lembro [...] ele definia sua fé em algum tipo de vida após a morte. Não necessariamente, nem mesmo provavelmente, um convencional Céu-ou-Inferno, mas a firme convicção de que 'nada nunca morre' e que temos de ir para algum lugar. E a carta terminava com o nosso velho* Adeus e Salve *no fim. Ele talvez tenha escrito isso porque eu lhe havia dito que minha mãe estava doente: embora eu não tivesse enfatizado isso indevidamente, já que ele mesmo estava tão mal de saúde" (p. 157).*

Para David Astor*

18 de julho de 1949
Cranham Lodge,
Cranham

Caro David,

Gostaria de saber como você está. Fiquei um pouco aflito quando Charoux[64] disse que você vai "tão bem quanto se pode esperar". Eu pensava que a operação que você faria era algo muito menos importante.[65] Quando tiver a oportunidade de escrever, conte-me como você está.

Richard voltou para Jura ontem, pois vai cursar a escola na aldeia de Ardlussa no trimestre de Natal & ele começa no fim deste mês. Ele gostou do jardim de infância & teve um bom boletim, fico contente de dizer, embora eu não tenha notado que ele tenha aprendido muito.

Eu estou mais ou menos, para cima & para baixo. Tenho o que eles chamam de acessos, isto é, períodos com altas temperaturas & assim por diante, mas no geral estou melhor, penso eu. Consegui que Morland, o especialista, venha me ver novamente na semana que vem. Quando eu estiver bem & de pé novamente, talvez em algum momento do ano que vem, pretendo me casar novamente. Imagino que todos ficarão horrorizados, mas me parece uma boa ideia. Além de outras considerações, acho que ficarei vivo por mais tempo se estiver casado & tiver alguém para cuidar de mim. É com Sonia Brownell, a subeditora da *Horizon*, não lembro se você a conhece, mas provavelmente sim.

É evidente que estarei sob cuidados médicos por um longo tempo ainda & não devo nem mesmo ser capaz de sair da cama

---

64 Charoux era moldureiro e restaurador.
65 A operação de Astor foi relativamente pequena, mas muito dolorosa.

até que pare de ter febre. Mais adiante, eu talvez mude para um sanatório perto de Londres, & Morland pode ter algumas ideias sobre isso, mas no momento não acho que posso encarar uma viagem.

Você já leu Os nus e os mortos?[66] É tremendamente bom, o melhor livro de guerra da última guerra até agora.

Escreva quando puder.

Abraços

George

Para David Astor*

5 de setembro de 1949
U. C. H.[67]

Caro David,

Muito obrigado por me mandar aqueles lindos crisântemos & a caixa de pêssegos, que realmente me esperavam quando cheguei aqui. Sinto-me péssimo & não posso escrever muito, mas tivemos uma viagem maravilhosa ontem na ambulância mais chique que você pode imaginar. Esta febre infernal nunca parece ir embora, mas fica melhor alguns dias mais do que outros, & realmente apreciei a viagem para cá.

Que desgraçado esse médico[68] deve ter sido. Parece que há uma tradição de não dar anestésicos e analgésicos & que é particularmente ruim na Inglaterra. Sei que os americanos se espantam com frequência com as torturas a que as pessoas são submetidas aqui.

Espero que esteja se sentindo melhor & que em breve possa encontrar Sonia. Morland diz que não devo receber muita gente, mas

---

66 De Norman Mailer (1948).
67 University College Hospital, um importante hospital-escola em Londres, WC1.
68 O médico que atendeu Astor.

aqui em Londres é mais fácil para as pessoas fazerem uma visita de meia hora, o que dificilmente podem em Cranham. Sonia mora a apenas poucos minutos de distância daqui. Ela acha que podemos muito bem nos casar enquanto ainda estou inválido, porque lhe daria uma posição melhor para cuidar de mim, especialmente se, por exemplo, eu for para algum lugar no exterior depois que sair daqui. É uma ideia, mas acho que eu deveria estar me sentindo um pouco menos mal do que agora antes de encarar um escrivão por dez minutos. Estou muito animado por nenhum dos meus amigos ou parentes parecer desaprovar minha ideia de casar novamente, apesar desta doença. Eu tinha a desconfortável sensação de que "eles" convergiriam para cá de todas as direções & me deteriam, mas isso não aconteceu. Morland, o médico, é muito favorável a ela.

Lembro-me de visitá-lo quando você teve a fístula, mas não sabia que tinha sido neste hospital. Parece muito confortável & tranquilo aqui. Não consigo escrever mais.

Abraços
George

Arthur Koestler* para Orwell

24 de setembro de 1949
[*Sem endereço*]

Meu caro George,

Pensei que Mamaine tinha escrito para você e Mamaine achou que eu tinha escrito para você, daí o atraso. Fiquei extremamente feliz em saber que você vai se casar com Sonia. Eu digo há anos que ela é a moça mais bonita, mais inteligente e mais decente que conheci durante toda a minha estadia na Inglaterra. Precisamente por essa razão ela é também muito solitária naquela turma na qual ela circula, e vai se tornar uma pessoa diferente quando você a tirá-

-la de lá. Acho que tive uma visão mais de perto da organização de Connolly do que você; ela tem um constante efeito estupidificante que deixou sua marca até mesmo em um sujeito duro como eu. Se uma fada me concedesse três desejos para Sonia, o primeiro seria que ela se casasse com você, o segundo alguma grana para ela e o terceiro um filho — adotado ou não, faz pouca diferença.

Se você não se ofende com o conselho de um amigo cronicamente intrometido, vá em frente com isso, quanto mais cedo melhor, sem esperar até que sua saúde esteja totalmente restabelecida. A demora é sempre uma chateação, e como psicólogo amador tenho a sensação de que resolver isso vai acelerar sua recuperação de forma surpreendente.

Mal me atrevo a ter a esperança de tê-los ambos aqui no futuro próximo, mas quando for viável será uma grande festa para mim vê-los novamente e fazer rolhas de champanhe saltarem no Sena.

[Nenhuma despedida ou assinatura]

Nancy Heather Parratt, secretária de Orwell na BBC, escreveu de Genebra. Como ela diz em sua carta, quando telefonou para Orwell no início de novembro, ele parece ter lhe pedido uma fotografia, que ela agora enviava. A foto a mostra remando e é datada de agosto de 1949. Sua descrição da vida nos Estados Unidos foi omitida aqui. Apesar de muitas pesquisas e da ajuda do Ministério da Defesa e do Navy News, não foi possível localizar Nancy Parratt.

Nancy Parratt* para Orwell

8 de dezembro de 1949

Querido George,

Apenas algumas linhas para lhe enviar o anexo [fotografia].

Eu me pergunto o que vai diverti-lo mais. Deve ser uma sensação muito estranha ser citado de modo tão aprovador por homens que, há poucos anos, teriam estado em campo muito diferente do seu. Devo dizer que, no mínimo, acho estranho vê-lo aparecer com tanta frequência em lugares tão respeitáveis! Você provavelmente sabe que o *Philadelphia Inquirer* está publicando 1984 em folhetim, em seu suplemento de domingo, desde 4 de dezembro. Eu me pergunto se é o único ou se o bando inteiro deles está fazendo isso.

Depois que falei com você no início de novembro, Bill[69] me contou que ele havia se sentado ao lado de uma garota muito bonita em uma festa de Hallow'en° que lhe disse estar lendo um livro muito bom — 1984, mas que era muito forte para ela. Ela não conseguia lembrar o nome do autor, mas aconteceu de Bill sabê-lo, e ela disse: "Sim, ele se casou recentemente". Assim, Bill ficou sabendo antes de mim que você se casou! E ele esqueceu de me contar...

Você vê que eu tenho uma dessas novas esferográficas — acabei de sucumbir à moda na semana passada —, ela parece muito boa, só custou $1,[70] mas às vezes me deixo levar por ela e ela escreve coisas engraçadas!

Espero que você esteja indo bem e não achando que o tempo passa devagar demais. Se você tem permissão para receber visitas, estar em Londres deve ter suas compensações, creio eu. Da próxima vez que formos, espero permanecer pelo menos o dobro do tempo. Então, tenho certeza que você já terá mudado para o campo ou para uma montanha ou outra.

Com os melhores votos
Nancy

---

69 O marido de Nancy.
70 Orwell tinha começado a usar uma Biro no início de 1946. Ele a achou particularmente útil quando precisava escrever na cama, onde a tinta líquida não era permitida. Ainda no final de 1947, ele pagou três libras esterlinas por uma caneta nova.

Eu realmente não falo americano, mas a linha estava tão ruim que tive de falar alto & então soou um pouco estranho! Se posso murmurar, geralmente consigo me safar!

Sonia Orwell para Yvonne Davet*

6 de janeiro de 1950
18, Percy Street.
Londres. W.1.

Chère Madame Davet,

Escrevo para a senhora em nome de meu marido, George Orwell, que no momento está muito doente e sem forças suficientes para escrever ele mesmo. Ele pede que a senhora o desculpe pelo atraso na resposta à sua carta, mas ela só chegou há dois dias.

Imagino que a senhora terá tido notícias de meu marido por intermédio de nossos amigos Alexei e John Russell[71] — ele ainda está doente etc. Esperamos ir para a Suíça em breve, pois é realmente impossível superar essa doença na Inglaterra.

Meu marido pede que eu lhe agradeça profundamente por todos os problemas que assumiu em nome dele. Ele espera, tanto para o seu bem como para o dele próprio, que a tradução de *Homenagem à Catalunha* finalmente saia.[72] Quanto a seu artigo, ele não tem absolutamente nada de interessante a dizer sobre a vida dele,

---

71 John Russell (1919-2008; CBE, 1975), crítico de arte, então casado com Alexandrine Apponyi (separados em 1950), trabalhou no Ministério da Informação, 1941-3, e para a Inteligência Naval, 1943-6. Foi crítico de arte do *Sunday Times*, 1949-74, e, posteriormente, do *New York Times*. Em 1958, foi testemunha do casamento de Sonia com Michael Pitt-Rivers.
72 A tradução de Madame Davet de *Homenagem à Catalunha* foi publicada em 1955. Ela incluía as correções de Orwell e a reorganização dos capítulos tal como ele havia solicitado. As mudanças só foram feitas no texto inglês em 1986; ver VI, pp. 251-61.

mas de qualquer modo esta carta provavelmente chegará tarde demais para ser de muita ajuda.

Ele pede que eu lhe envie seus melhores votos de Ano-Novo e espera muito poder vê-la quando estiver em Paris novamente.

Je vous prie de croire, chère Madame, à l'expression de mes sentiments les meilleurs.

Sonia Orwell

[*tradução do original francês, manuscrita*]

A morte de Orwell

Tendo se casado com Sonia Brownell em 13 de outubro de 1949, Orwell esperava estar bem o suficiente para se recuperar na Suíça, e amigos (especialmente os livreiros) levantaram fundos para lhe permitir fazer a viagem. Infelizmente, antes que pudesse ir, ele morreu de uma grande hemorragia no pulmão nas primeiras horas do sábado 21 de janeiro de 1950. Suas amadas varas de pesca estavam no canto de seu quarto de hospital. O funeral foi organizado por Malcolm Muggeridge na Christ Church, Albany Street, Londres, NW1. Ele havia pedido para ser enterrado, e não cremado, e David Astor cuidou para que isso fosse feito em All Saints, Sutton Courtney, Berkshire. Em sua lápide está escrito simplesmente: "Aqui jaz Eric Arthur Blair", com as datas de nascimento e morte.

Cronologia da vida de George Orwell

7 de janeiro de 1857. Richard Walmesley Blair, pai de Orwell, nasce em Milborne St. Andrew, Dorset. Seu pai, Thomas Arthur Blair, era vigário de Milborne St. Andrew.

19 de maio de 1875. Ida Mabel Limouzin, mãe de Orwell, nasce em Penge, Surrey.

15 de junho de 1897. Richard Blair, oficial do Departamento de Ópio do Serviço Público Indiano, e Ida Limouzin se casam em St. John in the Wilderness, Naini Tal, Índia.

21 de abril de 1898. Marjorie Francis Blair nasce em Gaya, Bengala.

25 de junho de 1903. Eric Arthur Blair nasce em Motihari, Bengala.

1904. Ida Blair volta a morar na Inglaterra com Marjorie e Eric em Henley-on-Thames.

Verão de 1907. Richard Blair passa três meses de licença em Henley.

6 de abril de 1908. Nasce Avril Nora Blair.

1908-11. Frequenta um externato católico romano de freiras ursulinas, assim como suas irmãs.

Setembro de 1911-dezembro de 1916. Internato na escola preparatória particular St. Cyprian, Eastbourne.

1912. Richard Blair se aposenta como subagente adjunto do Departamento de Ópio e retorna para a Inglaterra. A família muda-se para Shiplake, Oxfordshire, provavelmente no início de dezembro.

Verão de 1914. Faz amizade com a família Buddicom, em especial Jacintha.

2 de outubro de 1914. Poema "Awake! Young Men of England" publicado no *Henley and South Oxfordshire Standard* — primeiro texto impresso de Orwell (como Eric Blair).

1915-outono de 1917. Os Blair voltam para Henley-on-Thames.

1º de julho de 1916. A Batalha do Somme se inicia às 7h30. Nesse dia, 19 240 homens foram mortos ou morreram em consequência de ferimentos; 35 493 feridos, 2152 desaparecidos e 585 prisioneiros. Total: 57 470, para praticamente nenhum avanço. [Martin Middlebrook, *The First Day of the Somme* (1971; 2001), p. 263.]

21 de julho de 1916. Poema "Kitchener" (que o próprio Orwell enviou) publicado no *Henleyand South Oxfordshire Standard*.

Período letivo da Quaresma de 1917. Bolsista no Wellington College.

Maio de 1917-dezembro de 1921. Bolsista do rei no Eton College. Colabora com *The Election Times* e *College Days*.

13 de setembro de 1917. O pai de Orwell é convocado como segundo-tenente e lotado na 51ª Companhia de Pioneiros Indianos (Ranchi) em Marselha. Logo se torna o mais jovem segundo-tenente do Exército inglês. Sua mãe começa a trabalhar para o Ministério das Pensões em Londres.

Outubro-novembro de 1917. Batalha de Passchendaele (Terceira Batalha de Ypres), na qual lutou Fredric Warburg, último editor de Orwell e membro do seu pelotão da Guarda Interna.

9 de dezembro de 1919. O pai de Orwell renuncia à sua comissão e retorna a Londres.

Dezembro de 1921. Os Blair mudam-se para Southwold, na costa de Suffolk.

Outubro de 1922-dezembro de 1927. Orwell serve na Polícia Imperial Indiana, Birmânia.

Outono de 1927. Primeiras expedições ao East End de Londres enquanto está de licença da Birmânia.

Primavera de 1928. Nessa época, vive durante um tempo como vagabundo.
Primavera de 1928 até o final de 1929. Vive no bairro operário de Paris; cinco artigos publicados em periódicos franceses; escreve um ou dois romances (dá a ambos títulos com números) e os destrói.
Março de 1929. Dá entrada no Hôpital Cochin, em Paris, com "une grippe". (Ver "Como morrem os pobres" em *Como morrem os pobres e outros ensaios*, p. 97.)
Outono de 1929. Trabalha como carregador de cozinha e lavador de pratos, provavelmente no Hôtel Lotti ou Crillon.
1930-1. Mora com os pais em Southwold, mas perambula por Londres na companhia de vagabundos. Começa a escrever o que será *Na pior em Paris e Londres*.
Abril de 1931. Publica "O albergue" na *The Adelphi*.
Agosto de 1931. Publica "Um enforcamento" na *The Adelphi*.
Setembro de 1931. Versão revisada de *Na pior* é rejeitada pelo editor Jonathan Cape.
Outono de 1931. Colhe lúpulo em Kent (ver *A filha do reverendo*). Inicia *Dias na Birmânia*.
17 de outubro de 1931. "Diário da colheita de lúpulo" é publicado no *New Statesman & Nation*.
14 de dezembro de 1931. Versão revisada de *Na pior* (agora chamado de "Diário de um lavador de pratos") é apresentada à Faber & Faber, mas rejeitada por T.S. Eliot, 15 de fevereiro de 1932.
26 de abril de 1932. Orwell escreve a Leonard Moore após a sra. Mabel Fierz ter-lhe apresentado *Na pior*; Moore passa a ser seu agente literário.
Abril de 1932-julho de 1933. Leciona em The Hawthorns, uma escola particular em Hayes, Middlesex.
Natal de 1932. Escreve e dirige uma peça escolar, *Charles II*.
3 de setembro de 1932. Publica "Common Lodging Houses" no *New Statesman & Nation*.
19 de novembro de 1932. Sugere pseudônimos com os quais seu primeiro livro será publicado; por algum tempo, assina tanto Eric Blair (até dezembro de 1936) como George Orwell.
Janeiro de 1933. *Na pior em Paris e Londres*, com o nome de George Orwell

(primeiro uso desse nome), é publicado por Victor Gollancz Ltd. Publicado em Nova York em 30 de junho de 1933.

Março de 1933. Poema "Sometimes in the middle Autumn days" na *The Adelphi*.

Maio de 1933. Poema "Summer-like for an instant the autumn sun bursts out" na *The Adelphi*.

Outono de 1933. Leciona no Fray's College, Uxbridge. Termina *Dias na Birmânia*.

Dezembro de 1933. No hospital com pneumonia. Abandona o magistério.

Outubro de 1933. Poema "On a ruined farm near His Master's Voice Gramophone Factory" na *The Adelphi*.

Janeiro-outubro de 1934. Mora com os pais em Southwold; escreve *A filha do reverendo*.

25 de outubro de 1934. *Dias na Birmânia* é publicado por Harper & Brothers, Nova York.

Outubro de 1934-março de 1935. Aluga um quarto em Warwick Mansions, Hampstead.

Outubro de 1934-janeiro de 1936. Funcionário em tempo parcial (com Jon Kimche) na Booklovers Corner, 1 South End Road, Hampstead.

11 de março de 1935. *A filha do reverendo* é publicado por Gollancz.

Maio de 1935. *Na pior* sai em francês com o título de *La Vache Enragée*, traduzido por R. N. Raimbault.

24 de junho de 1935. *Dias na Birmânia* é publicado por Gollancz, Londres, com texto modificado.

Agosto de 1935. Muda-se para Kentish Town, Londres.

23 de janeiro de 1936. "Rudyard Kipling", *New English Weekly*.

31 de janeiro-30 março de 1936. No norte da Inglaterra, colhendo material para *O caminho para Wigan Pier*. Visita o lago Rudyard após a morte de Kipling; fica em hospedaria com vista para o lago (ver seu *Diary*, 3-4 de fevereiro de 1936).

2 de abril de 1936. Muda-se para The Stores, Wallington, Hertfordshire.

20 de abril de 1936. *A flor da Inglaterra* [*Keep the Aspidistra Flying*] é publicado por Gollancz.

Maio de 1936. Começa a escrever *O caminho para Wigan Pier*; passa a escrever resenhas para *Time and Tide*.

9 de junho de 1936. Casa-se com Eileen O'Shaughnessy.
Outono de 1936. "O abate de um elefante", *New Writing*.
Novembro de 1936. "Memórias de livraria", *Fortnightly*.
Dezembro de 1936. Poema "A happy vicar I might have been" na *The Adelphi*.
15 de dezembro de 1936. Entrega o manuscrito de *O caminho para Wigan Pier* a Victor Gollancz.
Natal de 1936. Parte para lutar pelos republicanos na Guerra Civil Espanhola.
Janeiro-junho de 1937. Participa da milícia do POUM no front de Aragón.
8 de março de 1937. *O caminho para Wigan Pier* sai em edição comercial e pelo Left Book Club.
c. 28 de abril-10 de maio de 1937. Está de licença em Barcelona quando os comunistas reprimem violentamente o POUM e outros revolucionários ("os Eventos de Maio").
20 de maio de 1937. É ferido no pescoço por um franco-atirador fascista em Huesca.
23 de junho de 1937. Foge da Espanha com Eileen, John McNair e Stafford Cottman.
1-7 de julho de 1937. Volta a Wallington e começa a escrever *Homenagem à Catalunha*.
Julho de 1937. O *New Statesman and Nation* se recusa a publicar o artigo de Orwell sobre o POUM e sua resenha de *Spanish cockpit*, de Borkenau.
13 de julho de 1937. Informe ao Tribunal para Espionagem e Alta Traição, de Valência, acusa os Orwell de "trotskistas raivosos" e de agentes do POUM. No consequente julgamento, em outubro-novembro de 1938, seu amigo Jordi Arquer é condenado a onze anos de prisão.
29 de julho e 2 de setembro de 1937. "Spilling the Spanish Beans", *New English Weekly*.
Agosto de 1937. "Eye-witness in Barcelona", *Controversy*.
5 de agosto de 1937. Fala na Conferência do ILP, Letchworth, Hertfordshire, sobre suas experiências na Espanha.
12 de novembro de 1937. Convidado a trabalhar em *The Pioneer*, Lucknow, Índia.
Meados de janeiro de 1938. Termina *Homenagem à Catalunha*.

8 de março de 1938. Com uma lesão tuberculosa em um pulmão, é obrigado a recusar a oferta de *The Pioneer*.

15 de março-1º de setembro de 1938. Paciente do Sanatório Preston Hall, Aylesford, Kent.

25 de abril de 1938. *Homenagem à Catalunha* é publicado por Secker & Warburg depois de rejeitado por Gollancz.

Junho de 1938. Entra para o Partido Trabalhista Independente (ILP).

24 de junho de 1938. "Why I Join the I. L. P.", *New Leader*.

2 de setembro de 1938-26 de março de 1939. Em 2 de setembro os Orwell partem de Tilbury a bordo do navio ss *Stratheden* da P&O com destino a Gibraltar. Chegam ao Marrocos em 11 de setembro. Em 26 de março de 1939, partem de Casablanca a bordo do navio da NYK ss *Yasukunimaru*, de volta para casa. Para detalhes da estadia deles (principalmente perto de Marrakech), ver seu *Diaries*, 2009). Enquanto esteve lá, escreveu *Coming Up for Air*.

30 de setembro de 1938. Assinatura do Acordo de Munique; Chamberlain retorna a Londres acenando com o famoso pedaço de papel que garantia "paz em nosso tempo".

Dezembro de 1938. "Political Reflections on the Crisis" na *The Adelphi*.

11 de abril de 1939. De volta a Wallington.

Maio-dezembro de 1939. Escreve *Dentro da baleia e outros ensaios*.

12 de junho de 1939. *Um pouco de ar, por favor!*, é publicado por Gollancz.

28 de junho de 1939. O pai de Orwell morre de câncer com 82 anos. Orwell estava à sua cabeceira.

24-31 de agosto de 1939. Estadia com L. H. Myers em Hampshire. Orwell nunca ficou sabendo que Myers, por meio de uma intermediária, Dorothy Plowman, havia pago por sua estadia com Eileen no Marrocos, acreditando que haviam lhe emprestado trezentas libras esterlinas.

Setembro de 1939. "Democracy in the British Army", *Left Forum*.

1º de setembro de 1939. A Alemanha invade a Polônia.

3 de setembro de 1939. O Reino Unido e a França declaram guerra à Alemanha. Pouco depois, Orwell deixa o ILP devido à oposição do partido à guerra.

Natal de 1939. "Marrakech", *New Writing*.

Fevereiro de 1940. Orwell colabora pela primeira vez para a *Horizon* ("Lessons of War", uma resenha).

Março de 1940. "Semanários para meninos", *Horizon*.

1º de março de 1940. *Dentro da baleia e outros ensaios* é publicado por Gollancz.

29 de março. Orwell escreve sua primeira colaboração para o *Tribune*.

Abril de 1940. Projeta um longo romance em três partes (provavelmente não iniciado).

Maio de 1940. Entra para os Voluntários da Defesa Local (depois Guarda Interna) como comandante de pelotão.

18 de maio de 1940. Primeira de 25 críticas de teatro para *Time & Tide* (até 9 de agosto de 1941).

25 de maio de 1940. Palestra sobre Dickens para a Dickens Fellowship.

Junho de 1940. O querido irmão de Eileen, Laurence O'Shaughnessy, major-médico do Exército, é morto no Flandres enquanto cuidava dos feridos durante a retirada para Dunquerque. De acordo com Elisaveta Fen, Eileen a partir de então "perdeu consideravelmente seu entusiasmo pela vida".

Agosto a outubro de 1940. Escreve *The Lion and the Unicorn* [*O leão e o unicórnio*].

17 de agosto de 1940. "Books in General" (sobre Charles Reade) no *New Statesman*.

Outono de 1940. "Meu país à direita ou à esquerda", *Folios of New Writing*.

5 de outubro de 1940. Primeira das 27 críticas de cinema para *Time & Tide* (até 23 de agosto de 1941).

Dezembro de 1940. "The Ruling Class", *Horizon*.

6 de dezembro de 1940. Programa da BBC (com Desmond Hawkins): "The Proletarian Writer".

20 de dezembro de 1940. "The Home Guard and You", *Tribune*.

Janeiro de 1941. "Our Opportunity", *Left News*.

3 de janeiro de 1941. Escreve a primeira das "Cartas de Londres", *Partisan Review* (publicadas em março/abril de 1941).

19 de fevereiro de 1941. *The Lion and the Unicorn* é publicado por Secker & Warburg, o primeiro dos "Searchlight Books" editados por Orwell e T. R. Fyvel.

3 de março de 1941. "Fascism and Democracy" e "Patriots and Revolutionaries" (= "Our Opportunity") saem como capítulos 8 e 10 de *Betrayal of the Left*, publicado por Gollancz.

Início de abril de 1941. Mudam-se para St. John's Wood, Londres.

23 de maio de 1941. "Literature and Totalitarianism", Clube Socialista Democrático da Universidade de Oxford.

Maio-junho de 1941. Série de quatro palestras transmitidas pelo Serviço do Exterior da BBC publicada em *The Listener* como "Frontiers of Art and Propaganda" em 29 de maio de 1941; "Tolstoy and Shakespeare", 5 de junho de 1941; "The Meaning of a Poem", 12 junho de 1941; e "Literature and Totalitarianism", 19 de junho de 1941.

Agosto de 1941. "Wells, Hitler e o Estado mundial", *Horizon*.

17 de agosto de 1941. "London Letter", *Partisan Review*.

18 de agosto de 1941. Entra para o Serviço Oriental da BBC, seção indiana, como assistente de palestras.

18 de agosto de 1941-24 novembro de 1943. Assistente de palestras, depois produtor de palestras, Seção Indiana do Serviço Oriental da BBC.

Setembro de 1941. "The Art of Donald McGill", *Horizon*.

21 de novembro de 1941. Primeiro boletim semanal de Orwell para transmissão para a Índia e o Sudeste Asiático. Ele escreveu 104 ou 105 para serem transmitidos em inglês e 115 ou 116 para tradução ao guzarate, marata, bengalês, tamil ou hindustâni. Dos transmitidos em inglês, a maioria foi para a Índia, trinta para a Malaia e dezenove para a Indonésia. Orwell passou a ler seus scripts somente a partir de 21 de novembro de 1942.

22 de novembro de 1941. Palestra "Culture and Democracy" na Fabian Society.

1º de janeiro de 1942. "London Letter", *Partisan Review*.

8 de janeiro de 1942. Palestra radiofônica "Paper is Precious" (as palestras são para o Serviço Oriental da BBC).

15 de janeiro de 1942. Palestra radiofônica "The Meaning of Scorched Earth".

20 de janeiro de 1942. Palestra radiofônica "Money and Guns".

22 de janeiro de 1942. Palestra radiofônica "Britain's Rations and the Submarine War".

29 de janeiro de 1942. Palestra radiofônica "The Meaning of Sabotage".
Fevereiro de 1942. "Rudyard Kipling", *Horizon*.
8 de março de 1942. Primeira colaboração para o *Observer*.
10 de março de 1942. Palestra radiofônica "The Re-discovery of Europe" (*The Listener*, 19/3/42).
8 de maio de 1942. "London Letter", *Partisan Review*.
15 de maio de 1942. "Culture and Democracy", *Victory or Vested Interest*, George Routledge & Sons.
Verão de 1942. Muda-se para Maida Vale, Londres.
11 de agosto de 1942. *Voice 1*, primeira de seis revistas literárias radiofônicas para a Índia.
29 de agosto de 1942. "London Letter", *Partisan Review*.
9 de setembro de 1942. Palestras no Morley College, Lambeth.
9 de outubro de 1942. Orwell escreve o primeiro fascículo de uma história feita por cinco autores transmitida para a Índia. Os fascículos posteriores foram escritos por L. A. G. Strong, Inez Holden, Martin Armstrong e E. M. Forster.
2 de novembro de 1942. Entrevista radiofônica imaginária com Jonathan Swift (*The Listener*, 26/11/42).
29 de novembro de 1942. "In the Darlan Country", *Observer*.
3 de janeiro de 1943. "London Letter", *Partisan Review*.
9 de janeiro de 1943. "Pamphlet Literature", *New Statesman & Nation*.
22 de janeiro de 1943. Palestra radiofônica "George Bernard Shaw".
23 de fevereiro de 1943. Primeira colaboração (anônima) para a seção "Forum" (sobre a Índia), *Observer*.
Março de 1943. "Looking Back on the Spanish Civil War" (escrito no outono de 1942), *New Road*.
5 de março de 1943. Palestra radiofônica "Jack London".
19 de março de 1943. Morre Ida Blair, mãe de Orwell.
2 de abril de 1943. "Not Enough Money: a Sketch of George Gissing", *Tribune*.
9 de maio de 1943. "Three Years of Home Guard", *Observer*.
c. 23 de maio de 1943. "London Letter", *Partisan Review*.
4 de junho de 1943. "Literature and the Left", *Tribune*.
13 de junho de 1943. Palestra radiofônica "English Poetry Since 1900".

18 de junho de 1943. Versos: "As One Non-Combatant to Another: a Letter to 'Obadiah Hornbrooke' [= Alex Comfort]", *Tribune*.

11 de agosto de 1943. História adaptada para o rádio: *Crainquebille*, de Anatole France.

22 de agosto de 1943. "Vou sair definitivamente [da BBC] provavelmente dentro de três meses."

Setembro de 1943. Resenha: "Gandhi in Mayfair", *Horizon*.

9 de setembro de 1943. Peça radiofônica adaptada de *A raposa*, de Ignazio Silone.

6 de outubro de 1943. História adaptada para o rádio: "A Slip under the Microscope", de H. G. Wells.

17 de outubro de 1943. Palestra radiofônica *Macbeth*.

18 de novembro de 1943. Dramatização radiofônica: *As roupas novas do imperador*, de Hans Christian Andersen.

18 de novembro de 1943. *Talking to India*, Allen & Unwin, edição e introdução de Orwell.

21 de novembro de 1943. Palestra radiofônica *Lady Windermere's Fan*.

23 de novembro de 1943. Sai da BBC e vai para o *Tribune* como editor literário. Deixa a Guarda Interna por motivos médicos.

Novembro de 1943-fevereiro de 1944. Escreve *A revolução dos bichos*.

26 de novembro de 1943. "Mark Twain — o bufão autorizado", *Tribune*.

3 de dezembro de 1943. Primeira de oitenta colunas pessoais intituladas "As I Please" [O que me der vontade], *Tribune*, 59 publicadas até 16/2/45; o restante, de 8/11/46 a 4/4/47.

24 dezembro de 1943. "Can Socialists be Happy?" com o pseudônimo de "John Freeman", *Tribune*.

15 de janeiro de 1944. "London Letter", *Partisan Review*.

21 de janeiro de 1944. Poema "Memories of the Blitz", *Tribune*.

13 de fevereiro de 1944. "A Hundred Up" [centenário de *Martin Chuzzlewit*], *Observer*.

17 de abril de 1944. "London Letter", *Partisan Review*.

Maio de 1944. Termina *The English People*; publicado por Collins, agosto de 1947.

14 de maio de 1944. Nasce o menino que Orwell adota em junho de 1944, batizado com o nome de Richard Horatio Blair.

Verão de 1944. Visita a ilha de Jura e conhece Barnhill. "Propaganda e discurso popular", *Persuasion*.

28 de junho de 1944. O apartamento dos Orwell é bombardeado; mudança para o apartamento de Inez Holden, perto da Baker St., Londres.

16 de julho de 1944. "The Eight Years of War: Spanish Memories", *Observer*.

24 de julho de 1944. "London Letter", *Partisan Review*.

7 de setembro de 1944. "How Long Is a Short Story?", *The Manchester Evening News*.

22 de setembro de 1944. "Tobias Smollett: Scotland's Best Novelist", *Tribune*.

Outubro de 1944. "Raffles and Miss Blandish", *Horizon*.

Início de outubro de 1944. Muda-se para o número 27B da Canonbury Square, Islington, Londres, N1.

Outubro (?) de 1944. "London Letter", *Partisan Review*.

19 outubro de 1944. "Home Guard Lessons for the Future", *Horizon*.

Outubro/novembro de 1944. "Benefit of Clergy: Some Notes on Salvador Dali", *Saturday Book*, 4. O artigo de Orwell está fisicamente fatiado, embora seu título ainda esteja indexado.

22 de dezembro de 1944. "Oysters and Brown Stout" (on Thackeray), *Tribune*.

15 de fevereiro-final de março de 1945. Correspondente de guerra do *Observer* e do *Manchester Evening News*, França, Alemanha e Áustria.

25 de fevereiro de 1945. "Paris Puts a Gay Face on her Miseries", *Observer*; menciona ter visitado a Rue de Pot de Fer, onde morou em 1928-9.

28 de fevereiro de 1945. "Inside the Papers in Paris", *Manchester Evening News*.

Março de 1945. "A poesia e o microfone", *New Saxon Pamphlets* (escrito no outono de 1943).

4 de março de 1945. "Occupation's effect on French outlook", *Observer*.

7 de março de 1945. "The Political Aims of the French Resistance", *Manchester Evening News*.

11 de março de 1945. "Clerical Party May Re-emerge in France: Educational Controversy", *Observer*.

18 de março de 1945. "De Gaulle Intends to Keep Indo-China: but French Apathetic on Empire", *Observer*.

20 de março de 1945. "The French Believe We Have Had a Revolution", *Manchester Evening News*.

25 de março de 1945. Eileen Blair faz seu testamento.

25 de março de 1945. "Creating Order out of Cologne Chaos: Water Supplied from Carts", *Observer*.

29 de março de 1945. Eileen Blair morre em consequência de uma anestesia. Orwell retorna à Inglaterra.

31 de março de 1945. Assina a primeira de suas "Notes for My Literary Executor".

Abril de 1945. "Antisemitism in Britain", *Contemporary Jewish Chronicle*.

8 de abril-24 de maio de 1945. Retorna à França, Alemanha e Áustria como correspondente de guerra.

8 de abril de 1945. "Future of a Ruined Germany: Rural Slum cannot Help Europe", *Observer*.

15 de abril de 1945. "Allies Facing Food Crisis in Germany: Problem of Freed Workers", *Observer*.

16 de abril de 1945. "The French Elections Will Be Influenced by the Fact that Women Will Have First Vote", *Manchester Evening News*.

22 de abril de 1945. "Bavarian Peasants Ignore the War: Germans Know they Are Beaten", *Observer*.

29 de abril de 1945. "The Germans Still Doubt Our Unity: the Flags do not Help", *Observer*.

4 de maio de 1945. "Now Germany Faces Hunger", *Manchester Evening News*.

6 de maio de 1945. "France's Interest in the War Dwindles: Back to Normal is the Aim", *Observer*.

8 de maio de 1945. Dia da Vitória: fim da guerra na Europa.

13 de maio de 1945. "Freed Politicians Return to Paris: T. U. Leader Sees De Gaulle", *Observer*.

20 de maio de 1945. "Danger of Separate Occupation Zones: Delaying Austria's Recovery", *Observer*.

27 de maio de 1945. "Obstacles to Joint Rule in Germany", *Observer*.

5 de junho de 1945. "London Letter", *Partisan Review*.

8 de junho de 1945. Transmissão radiofônica para escolas: *Erewhon*, Serviço Nacional da BBC.

10 de junho de 1945. "Uncertain Fate of Displaced Persons", *Observer*.

15 de junho de 1945. Transmissão radiofônica para escolas: *The Way of All Flesh*, BBC Home Service.

24 de junho de 1945. "Morrison and Bracken Face Stiff Fights: Heavy Poll Expected", *Observer*.

25 de junho de 1945. Warburg anuncia que Orwell escreveu "as primeiras doze páginas de seu novo romance".

Julho de 1945. "In Defence of P. G. Wodehouse", *Windmill* (escrito em fevereiro de 1945).

1º de julho de 1945. "Liberal Intervention Aids Labour", *Observer*.

5 de julho de 1945. "Authors Deserve a New Deal", *Manchester Evening News*.

21 de julho de 1945. "On Scientifiction", *Leader Magazine*.

28 de julho de 1945. "Funny But Not Vulgar", *Leader Magazine*.

Agosto de 1945. Eleito vice-presidente do Comitê de Defesa da Liberdade.

15 de agosto de 1945. Dia da Vitória: fim da guerra no Extremo Oriente.

15-16 de agosto de 1945. "London Letter", *Partisan Review*.

17 de agosto de 1945. Secker & Warburg publica edição de 4500 exemplares de *A revolução dos bichos*.

10-22 de setembro de 1945. Estadia numa cabana de pescadores na ilha de Jura.

Outubro de 1945. "Notes on Nationalism", *Polemic*.

8 de outubro de 1945. Programa radiofônico educacional: "Jack London", BBC Light Programme.

14 de outubro de 1945. "Profile: Aneurin Bevan"; anon., autoria principalmente de Orwell, *Observer*.

19 de outubro de 1945. "You and the Atom Bomb", *Tribune*.

26 de outubro de 1945. "What is Science?", *Tribune*.

Novembro de 1945. "The British General Election", *Commentary*.

2 de novembro de 1945. "Bons livros ruins", *Tribune*.

9 de novembro de 1945. "A vingança é amarga", *Tribune*.

23 de novembro de 1945. "Through a Glass Darkly", *Tribune*.

14 de dezembro de 1945. "O espírito esportivo", *Tribune*.

15 de dezembro de 1945. "Em defesa da culinária inglesa", *Evening Standard*.

21 de dezembro de 1945. "Nonsense Poetry", *Tribune*.

Janeiro de 1946. "A prevenção contra a literatura", *Polemic*.
4 de janeiro de 1946. "Freedom v. Happiness" (resenha de *We*, de Zamyatin), *Tribune*.
12 de janeiro de 1946. "Uma boa xícara de chá", *Evening Standard*.
18 de janeiro de 1946. "The Politics of Starvation", *Tribune*.
24 e 31 de janeiro, 7 e 14 de fevereiro de 1946. Quatro artigos relacionados: "1. The Intellectual Revolt"; "2. What Is Socialism?"; "3. The Christian Reformers"; "4. Pacifismo e progresso", *Manchester Evening News*.
1º de fevereiro de 1946. "The Cost of Radio Programmes", *Tribune*.
8 de fevereiro de 1946. "Livros e cigarros", *Tribune*.
9 de fevereiro de 1946. "Moon under Water" (o pub ideal), *Evening Standard*.
14 de fevereiro de 1946. *Ensaios críticos* é publicado por Secker & Warburg (com o título de *Dickens, Dali and Others: studies in popular culture*, por Reynal & Hitchcock, Nova York, 29 de abril de 1946).
15 de fevereiro de 1946. "O declínio do assassinato inglês", *Tribune*.
8 de março de 1946. "Do Our Colonies Pay?", *Tribune*.
29 de março de 1946. Peça radiofônica "The Voyage of the *Beagle*", Serviço Nacional da BBC.
29 de março de 1946. "British Cookery", livreto inédito do Conselho Britânico (XVIII, 2954 201-13).
Abril de 1946. "A política e a língua inglesa", *Horizon*.
12 de abril de 1946. "Algumas reflexões sobre o sapo comum", *Tribune*.
26 de abril de 1946. "A Good Word for the Vicar of Bray", *Tribune*.
Meados de abril de 1946. Abandona o jornalismo por seis meses para se concentrar em *1984*.
Maio de 1946. "Second Thoughts on James Burnham", *Politics*.
3 de maio de 1946. Morte de Marjorie Dakin, irmã mais velha de Orwell.
3 de maio de 1946. "Confissões de um resenhista", *Tribune*.
Início de maio de 1946. Última "London Letter", *Partisan Review*.
23 de maio-13 de outubro de 1946. Aluga Barnhill na ilha de Jura.
Verão de 1946. "Por que escrevo", *Gangrel*.
9 de julho de 1946. Peça radiofônica "Chapeuzinho Vermelho", Hora Infantil da BBC.
14 de agosto de 1946. "The True Pattern of H.G. Wells", *Manchester Evening News*.

26 de setembro de 1946. Fez "apenas umas cinquenta páginas [de 1984]".
Setembro-outubro de 1946. "Política versus literatura", *Polemic*.
14 de outubro de 1946 a 10 de abril de 1947. Permanece na Canonbury Square, Londres.
29 de outubro de 1946. Panfletos da BBC nº 2: *Books and authors* (contém "Bernard Shaw's *Arms and the Man*" de Orwell) e nº 3. *Landmarks in American literature* (contém "Jack London", de Orwell), publicados pela Oxford University Press, Bombaim.
Novembro de 1946. Introdução a Jack London, *Love of Life and Other Stories*, Paul Elek.
Novembro de 1946. "Como morrem os pobres", *Now*.
22 de novembro de 1946. "Riding Down from Bangor" (resenha de *Helen's Babies*), *Tribune*.
Janeiro de 1947. "Arthur Koestler", *Focus* (escrito em setembro de 1944).
14 de janeiro de 1947. Peça radiofônica: adaptação feita por Orwell de *A revolução dos bichos*, Terceiro Programa da BBC.
Março de 1947. "Lear, Tolstói e o bobo", *Polemic*.
4 de abril de 1947. Octogésima e última coluna "As I Please", *Tribune*. Orwell pretendia que fosse apenas uma interrupção.
11 de abril a 20 de dezembro de 1947. Em Barnhill, Jura, escrevendo 1984. Frequentemente doente.
31 de maio de 1947. Envia a Warburg uma versão de "Tamanhas eram as alegrias"; terminado por volta de maio de 1948.
Julho/agosto de 1947. "Towards European unity", *Partisan Review*.
Agosto de 1947. *The English People* é publicado pela Collins na série *Britain in pictures*.
Setembro de 1947. Desiste do aluguel do chalé The Stores, Wallington.
31 de outubro de 1947. Está tão doente que é obrigado a trabalhar na cama.
7 de novembro de 1947. Termina a primeira versão de *1984*.
30 de novembro de 1947. "Profile: Krishna Menon", de David Astor, com Orwell, *Observer*.
20 de dezembro-28 de julho de 1948. Internado com tuberculose no Hairmyres Hospital, East Kilbride, Glasgow.
Março de 1948. Escreve "Escritores e Leviatã" para *Politics and Letters*, que acaba sendo publicado em *New Leader*, Nova York, 19 de junho de 1948.

Maio de 1948. Inicia a segunda versão de 1984. Escreve "Britain's Left-wing Press" para *The Progressive*. Escreve "George Gissing" para *Politics and Letters*. Publicado na *London Magazine*, junho de 1960. Por volta dessa época, faz as correções finais no manuscrito datilografado de "Tamanhas eram as alegrias".

13 de maio de 1948. *Coming Up for Air* é publicado como primeiro volume da edição padronizada da Secker.

28 de julho de 1948-c. 2 de janeiro de 1949. Em Barnhill, Jura.

28 de agosto de 1948. "The writer's dilemma' (resenha de *The Writer and Politics*, de George Woodcock), *Observer*.

Outono de 1948. Escreve "Reflexões sobre Gandhi", publicado na *Partisan Review*, junho de 1949.

Outubro de 1948. "Britain's Struggle for Survival: The Labour Government after Three Years", *Commentary*.

Início de novembro de 1948. Termina 1984 e começa a datilografar o manuscrito.

15 de novembro de 1948. Introdução a *British Pamphleteers*, vol. 1 (escrito na primavera de 1947), Allan Wingate.

4 de dezembro de 1948. Termina de datilografar uma cópia boa de 1984 e a envia pelo correio. Tem uma recaída grave.

Dezembro de 1948. Desiste do aluguel do apartamento na Canonbury Square, Islington.

Janeiro de 1949. *Dias na Birmânia* é o segundo volume publicado da edição padronizada.

c. 2 de janeiro de 1949. Deixa Jura pela última vez.

6 de janeiro -3 setembro de 1949. Paciente de tuberculose no Sanatório Cotswold, Cranham, Glos.

Meados de fevereiro de 1949. Começa, mas não termina artigo sobre Evelyn Waugh.

Março de 1949. Corrige as provas de 1984.

9 de abril de 1949. Envia sua última resenha, sobre *Their Finest Hour*, de Winston Churchill, para *New Leader*, Nova York.

A partir de abril de 1949. Planeja um romance situado em 1945 (*não escrito*). Escreve sinopse e quatro páginas de um conto longo: "A Smoking-room Story". Faz anotações para um ensaio sobre Conrad.

Maio de 1949. "A questão do prêmio de Pound", *Partisan Review*.
8 de junho de 1949. *1984* é publicado por Secker & Warburg; ganha o primeiro *Partisan Review Annual Award*.
13 de junho de 1949. *1984* é publicado por Harcourt, Brace, Nova York.
Após junho de 1949. Assina novas "Notes for My Literary Executor".
Julho de 1949. *1984* sai pelo Livro do Mês Americano (cerca de 190 mil exemplares).
Agosto de 1949. Planeja um volume reunindo ensaios já publicados.
3 de setembro de 1949. Transferido para o University College Hospital, Londres.
13 de outubro de 1949. Casa-se com Sonia Brownell no hospital, com uma licença especial.
18 de janeiro de 1950. Assina seu testamento na véspera de uma viagem não realizada à Suíça, recomendada para sua saúde.
21 de janeiro de 1950. Orwell morre no University College Hospital após hemorragia nos pulmões.
26 de janeiro de 1950. Realiza-se o funeral de Orwell na Christ Church, Albany Street, Londres, NW1. No mesmo dia, é enterrado em All Saints, Sutton Cortney, Berkshire.

Notas biográficas sobre os correspondentes e as principais pessoas citadas

Mulk Raj Anand (1905-2004), romancista, ensaísta e crítico. Nasceu na Índia, lutou pelos republicanos na Guerra Civil Espanhola (embora não tenha conhecido Orwell na Espanha). Escreveu scripts e programas para a BBC entre 1939-45 e fez muitos trabalhos para Orwell enquanto esteve na emissora. Depois da guerra, deu aulas em várias universidades indianas e se tornou professor de belas artes na Universidade do Punjab em 1963. Ele e Orwell foram companheiros regulares, especialmente na BBC. Ele contou a W. J. West que Orwell tinha uma predileção por citar com frequência trechos longos do *Livro de oração comum*, que conhecia muito bem.

Jordi Arquer i Saltó (1906-81), catalão, foi um dos camaradas de Orwell no POUM. Foi um dos réus no "Julgamento do POUM" em outubro-novembro de 1938, processo que poderia ter incluído Orwell e sua mulher Eileen se não tivessem deixado a Espanha. Arquer foi acusado de espionagem e deserção, mas as acusações ruíram em virtude do absurdo óbvio das provas. Foi então acusado de organizar uma reunião em Lérida de preparação para os Eventos de Maio em Barcelona. Insistiu em falar somente em catalão no julgamento e foi condenado a onze anos de prisão. Ao ser solto, foi morar em Paris.

O **Honorável David Astor** (1912-2001) serviu na Marinha Real, 1940-5, e foi sucessivamente editor estrangeiro (1946-8), editor (1948-75) e um dos diretores (1976-81) do *The Observer*, fazendo muito para melhorar seu conteúdo e aumentar a circulação. Ele e Orwell eram muito bons amigos. Astor foi fundamental para encontrar-lhe um lugar onde morar em Jura, obteve estreptomicina para ele em sua doença final e tomou providências para que fosse enterrado como desejava. Apesar da reputação de sombrio de Orwell, Astor disse ao editor do original desta obra que, quando se sentia deprimido, procurava Orwell porque o humor dele o animava.

Avril Blair (1908-78), irmã mais moça de Orwell. Foi morar com o irmão em Barnhill e trabalhou muito duro para cuidar dele, da casa e de sua pequena propriedade. Casou-se com Bill Dunn em 1951 e cuidou do filho de Orwell, Richard, depois que seu irmão morreu.

Eileen Blair, *née* O'Shaughnessy (1905-45), casou-se com Orwell em 9 de junho de 1936. Nasceu em South Shields e formou-se por Oxford em 1927. Quando conheceu Orwell, fazia mestrado em psicologia no University College de Londres. Durante a guerra, trabalhou de início (ironicamente) em um Departamento de Censura do governo, e depois no Ministério da Alimentação. Lettice Cooper, que trabalhou com ela no ministério, lembra que Eileen era "de estatura mediana, ombros um pouco altos, muito bonita e tinha o que George chamava de rosto felino, olhos azuis e cabelo quase preto. Andava lentamente, sempre parecia estar à deriva, sem nenhum objetivo particular em qualquer lugar. Tinha mãos e pés pequenos, muito bem torneados. Jamais a vi com pressa, mas sempre terminava seu trabalho na hora.[...] A mente de Eileen era um moinho que moía o tempo todo devagar, mas de forma independente. De comportamento tímido e despretensioso, tinha uma integridade calma que nunca vi ser abalada" (X, p. 394).

Ida Blair, *née* Limouzin (1875-1943), mãe de Orwell. Nasceu em Penge, em Surrey, filha de mãe inglesa e pai francês, criou-se e morou na Índia. Era uma mulher alegre e independente e, como seu diário mostra, levou uma ativa vida social e esportiva quando retornou à Inglaterra em 1904. Sua família tinha conexões com a Birmânia. Era hábil em fazer arranjos para que seu filho e Avril fossem cuidados por outras pessoas nas férias escolares.

Richard Horatio Blair (1944-), adotado por Eric e Eileen Blair em junho de 1944. Seu nome do meio é um nome da família Blair. Como era comum no início do século xx, na medida do possível as crianças eram mantidas longe dos tuberculosos. Assim, Richard e seu pai viram-se muito menos do que gostariam, especialmente quando Orwell estava no Hospital Hairmyres e no Sanatório de Cranham. Após a morte do pai, foi criado por Avril Orwell e seu marido, Bill Dunn. Estudou na escola Loretto e na Escola Agrícola de Wiltshire, de Lackham, e por último na Escola Superior de Agricultura do Norte da Escócia, em Aberdeen. Casou-se com Eleanor Moir em 1964 e foi fazendeiro em Herefordshire antes de entrar para a Massey Fergusson, em 1975. Ver suas memórias, *Life with My Aunt Avril Blair*, www.finlay-publisher.com.

Richard Walmsley Blair (1857-1939), pai de Orwell. Ingressou no Departamento de Ópio do Serviço Público Indiano em 1875 e chegou a agente subadjunto, cargo em que se aposentou em 1912. Por razões desconhecidas, tirou uma licença de saúde por quinze meses, a partir de 20 de agosto de 1885. Em 1917, foi nomeado segundo-tenente na 51ª Companhia de Pioneiros Indianos (Ranchi), Marselha, tendo sido um dos mais velhos e, por algum tempo, até 9 de dezembro de 1919, o tenente mais velho do Exército. Os Blair se mudaram para Southwold, Suffolk, em dezembro de 1921. Jacintha Buddicom descreve os Blair como uma família unida e feliz, e o sr. Blair como alguém "não grosseiro".

Zulfaqar Ali Bokhari (?-?), organizador da programação indiana da bbc desde a criação de sua Seção Indiana e superior de Orwell. Depois da guerra, tornou-se diretor-geral da rádio Paquistão.

Henry Noel Brailsford (1873-1958), intelectual socialista, escritor, jornalista político e principal redator de vários jornais, entre eles o *Manchester Guardian*. Editou o semanário do Partido Trabalhista Independente, *The New Leader*, 1922-6.

Ivor Brown (1891-1974), escritor, crítico, editor e redator principal do *Manchester Guardian*, 1919-35. Foi também crítico de teatro do *The Observer* e seu editor entre 1942-8. Se Orwell fazia uma resenha que o incomodava, não hesitava em escrever pedindo aconselhamento externo, perguntando, por exemplo, se seu correspondente achava que "todo o tom [da resenha] respira uma aversão ao cristianismo" (*The Lost Orwell*, p. 104).

Sonia Brownell (1918-80), segunda esposa de Orwell. No volume xx, pp. 170-1, encontra-se um texto curto de lembranças de Ian Angus (que a conhecia bem e trabalhou com ela na produção dos quatro volumes de *Collected Essays, Journalism & Letters* (1968), que tanto fez para ampliar a reputação de Orwell. Apesar de sua amplamente reconhecida generosidade, ela foi objeto de muitas críticas injustas. Foi somente com *The Girl from the Fiction Department: a Portrait of Sonia Orwell*, de Hilary Spurling (2002), que uma avaliação equilibrada se tornou disponível. Curiosamente, ela nasceu em Ranchi, no estado indiano de Bihar, a apenas 370 quilômetros de Motihari, local de nascimento de Orwell. Em 1936, sofreu um acidente de barco num lago suíço. Ela e outros três adolescentes foram atingidos por uma rajada violenta de vento; ela era a única que sabia nadar e os outros se afogaram. Sonia nunca se recuperou totalmente dessa tragédia. Trabalhava na *Horizon*, onde Cyril Connolly a apresentou a Orwell. Eles se casaram no University College Hospital em 13 de outubro de 1949. Quando Arthur Koestler soube do casamento, disse a Orwell como ele e sua esposa ficaram felizes e que o primeiro de seus três desejos para Sonia havia sido "que ela deveria se casar com você" (xx, p. 329). Foi Sonia quem criou o Arquivo Orwell, que tanto tem feito para preservar sua obra.

Jacintha Buddicom (1901-93) era a filha mais velha de Laura e Robert Buddicom. Seu pai foi curador do Museu de Plymouth, mas mudou-se para Shiplakeon-Thames para dedicar-se à horticultura. Seu irmão, Prosper (1904-68), e sua irmã, Guinever (1907-2002), foram companheiros de infância de Orwell quando ele estava em casa. Ela e Orwell trocaram poemas, e seu livro de memórias, *Eric & Us* (1974), descreve como eles brincavam juntos. Ver a segunda edição, com um posfácio muito informativo de Dione Venables (2006) e sua carta em seguida.

Dennis Collings (1905-2001) foi amigo de Orwell desde o momento em que a família de Blair se mudou para Southwold, em 1921. O pai de Collings tornou-se o médico da família Blair. Deu aulas de antropologia na Universidade de Cambridge e em 1934 foi nomeado curador assistente do Museu Raffles, em Cingapura. Foi feito prisioneiro pelos japoneses, mas sobreviveu à guerra. Também em 1934, casou-se com Eleanor Jacques, amiga próxima de Orwell.

Alex Comfort (1920-2000), poeta, romancista, médico biologista. Escreveu vários livros, entre eles *No such liberty* (1941), um drama sacro (*Into Egypt*, 1942), e o famoso *Os prazeres do sexo* (1972). Também coeditou *Poetry Folios*, n°s 1-10, 1942-6.

Jack Common (1903-68) era um operário de Tyneside que trabalhou para a *The Adelphi* de 1930 a 1936, primeiro como vendedor, depois como editor assistente, e a partir de 1935-6 como coeditor, com Sir Richard Rees. Escreveu vários livros e Crick o classificou como "um dos poucos escritores ingleses autenticamente proletário". Em 1938, Orwell resenhou seu livro *The Freedom of the Streets* (xi, pp. 162-3). Ele e sua mulher, Mary, moraram no chalé dos Orwell enquanto estes estavam no Marrocos.

Cyril Connolly (1903-74) esteve com Orwell em St. Cyprian's e Eton. Eles se encontraram novamente em 1935, depois que Connolly resenhou *Dias na Birmânia*. Estiveram associados em várias atividades literárias, em especial na revista *Horizon*, que Connolly editou com grande competência. Ver sua obra *Enemies of Promise* (1938), que faz referências a Orwell, e *The Rock Pool* (1936), que Orwell resenhou (X, pp. 490-1) e que traz esta crítica: "Uma objeção mais séria é que até mesmo querer escrever sobre os chamados artistas que gastam em sodomia o que ganharam filando dos outros trai uma espécie de inadequação espiritual", um mundo que está claro que o autor "sem dúvida admira".

Lettice Cooper (1897-1994), romancista e biógrafa. Trabalhou durante a guerra no Ministério da Alimentação com Eileen, que cuidava do programa de rádio *O Front da Cozinha*. Entre seus romances estão *The Lighted Room* (1925) e *Black Bethlehem* (1947), em que a personagem Ann supostamente se baseia em Eileen. Em suas tocantes lembranças de Eileen (gravadas para o Arquivo Orwell), ela conta como Orwell lia cada trecho novo de *A revolução dos bichos* para a mulher todas as noites, "e na manhã seguinte ela costumava nos contar como ia o livro; ela soube de imediato que era um vencedor" (ver *Remembering Orwell*, pp. 116-7, 130-2, 144-5 e 196-7). Fez psicanálise, e o conhecimento de Orwell sobre isso talvez tenha vindo dela.

Stafford Cottman (1918-99) foi o membro mais jovem da unidade do ILP que lutou junto ao POUM na Guerra Civil Espanhola. Ele e Orwell lutaram lado a lado e escaparam juntos. Era inicialmente pró-comunista, mas rejeitou o comunismo depois dos Eventos de Maio em Barcelona em 1937. Ao voltar para casa, em Bristol, foi expulso da Liga da Juventude Comunista, acusado de inimigo da classe operária, e sua casa foi vigiada por seus membros. Há um excelente obituário de Cottman no *Independent* de 3 de novembro de 1999.

Humphrey Dakin (1896-1970) casou-se com a irmã mais velha de Orwell, Marjorie, em julho de 1920. Era funcionário público e trabalhava para o Comitê de Poupança Nacional. Por vezes Orwell ficava com eles em Leeds, quando estava investigando a situação das áreas carentes. Parece que Humphrey se indignava com seu cunhado, considerando-o um "marginal avesso a trabalho" (*Orwell Remembered*, 127-30).

Marjorie Dakin, *née* Blair (1898-1946), irmã mais velha de Orwell. Foi motociclista estafeta da Legião das Mulheres durante a Primeira Guerra Mundial. Casou-se com Humphrey Dakin (1896-1970). Seus filhos, Henry, Jane e Lucy, estiveram todos com Orwell na ilha de Jura.

C. D. Darlington (1903-81), diretor da Instituição de Horticultura John Innes, 1939-53, professor de botânica e zelador do Jardim Botânico da Universidade de Oxford, 1953-71. Publicou *The Conflict of Science and Society* (1948), que Orwell leu em maio de 1949. Embora ligado a J. D. Bernal e J. G. Crowther, era anticomunista. Ele e Orwell estavam preocupados com os danos causados à ciência (e ao povo soviético) pelo trabalho de Trofim Denisovich Lysenko, diretor da Academia Soviética de Ciências Agrícolas, que rejeitava a genética ocidental e era protegido de Stálin. Ter assistido à palestra de John Baker sobre Lysenko na Conferência PEN, 22-26 de agosto de 1944, foi um dos fatores que motivaram Orwell a escrever 1984. Quando Orwell estava na BBC, contratou Darlington para dar três palestras para a Índia.

Yvonne Davet (c. 1895-?) Por muitos anos foi secretária de André Gide. Ela e Orwell não se conheceram, mas mantiveram correspondência antes e depois da guerra. Sua tradução de *Homenagem à Catalunha* foi concluída antes da guerra, e Orwell a leu e comentou. As instruções dele foram posteriormente aplicadas à edição de suas obras completas. A tradução de Davet só foi publicada em 1955, depois da morte de Orwell. Ela também traduziu obras de Jean Rhys, Graham Greene e Iris Murdoch.

Dr. Bruce Dick (?-?), especialista responsável da Unidade Torácica do Hairmyres Hospital. Orwell se divertia com a ideia de que Dick havia servido nas forças de Franco na Guerra Civil Espanhola. No entanto, seu médico júnior na época, dr. James Williamson, achava que isso era "conversa fiada". A descrição feita por Williamson de tratamento de Orwell está reproduzida em *Remembering Orwell*, pp. 197-202.

Serguei Dinamov (1901-39), editor-chefe de *International Literature*, Moscou.

Foi uma autoridade em literatura ocidental e importante estudioso de Shakespeare. Preso em 1938, morreu em um Gulag, provavelmente fuzilado.

Charles Doran (1894-1974) nasceu em Dublin, mas mudou-se para Glasgow em 1915. Serviu na Primeira Guerra Mundial e depois militou na Federação Comunista Antiparlamentar. Entrou para o ILP na década de 1930 e serviu com Orwell no POUM, na Espanha. Em 1983, a sra. Bertha Doran contou ao dr. James D. Young que seu falecido marido se impressionava com a modéstia e a sinceridade de Orwell: "Charlie o classificava como um rebelde — não um revolucionário — insatisfeito com o establishment, ao mesmo tempo que continuava fazendo parte dele. [...] Eu me lembro de Charlie dizendo que Orwell não gostava de polêmica. Ele [Charlie] expressava uma opinião sobre alguma coisa, na esperança de levar Orwell a concordar ou discordar, mas Orwell se limitava a dizer: 'Você pode estar certo, Doran!'".

T.S. Eliot (1888-1965), poeta e crítico. Orwell encomendou a Eliot meia dúzia de programas para a Índia e resenhou *Quatro quartetos* em 1944 (XVI, pp. 420-3). Na qualidade de leitor crítico da editora Faber, rejeitou *Na pior em Paris e Londres* e *A revolução dos bichos*.

Tosco Fyvel (1907-85). Seus pais haviam emigrado de Viena para a Palestina e ele se associou ao movimento sionista, trabalhando com Golda Meir. Orwell o conheceu com Fredric Warburg em janeiro de 1940, e o encontro resultou na série de livros Searchlight, editada por Fyvel e Orwell e na qual foi publicado *O leão e o unicórnio*. O livro de Fyvel *George Orwell: a Personal Memoir* (1982) é especialmente esclarecedor sobre o tema do antissemitismo e sionismo.

Victor Gollancz (1893-1967), primeiro editor de Orwell. Depois de Oxford, lecionou em Repton por dois anos, onde sua introdução de uma aula sobre educação cívica o pôs em conflito com o diretor, o dr. Geoffrey Fisher, que viria a ser arcebispo de Canterbury. Foi demitido em 1918, trabalhou na legislação do salário mínimo e, depois de trabalhar na Oxford University Press (OUP), foi para a editora de revistas especializadas Benn Brothers. Seu sucesso na casa o levou a fundar sua própria editora, em 1927. Em seu primeiro ano, publicou 64 títulos. Apesar de membro do Partido Trabalhista e de pertencer a uma família de judeus ortodoxos, se declararia mais tarde socialista cristão. Sua grande conquista foi a criação do Clube do Livro de Esquerda, que publicou *O caminho para Wigan Pier*. Era bem conhecido por oferecer adiantamentos modestos aos autores, num indício de que se poderia ganhar mais após a publicação.

Geoffrey Gorer (1905-85), antropólogo social e autor de muitos livros, entre eles *Africa Dances* (1935), *The American People* (1964) e *Death Grief and Mourning in Contemporary Britain* (1965). Escreveu para Orwell sobre *Dias na Birmânia*, dizendo que "me parece que você fez um trabalho necessário e importante tão bom quanto poderia ser feito". Eles se conheceram e ficaram amigos pelo resto da vida.

Rayner Heppenstall (1911-81), crítico, romancista e historiador do crime. Dividiu um apartamento com Orwell em 1935, mas o arranjo não foi nada bem-sucedido, pois os dois chegaram mesmo às vias de fato. Não obstante, permaneceram amigos e Heppenstall produziu algumas obras de Orwell para a BBC, em que se destacam seu roteiro para *A viagem do Beagle* e uma adaptação radiofônica de *A revolução dos bichos*. Orwell é um dos que estão presentes em seu livro *Four Absentees* (1960), e alguns de seus trechos estão reproduzidos em *Orwell Remembered*.

Inez Holden (1906-74), romancista, contista, jornalista e radialista, era prima de Celia Kirwan, irmã gêmea da esposa de Arthur Koestler, Mamaine. Ela mostrou ser uma boa amiga dos Orwell, emprestando-lhes seu apartamento em Portman Square, depois que a residência do escritor foi bombardeada. Ela e Orwell pensaram em publicar seus diários de guerra num projeto conjunto, mas não deu certo porque ela queria mudar tudo que Orwell escreveu de que ela discordava. Seu diário foi publicado com o título de *It Was Different at the Time* (1943).

Lydia Jackson, née Jiburtovich (1899-1983), escritora, psicóloga e tradutora (com o pseudônimo de Elisaveta Fen). Nasceu na Rússia e foi para a Inglaterra em 1925. Conheceu Eileen no University College de Londres em 1935 e se tornaram amigas. Ficou no chalé dos Orwell em Wallington, quando eles não estavam lá, e visitou Orwell em Barnhill e no Hairmyres Hospital. Traduziu peças de Tchecov para a Penguin, 1951-4. Em *A Russian's England*, de 1976, faz uma boa descrição de Eileen, Wallington e do relacionamento de Eileen e Orwell.

Eleanor Jaques (?-1962) chegou a Southwold, vinda do Canadá, em 1921, pouco antes dos Blair. Durante algum tempo, sua família foi vizinha de porta dos Blair na Stradbroke Road. Eleanor e Orwell se tornaram amigos. Ela é mencionada pela primeira vez em uma carta de Orwell a Dennis Collings de 12 outubro de 1931, quando ele diz que ela tinha permissão para ler a "narrativa de minhas aventuras" na colheita do lúpulo.

Rev. Iorwerth Jones (?-?), pastor da Igreja Congregacional de Pan-teg no País de Gales. Em correspondência enviada a Malcolm Muggeridge em 4 de maio de 1955, anexou a carta de Orwell de 8 de abril de 1941. Ele havia escrito a Orwell para "levantar questões sobre seus comentários a respeito do pacifismo". O pastor achava que sua carta poderia ajudar Muggeridge em sua biografia de Orwell — biografia que ele não chegou a escrever.

Celia Kirwan (1916-2002) era irmã gêmea de Mamaine Koestler. Ambas sofriam muito de asma. Ela e Orwell se conheceram quando viajaram juntos (com Richard) para passar o Natal de 1945 com os Koestler em Bwylch Ocyn, perto de Blaenau Ffestiniog, no noroeste do País de Gales. Orwell lhe propôs casamento após a morte de Eileen. Embora ela tenha "gentilmente recusado", eles continuaram amigos. Foi assistente editorial da *Polemic* (que publicou "Política *versus* literatura", 1946), mas, quando a revista acabou, mudou-se para Paris e foi trabalhar na *Occident*, uma revista trilíngue. Quando trabalhou para o Departamento de Pesquisa da Informação, ela era muito mais uma amiga próxima de Orwell do que uma funcionária do governo. Visitou Orwell em Cranham para lhe pedir que escrevesse para o departamento. Ele não se sentia bem o suficiente para fazê-lo, mas sugeriu nomes de quem poderia ajudá-la e também forneceu-lhe uma lista daqueles que não achava confiáveis.

Arthur Koestler (1905-83), nascido em Budapeste, ingressou no Partido Comunista alemão em 1931, o qual abandonou em 1938. Trabalhando como repórter durante a Guerra Civil Espanhola, foi capturado e condenado à morte, mas escapou ao ser trocado pela mulher de um importante piloto de Franco. Em 1939-40, foi detido na França na condição de "estrangeiro indesejável"; libertado meses depois, foi para a Inglaterra sem visto de entrada e foi preso pelos ingleses, sendo libertado no início de 1941. Entre os livros que descrevem suas experiências, estão *Spanish Testament* (1937), *Scum of the Earth* (1941) e *O zero e o infinito* (1940), que Orwell resenhou (xii, pp. 357-9). Tornou-se cidadão britânico em 1945. O ensaio de Orwell "Arthur Koestler" foi publicado em 1946 (ver xvi, pp. 391-402). Sua primeira esposa, Mamaine, era irmã gêmea de Celia Kirwan. Ele e sua terceira mulher, Cynthia, se suicidaram em 1983, embora ela fosse muito mais jovem do que Koestler.

George(s) Kopp (1902-51) nasceu em Petrogrado e foi comandante de Orwell na Espanha. A partir de então ficaram amigos. Kopp era uma figura misteriosa. Viveu parte significativa de sua vida na Bélgica e criou várias ficções sobre si mesmo. O certo é que era corajoso e hábil na guerra. Parece ter trabalhado para o Serviço Secreto de Vichy e também para o mi5 (serviço de segurança interna e contraespionagem britânico). Várias alegações foram feitas de que ele e Eileen tiveram um caso, mas a carta de Eileen do Ano-Novo de 1938 destrói essa teoria. Bert Govaerts se esforçou bastante para descobrir a verdade sobre Kopp: ver *The Lost Orwell*, pp. 83-91.

Jennie Lee (1904-88; baronesa Lee de Ashridge, 1970), filha de um mineiro escocês que foi presidente da seção local do ilp. Atuou nos governos trabalhistas de 1964-70 e foi a primeira titular do Ministério das Artes, impresionando positivamente nesse papel. Casou-se com Aneurin Bevan em 1934.

Capitão Sir Basil Henry Liddell Hart (1895-1970), autor de mais de trinta livros, entre eles *History of the Second World War* (1970). Foi correspondente militar do *Daily Telegraph*, 1925-35, e do *Times*, 1935-9. Em 1937, foi assessor pessoal do ministro da Guerra. Orwell escreveu sobre ele: "Os dois críticos militares mais favorecidos pela intelligentsia são o capitão Liddell Hart e o general de divisão Fuller, o primeiro dos quais ensina que a defesa é mais forte que o ataque, e o segundo que o ataque é mais forte do que a defesa. Essa contradição não tem impedido que ambos sejam aceitos como autoridades pelo mesmo público. O motivo secreto da popularidade deles nos círculos de esquerda é que ambos estão em desacordo com o Ministério da Guerra" ("Notes on Nationalism", 1945, XVII, p. 143).

Trofim Denisovich Lysenko (1989-76), defensor soviético do lamarckismo (grosso modo, a capacidade na natureza de desenvolver características adquiridas), teve suas opiniões apoiadas por Stálin. Elas dominaram a biologia soviética a partir da década de 1930, levando à eliminação de biólogos rivais e muito melhores. Em 1948, o Comitê Central da União Soviética decretou que o "lysenkoismo" era correto. Lysenko e suas teorias foram totalmente desacreditados após a queda de Khruchióv. O penúltimo livro que Orwell leu em 1949 foi *Soviet Genetics and World Science: Lysenko and the Meaning of Heredity* (1949), de Julian Huxley. Orwell interessou-se por Lysenko até o fim da vida. Colou em seu último caderno literário um recorte do *News Chronicle* de 16 de dezembro de 1949 que citava Lysenko como tendo dito que "trigo pode se transformar em centeio" (XX, 3725, p. 214).

Jessica Marshall, *née* Browne (?-?), morava em Byfleet, Surrey. Ela ouviu Orwell dar uma palestra e a partir de então leu tudo o que ele escreveu. Parece que não tiveram nenhum contato pessoal. Era típico do espírito generoso de Orwell ter se dado o trabalho de lhe escrever tanto mesmo estando doente.

Dwight Macdonald (1906-82), crítico libertário, panfletário e erudito. Foi editor associado da *Partisan Review* e depois fundou a *Politics*, da qual foi editor de 1944 a 1949 e com a qual Orwell colaborou, em novembro de 1944 e setembro de 1946.

Sally McEwan (?-1987) foi secretária de Orwell quando ele era editor literário do *Tribune*. Ficou em Barnhill com a filha em 1946, e Michael Shelden registra que mais de quarenta anos depois ainda tinha boas lembranças do tempo que passou lá (Shelden, p. 449).

John McNair (1887-1968), natural da região de Tyneside (nordeste da Inglaterra) e trabalhador incansável pelo socialismo durante toda a sua vida. Deixou a escola quando tinha doze anos, teve problemas com patrões por causa de seus pontos de vista de esquerda e foi para a França em busca de trabalho. Lá ficou por 25 anos e se tornou um comerciante de couro, fundou um clube de futebol com oito equipes e fez palestras sobre poetas ingleses na Sorbonne. Retornou à Inglaterra em 1936, voltou ao ILP e em 1939-55 tornou-se seu secretário-geral. Primeiro trabalhador britânico a ir para a Espanha, foi o representante do ILP em Barcelona.

Michael Meyer (1921-2000), escritor e tradutor (principalmente de Ibsen e Strindberg). Em 1943, escreveu o que mais tarde definiu como uma "carta tímida" a Orwell e recebeu um convite para almoçar (ver *CW*, XV, p. 65). Eles se conheceram e se tornaram bons amigos. Meyer descreve Orwell em *Remembering Orwell*, pp. 132-7.

Henry Miller (1891-1980), autor americano que viveu em Paris no período 1930-9. Suas autobiografias ficcionais, como *Trópico de Câncer* (1934) e *Trópico de Capricórnio* (1938), ficaram proibidas nos EUA até 1961, devido à forma explícita como tratava o sexo.

Leonard Moore (?-1959), da firma Christy & Moore, tornou-se agente literário de Orwell em 1932 por sugestão de Mabel Fierz. Conseguiu vender *Na pior em Paris e Londres* e, ao longo da vida de Orwell, lhe serviu como um paciente e hábil suporte, assim como à sua obra.

Raymond Mortimer (1895-1980), crítico e editor literário do *The New Statesman and Nation*, um dos melhores que o jornal teve.

John Middleton Murry (1889-1957) foi nominalmente o editor da *The Adelphi* (que fundou em junho de 1923) por cerca de catorze anos, mas grande parte da edição era feita por Max Plowman e Sir Richard Rees. Apesar de seu marxismo heterodoxo, seu pacifismo profundamente arraigado e sua entrada posterior para a Igreja, ele e Orwell permaneceram bons amigos, embora cruzando espadas de vez em quando. Em 1948, renunciou ao pacifismo e defendeu uma guerra preventiva contra a URSS, apesar de dez anos antes ter escrito, como Orwell lembrou em carta a Dwight Macdonald, que "a Rússia é o único país inerentemente pacífico".

Norah Myles, *née* Symes (1906-94), e a mulher de Orwell se tornaram amigas quando estudaram inglês no St. Hugh's College, em Oxford. Seu pai e seu marido eram médicos em Bristol. Eileen não identificava nenhum destinatário para as cartas que lhe escrevia e as assinava simplesmente com um "E" ou com o apelido carinhoso de "Porco". Norah só se encontrou uma ou duas vezes com Orwell e achou-o "um pouco intimidante". Eileen pensou nela e em seu marido Quartus para cuidar de Richard Blair caso morresse em consequência da anestesia (como aconteceu), mas um pouco confusa disse: "Você nunca viu nenhum deles".

Gwen O'Shaughnessy, médica e cunhada de Eileen. Morava em 24 Croom Hill, Greenwich, SE 10. Seu filho, Laurence, foi para o Canadá de navio em junho de 1940, no projeto de evacuação de crianças, para salvá-las dos bombardeios. O projeto terminou depois que um submarino alemão, o U-48, afundou o *City of Benares*, em 17 de setembro de 1940, a caminho do Canadá. Dos cerca de trezentos adultos a bordo, 175 morreram afogados; 87 das cem crianças tiveram o mesmo destino.

Dr. Laurence (Eric) O'Shaughnessy (1900-40), o muito amado irmão de Eileen, estava se revelando um notável cirurgião cardíaco e do peito, tendo sido nomeado para o prestigioso cargo de Hunterian Professor do Colégio Real de Cirurgiões, 1933-5. Em 1937, recebeu a Medalha Hunter pelo trabalho de pesquisa em cirurgia do tórax. Ingressou no Corpo Médico do Exército Real no início da guerra e serviu numa estação de atendimento a feridos no Flandres, onde foi morto. A morte do irmão afetou enormemente Eileen.

Marie O'Shaughnessy, mãe de Eileen.

Nancy Parratt (1919-?) entrou para a BBC em 13 de junho de 1941 e trabalhou para Orwell. Pode ser vista em pé ao lado dele em uma fotografia dos participantes do programa "Voz", entre eles T.S. Eliot e Mulk Raj Anand (Crick, ilustração 22). Deixou a BBC em 15 de março de 1943 para participar do Serviço Naval Real Feminino (WRNS). Serviu nos EUA, casou-se lá e foi desmobilizada em maio de 1946.

Dorothy Plowman (1887-1967), esposa de Max Plowman. Quando Orwell foi aconselhado a passar o inverno em um clima quente, o romancista L. H. Myers (1881-1944) quis financiar a viagem anonimamente e deu à sra. Plowman trezentas libras esterlinas para que ela se encarregasse disso. Dorothy nunca revelou a Orwell a fonte do dinheiro, embora ele percebesse que ela agia como intermediária.

Max Plowman (1883-1941) trabalhou na The Adelphi de 1929 até sua morte. Foi diretor do Adelphi Centre, 1938-41, adepto fervoroso da União de Compromisso pela Paz desde sua fundação, em 1934, e seu secretário-geral em 1937 e 1938. Entre suas publicações, estão Introduction to the Study of Blake (1927), A Subaltern on the Somme (como Mark VII, 1928), produto de suas experiências na linha da frente, e The Faith Called Pacifism (1936). Ele e a esposa, Dorothy, foram amigos de toda a vida de Orwell.

Anne Popham (?-?) estudou história da arte e foi membro do Conselho das Artes. Casou-se com Quentin Bell, sobrinho de Virginia Woolf, em 1952, e com o nome de Anne Olivier Bell editou, com Andrew McNeillie, os *Diaries 1915-41* de Virginia Woolf, em 1977-85. Em 1946, ela morava num apartamento do andar de baixo de Orwell na Canonbury Square 27B.

Anthony Powell (1905-2000), romancista e editor, famoso pela série de romances *A Dance to the Music of Time* (1951-75). Serviu de 1939 a 1945 no Regimento Galês e no Corpo de Inteligência.

Lady Violet Powell (1912-2002), esposa de Anthony Powell.

Philip Rahv (1908-73, pseudônimo de Ivan Greenberg), proeminente crítico literário marxista e membro do John Reed Club. Com William Phillips, fundou a *Partisan Review* e antes disso foi colaborador de *New Masses*.

R. N. Raimbault (1882-1962), eminente gravador em madeira, pintor, escritor e tradutor. Lecionou literatura francesa, grego e latim no Lycée du Mans. Distinguiu-se particularmente como tradutor da literatura americana, em especial de William Faulkner. Foi o primeiro tradutor para o francês de Orwell, que admirava muito seu trabalho.

Sir Herbert Read (1893-1968), poeta, crítico, educador e intérprete da arte moderna. Serviu na Primeira Guerra Mundial, tendo sido condecorado com a Cruz Militar. Foi particularmente influente nas décadas de 1930 e 1940. Entre suas principais obras estão *Form in Modern Poetry* (1932), *Art Now* (1933), *Arte e sociedade* (1936) e *Poetry and Anarchism* (1938), reeditado com o título de *Anarchy and Order* (1954). Sua obra *A educação pela arte* (1943) teve importante influência no pós-guerra. Foi o intelectual britânico mais influente a apoiar o anarquismo antes da Segunda Guerra Mundial e esteve intimamente associado ao anarquismo até ser nomeado cavaleiro.

Sir Richard Rees (1900-70), pintor, editor e crítico. Foi adido cultural na embaixada britânica em Berlim, 1922-3, palestrante para a Associação

Educacional dos Trabalhadores, 1925-7 e 1930-7, e editor da *The Adelphi*. Introduziu um tom mais político na publicação. Incentivou muito Orwell a partir deste período até sua morte. Ravelston, personagem de *A flor da Inglaterra*, deve algo à sua natureza generosa. Fez parceria com Orwell em Jura e lhe foi muito bondoso durante toda a sua vida. Tornou-se executor literário de Orwell junto com Sonia Orwell e escreveu *George Orwell: a Fugitive from the Camp of Victory* (1961).

Vernon Richards (nascido Vero Recchione, 1915-2001) editou *Spain and the World* e sua sucessora, *Revolt!*, 1936-9, que apresentava a Guerra Civil Espanhola de uma posição antistalinista. Foi depois um dos editores de *Freedom–through Anarchism*, 1939-49. Nascido em Soho, Londres, era engenheiro civil, jornalista e anarquista. Orwell o conheceu por intermédio do Comitê Internacional de Solidariedade Antifascista, ao qual havia sido apresentado por Emma Goldman em 1938. Tirou muitas fotografias de Orwell e de seu filho: ver *George Orwell at Home* (1998).

Sir Steven Runciman (1903-2000) foi bolsista do rei em Eton na mesma leva de Orwell. Tornou-se um historiador respeitado e publicou *A History of the Crusades*, 3 volumes (1951-4), *The Sicilian Vespers* (1958) e *The Fall of Constantinople* (1965). Para comemorar seu aniversário de 97 anos, visitou o Monte Athos, na Grécia, para observar a consagração de um mosteiro cuja restauração ele havia ajudado a pagar.

L. F. Rushbrook Williams (1890-1978), diretor de Serviço da BBC para o Oriente, ex-Fellow do All Souls' College, Oxford; professor de história moderna, Universidade de Allahabad, 1914-9; e diretor do Departamento Central de Informação, Índia, 1920-6. Diretor do Serviço Indiano da BBC de 1941 a novembro 1944, foi depois para o *Times*, onde ficou até 1955. Sua atitude esclarecida em relação à Índia está bem expressa em *Índia*, um Panfleto Oxford sobre Assuntos Mundiais, de 1940.

Balraj Sahni (1913-73) estudou em Harvard e trabalhou com Gandhi em 1938. Era assistente da programação para a Índia quando Orwell entrou na BBC. Sua esposa, Damyanti, que morreu em 1947, trabalhava no Shakespeare Memorial Theatre, Stratford-upon-Avon. Orwell os juntou com Norman Marshall para a série de programas *Vamos encenar nós mesmos*. O casal retornou à Índia e trabalhou na Associação de Teatro dos Povos Indianos. Lá se tornou um ator de cinema excepcional. Damyanti estrelou dois filmes, em 1946 e 1947.

Brenda Salkeld (1903-99), filha de um clérigo e professora de ginástica na St. Felix Girls' School, Southwold. Conheceu Orwell em Southwold e, embora não concordassem em muitas questões — literárias e pessoais —, ela continuou sendo-lhe uma amiga leal até o fim. Visitou Orwell em Canonbury Square para conhecer Richard, em Jura e em Cranham. Orwell enviou-lhe uma cópia dedicada de *Na pior em Paris e Londres* com dezesseis anotações valiosas (ver x, pp. 299-300). Sobre as reminiscências dela de Orwell, ver *Orwell Remembered*, pp. 67-8, e *Remembering Orwell*, pp. 39-41.

John Sceats (1912-?), agente de seguros que escrevia artigos para a publicação socialista mensal *Controversy*. Orwell admirava esses artigos e pediu a Sceats que o visitasse no Sanatório Preston Hall logo após a publicação de *Homenagem à Catalunha*. Na época, ele estava lendo Kafka, havia decidido que não era marxista, interessando-se mais pela filosofia do anarquismo. Max Plowman o visitou na mesma época e Orwell lhe disse que o acompanharia em um movimento clandestino de oposição a qualquer guerra. Sceats marcou isso com um asterisco e acrescentou: "Foi Max quem apresentou os pontos de vista do senso comum".

Roger Senhouse (c. 1900-65) entrou para a editora Martin Secker Ltd. em 1936 e foi seu diretor até se aposentar, em 1962. Seu último ano em Eton coincidiu em parte com o de Orwell e ele cuidou da edição de suas obras. Warburg, em *All Authors Are Equal*, descreve-o como "uma figura imponente [...] Suas raivas [...] eram de uma desinibição magnífica [...] Fisicamente corajoso como um leão, era um pouco covarde moralmente. Tinha verdadeiro apreço pela literatura, associado a uma memória fabulosa. [...] um dos melhores editores de texto e leitores de prova que conheci" (pp. 2-3).

Hugh (Humphrey) Slater (1905-58), pintor e escritor. Foi comunista e esteve envolvido na política antinazista em Berlim no início dos anos 1930. Lutou pelos republicanos na Espanha, em 1936-8, tornando-se Chefe de Operações da Brigada Internacional. Pôs essa experiência em prática (com Tom Wintringham) dirigindo a não oficial Escola de Treinamento de Osterley Park, que instruía os membros da Guarda Interna em táticas de guerrilha e luta de rua. As anotações de Orwell para palestra sobre luta de rua, fortificações de campo e morteiros ainda existem (xii, pp. 328-40).

Sir Stephen Spender (1909-95), prolífico poeta, romancista, crítico e tradutor. Editou a Horizon com Cyril Connolly em 1940 e 1941. Foi coeditor da Encounter, 1953-65, permanecendo no conselho editorial até 1967, quando se descobriu que a revista era parcialmente financiada pela Agência Central de Inteligência (cia) americana. Orwell o incluiu inicialmente entre os bolcheviques de salão e "pessoas de sucesso da moda" a quem ele criticava de tempos em tempos. Depois de sua carta de 15 de abril de 1938, tornaram-se amigos.

Gleb Struve (1898-1985), nascido em São Petersburgo, autor muito prolífico. Lutou no Exército de Voluntários Antibolcheviques em 1918 e depois fugiu para a Finlândia e a Inglaterra. Estudou no Balliol College e, posteriormente, lecionou na Escola de Estudos Eslavos e do Leste Europeu, Universidade de Londres, 1932-47. Tornou-se então professor de línguas e literaturas eslavas na Universidade da Califórnia, Berkeley, até 1965. É autor de 25 Years of Soviet Russian Literature, 1918-48 (1944) e de Soviet Literature 1917-50 (1951).

Julian Symons (1912-94), editor de Twentieth Century Verse, 1937-9, e Anthology of War Poetry (1942); autor de livros de crítica e biografias, entre elas

Charles Dickens (1951), *Thomas Carlyle* (1952) e *Horatio Bottomley* (1955). Talvez seja mais lembrado hoje por suas histórias policiais, com as quais ganhou vários prêmios. Sua obra *Bloody Murder: from the Detective Story to the Crime Novel* (1972) recebeu o prêmio Edgar Allan Poe. Substituiu Orwell como crítico convidado do *Manchester Evening News*, 28 de novembro 1946 (apesar de inexperiente, recebia nove libras esterlinas por colaboração, mais que as oito libras e oito xelins de Orwell). Quando Orwell morreu, escreveu sobre suas lembranças pessoais para o *Tribune* de 27 de janeiro de 1950.

Ihor Szewckenko (1922-; agora Ševčenko), ilustre erudito de estudos bizantinos e eslavos. Quando se correspondeu com Orwell, vivia entre Munique, onde moravam membros de sua família como refugiados soviético-ucranianos, e Quackenbrück, na zona britânica da Alemanha, onde trabalhava em um jornal diário para a Segunda Divisão Polonesa (ele nascera na Polônia). Emigrou para os Estados Unidos e tornou-se professor da cadeira Dumbarton Oaks de história e literatura bizantina na Universidade de Harvard. Sua tradução de *A revolução dos bichos* se destaca estranhamente entre seus muitos estudos bizantinos e eslavos. Tinha outra ligação com Orwell: seu hobby era a pesca de trutas.

Richard Alexander Usborne (1910-2006) é o autor de um estudo pioneiro, *Clubland Heroes: a Nostalgic Study of Some Recurrent Characters in Romantic Fiction* (1953), que examinava personagens fictícios como Bulldog Drummond e Richard Hannay. Escreveu também muito sobre as histórias de P. G. Wodehouse (por exemplo, *A Wodehouse Companion*, 1981) e as adaptou para o rádio. Como Orwell, nasceu na Índia e seu pai também foi funcionário do Serviço Público Indiano. A *The Strand* (que editou) foi publicada de janeiro de 1891 a março de 1950, quando foi incorporada a *Men Only*.

Fredric Warburg (1898-1980), segundo editor de Orwell. Iniciou sua carreira na George Routledge & Sons em 1922, quando saiu de Oxford, "apto para praticamente nada, ou talvez, mais precisamente, para nada prático". Foi para a editora de Martin Secker em 1936 e, tal como Harvill Secker, a casa ainda floresce. Quando Gollancz rejeitou *Homenagem à Catalunha*, ele pegou o livro, e depois, quando várias editoras se recusaram a publicar *A revolução dos bichos*, ele o aceitou e se tornou editor de Orwell. Ele e sua esposa deram muito apoio a Orwell em sua doença final. Ver *Orwell Remembered*, pp. 193-9. Eles aparecem juntos numa foto em *The Lost Orwell*, ilustração 18.

Francis e Myfanwy Westrope (?-?). Francis recusou-se a lutar na Primeira Guerra Mundial; Myfanwy foi uma sufragista ativa e entrou para o ILP em 1905. Foram os empregadores de Orwell na livraria Booklovers' Corner, em Hampstead, do final de 1934 a janeiro de 1936. O advogado Gollancz estava preocupado que o proprietário da livraria de *A flor da Inglaterra* pudesse levar os Westrope a entrarem com uma ação de calúnia ou difamação contra Orwell. Este o tranquilizou, garantindo que o caráter de Francis Westrope era muito diferente, e não houve nenhuma ação. Orwell e Eileen encomendaram livros deles quando estavam no Marrocos.

George Woodcock (1912-95), escritor, anarquista, editor de *Now*, 1940-7, e depois professor de inglês da Universidade da Colúmbia Britânica, Canadá. Após uma polêmica com Orwell em 1942 (XIII, pp. 393-400), eles se corresponderam e se tornaram amigos íntimos. Trabalharam juntos no Comitê de Defesa da Liberdade. Entre seus livros estão *The Crystal Spirit: a Study of George Orwell*, 1967, e *Orwell's Message: 1984 and the Present* (1984).

Apêndice[1]

Lista de nomes de criptocomunistas e companheiros de viagem enviada ao Departamento de Pesquisa de Informações (IRD) em 2 de maio de 1949

Em 2 de maio de 1949, Orwell enviou "cerca de 35 nomes" de pessoas às quais ele achava que não se deveria confiar a tarefa de escrever em nome do Departamento de Pesquisa de Informações (IRD), com o objetivo de instruir os diplomatas britânicos nas Nações Unidas para que pudessem combater a propaganda soviética antibritânica. Na lista de criptocomunistas e companheiros de viagem feita por Orwell, 35 nomes foram marcados por ele com asteriscos. Imaginei que esses nomes correspondessem aos que ele enviara para Celia Kirwan. Em maio de 2003, vieram à tona indícios de que essa suposição estava errada. Celia Kirwan morreu em 23 de outubro de 2002. Quando sua filha, Ariane Bankes, examinou os papéis da mãe, deparou com o que parece ser uma fotocópia de uma lista dos nomes que

---

[1] Originalmente publicado em DAVISON, Peter (Org.). *The Lost Orwell*. Londres: Timewell Press, 2006. p. 140-51.

Orwell enviara para sua mãe no dia 2 de maio. (A carta adjunta de Orwell de 2 de maio fora doada ao Arquivo Orwell por Celia Kirwan.) Sou profundamente grato à Ariane Bankes por fornecer-me uma cópia dessa lista; ela está marcada em letras maiúsculas, com tinta vermelha: "Não divulgado". Há, na verdade, 38 nomes. A datilografia não é certamente de Orwell. Os tipos da máquina de escrever não correspondem aos de sua carta para Celia Kirwan de 2 de maio e a datilografia é muito mais profissional. Depois de ter conjecturado incorretamente a respeito dessa questão, receio fazer novas suposições, mas imagino que, como Orwell pedira, sua própria lista, manuscrita ou digitada, lhe foi devolvida e não sobreviveu; presume-se então que uma nova lista foi datilografada no IRD, talvez por Celia Kirwan ou uma datilógrafa. O relatório sobre sua visita que Celia Kirwan preparou foi produzido numa máquina de escrever com um tipo maior. Além disso, percebe-se que "Aberystwyth" está escrito incorretamente no caderno de Orwell e nesta lista. Arthur Koestler, cunhado de Celia Kirwan, morava perto de Blaenau Ffestiniog com sua esposa, Mamaine, irmã gêmea de Celia. Celia e Orwell (com seu filho Richard) passaram lá o Natal de 1945, e se ela mesma datilografou a lista subsistente, seria de esperar que ela soubesse como se escrevia Aberystwyth, mas uma datilógrafa poderia ter repetido a ortografia de Orwell. (O ° indica que a grafia incorreta está como no texto datilografado original). Todos os nomes se encontram na lista de criptocomunistas e companheiros de viagem de Orwell. Vinte e nove foram publicados nas Obras Completas, em 1998, e, desses, quinze têm asteriscos; um nome (sem asterisco) foi omitido em 1998, mas depois foi incluído; oito nomes, quatro com asteriscos, anteriormente omitidos, foram agora incluídos. Duas questões surgem: em primeiro lugar, o significado dos asteriscos nas listas originais de Orwell continua sendo um mistério; em segundo lugar, graças à gentileza de Ariane Bankes, é possível publicar os nomes dos 38 da lista que Orwell enviou para Celia Kirwan em 2 de maio de 1949. Ao escrever para ela, Orwell se deu ao trabalho de modificar as descrições das pessoas que listou. Reproduzo aqui não somente as novas descrições, mas também, em tipo menor, quando estas diferem dessa lista "nova", o que está escrito no caderno de Orwell; ignorei variações muito pequenas — por exemplo, em Anderson, está "provavelmente" nos detalhes para Celia

Kirwan, em comparação com "prov." em seu caderno. Mantive os asteriscos como estavam no caderno (alguns parecem ter sido riscados depois). Os asteriscos aparecem aqui após o nome *entre colchetes* para deixar claro que eles *não* estão na lista enviada para Celia Kirwan. A ordem alfabética aproximada é de Orwell.

Nomes enviados para Celia Kirwan em 2 de maio de 1949

Anderson, John	Correspondente industrial (*Manchester Guardian*).	Provavelmente só simpatizante. Bom repórter. Estúpido.
Aldred (prenome?=Guy) [*]	Romancista (*Of many Men* etc.).	Verificar se é membro aberto do PC.
Beavan, John	Editor (*Manchester Evening News* e outros jornais).	Só simpatizante sentimental. Não subjetivamente pró-PC. Pode ter mudado de opinião.
	Manchester Evening News (editor). Antes *Observer* (editor de notícias).	Só simpatizante. PC Antibritânico. Poderia mudar???
Blackett, Professor P.M.S.[*]	Popularizador científico (física). Físico. Especialista atômico.	Membro aberto do PC?
Carr, Professor E. H. [*]	*Times*. Aberystwith° University. Livros sobre Bakunin etc. "Vários livros" para "Livros sobre Bakunin etc.".	Só conciliador.

Chaplin, Charles (Anglo-americano). (Judeu?)	Filmes	? ?

[1889-1977; a respeito de "judeu": sua mãe era irlandesa e uma avó era cigana. Quando criança, sua mãe o levava para fazer a comunhão na Christ Church, Westminster Bridge Road, Londres; ver Charles Chaplin, *My Autobiography*, 1964, pp. 8 e 12.]

Comfort, Alex [1920-2000; ver 2137]	Médico. Poeta, romancista. Colab. *Now* & periódicos similares. Conexões com Grey Walls Press (?).	Só potencial. É pacifista-anarquista. Ênfase principal antibritânica. Subjetivamente pró-alemão durante a guerra, parece de temperamento pró-totalitário. Não corajoso moralmente. Tem mão aleijada. Muito talentoso.
Crowther, D. J. (*erro de O*)	Cientista (biólogo?).	?? Irmão de Geoffrey Crowther (da Economist) Sim.
Childe, professor Gordon (Universidade de Edimburgo?)	Popularizador científico (antropologia e história da ciência) Cientista (antropologia & história da ciência). Livretos populares sobre homem pré-histórico etc.	?? ?

Calder-Marshall, Arthur	Romancista e jornalista.	Antes, simpatizante próximo. Mudou, mas não é confiável. Pessoa insincera.
	Romancista. Colab. *Time & Tide, Tribune* etc. Conhecimento do México, Iugoslávia. *Reynolds's* (resenha de livros).	? Antes simpatizante próximo. Pode ter mudado. Pessoa insincera.
Deutscher, I.	Jornalista (*Observer, Economist* e outras publicações).	Só simpatizante. É judeu polonês. Antes trotskista, mudou de opinião devido principalmente à questão judaica. Poderia mudar de novo.
(Judeu polonês)	Economista. *Observer* (foi correspondente estrangeiro). Vida de Stalin. (Vida de Stalin moderamente objetiva.)	Só simpatizante, & só desenvolvimento recente (antes, inclinações trotskistas.) Poderia mudar??
Duranty, W.[*] (anglo-americano)[1]	Correspondente estrangeiro bem conhecido. Livros sobre Rússia etc. Jornais americanos Correspondente na URSS muitos anos. Vários livros.	Simpatizante discreto. Provavelmente sem conexão organizacional, mas confiável.

Driberg, Tom [*] (Judeu inglês)	M.P. por Maldon e colunista (*Reynolds' News*, antes *Daily Express*). M.P. (Independente) por Maldon. *Reynolds's News* (comentarista).	Geralmente chamado de "cripto", mas em minha opinião NÃO confiável pró-PC.[2] Considerado geralmente membro clandestino. Mostra sinais ocasionais de independência. Homossexual. *Faz comentários ocasionais anti-PC em sua coluna.*
Dover, Cedric [*] (Eurasiático)	Escritor (*Half Caste* etc.) e jornalista. Formado em zoologia. Escritor. (*Half Caste* etc.) Alguma formação em biologia.	É eurasiático. Ênfase principal contra brancos (especialmente anti-EUA), mas pró-russo em todas as questões importantes. Muito desonesto, pessoa venal. Ênfase principal contra brancos (especialmente anti-EUA), mas pró-russo em todas as questões importantes. Desonesto e bastante carreirista. Nos EUA? (1949).

Goldring, D.	Escritor (principalmente romances).	Carreirista desapontado.
		Carreirista desapontado. Ódio genuíno da classe alta britânica. Provavelmente venal. Pessoa superficial.
Hooper, Major (iniciais?)	Especialista militar. Panfletos, livros sobre a URSS.	Verificar se é meramente simpatizante.
Jacob, Alaric [*]	Correspondente estrangeiro (*Daily Express* e outros jornais).³	Marido de Iris Morley.
Kohn, Marjorie	Professora e jornalista (*New Statesman* e outros jornais).	Simpatizante tola.
(Judia)	Professora. Escreve no *New Stateman* (às vezes). Conhecimento da Índia.	Simpatizante forte apenas. Tola.
Litauer, Stefan [*]	Especialista em assuntos estrangeiros, *News Chronicle*. Correspondente polonês c. 1943-46. Correspondente polonês do *News Chronicle* c. 1943-46.	Obviamente desonesto. Consta ter sido anteriormente partidário de Pilsudski.
(polonês)		Algum tipo de agente. Foi anteriormente partidário de Pilsudski. Provavelmente carreirista.

Morley, Iris [*]	Correspondente estrangeira (*Observer* e outros jornais.	Simpatizante muito forte. Verificar se é membro aberto do PC. Membro aberto do PC?
	Observer (foi antes correspondente em Moscou).	
Macmurray, Professor John	S. C. M. Conselho Nacional da Paz. Movimento personalista. Muitos livros.	?? Nenhuma conexão organizacional, mas muito pró-URSS subjetivamente. Vale a pena notar que o ramo francês do movimento personalista é parcialmente dominado por simpatizantes. Provavelmente só simpatizante. Liberal decadente.
	Autor (vide esp. *The Clue to History*). S. C. M. Também Conselho Nac. da Paz. Movimento personalista.	
Martin, H. Kingsley [*]	Editor *New Stateman*.	?? Desonesto demais para ser "cripto" ou simpatizante sincero, pró-russo em todas as questões importantes. Provavelmente sem conexão organizacional definida... Liberal decadente. Muito desonesto.
	New Stateman (editor). Panfletos e livros.	

Mackenzie, Norman [*]	Jornalista (*New Stateman*).	Verificcar se é membro aberto do PC.
McLeod, Joseph	Escritor sobre temas teatrais, antes apresentador da BBC. Apresentador da BBC. Livro sobre teatro soviético. Apresentador da BBC. Livro sobre teatro soviético.	??
Mitchison, N.	Romancista. Romancista. Fazenda nos Highlands.	Simpatizante tola. Irmã de J. B. S. Haldane. Simpatizante apenas sentimental. Irmã de J. B. S. Haldane (PC). Não confiável.
Moore, Nicholas [*]	Poeta.	? Inclinações anarquistas. ?? (Convenção do Povo.) Inclinações anarquistas.

McDiarmid, H. (C. M. Grieve)	Poeta e crítico. Movimento Nacionalista Escocês.	Dissidente comunista mas pró-russos confiável. Ênfase principal no nacionalismo escocês. Muito anti-inglês.
	Poeta e crítico. "Escrita escocesa"?	Dissidente comunista mas provavelmente pró-russos confiável. Ênfase principal no nacionalismo escocês. Muito anti-inglês.
Mende, Tibor	Especialista em relações estrangeiras. Livros. *Tribune* (colaborador). Livros.	Húngaro. Talvez só simpatizante.
Neumann, R.	Romancista. Editou "Autores Internacionais" para Hutchinsons ° por alguns anos.	Alemão.
Neumann, Robert (alemão)	Romancista. Gerente de "Autores Internacionais" (propaganda russa) para Hutchinson's por alguns anos.	Verificar se é apenas carreirista. (Ainda está na Inglaterra?)
O'Donnell, Peader°	Crítico	Verificar se é membro aberto do PC.
(Irlanda)	Crítico. *The Bell* (ajuda a editar? (agora extinto?).	Membro aberto do PC?

Parker, Ralph [*]	Correspondente estrangeiro (*News Chronicle* e outros jornais). *News Chronicle* (correspondente em Moscou, 1947). Também *Times. Moscow Correspondent* (1949). *Plot Against Peace* (publ. em Moscou, 1949).	Membro clandestino ou simpatizante próximo? Permaneceu em Moscou (tornou-se cidadão soviético).
Priestley, J.B. [*]	Romancista e locutor. Romancista, locutor. Selecionador do Clube do Livro. [nota posterior]: Parece ter mudado ultimamente (1949).	?? Forte simpatizante, tem possivelmente algum tipo de laço organizacional. Muito anti-EUA. Desenvolvimento dos últimos dez anos ou menos. Pode mudar. Ganha muito dinheiro na URSS. ??
Padmore, George [*] (Negro. Origem africana?)	Liga contra o Imperialismo e atividades afins. Muitos panfletos. Organizador da Liga contra o Imperialismo e atividades afins. Livros, panfletos.	Negro. Dissidente comunista (expulso por volta de 1936), mas pró-russos confiável. Expulso do PC por volta de 1936. Não obstante, pró-russos confiável. Ênfase principal antibrancos. Amigo (amante?) de Nancy Cunard.

Redgrave, Michael	Ator.	??
		?? Convenção do Povo.
Smollett, Peter [*] (nome verdadeiro Smolka?)	Correspondente, *Daily Express* etc. Seção russa do Min. da Informação durante a guerra.	C. Pers disse que é um mero carreirista, mas dá forte impressão de ser algum tipo de agente russo. Pessoa muito pegajosa.[4]
Austríaco	Beaverbrook Press (correspondente). Seção russa do Min. da Informação durante a guerra.	Quase com certeza agente de algum tipo. Consta ser carreirista. Muito desonesto.
Schiff, Leonard (rev.)	Pároco da igreja anglicana (modernista). Conhecimento da Índia. Panfletos.	? ? Pessoa meio pegajosa.
Werth, Alexander	Correspondente estrangeiro (*Manchester Guardian* e outros jornais).	? Pode não ser simpatizante, mas dá essa impressão.
(origem russa)	*Manchester Guardian* (& muitos outros jornais). Dizem que livro recente (1949) sobre música russa é marcadamente crítico.	Dizem que em privado está desapontado com o rumo dos eventos na URSS.

Young, Com. E. P. (R.N.) [*]	Especialista naval. Panfletos.	Quase com certeza "cripto" simpatizante? Ativo na Convenção do Povo. Acho que é muito possivelmente membro clandestino. Esposa (tcheca) suicidou-se (em circunstâncias levemente duvidosas) em 1949.
Stewart, Margaret [*]	Jornalista (*News Chronicle*, *Economist* e outros jornais). Ativa na União Nacional dos Jornalistas.	Há cerca de cinco anos, era membro clandestino do PC. Pode ter mudado de opinião. Pessoa muito capaz.
(Stuart?)	Economista (função subordinada) *Observer* (em certo momento). Ativa na U.N. J. Correspondente industrial do *News Chron*.	Membro clandestino. Capaz. (Ou costumava ser.) Mudou de opinião? Nenhum sinal de inclinações a simpatizante em artigos recentes (1949).
(Stuart?)	Economista (função subordinada) *Observer* (em certo momento). Ativa na U.N. J. Correspondente industrial do *News Chron*.	Membro clandestino. Capaz. (Ou costumava ser.) Mudou de opinião? Nenhum sinal de inclinações a simpatizante em artigos recentes (1949).

Nomes originalmente excluídos da lista de Orwell de criptocomunistas e companheiros de viagem

Estes nomes foram excluídos da lista parcial impressa em 1998 porque se referiam a pessoas vivas ou não encontradas. Ver também a lista enviada a Celia Kirwam, reproduzida imediatamente acima.

Bain, Bruce (Irlanda do N.)	*Tribune* etc.	?? Simpático à URSS. Muito burro.

[Entrada riscada por Orwell]

[1921-85; também como Richard Findlater	Fez a resenha de 1984 para *Tribune*. Ver 3643].

*Collard, Dudley	Advogado. Conselho Nacional das Liberdades Civis. Outras organizações de fachada.	Membro aberto do PC?

[morte súbita em 1963; entrou para a Marinha Real no início da guerra como marinheiro comum; foi oficial do HMS *King George* V. Era maçom militante e fio consultor júnior do Western Circuit.]

Comfort, Alex [1920-2000]	Médico. Poeta, romancista. Colab. *Now* & periódicos similares. Conexões com Grey Walls Press (?).	Só potencial. É pacifista-anarquista. Ênfase principal antibritânica. Subjetivamente pró-alemão durante a guerra, parece de temperamento pró-totalitário. Não corajoso moralmente. Tem mão aleijada. Muito talentoso.

*Fox, Eleanor	Sociedade para as Relações Culturais.	(pc aberto?)

[= Wylly Folk St John, 1908-85; usou também os pseudônimos de Eve Larson, Katherine Pierce e Michael Williams; EUA; autor prolífico de histórias infantis e de mistério]

Hepburn, Katharine (EUA) [1909-2003]	Atriz de cinema.	??
Kuczynski, R. (EUA, de origem alemã)	Economista.	

[Robert Rene Kuczynski, nascido em Berlim, 1876; fez trabalho pioneiro sobre questões econômicas e financeiras durante a República de Weimar; foi para Washington em 1926 para se tornar membro do conselho da Brookings Institution na qualidade de demógrafo; foi para Londres em 1933, onde entrou para a London School of Economics; naturalizou-se britânico em 1946. Morreu em 1947.]

Lerner, Max (EUA) [1902-1992]	PM[1] [ver Ralph Ingersoll].	Simpatizante.
Mitchison, Naomi [1897-1999]	Romancista. Fazenda nos Highlands.	Simpatizante apenas sentimental. Irmã de J. B. S. Haldane (pc). Não confiável.
May, Dr. Al[l]an Nunn [1911-2003]		

[Há uma avaliação reveladora de Nunn May, feita logo após a morte de Orwell, em uma resenha de *The Traitors* (Hamish Hamilton, 1952), de Alan

---

[1] PM: jornal de esquerda publicado em Nova York por Ralph Ingersoll entre 1940 e 1948. (N. T.)

Moorehead. O resenhista observa que Allan Nunn May (e Klaus Fuchs), "aparecem [...] como vítimas iludidas e patéticas de esquizofrenia, em vez de consumados canalhas. Cada um à sua maneira — embora ambos sofressem de arrogância intelectual — eles estavam irremediavelmente mal equipados para resolver o caos mental gerado por lealdades divididas e escorregaram, sem oferecer muita resistência, para vidas duplas e hipocrisia" (A. Bernard Hollowood, *Punch*, 6 de agosto de 1952, p 214). Conor Cruise O'Brien, vice-chanceler de Nunn May em Gana, escreveu em sua defesa no *Daily Telegraph*, 10 de fevereiro de 2003, explicando que Nunn May julgava ser seu "dever moral" ajudar a União Soviética. Quando saiu da prisão de Parkhurst, disse a O'Brien que todos os seus colegas comunistas o ignoraram porque ele se declarara culpado da acusação de ajudar a União Soviética. Ele explicou que "deveria ter se declarado inocente, permitindo assim que a União Soviética acusasse o governo britânico de tê-lo incriminado falsamente. Foi "uma experiência instrutiva", disse Nunn May.]

Oliphant, prof. (iniciais?) M. L. E.	Físico, vice-diretor da Universidade de Birmingham.	Renunciou ao cargo de Birmingham em 1949.
[iniciais riscadas; Sir Mark Oliphant, 1959; 1901-2000]		Renunciou em 1950 para ser diretor da Escola de Pesquisa de Ciências Físicas, Canberra. Nomeado governador da Austrália Meridional, 1971-76 – estado em que nascera.
*Platt-Mills, J.	M. P. (Trabalhista).	Expulso do Partido Trabalhista. Neozelandês.
[1906-2000]		

Roberts, Wilfrid   M.P. (Liberal).   ?? Provavelmente não.

Entrada riscada por Orwell

[1900-1991]; ver 2086. Foi MP Liberal no período 1935-50. Passou para o Partido Trabalhista em 1956. Orwell costumava grafar seu nome como "Wilfred".]

*Woodman, Dorothy	Especialista em China e outros países do Extremo Oriente.	Verificar se é membro aberto do PC. Esposa de Kingsley Martin.

[1902-70; não era esposa de Kingsley Martin, mas foi sua companheira por quase quarenta anos. Lutou vigorosamente contra o fascismo; organizou o Comitê da Campanha da China; trabalhou com Krishna Menon e a Liga da Índia e com Jomo Kenyatta quando ele era estudante em Londres. Trabalhou para os republicanos na Guerra Civil Espanhola.

*Young, E. P. Comandante da R. N.	Especialista naval. Panfletos.	Simpatizante? Ativo na Convenção do Povo. [a lápis:] Acho que é muito possivelmente membro clandestino. [a tinta:] Esposa (tcheca) suicidou-se (em circunstâncias levemente duvidosas) em 1949.

[1913-?; RNVR, não RN; primeiro oficial da RNVR a comandar um submarino; DSO e diretor gerente, Rainbird Publishing Group. *Who's Who* dá Diana Lilian Graves como sua primeira esposa; casamento dissolvido.][2]

---

2 RN: Marinha Real; RNVR: Reserva Voluntária da Marinha Naval; DSO: Ordem de Serviço Distinto na guerra. (N. T.)

Zilliacus, col 3:   D.L.P. *talvez signifique*
[seu] Distrito do Partido
Trabalhista.

Notas

1. Duranty ganhou um prêmio Pulitzer em 1932 por suas reportagens sobre a União Soviética. Em 2003, o governo ucraniano pediu que o prêmio fosse retirado porque ele havia escondido o fato de que sete milhões de pessoas foram mortas na epidemia de fome. Em novembro de 2003, o conselho que administra o prêmio decidiu que, embora sua obra não atinja os padrões de hoje da reportagem estrangeira, não havia "nenhuma prova convincente de fraude"; o prêmio foi mantido.
2. Para a relação de Driberg com a NKVD, ver *The Mitrokhin Archive, The KGB in Europe and the West*, Christopher Andrew e Vasili Mitrokhin, pp. 522-6. Seu codinome era LEPAGE.
3. Jacob frequentou a mesma escola preparatória de Orwell, St. Cyprian's, Eastbourne: ver "Sharing Orwell's 'Joys' but not his fears" (*Inside the Myth – Orwell:* Views from the Left", ed. Christopher Norris, 1984, pp. 62-84). Jacob não era admirador de Orwell e achava 1984 "um dos livros mais nojentos já escritos [...] é absurdo sugerir que os milhões que vivem no mundo comunista são universalmente oprimidos e deprimidos" (p. 81-2). Kim Philby foi um dos amigos de infância de Jacob (p. 66).
4. Para Smollett/Smolka como agente da NKVD, ver *The Mitrokhin Archive, The KGB in Europe and the West*, Christopher Andrew e Vasili Mitrokhin, p. 158. Seu codinome era ABO. Obteve tanto sucesso que a KGB acreditava que ele havia sido cooptado pela inteligência britânica e ignorava seu trabalho.

Créditos das imagens

Todos os esforços foram feitos para determinar a origem das imagens publicadas neste livro, porém isso nem sempre foi possível. Teremos prazer em creditar as fontes, caso se manifestem.

pp. 1 (acima), 3 (abaixo), 4-6, 7 (acima) e 8: Orwell Archive, UCL Special Collections

p. 1 (abaixo): Collection Marie-Annick Raimbault

p. 2: Dione Venables

p. 3 (acima): Margaret Durant

p. 7 (abaixo): © BBC Photo Library

Os rascunhos ao longo do texto são desenhos do próprio Orwell. © The Estate of Sonia Brownell Orwell.

Índice remissivo

Este é um índice principalmente de nomes. É um índice seletivo. Assim, "dinheiro" *não* está indexado; se o fosse, ou uma palavra relacionada a ele, apareceria em quase uma página a cada três. As breves notas biográficas estão indexadas em primeiro lugar, em negrito, e o número dessa página vem imediatamente após o nome; o conteúdo dessas notas *não* está indexado. Os lugares de endereços não estão indexados. Uma vez que a grande maioria das cartas foi escrita por Orwell, elas não estão indexadas sob seu nome, mas sob o nome do destinatário com o(s) *número*(s) de página(s) após a letra "C" e dois pontos – por exemplo: "C: 66". As cartas enviadas por Eileen e outros correspondentes estão indicados por um "C" em itálico e dois pontos, seguido do nome do destinatário ou do remetente e o(s) *número*(s) de página(s); um ponto e vírgula encerra a última referência de página a uma carta, após o qual as páginas com referências significativas estão indexadas; notas significativas estão indexadas com a letra "n" após o número da página. A cronologia não está indexada. Os títulos das pessoas não aparecem no *índice*, a não ser quando *não haja* prenome. Os erros de ortografia de nomes de Orwell foram ignorados no índice.

Desse modo: Blair, Eileen, 462; C: 110; C: *para* Jack Common, 151; 16, 18,..

1984, 9, 12, 16, 18, 22, 42, 97, 230, 325n, 399; 2 + 2 = 5, 255; blurb, 396; condensamento, 417; deveria escrever algum livro, 271; edição facsimile, 403n; escrita de, 300-1, 328, 342, 362, 386-7, 394, 409; ideias preliminares, 42, 250, 255-6, 342; medidas métricas, 400; Quarto 101, 231; tentativas americanas de cortar, 399, 417; título, 342; transmissão radiofônica, 400

25 Years of Soviet Russian Literature, 250

A. C. M., 38
"Abate de um elefante, O", 65, 99n
abrigos antiaéreos, 220n
Acasta, HMS, 105n
Ackerley, J. R., 157n
Acland, Richard, 174n
Adam, Eugène, 98n
Adam, Karl, 51n
Adão, 86
Adelphi Forum, 89
Adelphi, Escola de Verão, 142n
Adelphi, The, 60n, 62n, 79, 89, 95, 122n, 188n, 232, 234
África, 161, 195, 239, 241, 288, 322n, 357, 361, 389, 433n *ver também* Marrocos
África, norte da, 161, 195, 239, 241, 322n, 433n *ver também* Marrocos
Agente Confidencial, O, 425

Albacete, 114
Albatross Library, 209
Alemanha/alemães, 111n, 121n, 130, 145, 197, 207, 209n, 214, 218, 222, 224, 234, 237n, 254, 256, 262, 284-5, 294, 304, 306, 310, 322, 337, 353, 420, 423, 431, 434n
Alexander Pope, 132n
"Algumas reflexões sobre o sapo comum", 300, 322n
Alimentos do Bem Estar, 274
Allenby, marechal de campo, 217
Amato, Sr., 82
América, 96, 252n, 302n, 328n, 346, 350, 372, 380 *ver também* EUA
Anand, Mulk Raj, 461; C: 236, 237n
anarquismo, anarquistas, 137n, 156, 333, 344, 429n
Anderson, Evelyn, 265
Anderson, sra., 180
Andover, 267
anglo-indiano(s), 13, 392, 421
Angus, Ian, 17, 112n, 257n, 262n, 323n, 383n
Animaux Partout!, Les, 300
anti-russo, 287, 305, 423
antissemitismo *ver judeus*
anti-Stálin, 251
Ape and Essence, 415n
Apponyi, Alexandrine, 441n
Aquário de frasco de picles, 51
árabes, 165, 172, 176, 181, 189, 193, 195
arábico, 190, 194

Aragão, front, 103, 135
Aragon, Louis, 317n
Ardent, HMS, 105n
Ardlussa, 268, 269n, 324, 436
Áreas Necessitadas, 65, 96
Arquer, Jordi, 461; 66
"As I Please", 245, 329, 350, 356n
Astor, David, 462; C: 387, 394, 436, 437; C: *de* Bruce Dick, 402; 18, 20, 268n, 269, 358, 361, 442
Astor, sra David, C: 374
atacadistas, 92, 93
atividades contra a guerra, 177, 198, 372, 429n
Atlas, montanhas, 161, 172, 184, 194
Attlee, Clement, 155n, 177, 370n
Auden, W. H., 153, 335n
Austerlitz, batalha de, 236
australiano, 235n, 236
Áustria, 284
Aylesford, (sanatório), 151, 154n, 199, 201n

B. V. M., 50
Baillie-Stewart, Norman, 367n
baionetas, 217, 218n, 219
Baker, John, 341, 343n
bakerismo, 341
Balabanov, Angelica, 353
Barcelona, 114, 117, 133, 134n, 196; eventos/tumultos de maio, 120, 124, 132, 137, 148, 156, 213; fuga de, 124
barco a motor, 56, 371, 428

Barnhill, 12, 54, 268, 300, 308, 316, 324, 357, 361, 366, 369, 402n, 428; descrição, 324; futuro, 432, *ver também* Jura
Barrès, Philippe, 235
Battalia, La, 136
Bayswater, 68
BBC, 93, 230, 240, 342, 420; bem tratado, 240; demissão, 239-40, 241n *ver também* Serviço Indiano
"Beachcomber", 51n
bebidas *ver* conhaque, rum, uísque
Beddard, Terence, 39
Bélgica, 122, 356
Beneš, Edvard, 373n
Benjamin, o burro, 18
Bennett, Arnold, 87n
Beresford, Ruth, 326n
Best Poems of 1934, 70
Bevan, Anuerin, 14, 333, 430n
Bing, Geoffrey, 137n
Binns (loja de departamentos), 275
Biombo chinês, 291n
Birmânia (Myanmar) /birmaneses, 11, 13, 17, 33, 42, 44, 69, 74, 87, 100n, 172, 178, 373, 377, 409, 412, 420
Biro, esferográfica 310n, 440n
Blackburn, Raymond, 264n, 270, 274
Blackburn, sra., 272n, 280
Blair, Avril, 462; 12, 14, 36, 54, 101, 167, 278, 301, 323n, 365, 369, 406, 409, 427, 431-2
Blair, Eileen (*e como* "Porco"), 462;

C: 110; C: *para* dr. Laurence O'Shaughnessy, 113; C: *para* Jack Common, 151; C: *para* Mary Common, 179; C: *para* Norah Myles, 98, 103, 138, 186, 219; C: *para* seu marido, 262, 277, 281; C: *para* sua mãe, 106; 16, 18, 103n, 105, 112n, 162, 201n, 275n, 319, 339n; adoção de menina?, 270n, 273; casa em Harefield, 265; casa no campo, 268; ironia, 186; Londres, um pesadelo, 271; morte, 246, 281, 282; operação, 264; saúde ruim, 200, 219, 220n, 264; testamento, 277n; tumores, 267
Blair, Eric *ver* Orwell, George
Blair, Ida, 463; C: 36; 11, 100n
Blair, Marjorie *ver* Dakin, Marjorie
Blair, Richard (filho de Orwell), 463; 374, 382-3, escolaridade, 321, 327, 393, 409, 427, 432, 435, 436; horóscopo, 10, 259; relações com o pai, 416n
Blair, Richard Walmsley, 463; 11, 13, 18, 57n, 100, 161, 187, 196
Bless 'Em All, 235
Blok, Alexander, 250
Bloy, Leon, 385
Bodleian Library, 271
Bokhari, Zulfaqar Ali, 463; 230
bolcheviques, 118, 153, 259
boletins para a BBC: escrever, 227
Bolsa de Valores, 144
bomba voadora, 246

bombas atômicas /guerra, 389, 394
Booklovers' Corner, 77n
Boothby, Guy, 55
Borkenau, Franz, 121n, 145, 353, 420
Bowker, Gordon, 53, 229
Boyle, Francis, 388n
Boys will be Boys, 387n
Brailsford, Henry Noel, 464; C: 133, 134; 134n, 148, 150
Branthwaite, Jock, 123
Bridgwater, eleição suplementar, 174n
Brigada Internacional, 65, 113, 114n, 117, 348n
Brighton, 84, 86, 428, 432
Bristol, 105, 125, 187, 190, 220
Britain in Pictures, 252
British Cookery, 311n
Brock, R.W., 230
Brockway, Fenner, 108
bronquiectasia, 319
Brown, Ivor, 464; C: 239; 241n, 266, 273, 357
Browne, Alec, 88
Browne, Mallory, 313
Browne, Raymond R., 9
Brownell, Sonia, 464; C: 347; C: *para* Yvonne Davet, 441; 348n, 400, 436, 442; proposta de casamento a, 436, 438
Buddicom, Guinever, 44, 408, 411
Buddicom, Jacintha, 465; C: 408, 410, 435; C: *para uma amiga*, 40; 43, 44, 400, 408, 411n

Buddicom, Prosper, 44, 408, 411
"Burial of Sir John Moore", 38n
Burnham, James, 318, 328n
Burns, Cecil Delisle, 407n
Burns, Oates & Washburne, 253
Buttonshaw, 112

C. W. Review, 328n
cabras, 91, 95, 101, 161, 166, 179, 182, 189, ver também Muriel
Café des Deux Magots, Paris, 370
Caine, Hall, 69
calúnia e difamação, 44, 49n, 76, 82, 89, 128, 132, 149, 190, 208, 290, 301, 329, 362
câmbio, 108, 166n
Cambridge, 36, 57
Caminho para Wigan Pier, O, 65, 89, 96n, 99n, 101, 102n, 104n, 111n, 119, 123n, 145n
Camisas Pretas, 90
campos de concentração, 271, 287, 354, 431; iminentes, 171, 343
Camus, Albert, 317, 370
Canadá/ canadenses, 44, 79, 237n, 354n
Canonbury Square (apartamento na), 54, 263n, 268, 272, 363, 391, 427
Cape's ver Jonathan Cape
Carco, Francis, 79
Cargoe, Richard, 424
Caröe, E. A., 39, 40
Carpenter, Edward, 93

Carr, sra., 51
Carrinho de barro, O, 229
"Cartas de Londres", 248
casa de campo em Marrakech, 24, 166, 167, 188
casa de campo ver The Stores, loja
casa no campo, necessidade de, 267, 268, 271, 272, 283, 309
Casablanca, 164, 165, 167, 176
casamento, 42, 43, 98, 319, 442
catalão, 138
catolicismo romano, 10, 14, 47, 51n, 54, 126, 306n, 378n, 385n
cena contemporânea, escrever sobre, 425
censura, 117, 149, 286, 312, 314
chá, presentes de, 108, 390
chá, ração de, 349
Challaye, Félicien, 147n
Chamberlain, Neville, 170, 173, 176, 177n, 185n, 203, 372
Chapel Ridding, 19, 145n
Chapeuzinho Vermelho, 80n, 300
Charles Dickens, 415n
Charoux, Sr., 436n
cheiro e Orwell ver Orwell: cheiro
Cheyney, Peter, 408
Children Be Happy, 76n
China, 74, 75n, 170, 425n
Chollerton, A. T., 424n
Christen, sra., 382, ver também Wood, sra. Miranda
Christian Science Monitor, 313n, 372
Christy & Moore ver Moore, Leonard

Church Times, 58, 83n
Churchill, Winston, 177n
Ciliga, Anton, 354
Cinderela, 80n, 336n
Cingapura, 69
Clé, La, 199
"Clink" (Cana), 57n, 59n
Clube do Livro do Mês (EUA), 300, 321, 400, 417
Clue to History, The, 232
Cole, G. D. H., 429
colheita de lúpulo, 34, 46, 82
Collings, Dennis, 465; C: 45; 52n, 57, 69n, 70, 178
Collins, Norman, 89
Colônia, 262, 266, 270, 276n
Combined Maze, The, 433
Comfort, Alex, 465; C: 232; C: para Orwell, 233; 248
Coming up for air, 161, 209, 339, 340n, 384n; preparações/progressos, 169, 171, 188, 192, 200
Comitê de Defesa da Liberdade, 344, 367
Common, Jack, 465; C: 88, 92, 191; C: de Eileen, 151; 151n, 154n; empréstimo, 18
Common, Mary, C: de Eileen, 179; 19, 152
Common, Peter, 180
"Common Lodging Houses", 58n
"Como os pobres morrem ", 300
Complete Works of George Orwell, 16, 21, 24, 53, 213n

"Confissões de um lavador de pratos", 60
Congresso dos Sindicatos (TUC), 24
conhaque, 272, 350
Connolly, Cyril, 465; C: 39, 183; 12, 39, 183n, 208, 210, 348n, 439
Conrad, Joseph, 288, 289, 412, 414
Conselho Britânico, 305n, 311
Conselho do Condado de Londres, 58n, 116n
Conservador, Partido, 90n, 177n, 185n, 377, 425
Constant Nymph, 69
Contempt of Freedom, The, 352n
Continental Hotel, Marrakech, 165
Continental Hotel, Tânger, 164, 167
contos de fadas, 80n, 251, 270, 300, 302n, 303n, 335, 336n
contrato com Gollancz ver Gollancz, Victor
Controversy, 124n, 173
Convenção do Povo, 222, 421n
Cooper, Lettice, 466; 220n, 416n
Corelli, Marie, 69
Corpo de Treinamento de Oficiais, 37n
Corpo Médico do Exército Real (RAMC), 408n
correspondente de guerra ver Orwell, George
Cotswold (sanatório) ver Cranham (sanatório)
Cottman, Stafford, 466; 105n, 124, 125, 128; como "menino de dezoito", 128

Country of the Blind, 185
Cow & Gate (leite), 391
Craighouse, 321n, 349
Crainquebille, 385n
Cranham (sanatório), 44, 396, 399, 402n, 405, 419, 429n, 438
Crankshaw, Edward, 389
Crepúsculo dos deuses, 55
Crick (dono de cinema), 57
Crillon Hotel, 34
criptocomunistas, 421n, 422, 429, 433
Cristandade, 54, 378, ver também Igreja da Inglaterra
Criterion, o, 144
Criterion, The, 335n
crítica literária sociológica, 358n
croqué, 383
Crosse & Blackwell, picles, 109
Crux Ansata, 306
cuco, 322
cultura popular, 9, 248
Curran, Charles, 434n
Czapski, Joseph, 262n

Daily Herald, 149
Daily Worker, 59, 111n, 126-7, 132, 393
Dakin, Henry, 190
Dakin, Humphrey, 466; 190
Dakin, Jane, 190
Dakin, Lucy, 190
Dakin, Marjorie, 467; 190
Dali, Salvador, 252

Dark Side of the Moon, The, 354
Darlington (estação), 263
Darlington, C.D., 467; C: 342; 341, 342n, 419
Dartford, eleição extra de, 174
Dartmoor (prisão), 193
Darwin, Charles, 68n ver também Viagem do Beagle, A
datilógrafa, necessidade de, 362, 391
Davenport, John, 391
Davet, Yvonne, 467; C: 314; C:de Sonia Orwell, 441; 88n, 332n
Dawn's Delay, The, 383n
de Gaulle, Charles, 235, 254, 389
De Valera, Eamon, 254
Dearman, sr., 325n, 326
Declaração dos Direitos do Homem, 306
"Declínio do assassinato inglês", 300
Deeping, Warwick, 408
Dentro da baleia, 208, 209n, 315, 340n
Departamento de Alimentos de Stockton (rouba cupons), 275
Departamento de Censura (Whitehall), 162, 220n
Departamento de Pesquisa de Informações, 400, 418-9, 420
Departamento do Ópio ver Serviço Civil Indiano
Desmarais, Ralph, 341
Deutsch, Andre, 253n
"Devaneio americano, Um", 303
Dez dias que abalaram o mundo, 352
Dia da Vitória, 246

Dial Press, 252, 302
"Dias em Londres e Paris", 47
Dias na Birmânia, 48, 52, 54, 58, 60, 65, 71, 74, 77-9, 82, 96, 168n, 376, 403
Dick, dr. Bruce, 467; C: *para* David Astor, 402; 20
Dickens, Charles, 208n, 415n
Dieppe, ataque a, 237n, 238
Dinamarca, 130
Dinamov, Serguei, 467; C: 118
dinheiro emprestado, 84, 110, 161, 188, 192, 201
Diot, dr., 166, 167
Dique, o, 56
Discovery, 342
distribuição de laranjas, 274
doces, 92
Donoghue, Par, 283, 292, 326
Doran, Charles, 468; C: 123
Dorset, 11, 201
Dr. Nikola, 55
dramatizações, 80n, 311n, 400
Driberg, Tom, 422n
Drinkwater, John, 97n, 202
Dunn, Bill, 366, 388, 406, 432, 440
Dunquerque, 162, 220n
Durant, John, 144n
Durant, Margaret, 97, 144n
Durant, Norman, 144, 191

Eagleton, Terry, 10
EAM (Grécia), 285
Easton Broad, 70

Eastwood, Christopher, 39n, 40
Eccles (escola primária), 62n
Edelman, Maurice, 433
edição padronizada, 340, 373, 376, 379
Edimburgo, 432
Edwards, Bob, 107
Edwards, Ruth Dudley, 126
Eleição americana, 372
eleição geral, 170, 171, 177n; perspectivas para, 173, 177, 203
eleições suplementares, 173
Eliot, T. S., 468; C: 258; 48, 80, 97, 228, 253, 257, 299, 354n, 391, 414
"Em defesa de P. G. Wodehouse", 245, 274n, 280n
Enemies of Promise, 39, 183
Enemy, The, 56, 85
"Enforcamento, Um", 87
Ensaios críticos, 254, 308n, 315, 340n
ensaios, livro de *ver Dentro da baleia*
ensino à distância, 227
ensopado, receita de, 85
Ente querido, O, 385
Eric & Us, 41, 43, 411n, 435
Escócia, 316, 328, 337, 376n, 379n, 426, *ver também* Hébridas, Jura
Escola de Mentirosos, 162
esferográficas, 440, *ver também* Biro, esferográfica
Espanha/Guerra Civil, 65, 75n, 99n, 102, 107n, 119-20, 122, 123n, 124-5, 128, 131, 137-9, 140n, 141, 148, 156, 186, 193, 196, 198, 207, 212-

3, 261, 263n, 306, 348n, 389; arranjos financeiros, 108, 114
esperantistas/esperanto, 98n
"espingardas de bar", 410
Esprit, 378
estreptomicina *ver* Orwell
estupro, 43
Eton College, 12-3, 33, 37n, 39, 86, 183n, 184, 290, 341, 393
EUA, 253, 255, 299, 302, 304, 329-30, 337, 351, 362, 376, 379n, 381, 392, 403, 423n, *ver também* América
"Eventos de maio", Barcelona, 66, 104n, 134n
Evers, Harvey, 264, 267, 281
Executivo Fabiano, 356n
Exército Popular, 135
existencialismo, 378n, 392
Extremo Oriente, 288
Eyre & Spottiswoode, 251n

Faber & Faber *(e como* Faber's), 48-9, 253, 258, 299
Façade, 132n
Fairchild Family, The, 55
fantasma visto, 10, 45
Farex, 276
Farrell, J. T., 385
fascistas/fascismo, 126, 128, 130-1, 136, 176, 367; antifascistas, 147
Fate of the Middle Classes, The, 88
Faulkner, William, 74, 79
Fausto, 51
férias, 37n, 48, 52, 61, 408, 432

férias no exterior proibidas, 370n
Fernwood House, *(em endereço)*, 281
Fierz, Mabel e Sinclair, 45n, 48
Filha do reverendo, A, 10, 44, 60n, 68n, 76, 82, 96; cortes, 83
filmes/cinema, 57n, 68n, 69, 162, 228, 288n, 322n, 371, 422
fim do racionamento de roupas, 330
Finlândia, 331n
First Europe, The, 407
Fischer, Ruth, 424, 431
Flaubert, Gustave, 195
Fleche, La, 197
Fletcher, Margaret, 269, 395, *ver também* Nelson, Margaret
Fletcher, Robin, 406
Flor da Inglaterra, A, 13, 65, 84n, 88n, 96, 97n, 99, 100n, 202n, 339, 408n
Fontaine, 248n, 410n
Foot, Michael, 14, 433
Foreign Office, 418
Forster, E. M., 78n, 228
"Forty Years On", 61, 62n, 86
França/ franceses, 108, 121, 176, 194, 198, 212, 219, 235, 246, 282-3, 294, 306-8, 314-5, 317, 321, 350, 370, 372, 378n, 389, 392, 425
Franco, gal. Francisco, 65, 103, 105, 128, 155-6, 174, 176, 222, 254, 306, 389, 425
Frays College, 34, 80n
"Freeman, John", 245
Freeman, Richard Austin, 410
Frente Popular, 130, 194, 198

"Front da Cozinha, O", 162
fungos, 52
Fyfe, Theodore, 58n
Fyvel, Tosco, 468; C: 424; 391, 392n

Galapagos, ilhas, 68
galinhas, 91, 101, 141, 161, 182, 191-2, 347
Galsworthy, John, 150
Gandhi, Mahatma, 223, 254, 377
Gardner, Frank, 190
Garnett, Richard, 55
Garrigill, 270
George, Daniel, 257n
George, duque de Kent, 79
"George Orwell: Nineteenth Century Liberal", 330n
Gerrard's Cross, 60
Gibraltar, 170, 175
Gillie, D' Arcy, 419, 424n
Girls Own Paper, 85
Giroux, Robert, 417
Gissing, George, 362, 384, 386, 433
Glasgow, 107n, 147n, 301, 324, 325, 347, 348, 361, 379
Glimpses and Reflections, 150
Glorious, HMS, 105n
Goalby, Margaret M., C: de Jennie Lee, 101; 20
Gollancz, Victor, 468; C: 82, 116, 127, 210, 339, 345; 34, 44, 49n, 65, 74, 76-7, 83n, 88n, 101, 121, 126, 129n, 130, 132, 161, 209, 237, 252, 371, 379, 420, 424, 446; contrato com, 206, 251, 254, 257n, 258, 340, 345-6; tratou-o bem, 207
Gorer, Geoffrey, 469; C: 130; 78n, 154, 433
Gottwald, Klement, 373n
Govaerts, Bert, 118
governo espanhol, 104, 138, 147, 155
GPU (polícia secreta soviética), 196
Grande Gatsby, 432
"Grandeur et decadence du roman policier anglais", 410n
Graves, Robert, 80
Grécia, 79n, 285n
Greene, Graham, 383, 425
Greenwich, 115, 219, 220n
Greystone, 262n, 277, 281
Groves, Ernest William Hey, 105
Guarda interna, 162, 213n, 220, 235
Guerra e paz, 236
Guimaraens, Phyllis, 143

Hairmyres (hospital), 19, 361, 364n, 374n, 387
Haldane, J. S., 55
Haliborange, 178
Hall, coronel, 36
Halpern, Ada, 354n
Harcourt, Brace, 300, 302, 373, 399, 417
Harefield house *ver* "Ravensden"
Harper's, 74
Harper's Bazaar, 404
Harrow School, 62n
Hatchett (velho), 111, 180

Hatherley, Karen, 120n
Hawley-Burke, dr. e sra. Noel, 43
Hayes, 34, 50, 169
Hearn, Lafcadio, 68
Heart of the Matter, The, 383n
Heaton, Nell, 275
Hébridas, 268n, 292, 308, 316, 409, ver também Jura
Hemingway, Ernest, 118, 314, 317
Henley-on-Thames, 11
Heppenstall, Rayner, 469; C: 120, 211, 259, 334; 10, 60n, 80n, 154n, 259n, 295n, 309, 332n, 334n, 425
Higenbottam, Sam, 90
hindi, 33
histórias em quadrinhos, 303, ver também jornais para meninos
Hitler, Adolf, 90n, 105, 170, 177, 203, 222, 224, 232, 254, 256, 306, 430n
Hogben, Lancelot, 396
Hogg, Quintin, 174n, 185
Holdaway, N. A., 122
Holden, Inez, 469; 18, 257n, 267, 371, 428
Hollis & Carter, 251n
Hollywood, 288n
Homenagem à Catalunha, 13, 66, 75n, 108n, 117, 120n, 124n, 137n, 145n, 152, 154, 261, 314, 340n, 441
Hopkinson, Tom, 305
Hora das Crianças, A, 80n, 300, 336n
Horácio, 51
Horizon, 208, 215, 234, 249n, 348n, 436

horóscopo, 10, 259
Hospital Cochin, Paris, 34
Hotel Continental, Barcelona, 104; quarto revistado, 124
Hotel Scribe, 269
Hotel Splendide, 81n
Hotspur, 383
Huc, Évariste Régis, 72
Huesca, 66, 106, 135, 140n
Hugh-Jones, Siriol, 294n
Hulbert, Jack, 69
Hulton, Edward, 185n, 305
Human Knowledge, 407n, 414n
Hunt, William, 44n
Hutchinson, A. S. M., 408
Hutchinson, editora, 252
Hutchinson, Lester, 430
Huxley, Aldous, 78n, 415
Huysmans, Joris Karl, 49

I Chose Freedom, 354n
Igreja da Inglaterra, 10
ILP ver Partido Trabalhista Independente
imperialismo: britânico, 74, 126, 131, 194, 256, 351; japonês, 256; nazista, 256
imposto sobre diversões, 57
imprensa secreta, 199, 202, 204
In Defence of Women, 55
Inglaterra, saudades da, 201
Ingsoc, 341
International Literature, Moscou, 118, 120n

Intimate Diary of the Peace Conference, 68n
invasão, 111n, 212-3, 215, 223, 285n
Inverno rigoroso, 337, 370
"Iogue e o comissário, O", 328n
Irlanda, 68
Islanders, The, 376
Islay, 348
Islington *ver* Canonbury Square (apartamento na)

Jaca, estrada de, 135
Jack Ahoy, 69
Jackson, Lydia, 470; C: 199, 205, 206, 282, 283, 291, 325; 17, 100, 201n, 283n
Jamaica, 374
James Burnham and the Managerial Revolution, 318, 328n
Japão/ japoneses, 68n, 191, 223, 386; *Revolução dos bichos, A*, 386
Jaques, Eleanor, 470; C: 50, 56, 61; 17, 51n, 60n, 69n
Jardin des Plantes, Paris, 380
Jellinek, Frank, 186n
Jonathan Cape, 47, 253, 254, 257, 259, 422n
Jones, rev. Iorwerth, 470; C: 221
Jordan, Philip Furneaux, 155n
jornais para meninos, 383
Jubileu de Prata, 1935, 83
Judas, o Obscuro, 408n, 415
judeus e antissemitismo, 71, 232, 255, 291, 372, 391, 392n, 422-3, 431n

Julgamento de um juiz, 152
Júlio César, 143
Jura, 12, 14, 16, 19, 54, 245, 247, 268n, 300, 320, 323-4, 328, 345, 348n, 371, 399, 402, 409, 428, 432, 436; acidente de barco, 371; feno, 388; itinerário para a viagem, 324; pescaria, 301, 325; vida lá, 385; voo, 347, 348, *ver também* Hébridas

Kaganóvitch, Lazar Moiseievitch, 423
Katyn, campo de concentração, 262n
Kavanagh, Mat, 429
Keell, Thomas, 429n
Keep, conta de, 325
Kenny, srta., 267
Kimche, Jon, 333
King Charles II, 58n, 59n
Kingsmill, Hugh, 383, 415
Kipling, Rudyard, 61
Kirwan, Celia, 470; C: 369, 380, 421; 307n, 400, 418, 419, 422n; *Relatório para o IRD*, 419
Koestler, Arthur, 471; C: 305, 313, 344; C: *para Orwell*, 438; 307n, 313, 328n, 381n
Koestler, Mamaine, 307n, 381n
Kopp (*née* Hunton), Doreen, 282, 284
Kopp, George(s), 471; 18, 107, 109, 118, 124, 140, 186, 196, 263, 268, 366
Kopp, Mary, 270n

Kravchenko, Victor, 354, 431
Kron(d)stadt, 315n, 331, 354n
Krupskaia, Nadejda, 353
Kwaidon, 68n

Lambeth, 56n, 83
Lamour, Dorothy, 288
Lanarkshire, 379
Langdon-Davies, John, 137, 140
Larkin, Emma, 11, 100n
Laski, Harold, 241n, 295, 356, 429, 433
"Last Man in Europe", 341
Lawrence & Wishart, 78, 207
Lawrence, D. H., 62, 85, 405; *Amante de Lady Chatterley O*, 210
Lawrence, Martin, 78n
Lawrence, T. E. ("da Arábia"), 289
Lea & Perrin, molho Worcester, 109
Leão e o Unicórnio, O, 162, 221, 255, 340n
"Lear, Tolstoi e o Louco", 337n, 350
Lee, Jennie, 20, 471; C: *para* Margaret Goalby, 101
Left Book Club, 104n, 126, 145n, 170, 174n, 207
Left Forum, 173n
Lehmann, John, 99n
Lérida, 66, 124
Levante de Varsóvia, 329n
Lewis, D. B. Wyndham, 51n, 55
Lewis, Wyndham, 51, 55, 85
Liberation - Russian Style, 354
Libertés, 318

Liddell Hart, Basil, 472; C: 234; 235
Life on the Mississippi, 55
Liga do Novo Annam, 75n
Liga para os Direitos do Homem, 304-5
"Lili Marlene", 322
Limouzin, Ida Mabel *ver* Blair, Ida
Limouzin, Nellie, 91, 98, 109n
línguas inglesa e americana, 79, 94, 96, 414
Linha Verde, ônibus, 154
Listener, The: C: 155; C: *para* Orwell, 156; 335n
Livro Azul do governo canadense, 354
"Livros que mudaram o mundo", 236
loja, 91-2, 115 *ver também* "The Stores"
London Mercury, 55n, 152, 202n
London School of Economics, 356n
Longden, Robert P, 401
Looe, 37
"Looking back on the Spanish War", 248n
Lord Jim, 288, 413
Lord's Cricket Ground, 213n
Lost Orwell, The, 16, 19, 53, 73, 97, 257n, 291, 341
Lowestoft, 71
Lucas, Scott, 10
Lysenko, Trofim Denisovitch, 472; 341, 343n, 419

Macdonald, Dwight, 473; C: 248, 302, 328, 331, 336, 351, 371, 376; 249n,

303n, 328n, 332n, 337n, 350n, 376n
Mackenzie, Compton, 185
Macmurray, John, 232, 378
Madri, 113-4, 117, 123, 125, 137n
magia negra, 11, 60n *ver também* superstição
Mahommed, Mahdjoub, 182, 189n
Maidstone, 201n
Mailer, Norman, 437n
Majestic Hotel, Marrakesh, 164, 166
Malaia, 227
Malraux, André, 74, 75n, 79, 261
Mammett, 143
Manchester, 89
Manchester Evening News, 246, 308, 313
Manchester Guardian, 90n, 149, 352n, 372, 419, 424
Mandelstam, Osip, 375n, 376
Marina, princesa, 79
Marlowe, Christopher, 51
Marrakech, 165, 167, 179, 181, 188, 191, 194, 199
Marrocos espanhol, 222
Marrocos francês: 161-205; descrição, 167, 172, 175-6, 178, 180, 182, 188, 194
Marshall Plan, 381n
Marshall, George C., 381n
Marshall, Jessica, 472; 19
Martin, David, 304
Martin, Kingsley, 146, 147n, 148, 329n, 430
Marty, André, 114n
Marx (poodle), 142, 145, 187, 191
Marx, Karl/marxismo, 66, 78n, 111n, 122n, 142, 168n, 356n, 378n, 429n
Masaryk, Jan, 373n
Mason, George, 267, 272
Maugham, Somerset, 291n
Maurín (hospital), 115n, 120n, 125
Maxton, James, 125, 132, 147, 176
May, Allan Nunn, 367n
McEwan, Sally, 473; C: 323; 323n
McGill, Donald, 234
McGovern, John, 147
Mcintosh & Otis, 337, 352
McNair, John, 473; 103-4, 105n, 108, 110, 112, 123, 125
Meade, Frank, 90
Meccano, 395
medidas métricas, 400
Memórias de Brideshead, 385
Memories of Lenin, 353
Mencken, H. L., 55
México, 98n, 315, 415
Meyer, Michael, 473; 422
Michal Madeleine, 44
Mikardo, Ian, 430, 433
Milborne St. Andrew, 11
Miller, Henry, 473; 94n, 209n, 210, 312n
Miller, J. E., 290
Million, 289n, 290
Milton, Harry, 112n, 124
Ministério da Alimentação, 162, 220n, 260, 275n

Ministério da Informação (MOI), 230, 247, 257n, 425n, 441n
Ministério da Verdade, 230
Mizpah, 189
Modern Youth, 46n
moedas, equivalências, 24, 108n
Moir, Eleanor, 427n
Monflorite, 106, 107
Monte Carlo, 317
Moore, Leonard, 474; C: 47, 59, 75, 77, 206, 208, 251, 252, 257, 403, 417; C: de Eileen, 260; 17, 45n, 76n, 85n, 145n, 161, 257n, 260, 280, 339, 362
Morgan, Bryan, 215n
Morland, Andrew, 405, 436, 437, 438
Mortes de parente e amigos de Orwell enquanto ele estava vivo: Eileen, 281; noivo de Anne Popham, 311n; seu pai, 161; sua mãe, 229; Teddy Lovett, 105n; Victor Serge, 315n
Mortimer, Raymond, 474; C: 146; 146; resumo de carta, 150
Moscou, 118, 125n, 262, 285-6, 306, 329n, 352n, 389n, 424
Mosley, Oswald, 90, 128n, 203, 367
Motihari, 11
motocicleta, 212, 324
Mounier, Emmanuel, 378
Muggeridge, Malcolm, 352n, 392n, 442
Mulheres apaixonadas, 85
Munique, 356

Muriel, 196, *ver também* cabras
Murry, 474; 89n, 123, 195, 232, 373
Mussolini, Benito, 105, 195, 353n
Myanmar *ver* Birmânia
Myers, L. H., 154n, 161, 188n, 308n; reembolso, 308
Myles, Norah, 474; C: de Eileen, 98, 103, 138, 186, 219; 19, 246, 279n
Myles, Quartus St. Leger, 97, 144, 191, 279
Mynors, Roger, 37, 341

Na pior em Paris e Londres, 13, 34, 45n, 73-4, 75n, 79n, 81, 87n, 95, 193, 321, 411n
"nada nunca morre", 435
Nagel, Paris, 74n, 315
Naini Tal, 11
Napoleão, 236n, 261, 300
narrador, papel de, 335, 336n
Natal, comemorações/ cartões, 17, 58n, 88, 142, 182-3, 190, 195, 362, 366, 369; compras, 86, 139, 179, 193
National Dried (leite em pó), 391
NBC, transmissão radiofônica, 400
Negrín, dr. Juan, 306
Negro, 78n, 291, 392
Nelson (*née* Fletcher), Margaret, 269n
Neumann, Margarete, 424, 431
Neumann, Robert, 252
New English Weekly, 51, 95, 183
New Lanark, 379n
New Leader, 111, 173n, 422, 430

New Republic, 328, 334, 350
New Statesman (and Nation), 55n, 58, 121, 125, 133, 146, 148-9, 170, 202n, 329
New Writing, 99n
New York Herald Tribune, 77
New York Times Book Review, 415n
New Yorker, 14, 329
Newcastle upon Tyne, 15, 246, 274, 276, 281, 376n
News Chronicle, 132, 137, 155n, 174, 295
Nicholls, cabra de, 196
Nicholson & Watson, 251, 252, 253n
Niebuhr, Helmut, 430
Niebuhr, Reinhold, 430
Nin, Andrés, 125, 138, 147
Niven, David, 400
NKVD, 66, 353n, 422n
No Orchids for Miss Blandish, 252
No Such Liberty, 234n
"Notas sobre nacionalismo", 295n
Nova Política Econômica (URSS), 332n
Nova York, 71, 74, 78, 295n, 304, 373, 399
Novas roupas do imperador, As, 335
Nursery Rhymes, 80
Nus e os mortos, Os, 437

O'Shaughnessy, Catherine Mary, 270, 272-3, 276, 279
O'Shaughnessy, Eileen ver Blair, Eileen
O'Shaughnessy, Gwen, 474; C: 364; 108, 186, 220n, 246, 263n, 264, 266, 278, 281, 284, 402n
O'Shaughnessy, Laurence (Eric), 475; C: de Eileen, 113; 99, 105, 142, 145n, 188n, 220n
O'Shaughnessy, Laurence (filho do anterior), 186, 263, 270, 272, 274, 277, 279
O'Shaughnessy, Marie, 475; C: de Eileen, 98, 106; 98n
Obelisk Press, 210
Obermeyer, Rosalind, 15
objetivos de guerra, 222
Observer, The, 54-5, 111, 174, 235, 241, 246, 266, 280, 283, 288-9, 361, 389n, 394, 420, 422, 424
Old Wives' Tale, The, 87n
"On a Ruined Farm near the HMV Gramophone Factory", 70n
Operação Plunder, 277n
Orlov, Victor, 66
Orwell, George: C: de Eileen, 262, 277, 281 ; "dois anos perdidos", 162; "John Freeman", 245; "preconceitos trotskistas", 66, 292; bronquite, 99; caráter, 10, 11, 15, 17, 19, 66, 228, 402; casamento, 98, 319, 442; catapulta, habilidade com, 341; cheiro, 93, 126-7, 166, 291, 379; compra de sapatos / tamanhos, 329-31, 336, 351; correspondente de guerra, 19, 246, 261; diagnóstico, 187,

364; doença, 16, 99, 145n, 171, 181, 184, 187, 207, 260, 367-8, 373, 388, 402, 405, 412, 416; enterro, 442; estreptomicina, 361, 374, 402, 409, 426, 428; falta de glamour, 212; ferido, 117, 140n; funeral, 442; muito pessimista, 210; não russófobo, 295; notas autobiográficas, 12, 14; novo casamento, 320, 436, 438, 441-2; pescaria, 112, 270, 301, 325, 385, 400, 411, 428, 442; quer filho, 211; renovação de passaporte, 428; resenhista (resenhas de livros não indexadas), 50, 99n, 121n, 212, 241n, 265n, 271, 313, 329, 365; roupas novas, 428; superstição, 11, 60n, 215; tratamento, 151, 362, 364, 367, 369, 374n, 375, 399, 402, 405, 409; vítima da blitz, 258; voz, 122

"Orwell e os fedorentos", 289, 290, 291n

Ostermilk, 275, 276, 390, 391n

Out of the Night, 353n

Ovsêienko, Vladímir Antónov, 134

Owen, Robert, 379

Oxford, 97, 105, 111n, 144, 271, 292; eleição extraordinária, 174, 185

pacifismo, 139, 223, 236, 373 *ver também* Peace Pledge Union (PPU)

País de Gales, 84, 379n, 381

Palestina, 372, 381, 434

panfletos, coleção de, 378n

papel, escassez de, 251n, 253, 299, 303, 340, 367n, 372, 379

Paquistão, 420

Para uma arte revolucionária livre, 197n

Paris, 13, 34, 73, 75n, 87n, 98n, 103, 166, 209n, 246, 261, 262n, 269, 270n, 281, 300, 312, 315n, 337, 370, 375n, 380, 411n, 442 *ver também Na pior em Paris e Londres*

Parker, Buck, 112

Parratt, Nancy, 475; C: para Orwell, 439; 439

Partido Novo, 90n, 128n

Partido Socialista Independente, 89n, 122n, 222n

Partido Trabalhista, 14, 90n, 107n, 108n, 128n, 147n, 153, 174, 177, 202n, 203, 222n, 333, 356n, 370n, 377, 400, 418, 422n, 430n, 433n

Partido Trabalhista Independente, 14, 89n, 107n, 125n

Partidos Comunistas (PC) / comunismo / comunistas, 59n, 78n, 111n, 114n, 119

Partisan Review, 232, 233, 248, 333, 422

Passchendaele, 162

Pathé, Odile, 314, 317

Pauker, Ana, 423

Payne, Robert, 424n

Peace News, 233

Peace Pledge Union (PPU), 139

Pearson, Hesketh, 415
peça escolar, 60
Péguy, Charles, 378n, 385
PEN (Conferência), 341, 343n
Penguin Books, 193, 321, 376
Penrose, Roland, 204
Perriam, srta., 206
Pérsia *ver* Teerã
pescaria, 112, 270, 301, 325, 385, 400, 411, 428, 442
pessoas deslocadas, 338, 355
Philadelphia Inquirer, 440
Phillips, William, 252n
Pickfords, 320, 321n, 427
Picture Post, C: 231; 185n, 305n
Pigling Bland, 300
Pitter, Ruth, 70
Pivert, Marceau, 124
plantação de amendoim, 361
Platt-Mills, John, 430
Plowman, Dorothy, 475; C: 307; 161, 188n, 245, 308n
Plowman, Max, 475; 154n, 168n, 188n, 232, 308n
Plowman, Piers, 309
poema longo, 50
Polanyi, Michael, 352
Polemic, 304, 312, 318, 329-30, 333, 337, 348n, 352, 376
polícia, 57n, 120, 124, 126, 138, 156, 164, 196n, 210, 223, 317
Polícia Imperial Indiana, 33, 223
"Política e a língua inglesa, A", 300, 328n

"Política versus Literatura", 300, 327n, 330n
Politics, 249n, 302n, 328n, 330n, 333, 337, 350, 373, 376
Politics & Letters, 376, 391
Pollitt, Harry, 111, 126, 129n
Polônia/ poloneses, 262n, 289, 293, 354, 367n, 412, 419; Julgamento polonês, 285, 286; Levante de Varsóvia, 329n
poltergeists, 10, 215
pombos, 190
Pons, Jean, 87
poodle *ver* Marx
Popham, Anne, 476; C: 310, 318, 326; 326n
"Por que entro para o ILP'", 15
"Por que escrevo", 45n, 300
Por quem os sinos dobram, 314, 317
"Porco" *ver* Blair, Eileen
Porco comprado/ morto, 388, 393, 395
Porteous, Hugh Gordon, 335
Possenti, Umberto, 81n
Possev, 293n
Possible Worlds, 55
Potter, Beatrix, 300
Potts, Paul, 18, 290, 323n, 434
POUM, 117, 119, 127-8, 131, 133, 135, 155-6, 174; supressão do, 120, 124-5, 136, 147-8
Powell, Anthony, 476; C: 382
Powell, lady Violet, 476
preços: equivalentes, 24, 109

Preston Hall (Sanatório), 66, 168n, 187
"Prevenção contra a literatura, A", 295n, 300, 343n
Priest Island, 268n
Priestley, J. B., 231
"Princípios da novilíngua, Os", 404
Primavera negra, 94n, 95, 97
prisão, 223, 354n
prisioneiros alemães acorrentados, 237-8
Pritchard, Joyce, 262n
Pritt, D. N., 295, 430, 434
programas de rádio, 60n, 68n, 80n, 227, 236n, 311n, 332n, 335n, 342n, 400
propaganda, 111n, 218, 222, 227, 236, 241, 322n, 344, 418, 420, 422-3
protestantismo, 51
pseudônimo, escolha de, 48, 60, 235n, 315n, 353n, 424n
Psmith in the City, 274
Pulleyne, Collett Cresswell, 52, 57

Quarto 101, 9, 231

ração de batatas, 18, 370n
racionamento, 162, 367n, 370n
Raffles (museu), 69n
"Raffles e Miss Blandish", 245, 248-9
Rahv, Philip, 476; C: 316
Raimbaud (um corcunda), 317, 318
Raimbault, René-Noël, 476; C: 73, 78, 80, 86; 73, 87n; morte de filha, 87

"Ravensden", 265n
Read, Herbert, 476; C: 197, 201; 253, 367n
Redcliffe-Maud, barão, 39
redemoinho Corrievrechan, 371
Reed, John, 352n
Rees, Richard, 476; C: 406, 414, 427, 431; 11, 60n, 84, 89n, 90-1, 112n, 123n, 142n, 308-9, 336n, 402n, 406n, 415n
Rendall, R. A., 230
Reno (rio), 270, 277n
restauração de quadros, 390, 436n
Reuther, Walter, 377
Revolt!, 202
Revolução dos bichos, A, 251; adaptação para o rádio, 332, 335; como "pequena sátira", 250; interpretação de Orwell, 331, 332n; momento decisivo, 331, 332n; serialização, 293; traduções, 293, 302, 330
Rhine, J. B., 407n
Richards, Vernon, 477; 202n
Riddell, George, 68
Robbery under Law, 415
Roberti, Jacques, 49
Roberts, Cecil, 382
Robertson, 278
Rock Pool, The, 97n
Rodden, John, 10
rompimento de classe, 93
Rose, Fred, 354n
Rose, Jim, 387, 395

Rossetti, Dante Gabriel, 415
Roughing It, 69, 72
Routledge & Sons, 253
Rovira, Jose, 261
Royston, 309
Rubinstein, Harold, 83
rum, 347, 406, 416
Runciman, Steven, 477; C: 37
Rushbrook Williams, L. F., 477; C: 240; 230, 240n
Russell, Bertrand, 78n, 204, 305, 332, 353, 396, 407, 414
Russell, John, 441
Rússia *ver* URSS
Russian Enigma, 354

Sagrada Comunhão, 58
Sahni, Balraj, 477; 228
Salambô, 195
Salazar, dr. Antonio de Oliveira, 254
Salis, C. E. de, C: 288
Salkeld, Brenda, 477; C: 54, 68, 71, 83; 17, 53, 55n, 57, 83n, 428
São João no Deserto, 11
Sartre, Jean-Paul, 379, 392
Sayers, Michael, C: 294; 295n
Sceats, John, 168n, 478; C: 168, 171
Schnetzler, Karl, 201
Science and the Planned State, 342
Se, 61
seca, 61
Seção/Serviço Indiano, BBC, 16, 162, 227, 230; boletins, 227; cursos, 162, 228

"Second Thoughts on James Burnham", 318n
Secret Agent, 289, 413
"Semanários para meninos", 208n
Senhouse, Roger, 478; C: 261, 395; 362
Sentimental Journey, The (Dickens), 415n
serialização de seus livros, 293n, 440
Serviço Civil Indiano, 11
Shakespeare, William, 51, 79, 170n, 333, 407
Shelden, Michael, 39, 107n, 325n
Sherwood, sra. Mary Martha, 55
Shiplake, 36n, 408
Simmonds, Louis, 405
simpatizantes, 422, 429n
Sinclair, May, 433
Sinister Street, 185
sionismo, 423, 431n
Sitwell, Edith, 132, 217n
Sitwell, Osbert, 51, 302
Sitwell, Sacheverell, C: 215; 10, 217n
Skotskii Khutor, 293n
Slater, Hugh (Humphrey), 479; 236, 268, 304, 348n
Smillie, Bob, 125n
Smollett (Smolka), Peter, 257n
Snooty Baronet, 55
socialismo/ socialistas, 93, 102, 290, 378n, 385n, 429n
"Socialistas podem ser felizes?, Os", 245

Sociedade Editora dos Trabalhadores do Norte, 89n
Solidaridad Obrera, 136, 175
Solidarity, 174
South Shields, 15, 103n
Southwold, 19, 34, 45n, 51n, 57n, 72, 83n, 88, 117, 130, 142, 162, 215
Soviet Communism: A New Civilisation?, 352
Spanish Cockpit, The, 121, 145-6, 150
Spanish Revolution, The (revista), 106n
Sparrow, srta., 266
Spectator, C: 217
Spender, Stephen, 479; C: 152; 148, 150, 154n, 208
Squire, John, 55, 202
St. Andrews and Jesmond (cemitério), 281
St. Cyprian's (escola), 33, 36n, 183n, 185
St. Felix (escola para meninas), 83
St. Hugh's (escola), 143, 190n
Stalin and German Communism, 424n, 431
Stálin/ stalinismo, 66, 78n, 107n, 148n, 150, 202, 251, 254, 256, 257n, 303n, 306, 332n, 342, 344, 354n, 430n, 431n
stalino-liberais, 329
Starkie, Enid, 62n
Starobielsk, 262n
Stein, Gertrude, 56
Steinbeck, John, 118
Stockton-on-Tees, 246, 263

"Stores, The", 91, 109n, 138, 283, 301, 325n ver também casa de campo, loja
Strachey, John, 128, 393
Strand Palace Hotel, 87n
Strand, The, 12, 15
Stroud, 429n
Struve, Gleb, 479; C: 250, 293, 375; 292, 293n, 354
Studs Lonigan, 385
Suave é a noite, 433
Subramaniam, 289-90
Suécia, 422
Suffolk, 82, 130, 215
Suíça, 400, 405, 441-2
Sunday Times, 54, 111, 441n
Sunderland, 16, 275
superstição e magia negra, 10, 60n, 216
Sutton Courtney, 442
Swift, Jonathan, 69, 333, 352
Swinbank, ("o fazendeiro"), 270
Symons, Julian, 479; C: 384, 390; 384n
Szewczenko, Ihor, 480; C: 338; 17, 338n

T.T. (teetotal), 93, 347
"Tamanhas eram as alegrias", 12, 301, 361
Tânger, 164, 167
Tarbert, 324
Tauchnitz (editora), 209n
Taylor, A. C., 217-8

Taylor, A.].P., 434
Taylor, D.]., 215n
Tchecoslováquia/ tchecos, 170, 197, 373, 421
Teerã, Conferência de, 341-2, 395
"Terra Dourada", 247
Tess dos D'Urbevilles, 408n, 415
Thelma, 69
Thirties, The, 352n
Ticklerton, 42, 44, 409
Time, 316
Time and Tide, C: 212; 145, 154, 412
Times Literary Supplement (TLS), 375
Times, The, 90, 115, 268
tísica, 187
Tolstói, Liev, 49n, 236, 333, 337, 350-1
Tomlinson, Frederick, C: 357; 361
Tormentors, The, 424
Totalitário/ totalitarismo, 14, 187, 193, 209n, 221, 254, 256, 295, 343n, 395
Toulouse-Lautrec, Henri de, 87n
traduções, 48, 293, 302, 330, 355 ver também Szewczenko
Travels in Tartary and Thibet, 72
Tribunal, comparecimento ao, 276n
Tribune, 14, 16, 245, 249, 253n, 265-6, 271, 289-90, 293-4, 312, 322, 328, 333, 335, 337, 351, 367, 419, 433
Tribune, C: 284
Trilling, Lionel, 380n
Trópico de Câncer, 94, 209n, 210
Trótski, Leon, 107n, 125n, 315n, 332n, 353n

trotskismo/ trotskistas, 14, 66, 121, 123, 124n, 126, 132, 137, 147-8, 173, 292, 306, 317, 332, 431
Tukhachevski, Mikhail, 332n
Turner, E. S., 387n
Twain, Mark, 55, 69n

Ucrânia/ ucranianos, 17, 338, 355
uísque, 350
Under Two Dictators, 424n
University College Hospital, 400, 405, 437n; (endereço), 437
University College, Londres, 15
Unser Kampf, 222
URSA: Union des Républiques, Socialistes Animales, 300, 332n
URSS (e Rússia), 130, 134, 196n, 203, 204n, 221, 222n, 233, 236n, 250, 262, 285-6, 292-3, 295, 303, 305, 315n, 317n, 332, 338, 343n, 346, 350, 352, 354, 356, 373, 376n, 389, 394, 396, 422-3, 424n, 429, 430n, 433
Usborne, Richard, 480; C: 12; 12, 19
Utopia Moderna, Uma, 341
Uxbridge, 34, 80n, 369n

Vache Enragée, La, 79, 87
vagabundo/ vagabundagem, 34, 37, 45n, 59
Valência, 66, 114-5, 125n
Valtin, Jan, 353
"Vamos representar nós mesmos", 228

Vavilov, Nikolai, 343
Vellat, madame, 166
Venables, Dione, 41, 43
Viagem do Beagle, A, 68n, 300, 311n
Viagens de Gulliver, 328n
Vie Parisienne, La, 50
Vinte poemas imortais, 70
Vizetelly, Henry, 49n
Voluntários de Defesa Local, 213 ver também Guarda interna

Wade, Rosalind, 76n
Walberswick, 10, 45, 61n, 215-6
Wallace, Edgar, 249
Wallace, Henry, 334, 350, 371, 372n, 379n
Wallington, 15, 19, 66, 91, 101, 109, 111n, 151n, 182, 201, 220n, 268, 283n, 292, 322, 325n
Walpole, Hugh, 55
Warburg, Fredric, 480; C: 404; C: para Orwell, 386; 16, 162, 193, 209, 235n, 247, 251, 260, 262, 299, 301-2, 315, 337, 341, 345-6, 362, 372, 379, 399, 403, 405; assumir o contrato ver Gollancz, Victor
Ward, Barbara, 305
Wardell, Bertha Mary, 105, 143
Wardell, David, 143
Watson, Susan, 320, 323n, 324-5, 327
Waugh, Evelyn, 385, 415
Wavell, gal., 217
We, 250, 375
Webb, Sidney e Beatrice, 352

Wedgwood, C. V. (Veronica), 253, 257n
Wells, H. G., 185, 306, 341
Westrope, Francis e Myfanwy, 481
Whiteway, 428, 429n
Wiadomoúci C: 413; 412
Wilkes, sra. Vaughan, 36, 185
Williams, Guy, 241n
Williams, Robert, 196
Williams, Rushbrook ver Rushbrook Williams
Williamson, James, 364n, 374n, 467
Willmett, Noel C: 254
Wilson, E. L. Grant, 268n
Wilson, Edmund, 392
Wilson, J. Dover, 51n
Wilton (Milton?), Michael, 112n
Windmill, 280
Wishart, Ernest Edward, 78, 207
Wodehouse, P. G., 245, 270, 274, 280n
Wolfe, Charles, 38n
Wolfe, Lilian, 429
Wood, Alan W., 235n
Woodcock, George, 481; C: 366; 114n, 302, 330, 333, 367n
Woolley (*agora* Parladé), Janetta, 348n
Wordsworth, William, 94n
World of George Orwell, The, 41, 316n
World Review, 396n
Wroclaw, Conferência de, 434

Y.C.L.(Liga da Juventude Comunista), 125n
Young, Edgar, P., 421

Young, Ida, 421
Young, Richard, 97

Zabotin, cel., 354n

Zamiatin, Ievguêni, 250, 375, 376n
Zborski, Bartek, 58n
Zilliacus, Konni, 295, 367, 430, 433n
Zola, Émile, 49

1ª EDIÇÃO [2013] 1 reimpressão

ESTA OBRA FOI COMPOSTA POR ACOMTE EM CAECILIA E IMPRESSA
PELA GRÁFICA BARTIRA EM OFSETE SOBRE PAPEL PÓLEN SOFT DA
SUZANO S.A. PARA A EDITORA SCHWARCZ EM JUNHO DE 2021

A marca FSC® é a garantia de que a madeira utilizada na fabricação do papel deste livro provém de florestas que foram gerenciadas de maneira ambientalmente correta, socialmente justa e economicamente viável, além de outras fontes de origem controlada.